KB005735

초기 문해력
수업의
스펙트럼

초기 문해력 수업의 스펙트럼

ⓒ 김미혜 외

2024년 2월 29일 처음 펴냄

글쓴이 | 김미혜, 박선미, 홍다은, 박도현, 김점선, 박신희, 민경효, 정보경, 최미영
편집부장 | 이진주
기획 · 편집 | 서경, 공현
출판자문위원 | 이상대, 박진환
디자인 | 이수정
제작 | 세종 PNP

펴낸이 | 김기언
펴낸곳 | 교육공동체 벗
이사장 | 조성실
사무국 | 최승훈, 이진주, 설원민, 서경, 공현
출판등록 | 제2011-000022호(2011년 1월 14일)
주소 | (03971) 서울시 마포구 성미산로1길 30 2층
전화 | 02-332-0712
전송 | 0505-115-0712
홈페이지 | communebut.com
카페 | cafe.daum.net/communebut

ISBN 978-89-6880-184-6 93370

교사 전문성 개발 총서 04

초기 문해력 수업의 스펙트럼

김미혜 박선미 홍다은 박도현 김점선 박신희 민경효 정보경 최미영

교육공동체벗

일러두기

1 이 책에 등장하는 학생들의 이름은 모두 가명이다.

2 이 책에서 수업에 사용한 '책 발자국 K-2 수준 평정 그림책' 시리즈는 엄훈, 정종성, 김미혜 교수가
   함께 2015년부터 그림책 수준 평정 기준을 개발하는 과정을 거쳐 2018년 발간한 것이다. 초기 문해
   력 교육에서 읽기 발달 수준에 맞게 활용할 수 있도록 BFL 0부터 BFL 13까지 14개 수준으로 책의
   분량, 어휘, 글자 크기 등을 정교하고 세밀하게 수준 평정한 그림책 시리즈이다.

디지털 미디어의 시대에 읽기와 쓰기의 관습이 변화하면서 전통적인 의미에서의 문해력이 저하될 것을 우려하는 목소리가 들려오기 시작한 것이 하루 이틀 일은 아니다. 그런데 코로나19 팬데믹이 여기에 기름을 부었고, 2021년 〈EBS〉에서 방영되었던 '당신의 문해력'에서부터 2022년 온·오프라인을 뜨겁게 달궜던 '심심한 사과 논쟁'을 거쳐, 지금까지도 문해력에 대한 사회적 관심이 식을 기미가 보이지 않는다.

교육계는 주로 기초학력으로서의 문해력 교육을 강화하는 방향으로 이 문제에 대응해 왔다. 2020년에는 전국 최초로 전남에서 기초학력 전담 교사제를 도입하고 2022년 3월부터는 정부가 모든 학생의 기초학력을 보장하기 위한 법률을 시행하는 등 굵직한 변화가 일어났다. 최근에는 몇몇 교육대학교에서 기초학력 차원의 문해력 교육을 지원하기 위한 센터 개설과 프로그램 개발을 추진하고 있다는 소식이 들려오고 있다. 너무 늦지 않게 시작된 변화가 반갑고, 이러한 변화가 읽기와 쓰기에 어려움을 겪고 있는 아이들의 학습과 삶에 실질적인 변화를 가져오는 데까지 이어지기를 바란다.

그래서 우리는 한발 앞서 초기 문해력 교육에 대해 고민하고 실천하고 성찰해 온 교사들의 경험을 정리한 책을 펴내기로 했다. 기초학력의 핵심을 이루는 문해력을 길러 주려면 어떻게 가르쳐야 할지 막막해서 혼자 고민하고 있거나, 나름대로 열심히 가르쳤는데 실패했던 기억 때문에 새로운 아이를 지도하기가 두려운 교사들에게 조금이나마 도움을 주고 싶었기 때문이다.

이 책은 엄훈, 정종성 두 분 교수님의 '읽기 따라잡기 프로젝트'가 없었다면 세상에 나오지 못했을 것이다. 읽기 따라잡기 프로젝트의 시작은 2015년으로 거슬러 올라간다. 청주교육대학교 교육연구원이 진행한 교사 전문성 개발 체제 구축 연구(2008~2017년)의 프로젝트 중 하나로 시작했던 읽기 따라잡기 프로젝트는 2024년 현재에도 여전히 진행 중이다. 그사이 2016년 교육연구원 내 자율연구소로 만들어졌던 읽기지원센터가, 2019년 문해력지원센터로 이름을 바꿔 정식으로 개소하면서 본격적으로 활동을 시작했다. 2015년부터 시작된 읽기 따라잡기 교사 연수를 통해 전국 각지에서 전문성을 갖춘 교사들이 양성되었고 이들에 의해 읽기 따라잡기 프로그램에 바탕을 둔 초기 문해력 개별화 수업이 진행되어 왔다. 읽기 따라잡기 교사 중 일부는, 문해력지원센터의 파견교사나 각 지역의 기초학력 전담 교사로서 가장 절실하게 도움을 요하는 아이들을 개별화 교실에서 집중적으로 지도하고 교사 연수를 맡아 진행하면서 전문성을 신장시켜 왔다. 초기 문해력 교육에 대한 전문성을 갖추고 담임 교사로 돌아간 교사들의 고민과 실천이 이어지면서 교실 문해 수업에도 잔잔한 변화가 일어나고 있다. 이 책은 "아이로부터 출발하라, 그리고 교사를 세워라!"라는 읽기 따라잡기의 원칙에 바탕을 둔 초기 문해력 수업의 현장에 대한 기록이며, 개별화 수업과 교실 문해 수업 두 가지 풍경을 모두 담아내고자 했다.

집필에는 9명의 저자가 참여했다. 책을 쓰는 동안 여러 차례 원고를 함께 읽으면서 글의 형식과 내용에 대해 협의하는 과정을 거쳤지만, 9명이 각각의 절을 나누어 집필했기 때문에 개별 저자의 고유한 특성을 다 지울 수는 없었다. 그러다 보니 각 절마다 읽기 따라잡기 프로그램에 접근하는 방식도 미세하게 다르고, 문체도 통일되어 있지 않다. 그러나 우리는 각자의 수업 이야기에 묻어나는 이러한 다양성을 읽기 따라잡기가 지향하는 교사 전문성의 한 부분으로 남겨 두기로 했다. 교실의 문해 환경이 다르고 가르치는 교사도 학생들도 다른데 그 수업의 결이 같을 수는 없는 노릇이기 때문이다. 읽기 따라잡기의 철학과 원칙에 기반을 두더라도 실제 수업은 다양할 수 있으며, 중요한 것은 다양한 선택을 뒷받침하는 교사의 이론적·실천적 전문성, 그리고 끊임없는 실행과 성찰을 바탕으로 한 연구 역량일 것이다.

이 책은 전체 5개의 장으로 구성되어 있다. 2장부터 4장까지 이어지는 수업 사례에 대한 이해를 돕기 위해, 1장에서는 초기 문해력 교육 일반과 읽기 따라잡기 수업에 대해 간략하게 설명했다. 2장에는 읽기 따라잡기에 기반을 둔 초기 문해력 수업의 기본적인 설계와 실행 방법을 보여 줄 수 있는 사례를 수록했다. 먼저 2장의 1절은 7년 차 읽기 따라잡기 교사가 자신의 노하우를 1년 동안 진행한 개별화 수업의 실제 흐름 속에 녹여 냈다. 읽기 따라잡기 수업의 가장 대표적인 사례로 보기는 어렵겠지만, 매년 1명 이상의 아이를 개별적으로 지도하고 성찰하면서 쌓아 온 노하우를 담은 글이니 읽기 따라잡기 수업에 처음 도전하는 교사들에게 도움이 될 것이다. 2절에서는 학급 담임 교사에서 개별화 수업을 전담하는 교사로, 다시 담임 교사로 위치의 변화를 겪으면서 읽기 따라잡기에 기반을 둔 초기 문해력 개별화 수업과 교실 문해를 고민해 온 교사의 수업을 기록했다. 개별화 수업에서도, 다시 돌아온 교실에서의 문해 수업에서도 문해력의 뿌리를 탄탄히 다지려 노력한 과정을 따라 읽어 보기 바란다.

3장에서는 보다 도전적인 주제를 다루었다. 읽기 따라잡기 교사의 전문성은 완성형이 아니라 성장형이라는 특성을 지닌다. 그래서 초기 문해력 개별화 교실에서 만나는 아이들이 직면해 있는 다양한 문제들을 교사가 어떻게 발견하고 대응하면서 아이와 함께 성장해 나가는지를 살펴보았다. 1절에서는 구어 발달이 뒤처진 아이를 지도하면서 구어 능력과 문해력을 함께 길러 낸 교사의 읽기 따라잡기 개별화 수업 사례를 다루었다. 2절에는 기초학력 전담 교사로서 중도 입국 학생을 만나 읽기 따라잡기 철학에 기반해 초기 문해력을 지도해 나간 교사의 수업 사례를 담았다. 이를 통해 읽기 따라잡기와 한국어교육의 접점을 찾을 수 있기를 바란다. 3절은 문해력이 또래 최하위 수준인 아이를 가르치면서 음운 인식 능력과 초기 문해력의 관계에 대해 치열하게 고민한 교사의 수업 사례이다. 아이의 문해력이 획기적으로 개선되지 않았다고 해서 교사의 수업이 실패했다고 단정할 수 있는지를 함께 고민해 보았으면 한다.

4장에서는 개별화 교실 너머의 과제를 다루고자 했다. 1절에는 초기 문해력 개별화 수업이 읽기 따라잡기 교사뿐 아니라 담임 교사, 그리고 학부모의 협력을 통해 성공에 이를 수 있음을 알게 된 교사가 학부모와 소통하기 위해 애쓴 과정을 담았다. 개별화 수업을 담당하는 교사가 가정에서의 문해 환경을 변화시키는 것이 가능한지 궁금하다면 참고가 될 것이다. 2절과 3절에서는 2학년 아이들을 대상으로 한 초기 문해력 수업을 다루었다. 2절에서는 1학년 때 기초학력 전담 교사로부터 개별적으로 지도를 받았음에도 불구하고 문해력 부진을 벗어나지 못한 아이의 2년 차 읽기 따라잡기 수업을 이야기한다. 개별화 수업 종료 이후 아이에 대한 추가적인 지원이 필요한지 관찰할 필요가 있음을 간접적으로 확인할 수 있다. 3절에는 초기 문해력이 완성되는 2학년 교실에서 개별화 수업과 교실 문해 투 트랙 전략으로 아이들을 지도한 사례를 담았다. 담임 교사로서 아이들의 눈높이에서 머무르면서 개별화 수업을 병행해 나간 교사의 지혜를 엿볼 수 있다.

5장은 책을 마무리하는 에필로그 성격을 띠며, 변화한 문해 환경 속에서 초기 문해력 수업의 새로운 과제를 점검해 보려 했다. 각각의 절들이 독립적인 성격을 가지는 만큼 처음부터 끝까지 차례대로 읽지 않고 특별히 마음 가는 부분부터 읽어 나가도 무방하리라 본다. 부족하나마 수업을 나누고자 하는 저자들의 목소리에 열린 마음으로 귀를 기울여 준다면 참으로 고마울 것 같다.

책이 완성되기까지 많은 분들의 도움을 받았다. 먼저 청주교육대학교 교육연구원의 〈교사 전문성 개발 총서〉 4권으로 이 책을 발간할 수 있게 지원해 주신 이승민 원장님과 이시훈 선생님께 감사드린다. 전체적으로 독서교육이나 문법교육의 이론에 어긋나게 서술된 부분이 없는지, 읽기 따라잡기의 철학과 관점에서 벗어나는 부분은 없는지 확인하기 위해 전문가의 도움을 받았다. 청주교육대학교 국어교육과의 편지윤 교수님과 문법교육 전공으로 서울대학교 대학원 박사 과정을 밟고 있는 최형우 선생님, 읽기 따라잡기 교사 리더 백지아 선생님께 다시 한번 감사드린다. 세 분이 아니었다면 이 책을 내어놓아도 되는지 믿음을 갖지 못했을 것이다. 이 책의 출판을 맡아 꼼꼼하게 마무리해 준 교육공동체 벗의 편집부에도 감사의 마음을 전한다. 더불어 책을 쓰는 동안 아낌없이 응원하고 지지해 준 저자들의 가족분들께도 감사와 사랑의 인사를 보낸다.

마지막으로 초기 문해력 수업에 대한 학문적·실천적 열정을 가지고 이 책을 펼쳐 준 독자 여러분께 진심으로 감사드린다. 많은 도움을 받았음에도 불구하고 이 책에는 여전히 부족한 점들이 많다. 독자 여러분이 적극적으로 읽고 조언해 주시면 앞으로 꾸준히 개선해 나가려고 한다. 우리의 이야기가 초기 문해력 수업의 변화에 작게나마 보탬이 될 수 있기를 소망한다.

2024년 1월의 마지막 날
저자 일동

1장

초기 문해력과
읽기 따라잡기 수업

김미혜

언어는 여타의 동물들과 달리 인간만이 가지고 있는 특징 중 하나이다. 인간은 누구나 생각이나 느낌을 표현하고 전달하기 위해 언어를 사용하지만, 인간을 제외한 동물들은 인간과 유전적으로 가장 가까운 유인원들조차 언어를 가지고 있지 않으며 언어를 습득할 수도 없다. 잘 훈련받은 구관조나 앵무새가 인간의 말을 흉내 낼 수는 있지만, 어디까지나 언어를 모방하는 것일 뿐 인간처럼 언어를 창조적으로 사용할 수는 없다. 인간만이 언어를 습득할 수 있는 능력을 선천적으로 가지고 태어나며, 자연스러운 언어 환경에 노출된다면 특별히 형식적인 교육formal education을 받지 않아도 유아기에 언어를 습득할 수 있다.

그러나 음성 언어와 달리 문자 언어를 사용할 수 있는 능력은 별다른 노력 없이 길러지지 않는다. 읽기와 쓰기는 문자의 발명 이후에 인간이 새롭게 수행하게 된 활동이며, 글을 읽고 쓰는 능력, 즉 문해력 literacy은 선천적인 능력이 아니라 적절한 학습과 지속적인 독서 활동을 통해서 획득되고 향상될 수 있는 능력이다(Wolf, 2007/2009). 문해력은 모든 교과 학습을 뒷받침하는 기본적인 역량이며, 초기 아동기early childhood에 나타나는 문해력의 격차는 이후 학습 능력의 격차를 예측할 수 있는 지표가 되기도 한다. 이 때문에 초기 아동기에 모든 학생이 기초 문해력basic literacy, 즉 기초적인 수준의 읽기와 쓰기 능력(이경화·전제응, 2007; 이경화, 2019 외)을 갖출 수 있도록 하는 것은 공교육의 책무로 여겨진다.

우리 공교육도 모든 학생의 문해력을 비롯한 기초학력을 보장하기 위해서 국가기초학력지원센터(k-basics.org)를 통해 문해력 진단 도구와 학습 자료를 제공하고, 지역에 따라서는 기초학력 전담 교사제를 도입해 지원이 필요한 초등학교 저학년 학생들을 대상으로 일대일 개별화 수업을 실시하는 등 다양한 노력을 기울이고 있다. 교육부는 2017년부터 '한글책임교육' 정책을 본격적으로 추진해 왔으며, 2022년 10월 발표된 〈제1차 기초학력 보장 종합계획(2023~2027)〉에도 기초 문해력 강화를 위해서 초등학교 1~2학년의 한글 익힘 시간을 기존 448시간에서 482시간으로 확대한다는 내용이 포함되어 있다. 한글책임교육은 초등학교 1~2학년 단계에서 모든 학생이 한글을 해득할 수 있도록 이끄는 교육을 가리키며(교육부, 2019), 여기에는 "한글 교육의 주체는 국가여야만 하며, 모든 학생이 한글을 익혀 다른 교과 학습의 도구로 활용하고, 더 높은 수준의 문식성을 향상시킬 수 있도록 국가가 책무성을 가지고 노력해야 함을 강조"하고자 하는 의도가 담겨 있다(강동훈, 2023: 278).

공교육이 모든 학생이 한글을 온전하게 학습하도록 지원하겠다는 목표를 가지고 관련 정책을 체계적으로 추진하게 된 변화는 반갑지만,

한글책임교육이라는 용어는 자칫 한글 해득만을 강조하면서 글을 읽고 쓸 수 있는 능력에 대한 교육이 한글 해득 이후에나 가능한 것으로 오해하게 할 소지가 있다. 문해력이 문자에 대한 형식적 교육 이전부터 발달한다는 점을 감안하면, 한글을 완전히 깨칠 때까지 읽기와 쓰기를 유예하는 방식으로 교육을 기획하는 것은 적절하지 않다. 그래서 이 책에서는 한글책임교육이 아닌 '초기 문해력 교육'의 관점에서 초등학교 1~2학년의 문해력 수업에 대해 이야기하려고 한다.

공교육 교실에 있는 학생들은 동일한 출발선 위에 있지 않은 데다 저마다의 속도와 방법으로 읽기와 쓰기를 배우며, 어떤 학생들은 또래보다 뒤처져 있거나 배우는 속도가 달라서 특별한 관심과 지원을 필요로 한다. 그리고 교사는 도움이 필요한 학생들에게 적합한 지도 방법을 찾아 수업을 계획하고 실행할 수 있는 전문성을 갖추어야 한다. 초기 문해력 수업의 다양한 사례들을 살펴보기에 앞서 초기 문해력이란 무엇이며 어떻게 발달하는지, 초기 문해력 개별화 수업에 적용되는 읽기 따라잡기 프로그램은 어떻게 구성되어 있는지 알아보도록 하자.

1) 초기 문해력과 초기 문해력 교육의 인식

문해력 발달 단계와 초기 문해력

아동의 읽기와 쓰기 능력은 발생적 문해력emergent literacy 시기부터 싹트기 시작한다. 발생적 문해력은 태어나면서부터 형식적인 읽기와 쓰기 교육을 받게 되기 전까지 초기 아동기 전반에 걸쳐 아동에게 일어나는 읽기와 쓰기와 관련한 지식과 기능, 태도의 발달을 포함한다. 발생적 문해력에는 음성 언어 발달, 초기 음운 인식phonological awareness, 인쇄물 개념concepts about print[1], 문자(알파벳)에 대한 기초적인 지식 등의 측면이 포함된다. 음성 언어 발달은 듣고, 말하고, 그 과정에서 새로운 어휘를 습득함으로써 언어를 이해하고 사용하는 아동의 능력과 관련이 있다. 또한 음운 인식은 단어, 음절, 음소 등 여러 말소리의 단위를 인식하고 조작할 수 있는 능력을 뜻한다. 인쇄물에 대한 개념은 문자나 그림과 같이 인쇄된 상징들이 어떻게 의미와 연결되는지, 그리고 인쇄된 텍스트들이 어떤 기능을 수행하는지에 대한 아동의 이해를 가리킨다. 발생적 문해력에는 책에 대한 지식, 즉 책이 무엇인지, 어떻게 사용되고 읽히는지에 대한 이해가 포함되며 이러한 지식은 책에 노출된 경험, 아동을 둘러싸고 있는 문해 환경과 밀접하게 관련된다. 한글 자모에 대한 지식alphabet knowledge, 즉 한글 낱자들을 식별하고 그 이름과 소릿값을 말할 수 있는 능력과 다양한 언어 사용 경험, 책을 비롯한 인쇄물과의 상호작용을 통해 아동이 초기에 습득하게 되는 읽기와 쓰기에 대한 태도 또한 발생적 문해력의 중요한 요소이다. 문해력의 뿌리를 이루는 이러한 지식과 기능, 태도는 출생 이후 아동의 발달 과정에서 형성되는데, 문제는 초등학교에 입학하기 전에 이미 아이들 간에 격차가 생기게 된다는 점이다.

아동의 읽기 발달에 대한 학자들의 설명은 세부적으로는 차이가 있지만, 문자를 체계적으로 학습하기 이전에 대체로 글자를 의미를 지닌 기호로 인식하는 단계에서부터 읽기 발달이 시작되어 차츰 각각의 글

---

1 자세한 설명은 이 책 102쪽을 참고하기 바란다.

자를 소리와 연결해 읽어 내는 순서로 초기의 읽기 능력이 발달한다고 설명하고 있다. 영국의 심리학자 크리스 프리스(Frith, 1985)는 아동의 읽기 학습 과정을 세 단계로 구분했다. 첫 번째 단계는 시기적으로 5~6세경에 해당하며 '표어 문자logograph' 또는 '그림 문자pictograph' 단계다. 이 시기의 아동은 시각 체계에 의존해 글자를 그림으로 인식하고 처리하며, 자기 이름이나 생활 주변의 상표나 간판 등 몇몇 단어를 통째로 알아보는 정도의 수준에 머무른다. 개별 글자나 그 글자의 소리에 주의하는 것이 아니라 단어 전체의 모양과 의미를 대응시키는 특징을 보이는 것이다. 두 번째 단계는 음운 단계인데, 이 단계로 넘어가기 위해 아동은 단어를 더 작은 구성 요소로 나누는 것을 배워야 하고 글자와 소리를 연결할 수 있어야 한다. 이 시기에는 아동의 '자소-음소 변환grapheme-to-phoneme conversion' 능력이 발달하면서 글자를 바탕으로 소리와 연결시키고 소리를 조합해서 단어를 만들 수 있게 된다. 또한 이러한 능력을 활용해서 새로운 단어도 소리 내어 읽을 수 있게 된다. 이 두 단계는 진 철이 제시한 읽기 발달 단계 중 초기 아동기인 0단계와 1단계에 각각 해당한다(Chall, 1996). 6세 이전인 0단계에서 아동은 읽는 시늉을 하거나 들은 이야기를 들려주는 등 유사 읽기를 하다가 6~7세 시기인 1단계에는 글자와 소리의 관계를 활용해 간단한 텍스트를 해독할 수 있으며, 해독이 어느 정도 확립되면 아동은 유창성을 획득하는 과업으로 넘어가게 된다. 아동이 자소와 음소를 다루는 데 익숙해지면 세 번째 단계인 철자 단계orthographic stage에 들어서게 된다. 음운 단계의 아동이 문자를 하나씩 순차적으로 해독한다면 이 단계의 아동은 단어의 길이나 자소의 복잡성에 영향을 받지 않고 단어를 해독할 수 있게 되면서 정확하고 유창하게 글을 읽을 수 있게 된다(Dehaene, 2009; 이광오 외 옮김, 2017: 230-236). 철 역시 읽기 발달의 세 번째 단계를 해독의 확립과 유창성의 단계로 보았으며 2~3학년 시기가 여기에 해당한다.

에리와 매코믹(Ehri & McCormick, 2004)은 초기 읽기 발달에서 단어 읽기가 매우 중요하다는 점을 강조하며 단어 읽기의 발달 과정을 자모 이전 단계pre-alphabetic phase, 부분적 자모 단계partial-alphabetic phase, 자모 단계full-alphabetic phase, 통합적 자모 단계consolidated-alphabetic phase, 자동적 자모 단계automatic-alphabetic phase 등 다섯 단계로 나누어 제시했다. 에리와 매코믹은 영어권 아동들의 읽기 행동에 대한 관찰을 바탕으로 영어 단어 읽기의 발달 단계를 설명한 것인데, 엄훈(2012)은 영어와는 구별되는 한글의 특성을 고려하여 한글 단어 읽기의 발달 특성을 〈표 1〉과 같이 설명하였다.

표 1 영어 단어 읽기 발달과 한글 단어 읽기 발달의 비교(엄훈, 2012: 275)

단어 읽기 발달 단계	영어 단어 읽기 발달 특성	한글 단어 읽기 발달 특성
자모 이전 단계	단어를 하나의 그림처럼 인식해 통째로 읽음	단어를 하나의 그림처럼 인식해 통째로 읽음
부분적 자모 단계	자소에 대한 부분적 지식(주로 초두 자음)을 활용함	음절 글자를 읽기 시작함
자모 단계	글자와 소리의 대응 규칙을 익혀서 활용함	음절 글자를 해체하여 자소를 익히는데, 음절체와 말미 자음을 구분하고 이어서 초성과 중성을 인식함
통합적 자모 단계	여러 자소의 덩어리와 소리의 대응 관계를 익힘	단어의 철자법을 익히며, 주로 받아쓰기를 통해 맞춤법에 익숙해짐
자동적 자모 단계	대부분의 단어를 일견 단어로 읽음	대부분의 단어를 일견 단어로 읽음

이에 따르면 한글 단어 읽기의 발달 과정 역시 자모 이전 단계에서 부분적 자모 단계와 자모 단계, 통합적 자모 단계, 자동적 자모 단계의 순서로 이어진다. 그러나 영어와는 다르게 한글은 시각적 단어 재인에서 음절이 매우 중요하게 처리되기 때문에(권유안, 2022: 1531), 한글을 사용하는 아동은 개별 음소를 인식하기에 앞서 음절 단위의 글자를 읽기 시작한다. 그리고 초성과 중성의 결합이 중성과 종성의 결합보다 더 강력한 한글 글자의 구조적 특성상, 초성과 중성의 결합 구조로 되어 있는 음절체와 종성인 말미 자음을 먼저 구분한 다음 음절체 안의 초성과 중성을 나누어 인식하게 된다는 것이다. 모든 아동이 이러한 과정을 순차적으로 밟아 나가는 것은 아니지만, 아동의 읽기는 무에서 유로 전환하는 것이 아니라 읽기와 연관된 아동의 경험을 통해 구축된 발생적 문해력을 토대로 점차 발달하게 된다.

쓰기 발달의 과정에 대해서도 이와 유사하게 발생적 문해력 시기의 그리기와 끄적거리기에서부터 글자를 쓰고, 단어를 쓰고, 문장을 쓰는 데로 나아가는 일정한 발달 단계를 제시할 수 있다. 본격적인 쓰기를 학습하는 데 필요한 문해력의 뿌리 역시 이른 시기부터 발달한다는 것이다. 이렇게 출생 직후부터 만 8세 무렵까지 발달하는 초기 아동기 문해력, 즉 초기 문해력은 이후에 발달하는 중기 아동기 문해력과 청소년기 문해력, 나아가 성인기 문해력의 기초가 되며, 초기 문해력의 격차는 학교에서의 생활과 학습에 있어 중요한 변수로 작용한다. 최근 우리 사회가 평등한 출발선을 보장하기 위한 기초학력 책임 교육을 강조하고 있는 것은 이러한 인식에 바탕을 두고 있다.

그런데 읽기와 쓰기의 발달 과정을 일반화해서 설명할 수 있다고 하더라도 아동의 발달은 보편성과 함께 개별성을 지닌다. 또한 읽기와 쓰기의 발달의 단계는 고정적이지 않으며 앞 단계의 발달이 완전히 이루어진 후에 다음 단계의 과업으로 이행하지도 않는다. 아이들은 다양한 방법으로 문해력을 획득하며, 특히 문해력 학습의 어려움을 경험하는 아이들은 예측 가능한 발달 경로를 따라가지 않는다(Clay, 2005). 이 때문에 읽기와 쓰기에 어려움을 겪는 아이들을 위한 수업은 개별화 수업[2]의 형태로 이루어지는 것이 적절하다. 읽기 부진 학생들의 부진 유형을 세부적으로 진단하고 그에 맞는 읽기 보정 교육 프로그램을 적용하여야 하는 것이다(이영아·최숙기, 2011: 11). 그리고 개별화 수업을 담당하는 교사는 문해력 교육에 대한 전문성을 갖추고 자신이 지도하는 아동에 대한 면밀한 관찰과 이해를 바탕으로 수업에 관한 의사 결정을 하고 아동의 발달을 촉진해 나갈 수 있어야 한다. 읽기와 쓰기에 어려움을 겪는 아이들을 위한 교육적 개입은 빠르면 빠를수록, 개별화 지도 방식이 아이에게 적합할수록 효과적인데 지도 방식에 대한 의사 결정이 교사에게 맡겨져 있기 때문에, 우리는 부진한 아이들일수록 문해력 교육에 대한 전문성을 갖춘 교사가 필요하다는 결론에 도달하게 되는 것이다.

초기 문해력 수업의 지향

앞서 살펴본 것처럼 아동은 문자 학습을 시작하기 전부터 읽기와

---

2 이 책에서 '개별화 수업'은 수업에 참여하는 학생들에게 각각의 수준에 맞게 다른 학습 활동을 제공하는 방식으로 설계된 'Differentiated Instruction'이 아니라 학생 개인에 대해 교사가 일대일로 진행하는 맞춤형 수업인 'Individualized Instruction'을 가리킨다는 것을 밝혀 둔다.

쓰기에 필요한 여러 지식과 기능을 배우며 읽기와 쓰기에 대해 일정한 태도를 보인다. 예컨대 돌도 채 지나지 않은 아기가 혼자 앉아 바스락거리는 헝겊으로 만든 책을 만지작거리는 행동, 그보다 조금 더 큰 아기가 졸음을 쫓으며 책을 읽어 달라고 조르는 행동에서 아동의 읽기 능력이 이미 싹을 틔우기 시작했고 독서에 대해 긍정적인 태도가 형성되기 시작했음을 확인할 수 있다. 한글 자모의 이름을 몰라도 자신의 이름이나 좋아하는 과자의 포장지에 적힌 이름을 통째로 읽을 수 있고 비슷하게 그리거나 따라 쓸 수 있다. 그런 점에서 초기 문해력 수업은 문자 해득이 마무리된 이후에 읽기와 쓰기를 익히는 순서로 진행해야 한다는 오랜 관습으로부터 벗어날 필요가 있다. 읽기와 쓰기를 문자 학습 이후로 유예하는 것이 아니라 읽기와 쓰기에서부터 문해력 학습이 시작되도록 해야 한다는 것이다.

그럼에도 불구하고 많은 교사들이 여전히 아동의 읽기와 쓰기 학습은 한글 자모를 읽고 쓰는 것에서부터 시작해야 한다고 생각한다. 게다가 읽기 부진 학습자를 개별적으로 지도할 때는 부진이 심할수록 해독을 우선하는 우를 범하고는 한다. 해독이 안 되는데 어떻게 글을 읽겠느냐는 생각으로 무의미한 자모 지도를 반복하다 보면 아동은 읽기를 더 어렵게 느끼고 꺼리게 되고 교사도 학생도 모두 실패의 늪에서 헤어 나오지 못하기가 십상이다. "낱자의 이름과 소리, 글자나 단어 해독, 읽기 유창성, 독해는 읽기를 구성하는 중요한 요소들이긴 하지만" 읽기의 하위 기능을 집중적으로 학습한다고 해서 의미 구성을 포함하는 읽기 능력이 자연적으로 향상되지는 않으며(정종성 외, 2022: 306), 해독과 독해는 단계별로 이루어지는 과정이 아니라 함께 발달하는 것이다(엄훈, 2012). 해독에만 집중하다가는 자칫 학생이 글자는 읽을 수 있지만 뜻을 모르는 상태에 빠지거나 읽기에 흥미를 잃어 읽기 학습 자체를 포기하게 될 수도 있다(Smith, 1985). 지적장애 학생들도 그림책을 활용해 독서 활동을 수행한 결과 해독 능력과 독해 능력을 함께 향상시킬 수 있었다는 연구 결과(이은주, 2014)는 그런 점에서 의미심장하다. 글자를 완벽하게 해독하지 못하더라도 그림과 함께 내용을 이해한 경험이 아동의 독서 활동을 촉진할 수 있고 세부적인 기능까지 발달시킬 수 있었다는 사실은 읽기를 통한 읽기, 쓰기를 통한 쓰기 교육을 지향하는 읽기 따라잡기 프로그램의 의의를 실증적으로 뒷받침한다.

2) 읽기 따라잡기 수업의 개요

이 책은 개별화 수업과 교실 수업을 아울러 초기 문해력 수업의 다채로운 모습을 담았으며 이 때문에 이 책에 소개된 모든 수업이 읽기 따라잡기 프로그램의 전형적인 모델을 따르고 있는 것은 아니다. 일반 초등학교 교실에서 담임으로서 학급의 전체 학생들을 대상으로 진행한 초기 문해력 수업의 경우에는 더더욱 그렇다. 그러나 이 수업들은 모두 읽기 따라잡기 프로그램의 철학에 바탕을 두고 있다. 읽기 따라잡기는 읽기와 쓰기에서 부진을 겪고 있는 학생들을 위한 지도법이기 이전에 초기 문해력 교육에 접근하는 철학을 제시하고 있으며, 이 철학은 개별화 수업이 아니더라도 유효하다고 판단했기 때문에 이 책에서는 읽기 따라잡기의 문제의식에 바탕을 둔 다양한 초기 문해력 수업을 함께 다루었다. 여러 수업 사례를 본격적으로 살펴보기에 앞서

읽기 따라잡기 프로그램에 대해 간략히 알아보자.[3]

읽기 따라잡기 프로그램의 이해

읽기 따라잡기는, 아이들의 초기 문해력 발달 시기를 놓치지 않고 부진을 경험하는 학생을 조기에 발견해 개입함으로써 가속화된 발달을 촉진하기 위해 만들어진 프로그램이다. 학습 부진이 일어날 때까지 기다리지 않고 예방적 차원에서 부진 학생을 확인하고 조기에 개입하기 위해서 진단을 실시하고 지원하는 '개입·지도에 따른 학생 반응 중심 접근법Response To Intervention/Instruction, RTI'에 기반을 두고 있으며, 1970년대 뉴질랜드에서 마리 클레이가 고안한 이후 현재에 이르기까지 영어권 국가들에서 읽기 부진 아동을 지원하는 우수한 프로그램으로 공인, 확산되어 온 '리딩 리커버리Reading Recovery' 프로그램을 모델로 하고 있다.

북미의 리딩 리커버리 프로그램은 읽기 능력이 최하위 수준인 초등학교 1학년 아이들을 대상으로 진행되며 일대일 맞춤형 개별화 교육을 원칙으로 한다. 대개 학급의 담임 교사가 도움이 필요한 아이들에 대한 지도를 전문 교사에게 의뢰하면, 사전에 아이의 읽기 능력을 정확하게 진단하기 위한 검사를 실시한 후 학부모의 동의를 구하는 절차를 거쳐 시작된다. 리딩 리커버리 수업은 풀 아웃pull-out 방식으로 이루어진다. 즉 전문적인 훈련을 통해 자격을 획득한 교사가 정규 수업 시간 내에 아이를 교실에서 데리고 나와 별도의 공간에서 30분간 수

---

3 읽기 따라잡기 프로그램에 대한 더 상세한 설명은 엄훈 외(2022)와 청주교육대학교 문해력 지원센터에서 발행하는 학술 잡지 《초기 문해력 교육》 등을 참고할 수 있다.

업을 진행한다. 모든 수업이 글자와 소리의 관계(자소-음소 대응)에 대한 학습을 포함하며, 인쇄물을 통한 이해와 문제 해결 과정으로 진행된다. 아이가 이미 접한 적이 있는 익숙한 책을 읽고 새로운 책을 읽는데 도전하는 활동 속에서 여러 가지 도구를 활용해 글자와 소리의 관계를 익히도록 하는 방식이다. 그리고 교사는 모든 과정을 관찰하고 기록한다. 아이들은 12~20주 동안 자신의 수준에 적합한 인쇄물, 주로 그림책을 매개로 이와 같은 교육을 받는다. 수업이 이루어지는 도중이나 수업이 모두 완료된 20주 후에 아이가 가속화된 발달을 보여 읽기 능력이 또래 평균 수준까지 회복되면 프로그램은 중단된다. 그리고 아이는 일반 교실로 돌아가 또래 아이들과 함께 일상적인 수업에 참여한다. 만약 프로그램이 종료되는 20주 뒤에도 아이의 읽기 능력이 또래 평균 수준에 미치지 못한다면 다시 모니터링을 한 후 추가적인 지원을 하며, 전혀 진전이 없는 경우에는 전문가와 협의해 다시 중재 계획을 수립하고 아이가 다른 전문적인 프로그램을 지원받을 수 있도록 조치한다(엄훈 외, 2022: 135-136).

리딩 리커버리 프로그램과 마찬가지로 읽기 따라잡기 프로그램 역시 '가속화된 발달을 통한 평균적인 발달 수준 따라잡기'를 목표로 한다. 초기 문해력이 완성되어야 하는 초등학교 저학년 시기에 읽기 부진을 겪고 있는 학생들이 이른 시기에 정상적인 읽기 발달을 따라잡도록 하는 것을 지향하는 것이다(엄훈, 2019: 33). 또한 읽기 따라잡기는 한글 교육이 아닌 초기 문해력 교육을 지향하고 균형적 접근을 지향한다. 아이들 사이에 존재하는 출발선의 차이를 인정하고 조기 개입을 통해 읽기 부진 문제를 해결하고자 하며, 증거에 기반한 교육을 목표로 한다. 그리고 읽기 따라잡기는 "아이로부터 출발하라"와 "교사를 세워라"라는 두 가지 원칙을 바탕으로 삼고 있다. 여기서 "아이로부터 출발하라"는, 읽기 따라잡기 교사는 아이가 할 수 있는 것, 아이가 가지고 있는 학습 자산으로부터 출발해 자기 주도적으로 읽기 학습을 해 나갈 수 있도록 수업을 이어 나가야 함을 의미한다. "교사를 세워라"는 읽기 따라잡기 프로그램의 전문성은 결국 교사의 전문성에 달려 있음을 강조한 원칙이다. 개별 아동의 읽기 발달 특성과 읽기 학습의 어려움을 파악하고 그 아이의 눈높이에 맞추어 프로그램을 실행하는 것은 결국 교사의 몫이며, 따라서 읽기 따라잡기 교사는 아이의 읽기 발달을 계속적으로 기록하고 평가해야 하고, 이를 바탕으로 아이에게 적합한 방법으로 최적의 읽기 경험을 제공하기 위한 의사 결정을 할 수 있어야 한다(엄훈, 2019: 19-20).

표 2 읽기 따라잡기 프로그램 개요(엄훈 외, 2022: 145)

항목	내용	
원칙	① 아이로부터 출발하라 ② 교사를 세워라	
횟수	1일 30분씩 60~100회기 정도	
구성	아이의 눈높이에서 머무르기(10회)	발달적 관점에서 아이의 읽기 발달 정도 알아보기
	패턴화된 수업(50~90회)	1단계: 익숙한 책 읽기(7분 내외) 2단계: 읽기 과정 분석(3분 내외) 3단계: 낱말·글자·말소리 탐색(5분 내외) 4단계: 문장 쓰기(10분 내외) 5단계: 새로운 책 읽기(5분 내외)
기타	일상 수업 기록지 작성, 읽기 정확도 86% 이상 지속 시 다음 단계로 올라감	

표준화 검사를 통한 대상 학생 선정

읽기 따라잡기는 모든 학생을 대상으로 한 프로그램이 아니라 학급 하위 20%의 읽기 부진 학생을 대상으로 하는 초기 문해력 개별화 교육 프로그램이다. 프로그램에 참여할 대상 학생은 교실 수업 상황에서의 관찰 평가와 개별적인 초기 문해력 검사를 거쳐 선정된다. 읽기 따라잡기 교사는 먼저 문해력 발달의 측면에서 담임 교사가 관심을 가지고 지켜보는 아이를 교실 수업 상황에서 관찰하여 초기 문해력 발달 수준을 파악한다. 이후 아이가 지도 대상으로 짐작되면 표준화된 검사 도구를 사용해 초기 문해력 검사를 실시한다. 읽기 따라잡기에서 사용하는 '초등 저학년을 위한 초기 문해력 검사(초기 문해력 검사)'는 엄훈과 정종성이 개발한 것으로, 1학년용과 2학년용으로 나뉘어 있다. 1학년을 대상으로 한 검사는 '자모 이름 대기(40문항)', '단어 읽기(24문항)', '읽기 유창성(200음절)', '단어 받아쓰기(10문항)' 등 4개 영역에 대해, 2학년을 대상으로 한 검사는 '음절 글자 읽기(49문항)', '구절 읽기(12문항)', '읽기 유창성(200음절)', '문장 받아쓰기(4문항)' 등 4개 영역에 대해 읽기 따라잡기 교사가 아이와 일대일로 실시한다. 각 검사 영역의 원점수는 구분점수stanine scores[4] 로 환산되며, 검사 결과 구분점수 1과 2에 속하는 아이들은 또래 중 가장 낮은 성취를 보이기 때문에 즉각적이고 집중적인 개입을 필요로 한다. 교사는 검사 결과를 양적으로만 분석하지 않고 아이의 정반응과 오반응 양상을 질적으로

---

4 구분점수는 영어로는 'standard'와 'nine'의 합성어인 스테나인stanine으로 불리며, 원점수의 분포상의 위치에 따라 1점부터 9점까지로 전환된 표준점수를 가리킨다. 구분점수 5가 평균에 해당하며, 구분점수 9가 최상위 성취를 보이는 집단이고 구분점수 1이 가장 낮은 성취를 보이는 집단이다.

도 분석한 후에 지도 대상을 최종적으로 선정하게 된다.

아이의 눈높이에서 머무르기

학습은 교사가 무작정 열심히 가르친다고 일어나지 않는다. 특히 부진 학생을 지도하는 데 있어서는 아동을 이해하는 것이 우선되어야 한다(이찬승, 2020). 읽기 능력이 학급 최하위 수준인 학생들을 대상으로 하는 읽기 따라잡기 수업은 개별화 교실의 아이를 이해하기 위한 시간으로부터 시작된다. 읽기 따라잡기 프로그램의 초입은 10차시 내외의 '아이의 눈높이에서 머무르기'로 구성되며, 이는 리딩 리커버리 프로그램에서의 'Roaming Around the Known'에 해당한다. 이 기간 동안 교사는 형식적인 수업을 진행하는 것이 아니라 비형식적인 상황을 통해 아이를 면밀히 관찰하고 학습 자산을 찾는 데 주력한다. 교사는 아이를 가르치려 하지 말고 아이의 눈높이에서 머무르며 읽기, 쓰기와 관련해 아이의 출발점이 어디인지, 아이가 알고 있는 것과 할 수 있는 것이 무엇인지를 확인해야 한다. 교사는 주로 비형식적인 문해 활동이나 대화를 통해 구어 발달 수준, 학습 자산, 문제 해결력, 학습 태도 등 아이의 발달 수준을 파악하여 이후 수업에 활용한다.

패턴화된 수업

아이의 눈높이에서 머무르기 단계가 끝나면 읽기 따라잡기 교사는 패턴화된 개별화 수업을 시작한다. 패턴화된 수업은 회당 30분씩, 총 50~90회 정도 진행된다. 패턴화된 수업에서 교사와 학생은 익숙한 책 읽기(1단계, 7분 내외), 읽기 과정 분석(2단계, 3분 내외), 낱말·글자·말소리 탐색(3단계, 5분 내외), 문장 쓰기(4단계, 10분 내외), 새로운 책 읽기(5단계, 5분 내외)의 기본 절차를 따르며, 각각의 단계는 통합적이고 유기적으로 연결되어야 한다. 한 회기의 수업이 진행되는 동안 아이는 최소 3권의 그림책을 읽으며, 개별화 수업에서는 주로 아이의 읽기 능력이 발달하는 과정과 양상을 반영해 만든 평정 기준에 따라 연속적이고 정교하게 수준을 부여한 '수준 평정 그림책'을 활용한다(엄훈, 2018). 각 단계별로 수업의 과정을 좀 더 자세히 살펴보기로 하자.

1단계: 익숙한 책 읽기

읽기 따라잡기 수업은 기본적으로 읽기를 통해 읽기를, 쓰기를 통해 쓰기를 가르치는 원칙을 적용하기 때문에 패턴 수업은 책을 읽는 활동으로 시작된다. 수업의 첫 번째 단계에서 아이가 읽는 책은 '익숙한 책', 즉 이전 수업 시간에 접한 적이 있으며 읽기 과정 분석을 마치고 교수적 수준이나 독립적 수준[5]에서 읽을 수 있다고 판별된 책이다. 대체로 읽기 따라잡기 수업의 패턴에 따라 3회 이상 접한 익숙한 책을 아이가 자기 주도적으로 읽는 시간이 이 단계이다. 익숙한 책을 읽으면 새로운 책을 읽을 때에 비해 해독의 부담이 적고 내용도 더 쉽게 이해할 수 있다. 그래서 이 단계에서는 아이가 다양한 읽기 단서들을 활용해 익숙한 책을 유창하게 읽는 과정에서 읽기 유창성이 발달하고 읽기에 대한 자신감과 문제 해결력 역시 향상될 수 있다.

---

5 읽기 따라잡기는 아이의 읽기 정확도에 따라 읽기 수행 수준을 세 단계로 판별한다. 아이의 읽기 정확도가 86% 미만이면 좌절적 수준, 86% 이상 93% 미만이면 교수적 수준, 93% 이상이면 독립적 수준으로 본다. 아이의 자기 주도적 읽기는 독립적 수준이나 교수적 수준에서 이루어지며, 반복된 읽기는 아이에게 지속적인 성공 경험을 제공하고 긍정적인 읽기 태도를 형성하도록 도와줄 수 있다(엄훈, 2018: 17).

2단계: 읽기 과정 분석

읽기 과정 분석은 클레이가 개발한 러닝 레코드^{running record}라는 평가 방법을 활용하여 재구성한 것이다. 러닝 레코드는 아동이 책을 소리 내어 읽는 활동 속에서 보이는 모든 반응을 즉석에서 빠르게 기록하고 이를 근거로 아동의 읽기 수준과 읽기 행동의 특성을 평가하는 절차이다(엄훈, 2018: 93). 이 단계에서 아이는 전날 새로 만나 읽어 보았던 책을 다시 읽으며, 아이가 책을 읽는 동안 교사는 아이의 읽기 과정을 관찰·기록하고, 아이의 읽기 수준과 행동 특성, 정보 처리 과정 등을 분석하고 해석한다. 읽기 과정 분석은 읽기 수행 수준을 활용해 읽기 지도를 하는 데 활용할 수 있으며, 분석 결과는 교사가 아이와 의미 있는 교수적 상호작용을 하는 데 활용될 수 있다. 교사는 수업이 끝난 후에도 수업 중에 기록한 읽기 과정 분석지를 면밀하게 분석해 그 결과를 다음 수업의 근거로 활용하며, 누적된 읽기 수행 수준의 기록은 아이의 책 읽기 발달 양상을 확인할 수 있는 근거가 된다.

3단계: 낱말·글자·말소리 탐색

읽기 과정 분석이 끝난 다음에는 낱말과 글자, 말소리를 탐색하는 활동이 이어진다. 음운 인식이 읽기 발달의 기초가 된다는 것은 읽기 연구자들에 의해 광범위하게 입증된 사실이다. 음운 인식이란 말소리를 음절, 음소와 같은 단위로 나누어 지각하고 아는 것, 나아가서는 분절, 결합, 조작할 수 있는 능력을 말하며, 해독과 밀접한 관련이 있다. 이 단계에서는 말놀이와 소리 상자 등을 활용해 말소리 자체를 탐색하는 활동, 소리와 글자의 대응 관계를 탐색하는 활동 등을 통해 글자 지식을 늘리고 소리-글자 관계를 탐색하도록 한다. 낱말·글자·말소리 탐색 단계에서 사용하는 대표적인 교구는 소리 상자와 자석 글자 등이다. 소리 상자는 엘코닌 박스Elkonin boxes를 응용한 것으로, 단어를 개별 소리로 분할해 음절과 음소를 인식하는 활동을 도울 수 있는 교구이다. 소리와 글자의 대응 관계를 탐색하기 위해서는 자석 글자를 활용할 수 있고 자모 카드를 만들어 보는 활동도 소리와 글자의 관계를 익히고 어휘를 늘리는 데 도움이 된다.

4단계: 문장 쓰기

읽기 따라잡기에서는 읽기 능력이 완성되어야 쓰기를 할 수 있다고 규정하지 않는다. 쓰기 발달 역시 발생적 문해력 시기부터 시작되고 글자를 쓰기 이전에도 쓰기와 관련한 여러 기능이 발달하기 때문에 읽기 따라잡기 수업에서는 문장 단위의 쓰기 활동을 병행한다. 패턴화된 수업에서는 아이들이 교사가 불러 주는 단어나 문장을 받아 쓰는 것이 아니라 일상 경험에서부터 아이 스스로가 문장을 구성해 글로 쓴다는 것이 특징이다. 익숙한 책 읽기 단계에서 읽었던 그림책에서 소재를 찾을 수도 있고 아이가 겪었던 일이나 평소에 흥미를 느끼는 주제와 관련한 문장을 써 보게 지도할 수도 있다. 이때 어법상으로 정확한 문장을 쓰는 것보다는 아이가 자신의 생각을 문장으로 표현하고 그것을 글로 써 보는 시도 자체에 초점을 두도록 한다.

아이는 자신에게 유의미한 학습의 맥락이 구성될 때 더 잘 배운다. 아이가 하고 싶은 이야기, 써 보고 싶은 문장을 이끌어 내는 것이 교사의 역할이고 그 과정에서 아이와 주고받는 대화는 아이의 구어 발달, 학습 태도 개선에도 도움이 된다. 문장 쓰기 단계에서 아이가 작성한 문장은 글자-소리 관계 인식 등 읽기 학습과 연계해 활용할 수 있으며 그림책 만들기 활동으로도 연결할 수 있다.

5단계: 새로운 책 읽기

패턴화된 수업의 마지막 단계에서는 새로운 책을 읽는 활동을 한다. 교사는 아이의 활동을 관찰해 수집한 자료를 기반으로 새로운 책을 선정해 소개하고 아이는 책을 소리 내어 읽는다. 새로운 책을 선정할 때 교사는 아이의 흥미와 책의 내용을 이해하는 데 필요한 배경지식의 양과 수준, 책의 분량 등을 종합적으로 고려해야 한다(정종성 외, 2022: 175-176).

실제 읽기 활동은 읽기 전·중·후의 단계로 진행되며, 읽기 따라잡기 수업에서는 아이가 수업용으로 제작된 읽기 자료가 아니라 그림책을 읽기 때문에 읽기 전과 중, 후에 진행되는 활동은 일반적인 과정 중심 읽기 활동에서 이루어지는 것과 유사하다. 읽기 전에는 책의 제목과 표지를 살펴보고 내용을 예측해 보는 활동, 책을 훑어보는 활동 등을 진행한다. 읽기 중에는 가능한 한 아이가 독립적으로 읽을 수 있게 하되 처음 읽는 책이기 때문에 교사가 적절한 도움을 주도록 한다. 아이가 읽지 못하는 단어가 있다면 해독을 촉진할 수 있는 질문을 하거나 단서를 제공할 수 있다. 읽은 후에는 책의 내용에 대한 대화를 나누고 아이가 책을 읽으면서 어려워했거나 특별히 도움이 필요해 보이는 부분에 대해 설명해 줄 수 있다.

수업 종료

읽기 따라잡기 프로그램은 아이가 교실 수업 상황에서 추가적인 지원 없이도 학습 활동에 잘 참여하고 계속해서 발달할 수 있도록 준비된 상태로 교실에 돌려보내는 것을 목표로 한다. 읽기 따라잡기 수업의 종료 여부와 시기는 개별화 수업이 이루어지는 동안 수집된 양적·질적 자료에 대한 분석을 근거로 결정된다. 읽기 따라잡기 교사는 일정 회기 수업이 진행이 된 후에 대상 학생을 선정할 때 사용했던 것과 동일한 검사 도구로 초기 문해력 검사를 추가로 실시해 아이의 발달 수준을 확인한다. 사후 검사는 통상적으로 학기 말이나 학년 말, 또는 60회기 또는 100회기를 기준으로 실시한다. 이 검사의 결과와 아이가 읽고 있는 수준 평정 그림책의 읽기 발달 수준을 양적 자료로 활용하고 교실 수업에서 이루어진 담임 교사의 관찰 결과를 참고해 종료 여부를 최종적으로 정한다.

강동훈(2023). 기초 문식성 함양을 위한 한글책임교육 정책의 성과와 지향점. **한국초등
국어교육**, 76, 한국초등국어교육학회, 278~303쪽.

교육부(2019). '한글책임교육' 초등학교에 자리 잡다. 2019년 10월 7일 보도 자료.

권유안(2022). 한글과 영어단어는 뇌에서 다르게 처리되는가?. **Journal of The Korean
Data Analysis Society**, 24(4), 한국자료분석학회, 1531~1542쪽.

엄훈(2012). **학교 속의 문맹자들: 한국 공교육의 불편한 진실**. 우리교육.

____(2018). **초기 문해력 교육을 위한 수준 평정 그림책의 활용**. 교육공동체 벗.

____(2019). 초기 문해력 교육 삼부작. **초기 문해력 교육**, 창간호, 문해력지원센터,
8~40쪽.

엄훈, 염은열, 김미혜, 박지희, 진영준(2022). **초기 문해력 교육: 읽기 따라잡기로 시작
해요**. 사회평론아카데미.

이경남(2022). 우리나라의 기초학력으로서 문해력 지원 정책 현황 분석과 시사점:
영국과 핀란드의 정책 사례를 중심으로. **새국어교육**, 133, 한국국어교육학회,
327~356쪽.

이경화(2019). 기초 문해력과 읽기 부진 지도. **청람어문교육**, 71, 청람어문교육학회,
223~245쪽.

이경화, 전제응(2007). 국어교과서 개발을 위한 기초문식성 지도 실태와 인식 조사. **학
습자중심교과교육연구**, 7(1), 학습자중심교과교육학회, 277~308쪽.

이영아, 최숙기(2011). 읽기 부진 진단 및 보정 교육 연구: 북미 사례를 중심으로(연구보
고 RRO 2011-10). 한국교육과정평가원.

이은주(2014). 그림동화를 활용한 읽기 활동이 경도지적장애아동의 해독 및 독해능
력과 메타언어적 인식에 미치는 영향. **지적장애연구**, 16(1), 한국지적장애교육학회,
197~217쪽.

이찬승(2020). 기초학력부진 해결을 위한 효과적인 개별화 지도 Q&A 11. 교육을 바
꾸는 사람들.(http://21erick.org/column/5162)

정종성, 최진오(2022). **읽기의 심리학에 기초한 읽기잠재력 키우기**. 학지사.

Chall, J. S.(1996). *Stages of reading development*(2nd ed.). Harcourt Brace.

Clay, M. M.(2005). *Literacy lessons: Designed for individuals*. Heinemann.

Dehaene, S.(2009). *Reading in the brain: The science and evolution of a human
invention*. Viking Adult. 이광오, 배성봉, 이용주 옮김(2017). 글 읽는 뇌: 읽기의

과학과 진화. 학지사.

Ehri, L. & McCormick, S.(2004). Phases of word learning: Implications for instruction with delayed and disabled readers. In Ruddell, R. B. & Unrau, N.(eds.), *Theoretical Models and Progress of Reading*(5th ed.). International Reading Association.

Frith, U.(1985). Beneath the surface of developmental dyslexia. In Patterson, K., Marshall, J. C. & Coltheart, M.(eds.). *Surface dyslexia: Neurological and cognitive studies of phonological reading*. Lawrence Erlbaum.

ILA(2023). "Literacy". International Literacy Association.(https://www.literacyworldwide.org/get-resources/literacy-glossary)

O'Leary, S.(1997). *5 Kids: Stories of children learning to read*. McGraw-Hill Wright Group.

Smith, F.(1985). *Reading*(2nd ed.). Cambridge University Press.

Wolf, M(2007). *Proust and the squid: The story and science of the reading brain*. 이희수 옮김(2009). **책 읽는 뇌: 독서와 뇌, 난독증과 창조성의 은밀한 동거에 관한 이야기**. 살림출판사.

2장

초기 문해력 수업의
실천적 이해
– 아이로부터 출발하라

7년 차 읽기 따라잡기 교사의 개별화 수업 나눔

2018년 4월, 찬수는 세종초등학교 1학년으로 전학 왔다.

찬수는 자그마한 키에 동글동글 귀여운 외모를 갖고 있다. 처음 교실에 들어온 찬수는 "제 이르은 바찬수이니다"라며 인사를 건넸다. 발음이 불명확했지만 찬수 자신은 전혀 아랑곳하지 않았다. 그리고 찬수의 얼굴은 '이곳에서 즐겁게 지내 보리라'는 확신에 차 있었다. 그렇게 다소 짓궂은 표정의 찬수는 쉽게 아이들과 친해졌고 금방 이곳에 적응하였다. 수업 시간 중, 곧잘 손을 들고 발표하였고 선생님의 부탁을 들어주거나 심부름을 하겠다고 자진해서 나서기도 하였다. 분명 밝고 적극적인 소년이었다.

4월이 지나 5월, 6월이 되면서 찬수의 학교생활은 변하였다. 우선, 수업 시간에 손을 들지 않았다. 적극적이던 눈빛은 찾아볼 수 없었다.

쉬는 시간에 친구들과 함께 놀기보다 교실에 남아 내 자리 주변을 맴도는 일이 잦았다.

"야, 이 바보야! 너희 누나 멍청이지?"

기분이 나쁘다며 친구를 놀리거나 밀치기 일쑤였다. 처음 만났을 때의 찬수와는 다른 모습이었다. 이러한 찬수의 변화는 수업 시간에 배우는 교과 내용이 하루하루 더해지면서 나타나기 시작했다. 찬수의 발음이 부정확하다는 것을 알아차린 친구가 많아졌고 의사소통이 어려웠다.

"찬수, 뭐라고 하는 거야?"라며 대놓고 핀잔을 주는 친구도 있었다. 못 읽는 글자들이 많고 한 글자도 쓰지 못하는 찬수는 교실에서 점점 소외되었다. 그렇게 교실 속 상황은 찬수에게 어렵고 답답하기만 한 일들을 매일 폭풍같이 쏟아붓고 있었다.

이때쯤 읽기 지도를 시작하였다. 찬수는 방과 후에 혼자 남는 것에 약간의 거부감과 부끄러움을 느끼면서도 빠지지 않고 읽기 공부에 참여했다. 해가 바뀌어 찬수는 2학년이 되었고 찬수의 새 담임 선생님으로부터 찬수가 수업 시간에 적극적으로 손을 들어 발표한다는 이야기를 들었다. 6월, 찬수가 국어 시간에 자기 생각을 책에 적었다고 한다. 그리고 7월, 찬수가 나에게 와서 말했다.

"선생님, 저는 지금 경태랑 아주 친해요. 경태가 계속 저한테 와서 이야기해요. 자식!"

한껏 기분이 좋아진 찬수는 나에게 우쭐대며 이야기했다. 찬수는 정말 말이 많아졌다. 엄마와 아빠는 물론이고 누나 이야기, 그리고 담임 선생님과 반 여자 친구들 이야기까지 하기를 즐겼다. 불과 몇 달 전에 내가 본 찬수와는 정말 다른 모습이었다. 어쩌면 2018년 4월, 처음 만났던 그날처럼 찬수는 의욕에 찬 눈빛과 밝은 표정을 가진 아이가 되었다. 이러한 변화는 찬수가 또래 평균 수준의 읽기 능력을 회복하면서 시작되었다. 일주일에 3번, 찬수는 2학년이 되어서도 내 교실(1학년)로 와서 30분간 읽기 공부를 했다. 그렇게 읽기 따라잡기 공부 횟수가 더해지면서 찬수는 적극적이고 짓궂던 그 밝은 찬수로 다시금 돌아왔다.

찬수의 변화를 보면서 읽기 능력이 아이의 삶에 미치는 영향이 크다는 것을 몸소 느꼈다. 읽기 따라잡기 수업은 단순히 글을 읽고 쓰게 하는 능력만을 아이에게 선물하는 것이 아니었다. 아이의 삶을 변화시킨 것이다. 또래 아이들 수준만큼의 읽기 능력을 갖추는 것은 아이의 자존감을 높이고 그가 속한 사회 속에 자기 자리를 찾도록 기회를 줬다. 마음의 여유를 만들고 그 여유 속에서 또래와 관계를 맺게 하였다. 그렇게 학교라는 사회에 소속감을 느끼게 하고 진정으로 또래와 함께 생활하게 도움을 준 것이다. 이것이 내가 읽기 따라잡기를 붙들고 지금까지 공부해 온 이유다.

현장에서 읽기 따라잡기 실행 연구를 해 온 지 이제 7년 차이다. 7년 동안 매년 1명 이상의 아이를 선정하여 대부분 50회 이상씩 지도하였다. 1학년 4명과 2학년 5명, 그리고 3학년 1명을 지도하였고 50회 미만으로 지도한 아이를 포함하면 총 13명을 지도하였다. 담임 교사로 지도한 아이도 있고 그렇지 않은 경우도 있다. 하지만 담임 교사로 지도한 경험이 월등히 많고 그래서 아이의 변화 전반을 보면서 지도할 수 있었다. 지도했던 아이 대부분은 학급의 담임 교사로서 관찰했을 때 읽기 지도가 시급하다고 판단한 아이였다. 첫해는 읽기 따라잡기 방식을 익히면서 아이의 성장을 제법 눈에 띄게 볼 수 있었다. 뿌듯함도 잠시 두 번째 해에는 언제 그랬냐는 듯 이 프로그램을 배우기 이전의 나로 너무나 쉽게 돌아갔다. 아이의 성장이 눈에 잘 보이지 않고 어떻게 지도해야 할지 방향을 잃었던 시점이 있었다. 분명 읽기 따라잡기 지도법은 교사에게 익숙하지 않은 것이다. 체득하는 데에 시간이 필요하고 공을 들여 연마해야 한다. 7년이지만 아직도 배울 것이 남아 있고 고쳐야 할 것이 있으니 말이다. 전문가로 나아가기 위해 가장 중요한 것은 꾸준하게 실천하고 성찰하는 일인 것 같다. 읽기 따라잡기 수업을 해 나가면서 — 만나는 아이들의 특성에 맞게, 회기마다 달라지는 아이의 발달 양상에 맞게 — 교사는 지도 내용을 유연하게 조정한다. 이 과정에서 교사의 전문성은 고도화되고, 노하우가 생긴다. 이 글에서 읽기 따라잡기 수업의 철학과 지도 원리, 구체적인 수업의 과정과 7년간 쌓아 온 나만의 노하우를 소개하고자 한다. 같은 방향으로 향하고 있는 이들에게 도움이 되기를 바라며 용기 내어 그 내용을 적어 본다.

1) 패턴화된 수업 준비하기

올해 만난 아이, 빛솔: 아이 선정

세종시교육청에서는 읽기 지도 집중 지원 학교 프로그램[1]을 운영한다. 빛솔이가 다니는 초등학교가 이 프로그램에 선정되면서 나는 빛

---

1 관내 6학급 미만 초등학교 중 1곳을 선정하여 1년간 4명 이상의 아이를 주 5회 40분씩 지도하는 프로그램이다.

솔이와 만나게 되었다. 그래서 빛솔이네 학교 1학년을 대상으로 초등 저학년을 위한 초기 문해력 검사[2]를 실시하였다. 이 검사를 통해서 초기 문해력 수준이 또래 평균 수준에 미치지 못하는 아이를 파악하여 담임 교사와 면담을 하였고 최종 4명을 선정하였다. 빛솔이가 그중 1명으로 선정되어 주 5회, 30분 내외 읽기 공부를 하기 위해 나를 만났다.

초기 문해력 검사는 4월 18일에 처음 실시하였다. 그 결과 원점수 25점, 구분점수[3] 평균은 1.25이었다. 이것은 빛솔이의 문해력이 또래 중 하위 5%에 해당하는 수준이라는 것을 의미하였다. 각 검사 항목별로 보면 자음 이름 대기에서는 'ㅈ', 'ㅊ', 'ㅌ'을 제외하고 올바르게 말하여 16점을 획득했다. 모음에서는 이중 모음 이름을 대부분 말하지 못하고 21개 중 9개 모음의 이름을 올바르게 답하였다. 단어 읽기 검사에서는 24개 중 단 3개의 단어를 읽으려 시도했으나 이마저도 제대로 읽지 못했다. 유창성 검사에 해당하는 〈거북의 알 낳기〉 텍스트는 보자마자 "모르겠어요"라며 읽기를 시도조차 하지 못했다. 네 번째 검사 도구인 단어 받아쓰기에서는 연습 단어인 '우유'만 쓰고 나머지는 쓰지 못했다.

초등학교 1학년 담임을 맡은 교사들은 빛솔이를 보면서 우리 교실에 있는 누군가가 떠오를지도 모른다. 교사라면 누구나 교실에서 특별한 도움이 필요한 아이가 있는지 살펴보게 된다. 보통 학습 부진 학

---

2 인싸이트 심리검사연구소 사이트(https://inpsyt.co.kr/psy/item/view/PITM000230)에서 구입할 수 있다.

3 "아동의 초기 문해력 수준을 비교하는 데 필요한 규준을 작성하기 위하여 검사의 네 영역별로 구분점수를 산출하였다. 구분점수의 등급별 비율은 각각 4%(1), 7%(2), 12%(3), 17%(4), 20%(5), 17%(6), 12%(7), 7%(8), 4%(9)이다. 구분점수 9가 최상위 성취를 보이는 집단에 해당하며 구분점수 1은 가장 낮은 성취를 보이는 집단이다."(엄훈·정종성, 2019)

생이라고 명명되는 아이가 1명에서 2명 정도는 교실에 있기 때문이기도 하다. 일반적으로 담임 교사를 맡으면 3월은 개별 아이들을 파악하기 위해 많은 시간을 할애한다. 나는 담임 교사를 맡으면 3월 첫 주부터 학급 전체를 대상으로 아침 활동 시간이나 쉬는 시간을 활용하여 초기 문해력 검사를 실시한다. 사실 검사를 하지 않고도 일주일 정도 관찰하다 보면 특별한 요구가 있는 아이를 알 수 있다. 국어 시간 소극적인 태도로 읽기를 주저하거나 글을 읽고 자기 생각을 써 보자는 교사의 말에 아무것도 하지 못하는 아이가 보일 것이다. 구어 발달에 있어서 발음이 어눌하거나 문장을 만들어 말하는 데 서툴러 의사소통이 어려운 아이가 있을 것이다. 이러한 관찰을 통해 판별한 그 아이만을 대상으로 초기 문해력 검사를 진행해도 좋다. 하지만 수고롭더라도 학급 전체를 대상으로 검사하는 것을 추천한다. 검사 결과로 학급 전체의 문해력 수준을 파악할 수 있어서 수업이나 학급 운영을 계획할 때 훌륭한 참고 자료가 되기 때문이다. 학급 아이들이 문해력의 기초를 이루는 한글 해득에 있어서 어느 정도 발달 수준에 있는지 확인한다면 수업과 교실 환경 곳곳에 반영하여 발달을 촉진할 수 있다. 예를 들어 이중 모음에 대해 부족한 아이가 다수라는 결과가 나온다면 수업 중 이중 모음이 포함된 단어가 나올 때 그 이름과 소리를 수시로 지도하고 이를 활용하는 놀이를 할 수 있다. 그리고 교실에 있는 물건 중 이중 모음이 포함된 물건에 크게 이름을 써 두는 것으로 낱자 노출 빈도를 높여 습득이 가능하도록 환경을 만들어 줄 수 있다. 또한 학부모 상담 자료로도 활용이 가능하다.

이렇게 학기 초에 아이를 관찰한 것과 초기 문해력 검사 결과는 개별화 지도가 필요한 아이를 선정하는 데 중요한 자료가 된다. 그 이유는 우선, 아이가 초기 문해력 검사 결과에 따라 또래 평균 수준에서 어디에 위치하는지 알 수 있기 때문이다. 검사 결과 구분점수 1과 2가 나온 아이라면 개별화 지도가 시급하다. 구분점수 3과 4는 당장 지도가 시급한 정도는 아니지만 지속적으로 관찰하여 발달 양상을 지켜봐야 한다. 구분점수 5와 6은 또래 평균 수준에 해당하며 개별화 지도가 필요하지 않다. 초기 문해력 검사는 교사의 막연한 추측으로 지도 여부를 결정하기보다 정확한 데이터에 근거하여 판단할 수 있다는 장점이 있다. 그리고 결과뿐 아니라 검사 내용을 면밀하게 분석하면 아이의 발달 양상을 알 수 있다. 자음과 모음 이름은 말소리를 반영하고 있으므로 각 낱자의 음소를 알고 있는지 모르는지를 자음, 모음 이름 대기 검사를 통해 파악할 수 있다. 단어 읽기 검사를 통해서는 기본 음절체를 읽을 수 있는지와 받침이 있는 글자를 읽을 수 있는지 여부를 알 수 있다. 특히, 유창성 검사 과정에서는 정확하게 읽는 결과를 기록하는 것에서 나아가 읽기에서 보이는 다양한 모습을 기록하여 두드러진 양상을 파악할 수 있다. 따라서 앞으로 아이에게 무엇을 지도하고 중점을 두어야 할지를 정하는 주요 근거를 얻을 수 있다. 초기 문해력 검사와 분석 그리고 아이에 대해 관찰한 것을 기록하는 것은 아이 선정에 있어서 아주 중요하다.

지피지기 백전백승: 아동을 만나기 전

지피지기 백전백승知彼知己 百戰百勝이란 '적을 알고 나를 알면 백 번 싸워도 백 번 이긴다'는 뜻이다. 아이는 적이 아니다. 하지만 지도하고자 하는 아이에 대해서 많이 알면 알수록 문해력 회복 성공 확률이 올라가는 것이 사실이다. 올해 빛솔이를 지도하기로 결정하였을 때 내가 알고 있는 정보는 초기 문해력 검사 결과와 학교, 학년, 반, 이름 그리고 여자아이라는 것이 전부였다. 그래서 아이에 대해 더 알기 위해 교실에서의 생활 모습과 가정의 문해 환경을 파악하기로 계획했다. 교실과 가정 환경에 대해 이야기를 듣는 것은 아이의 모습을 이해하는 데 있어 중요한 자료이다. 왜 지금 이러한 행동을 보이는가에 대한 답의 상당 부분을 여기에서 얻을 수 있다. 더불어 진정한 아이의 변화를 이끌기 위해서는 담임 교사와 학부모의 협조가 필요하며, 이를 통해 현재 어떠한 지원이 필요하고 불필요한가에 대한 단서 역시 얻을 수 있다. 특히, 지도 이전에 교사의 지도 계획과 의지를 전달하고 학부모의 생각을 듣는 것은 둘 간의 돈독한 신뢰 관계 형성을 도와서 앞으로의 여정에 있어 아주 큰 역할을 할 수 있다.

나는 개별화 교사로서 담임 교사, 그리고 학부모와 전화 상담을 실시했다. 상담 전, 담임 교사에게는 간단한 관찰용 일지를 보내고 작성해 주기를 부탁하였다. 교실 속 모습에서 확인 가능한 아이의 사회·정서적 측면과 언어, 그리고 인지 발달 측면에 대해 질문했다. 이를 바탕으로 나는 약 30분간 담임 교사와 전화 상담을 하였다. 빛솔이의 특성은 다음과 같다.

전반적인 특성
귀여운 외모 / 잘 웃으며 활발함 / 교우 관계 좋음
고양이를 좋아함 / 편식이 심함

수업 중 행동 특성
수업 중 딴짓이나 하품을 자주 함 / "몰라요"라는 대답을 자주 함

문제 해결력이 다소 느림 / 활동이 귀찮다고 말함

몸으로 하는 활동을 좋아함 / 자신 있을 때 큰 목소리로 발표함

언어 특성

읽기와 쓰기 어려워함 / 발음 구분이 어려운 낱자가 있음(ㅈ ㅊ ㅋ ㅌ)

문장으로 의사소통 가능 / 말하기를 좋아함 / 혀 짧은 소리를 종종 함

그 뒤 어머니와 전화 상담을 했고 이를 통해 가정 문해 환경을 추측할 수 있었다.

가정 문해 환경

맞벌이 가정, 6학년 언니와 4학년 오빠가 있음.

방과 후 시간 어머니와 주로 보냄. 어머니와 자주 이야기 나눔.

학교가 끝나면 방과 후 수업을 듣거나 학원 다님.

학원에서 자음, 모음을 익혔지만 아직 어려워함.

입학할 때까지 학습지로 자음과 모음 반복함. 통단어 쓰기 어려움.

유튜브 보기와 뛰어놀기 좋아함. 유아 시절 동화책 읽어 주기를 좋아함.

좋아하는 동화책 목록을 받지는 못함. 자기 소유의 휴대전화 없음

상담을 통해 빛솔이라는 아이를 그려 볼 수 있었다. 일단 말하기를 좋아하고 사회성이 잘 발달한 것으로 보아 아이에게 쉽게 다가갈 수 있을 것이라는 생각이 들었다. 처음 만날 때 키우는 고양이 이야기나 언니와 오빠 이야기 그리고 친한 친구에 대한 이야기로 수업을 이끌 수 있을 거라는 단서도 얻었다. 담임 교사와의 상담을 통해 교실에서

의 교수 환경은 빛솔이 수준에 맞지 않는다는 것이 확인되었는데, 교사의 질문에 대해 모른다고 말하거나 수업 시간에 딴짓하기 등의 다양한 형태의 행동으로 나타나고 있음을 알 수 있었다. 초기 문해력 검사에서 유독 자모음 이름 대기 점수가 높은 이유가 학원에서의 반복 학습 덕분이며 이것으로 인해 학습된 무력감이 있으리라 추측하였다. 가능하다면 앞으로 발달을 통해 학원이나 학습지를 중단할 것을 학부모에게 권해야겠다는 생각이 들었다. 또 하품을 자주 하는 것으로 보아 수면 시간이 부족한 문제가 있을 수 있으며 동화책을 얼마나 접했고 알고 있는지도 앞으로 지켜볼 문제로 여겨졌다. 가정과 연계 방식으로 휴대전화를 이용한 사진 촬영이나 녹음을 이용하는데, 상담을 통해 언니나 오빠 그리고 학부모의 도움을 구할 필요가 있음을 확인하고 어머니에게 미리 협조를 요청하였다. 이렇게 상담 자료는 아이의 현재 발달 양상과 상황을 파악하는 기초 자료가 되며 앞으로 수업에서 활용할 수 있는 좋은 문해력 자료가 된다.

너는 어디에 있니?: 아이의 눈높이에서 머무르기

읽기 따라잡기에서는 아이의 눈높이에서 머무르기(아.눈.머)를 강조한다. 아.눈.머 기간은 보통 10회를 계획한다. 하지만 꼭 정해진 것은 아니다. 지도 교사가 아이에 대한 파악이 끝났다고 판단하면 아.눈.머 횟수는 줄여도 무관하다. 당연히 필요하다면 기간을 더 늘려도 괜찮다. 우선, 아.눈.머는 아이에게 문해력 학습에 적합한 환경을 제공하기 위해 아이의 특성을 관찰하는 기간이다. 그리고 아이와 다양하고 재미있는 경험을 쌓으며 서로 친밀감을 형성하는 것이 중요하다. 이 기간을 어떻게 보내느냐가 얼마나 중요한지 여러 번 강조해도 지나치지 않다.

아.눈.머 활동에서 교사는 크게 네 가지를 주안점으로 삼아야 한다. 첫 번째는 자신감이다. 아이는 이 기간 동안 읽기, 쓰기와 말하기 활동을 하면서 자신감을 얻어야 한다. 이때 교사는 아이가 할 수 있는 모든 것을 강화하고 독려해야 한다. 수업 시간 동안 제자리에 앉아 있는 것과 한 글자 읽는 것 등 어떤 것이라도 하고 있는 것에 칭찬을 아끼지 않아야 한다. 교사의 격려로 인해 아이는 자기가 할 수 있는 것들이 무엇인지 인지해 나가면서 할 수 있다는 믿음을 갖게 되는 것이다. 그러기 위해서 교사는 아이가 쉽게 해결할 수 있는 과제와 활동을 준비해야 한다. 그래서 아이가 읽기와 쓰기 활동이 쉬운 것이라고 느낄 수 있어야 한다. 따라서 두 번째 주안점은 쉬움이다. 교사는 읽기, 쓰기와 말하기 활동을 준비하되 아이의 읽기 발달 수준보다 다소 쉬운 과제를 제시한다. 아이가 할 수 있다고 확신을 가질 수 있는 활동을 준비하여 더 적극적으로 참여하도록 한다. 아이 주변의 친숙한 것으로 시작하면 비교적 쉬운 과제와 활동을 찾을 수 있다. 예를 들어 가족 이름이나 좋아하는 캐릭터 말하기와 쓰기 그리고 짧은 분량의 낮은 수준 책 읽기 등이다. 결국, 아이에게 읽고 쓰는 것이 쉽고 재미있으며 흥미로운 것임을 깨닫게 하는 것이다. 세 번째 주안점은 유연성이다. 다양한 과제를 제시하여 아이가 아는 것을 여러 곳에 적용할 기회를 제공할 필요가 있다. 가족 이름을 쓴다면 낱자 자석으로 만들어도 보고, 보드 판이나 스케치북에도 써서 이를 활용한 책을 만들 수도 있다. 그리고 한 글자를 익히고 난 다음에는 해당 글자가 들어간 낱말을 말해 보는 놀이도 가능할 것이다. 이렇듯 아이는 자기가 알고 있는 지식을 다양하게 적용해 봄으로써 배움의 유용성과 즐거움을 느낄 수 있을 것이다. 교사는 다양한 활동을 통해 아동 발달 혹은 인지와 정서 측면에서 아이의 다양한 모습을 포착할 수 있을 것이다. 그래서 네 번째는 발견이다. 아.눈.머 기간에는 아이에 대한 다양한 측면을 발견해야 하는데, 이를 위한 첫 단계는 주의 깊은 관찰이고 다음은 세세하게 기록하는 것이다. 아.눈.머 활동을 하는 동안 아이가 하는 행동과 말을 기록하면 이것은 아이를 깊이 이해하는 데 훌륭한 자료가 된다. 기록은 활동의 단순한 기록이어서는 안 된다. 우선 가능한 한 아이의 읽기와 쓰기 행동의 많은 측면을 포착하도록 노력해야 한다. 아는 글자의 단어와 글의 특성이 무엇인지 그리고 읽고 쓰기 위해 사용하는 전략이 무엇인지를 발견하여 기록한다. 아이가 구성한 말 중에 가장 긴 발화가 무엇인가를 적는 것 또한 언어 사용 양상을 알아내는 좋은 자료가 된다. 그리고 활동하는 가운데 아이가 반응하는 모습을 명확하게 말로 옮겨 적는 것도 필요하다. 이는 앞으로의 학습에서 교사와의 상호작용 방식을 정하는 것과 학습량 수준을 가늠하는 데 훌륭한 자료가 될 것이다. 마지막으로 학습에 도움이 되는 습관이나 그렇지 않은 것을 파악하여 기록하는 것 역시 패턴 수업을 준비하기 위해 필요한 일이다.

다음으로 아.눈.머 활동으로 무엇을 할지 정하는 것이 중요하다. 활동은 수천 가지가 있을 수 있다. 그러나 여기서 잊지 말아야 할 것은 읽기와 쓰기 활동을 꼭 포함해야 한다는 것이다. 여기에 재미와 흥미까지 더해진다면 더할 나위 없이 좋을 것이다. 어느 수준의 자료를 제시하고 읽고 쓰는 활동을 요구할지는 아이의 읽기 발달 양상에 따라 달라질 것이다. 빛솔이는 읽기 검사를 통해 음절 구분이 가능하고 한 글자씩 읽을 수 있는 글자 읽기 단계임을 짐작하고 활동을 준비하였다. 크게 세 부분으로 1~3회차는 낱말 수준, 4~7회차는 문장 수준, 8~10회차는 패턴 수업과 유사한 형태로 진행할 것을 계획했다. 우선, 의미를 알고 읽고 쓸 줄 아는 낱말인 자산 어휘를 모으는 일을 먼저 했다. 1~3회차 동안 그림 카드를 보며 아는 것을 찾아 말하고 글자 카드와 짝을 맞춰 본 뒤 메모리 게임을 하였다. 그림 카드와 글자 카드는 'ㄱ'부터 'ㅎ' 순서대로 제시하였고 받침이 없는 글자에서 있는 것까지 더해 가며 단계별로 제시했다. 아는 낱말은 낱자 자석으로 만들어 보고 다양한 곳에 글자를 써 보는 활동을 하였다. 나아가 마거릿 와이즈 브라운의 그림책《잘 자요, 달님》(시공주니어, 2017)을 보고 아는 물건 이름을 말하고 한글 낱자 스탬프로 글자 만들어찍기 놀이를 하였다. 활동 중간에 음절을 생략하거나 대체 또는 첨가 등의 질문을 하면서 현재 수준을 확인하였다. 활동을 마무리하면서 의미를 알고 말할 수 있거나 읽을 수 있는 낱말은 목록으로 만들어 정리해 두었다.

　그다음 4~7회차 동안은 세 가지 그림 퍼즐을 맞추는 교구인 3단계 이야기 퍼즐을 이용하여 문장 만들기를 하였다. 이어지는 3개의 그림 퍼즐을 먼저 찾아서 문장을 완성하면 점수를 얻는 놀이이다. 이 활동을 통해서 어휘 활용 능력과 함께 빛솔이가 만들 수 있는 문장의 복잡도와 완성도를 알고자 하였다. 그리고 비교적 낮은 수준의 책을 제시하여 글을 읽을 수 있는 정도와 유창성을 확인하고자 하였다. 하지만 빛솔이는 읽을 수 있는 단어가 적었기 때문에 읽기 전 읽을 수 있는 단어 위에 점을 찍게 하여 점 찍은 것만 빛솔이가 읽고 나머지는 내가 읽었다. 따라서 점 찍은 글자들의 공통된 특성을 통해 아이의 읽기 수준을 파악할 수 있었다. 쓰기 활동으로는 내 도움을 받아 매일 한 문장을 썼다. 한 문장을 쓸 때 1~3회차 때 찾았던 낱말 중 좋아하는 것

그림, 글자 카드

메모리 게임

그림책

스탬프 자석

낱자 자석

보드판

모래판

스케치북

그림 1 1~3회차 아.눈.머 활동에 사용한 교구들

들을 분류하여 '좋아요'라는 주제를 가지고 썼으며 활동 끝에는 10쪽
짜리 스크랩북⁴을 이용하여 책을 완성하였다.

| 3단계 이야기 퍼즐 | 문장 만들기 게임 | 낮은 수준의 그림책 |

책 만들기

그림 2 4~7회차 아.눈.머를 위한 교구와 문장과 책을 만드는 활동

마지막 8~10회차까지는 패턴 수업을 하나씩 적용해 보며 아이가 수
업의 단계에 익숙해지도록 하였다. 빛솔이가 수월하게 할 수 있는 학습
양과 수준을 가늠하기 위함이었다. 더불어 수업에 익숙해지는 기회를
제공하며 한글을 배우는 일이 쉽고 즐거운 일이라는 것을 느끼게 하

---

4 약 16.5cm×16.5cm 사이즈의 정사각 스크랩북이다. 장당 두께는 약 1mm의 하드보드지
재질이다. '스크랩북'으로 검색하면 쉽게 찾을 수 있다.

려고 했다. 이렇게 아.눈.머 10회기를 보내면서 일어나는 대부분의 일을 매일 일지에 기록한다. 기록은 정서, 행동, 인지 측면으로 나누어 해석한다. 보통 학습 부진 아동은 전형적으로 이 세 가지 영역에서 각기 다른 정도의 어려움을 겪는다. 이 어려움으로 인해 학습이 제대로 이루어지지 않는 것이다. 따라서 해석한 것을 바탕으로 필요한 부분에 적절한 통제나 투입물을 결정하여 본격적인 패턴 수업을 준비해야 한다. 아이가 학습에 몰입할 수 있는 적절한 환경을 제공하고 뇌에서 학습이 일어날 수 있는 효과적인 방법을 찾는 것이 아.눈.머의 핵심이다.

회차: 아.눈.머 2회차 ···

활동 내용: 그림 카드, 낱말 카드 읽기(ㄱ~ㅂ), 메모리 게임, 낱자 자석으로 낱말 만들기, 쓰기

—

교사 (그림 카드를 하나씩 내려놓으며) 지난 시간에 선생님하고 빛솔이가 좋아하는 것들을 찾았어요. 말해 볼까요?

빛솔 강아지, 과자[가자], 과일[가일], 고양이.

교사 (글자 카드 내려놓으며) 그림과 같은 글자 카드를 가져가 볼까요? 소리 내어 읽으면서 가져가 봅시다.

빛솔 (카드의 짝을 맞추며) 강아지, 과자[가자], 과일[가일], 고양이.

교사 그럼 이 중에 글자가 세 개가 있는 낱말⑤은 무엇일까요?

빛솔 (강아지와 고양이 카드를 짚는다.)

교사 그럼 나머지는?

빛솔 두 글자요.

교사 와, 잘했어요. 그럼 여기서 첫 글자가 똑같은 낱말이 있어요. 무엇일까요?

빛솔 (손으로 과자와 과일을 짚는다.)

교사 똑같은 글자를 어떻게 읽지요? 과일 할 때?

빛솔 과[가].

(중략)

교사 메모리 게임을 해 볼게요. 카드를 뒤집어서 같은 그림과 낱말이 나오면 그것을 읽고 가져가는 겁니다.

빛솔 (카드를 뒤집고 섞는다.)

교사 누가 먼저 할까요? 가위바위보.

빛솔 (나비 그림 카드와 낱말 카드를 뒤집는다.) 나비.

(중략)

교사 (글자 카드를 보여 주며) 한 번 더 읽어 봅시다.

빛솔 배, 병아리, 버스, 밥, 도토리, 무, 책 하고 싶다.②

교사 (다른 글자 카드를 보여 주며) 네 조금 있다가 할 거예요.

(중략)

교사 (오늘 말해 본 그림 카드를 보여 주며) 어떤 낱말을 써 볼까요?

빛솔 (강아지 그림 카드를 보며) 모르겠어요.①

교사 강아지 한 번 써 봅시다. 선생님이 도와줄게요.

빛솔 (낱자 자석으로 하나씩 가져와서 '강아자'를 만든다.)

교사 읽어 볼까요? '지'가 어때요? 맞아요?

빛솔 아니요.

교사 ('ㅣ' 낱자를 가져오며) 선생님이 도와줄게요. 지렁이 할 때 '지', 지우개에서 '지'예요. 안 보고 써 봅시다.

빛솔 ('지'를 쓴다.)

교사 그럼 선생님 칠판에도 써 보고 오세요. 한 번 더 읽어 볼까요?

빛솔 강아지.

(중략)

교사 (스케치북을 꺼내며) 오늘 써 본 낱말을 스케치북에도 써 봅시다. 강아지.

빛솔 어떻게 썼더라?③

교사 ('가'를 말하면서 쓴다.) 선생님이 도와줄까요? 가웅, 가웅, 받침은 어떤 것일까요?

빛솔 ('ㅇ'을 쓴다.)

교사 그렇지. 아지.

빛솔 ('강아자'를 쓴다.④)

교사 어? '강아지' 글자인가요?

빛솔 (고개를 흔든다.)

교사 지는 어떻게 썼지요? 후보를 줄게요. 1번 'ㅣ', 2번 'ㅑ', 3번 'ㅓ'.

빛솔 ('ㅣ'를 선택하고 수정한다.)

①"모르겠어요"는 아.눈.머 기간 동안 빛솔이가 하루에 1회 이상 나에게 했던 말이다. 빛솔이는 써 보자는 말을 들으면 반사적으로 모르겠다는 말을 했다. 아.눈.머 2회차 때 강아지를 쓰기 위해 낱자 자석으로 글자를 만들자고 하자 처음에는 모르겠다고 답했다. 그렇지만 결국 스스로 낱자 자석을 이용해 단어를 완성했다. 빛솔이는 이전에 실패한 경험 때문인지 할 수 있음에도 쉽게 포기하는 학습된 무기력이 있었다. 실패에 대한 불안감으로 인해 시도조차 하지 않는 방법으로 실패 가능성을 낮추고 있었던 것이다. 정서적인 측면에서도 낮은 학습 동기와 과도한 불안이 있다고 판단하였다. 그래서 패턴 수업을 준비하면서 첫째, 빛솔이의 내외적 동기를 강화하고자 노력하였다. 한글을

잘하게 되면 빛솔이가 하고 싶은 일을 정하자고 하였다. 빛솔이는 반 친구들에게 좋아하는 동화책이나 직접 만든 책을 읽어 주겠다는 목표를 세웠다. 이는 내적 동기를 강화하기 위함이었다. 또 수업 시간 주어진 책 3권을 읽으면 좋아하는 간식을 선물하는 것으로 외적 강화물을 사용하였다. 둘째, 성공의 경험을 제공하기 위해 다양한 전략을 구사하였다. 성공의 경험이 축적될수록 학습된 무기력감은 극복할 수 있기 때문이다. 그래서 어떤 활동이든 충분히 연습할 기회를 주고 성공할 수 있도록 도왔다. 한 예로 새로운 책을 읽기 전 빛솔이가 어려울 것이라 예상하는 낱말은 단서를 제공하여 말해 보며 연습한 뒤 글자를 읽게 하였다. 그리고 쓰기 활동에서 어려운 낱말을 쓸 때는 글자를 떠올릴 수 있는 다양한 단서를 제공하고 연습 공간에 미리 연습하였다. 마지막으로 실패한 시도에 대해서도 구체적으로 격려하였다. 낱자 자석으로 글자를 만들 때 틀린 낱자를 가져오더라도 "시도하는 거 아주 훌륭해요"와 같이 칭찬하였다.

행동 측면에서는 ②"책 하고 싶다"와 같은 말 역시 눈여겨볼 만하다. 빛솔이는 단어를 읽다가도 메모리 게임을 잘 하다가도 다른 활동을 하고 싶다는 말을 불쑥 꺼내곤 하였다. 주의 집중에 어려움이 있었던 것이다. 학습에서는 주어진 과제에 대해 필요한 시간 동안 계속해서 주의를 집중할 수 있어야 한다. 하지만 수행 중인 과제에 주의를 지속하지 못하고 앞에 놓인 책에 새로운 자극을 받아 집중이 흐트러지곤 했다. 그리고 가끔 빛솔이는 그림 카드를 보여 주면 그 안에 있는 주인공의 머리 모양과 옷 색깔 등 그림의 의미를 말하는 것 외에 다른 것에 관심을 가질 때가 있었다. 교실 앞 칠판에 글자를 쓰러 가면서도 주변에 보이는 전시품, 칠판에 붙여져 있는 것들에 주의를 빼앗겨 궁금해하고 만져 보기도 했다. 이는 선택적 주의 집중의 어려움을 나타내는 행동이다. 주어진 자극 중에 중요한 것에만 반응할 수 있어야 학습에 유리한데 그러지 못했던 것이다. 패턴 수업을 준비하면서 우선, 간섭 자극을 최소화하기 위해 빛솔이 시야에 보이는 물건을 깨끗이 치웠다. 빛솔이에게 자극이 될 수 있는 것들은 모두 가렸다. 그리고 주의의 지속에 적절한 학습량과 난이도를 조절해야 함을 명심하고 아.눈.머 기간 동안 이를 관찰하여 패턴 수업을 준비하였다. 역시 집중력 향상에 있어 과제 흥미도가 중요하기 때문에 재미있는 책과 다양한 교구 그리고 놀이를 준비하였다. 마지막으로 패턴 수업으로 일정한 학습 루틴을 형성함으로써 주의 분산을 막을 수 있을 것이라 기대하였다.

행동 분석 전　　　　　　　　행동 분석 후

그림 3 행동 분석 결과에 따른 수업 환경 재정비

빛솔이는 인지적인 측면에서 두드러진 특징은 없었다. 하지만 조금 전 연습했음에도 불구하고 ③"강아지" 쓰기를 주저하는 모습이나 동일한 실수인 ④"강아자"를 반복하는 것으로 봐서 약간의 인지적 한계를 보였다. 이뿐 아니라 글을 읽기 위한 전략과 글자를 익히기 위한 학습 전략이 없음을 관찰을 통해 알 수 있었다. 그래서 가장 중요하게 생각한 것은 반복을 통해 완전 학습을 하는 것이었다. 동일한 학습 요소를 간헐적으로 반복 제시하여 여러 번 학습할 기회를 줄 것을 고려하였다. 다음으로 가지고 있는 배경지식이나 어휘를 새로운 학습 요소와 연결하기 위해 준비하였다. 마지막으로 소리를 분석하여 글자 읽기와 의미 단서 이용하기 등 다양한 읽기 전략과 쓰기 전략을 지도할 것을 계획하였다.

여기에 더해서 빛솔이의 언어 발달 양상을 관찰하여 기록하였다. 위 사례에서 볼 수 있듯이 ⑤각 음절을 구분할 수 있는가를 물었을 때 빛솔이는 잘 해냈다. 하지만 음소 대체에 있어서는 어려워하였다. 'ㅇ', 'ㅎ' 발음을 혼동하여 사용하고 'ㅁ' 받침 소리를 정확하게 구사하지 못했다. 특히, 과일을 [가일]로 발음하는 등 이중 모음 발음이 부정확하다는 것을 확인할 수 있었다. 수업을 준비하면서 기본 음절체를 확립하는 것을 우선하고 종성을 지도할 것을 계획하였다. 여기에 이중 모음은 입 모양을 정확하게 보여 줘야 함을 기억했다. 그리고 자산 어휘 목록을 초성, 중성, 그리고 대표 종성으로 나누어 표를 만들었다. 수업 시간 중 단서를 줄 때 또는 해당 음소를 지도할 때 활용할 수 있기 때문이다.

2) 패턴화된 수업

정밀하게 계획한 만남, 호흡 맞추기

아.눈.머 시간을 통해 아동에 대한 다양한 정보를 수집하였다면 이제 본격적으로 수업을 시작할 수 있다. 지금껏 지도하면서 또래 평균 수준의 읽기에 성공적으로 도달한 아이들의 공통점은 두 가지이다. 하나는 주 3회 이상 지도를 한 것이고, 다른 하나는 가정에서 함께 협력한 것이다. 배운 것을 자기 것으로 만들기 위해서는 반복과 잦은 되뇜이 꼭 동반되어야 하기 때문이다. 빠짐없이 매주 3회 수업을 하고 학습한 것을 가정에서 반복한 아이는 또래 평균 수준 이상의 가속화된 발달을 보였다.

패턴 수업을 진행하면서 중요하게 생각하는 세 가지 원칙이 있다. 첫 번째는 아이를 수업에 참여시키는 것이다. 여기서 참여는 교사가 제시한 과제를 해결하는 정도가 아니라 스스로 문제를 발견하고 해결 방안을 찾는 등 주도적으로 참여하게 하는 것이다. 즉, 교사는 학습의 주도권을 아이에게 넘겨야 하며 사실상 교사는 도움을 주는 역할만 할 뿐이다. 예를 들어 익숙한 책 읽기를 할 때 아이가 오류를 범하면 교사가 바로잡기보다는 "방금 이렇게 읽었는데 어때?"라는 질문을 통해 생각할 기회를 주어 스스로 깨닫고 수정할 수 있도록 독려해야 한다. 문장 쓰기를 할 때도 마찬가지로 교사가 제시하는 문장을 쓰는 것이 아니라 자기가 쓸 문장을 스스로 떠올리도록 하는 것이 적절하다. 두 번째 원칙은 성공의 경험을 제공하는 것이다. 이는 실패를 허용하지 않는다는 것이 아니다. 교사가 아이의 실패 요인을 예측하여 환경을 조성하고 성취할 수 있도록 계단을 놓아 주는 것이다. 이 작업을 위해 우리는 아.눈.머에서 아이에 대한 많은 정보를 수집해야 한다. 아이가 주도적으로 행하게 하더라도 성공 확률을 높일 수 있게 수업의 과정을 계획해야 한다. 예를 들어 아이가 책을 읽기 전 의미 파악이나 읽기가 어려운 단어를 교사와 미리 연습해 본다. 글자 쓰기에서 어려움을 보이면 아이가 활용할 수 있는 다양한 단서를 제시하여 결국 스스로 완성할 수 있도록 한다. '지'를 못 쓰고 있을 때 "지우개 할 때 '지', 지구 할 때 '지'와 같은 글자예요"와 같이 단서를 줄 수 있다. 그리고 사탕이나 젤리와 같은 외적 강화물을 통해 외적 동기를 높여 주의 집중력을 향상시키는 것도 학습에서 성공을 경험하게 하는 한 방법이다. 세 번째는 맥락 속에서 읽기를 지도하는 것이다. 아이가 가진 맥락 속에서 단어를 제시하고 문장을 만들도록 하는 것이다. 맥락이란 아이가 익히 잘 알고 있거나 주변에 있는 익숙한 것을 말한다. 매시간 3권의 책을 읽는 패턴 수업에서는 책에 제시된 단어 역시 맥락에 있다고 볼 수 있다. 또 가족의 이름이나 좋아하는 캐릭터 역시 가능하다. 따라서 맥락 속에서 지도하기 위해서는 수업 전 교사가 지도 계획을 세우는 것이 반드시 필요하다. 그날 어떤 낱자나 단어를 가지고 지도할 것인가를 미리 책을 읽고 준비할 필요가 있다.

읽기 따라잡기 수업이 구체적으로 어떤 방법으로 진행되는지 알아보면서 맥락 속 지도를 설명해 보자면 다음과 같다. 먼저, 읽기 따라잡기 패턴 수업에서는 30분 동안 다섯 단계의 활동이 매우 밀도 있게 진행된다. 한 수업에는 최소한 3권의 책이 필요하며, 크게 읽기 10분, 낱말 5분, 쓰기 10분 그리고 다시 읽기 5분으로 기억하면 쉽다. 세부적으로 아이 입장에서 생각해 보면 2번 이상 읽은 책 읽기 7분, 어제 새롭게 읽었던 책 읽기 3분, 낱말 익히기 5분, 문장 쓰기 10분, 마지막으로 새로운 책 읽기 5분으로 수업이 이루어진다. 앞서 말한 세 번째 원칙인 맥락 속에서 지도하기가 이 다섯 단계에서 긴밀하게 연결될 수 있게 읽기 따라잡기 수업을 진행해야 성공적인 지도가 가능하다. 나는 보통 5단계에서 아이가 새로운 책을 읽는 모습을 기록한 것을 바탕으로 다음 시간 3단계 낱말·글자·말소리 탐색에서의 지도 요소를 선정한다. 새 책을 읽는 동안 오류를 보이거나 도움을 요청하는 단어를 기록한다. 읽기에서 특별한 어려움을 보이지 않았다면, 초기 문해력 검사 결과지를 참고한다. 결과지를 통해 아직 확립되지 않은 낱자를 확인하여 그날 새로운 책 읽기에서 나온 단어 중에 그 낱자를 포함한 낱말이 있는지 여부를 확인한다. 포함된 것이 있다면 지도 요소로 선정한다. 두 가지 경우도 해당하지 않는다면 근래에 오류를 보였던 것을 지도 요소로 선정하고 자산 어휘 목록에서 해당 지도 요소가 포함된 단어를 찾아 패턴 수업을 준비한다. 무엇보다 3단계에서 분석할 낱말을 선정할 때는 아이가 말소리와 의미를 알고 있는지 여부를 우선적으로 고려해야 한다. 3단계 목표를 세웠다면 1단계 익숙한 책 선정에도 이를 반영하고자 한다. 매번 실행하기는 어렵겠지만 되도록 목표 낱자나 글자가 포함된 책을 선정하여 해당 지도 요소를 노출할 기회를 만든다. 2단계에서 지난 시간에 본 새로운 책을 읽게 되고 자연스럽게 3단계로 이어서 지도 요소를 익힐 수 있다. 가능하다면 4단계 문장 쓰기에서도 해당 낱자나 글자가 포함된 낱말과 연관된 경험을 묻고 답하면서 문장 쓰기로 이어지도록 한다. 하지만 아이에게 주도권을 주어야 하므로 억지로 문장에다가 해당 낱말을 넣으려고 하지 않아도 된다. 30분이지만 목표로 한 것을 다양한 맥락에서 빈번하게 노출하여 아이가 자신도 모르는 사이 계속 익힐 수 있도록 한다. 아이가 의미를 알고 있거나 읽을 수 있는 단어가 목표 단어이므로 새로운 것을 익히지만 인지적으로 부담이 줄어들기 때문에 쉽게 학습할 수 있다. 쉽다고 느낀다면 자신감을 얻게 될 것이고 이것이 다음 학습으로 이어지는 힘이 되는 것이다. 이렇게 패턴 수업을 맥락 속에서 계획하여 준비하면서 아.눈.머에서 발견한 개별 아이의 특성에 맞게 환경을 조성하여 수업을 이끈다면 아이는 편안하고 즐겁게 수업에 몰두할 수 있다. 가속화된 발달이라는 고속도로로 진입한 것이다.

수업의 시작: 익숙한 책 읽기

항상 아이가 도착하기 전, 익숙한 책 후보들을 책상 위에 올려 둔다. 빛솔이는 들어오자마자 달려와 책상에 있는 책 중 하나를 선택했다. 읽을 책을 직접 선택하는 것 역시 아이의 흥미를 높이는 데 도움이 되며 아이는 자기 주도로 한다는 것에 기쁨을 느낄 수 있다. "뭐 골랐게요?" 빛솔이는 선택한 책을 자주 책상 밑으로 숨겨 나에게 제목을 묻곤 했다. 그렇게 빛솔이는 즐겁게 수업을 시작했다. 이때 읽을 책 후보는 최대 4권을 넘지 않도록 한다. 권수가 많으면 선택하기 어려워 시간이 지체되고 읽기라는 수업의 본질을 해칠 수 있기 때문이다. 그래서 가끔은 "5, 4, 3, 2, 1" 숫자를 세며 선택하는 시간을 제한하기도 하고 필요에 따라 1권만 제시하기도 한다.

익숙한 책을 몇 권이나 읽을 것인가는 지도하는 아이의 읽기 유창성 발달 정도에 따라 달라질 수 있다. 빛솔이는 익숙한 책 목록에 BFL 0, 1 수준만 있을 때는 2~3권 정도 읽었다. 점차 회차를 거듭할수록 책 수준이 높아지고 하루에 읽어야 할 글의 양이 많아지니 빛솔이가 힘들어하는 것이 느껴졌다. 유창성 발달이 책이 바뀌는 속도를 따라가지 못하고 있었다. 그래서 익숙한 책은 2권을 넘지 않게 했다. BFL 4, 5의 책을 1단계에서 읽기 시작하니 시간이 많이 소요되었고, 빛솔이에게 학습의 부담을 줄이는 방향으로 조정이 필요했기 때문이다. 그것이 30회차부터였다. 하지만 2권 중 첫 번째 책은 꼭 빛솔이가 정말 쉽게 읽을 수 있는 책으로 준비했다. 읽기에서 자신감과 성취감으로 그날의 수업을 시작하기 위해서이다.

아.눈.머부터 지도 10회차까지는 읽기 전 자기가 읽을 수 있는 글자 위에 점을 찍고 나서 점을 찍은 글자는 빛솔이가, 나머지는 내가 읽었다. 빛솔이가 읽을 수 있는 글자의 수가 적고 자신감이 부족하였기 때문이다. 더불어 잘 못 읽는 아이를 읽기에 참여시키고자 한 의도가 있었고, 내가 읽는 것을 들으면서 글자를 익힐 기회를 제공하기 위해서였다. 수준 평정 그림책 BFL 1이 끝난 뒤인 11회차 때 "저 혼자 읽을래요"라며 점을 찍지 않고 읽기 시작하였다. 13회차에서는 모르는 글자를 한참 바라보고 있는 모습이 포착되었다. 이는 모르는 글자 읽기를 포기하지 않고 시도하는 모습이라 생각하여 "읽으려고 노력하는 모습이 정말 멋지다"라며 크게 격려하였다. 쉽게 "몰라요"라고 말하며 나를 바라보던 빛솔이가 오류를 범하더라도 시도하는 아이로 변하기 시작한 지점이었다. 이후에는 모르는 글자가 나오면 손가락으로 짚어가며 읽는 손가락 짚기 전략을 사용하기 시작하였고, 잘못 읽은 것을 다시 읽는 자기 수정 전략이 등장하였다.

이렇게 실패를 두려워하지 않으며 점진적으로 올바른 읽기 전략이 등장한 것에는 세 가지 이유가 있다. 하나는 아이가 읽는 동안은 오류가 보이더라도 그 즉시 교사가 개입하지 않은 것이다. 나는 아이가 행한 오류 그대로를 기록한 뒤 책을 다 읽고 나면 중대한 두세 가지 정도만 개입하여 지도한다. 유창성 향상이라는 목적이 큰 이 단계에서는 최대한 아이가 읽는 흐름을 깨지 않는 것이 중요하기 때문이다. 잦은 개입은 학습에 불안을 높이며 학습량이 많아져서 주의 집중을 흐트러지게 한다. 나아가 즉각적인 피드백이나 습관적인 맞장구 역시 피하는 것이 좋다. 아이가 교사의 반응에 기대지 않고 스스로 판단하는 힘을 길러 주는 것이 필요하다. 하지만 자기 수정 등 적절한 전략을 사용하거나 글자를 읽으려고 시도하는 모습이 보이면 그 즉시 칭찬한다. 다른 하나는 읽기 전략을 사용하는 모습이나 유창하게 읽는 모습 등을 직접 보여 주는 것이다. 손가락으로 짚으며 읽는 모습과 틀렸을 때 다시 읽는 모습 등을 직접 시범을 보인다. 축자적 읽기와 유창하게 읽기를 번갈아 보여 주고 어떻게 읽는 것이 더 나은지 찾도록 한다. 마지막으로 책을 읽기 전과 후에 책 내용에 대해서 짧은 대화를 나눈 것이다. 유창하게 읽기에 도움이 될 수 있도록 읽기 전 "이 책 내용 중 기억나는 것이 있나요?"라며 질문한다. 또는 독자로서 내용을 음미하고 즐길 수 있는, 자기와 연관된 질문을 하며 책 읽기를 시작하고 마무리한다. 내용을 기억하고 있는가를 평가하기 위한 질문은 피한다.

회차: 42회차 수업 ·················

활동 내용: 패턴화된 수업 1단계 익숙한 책 읽기 / 《봄꽃》(BFL 2), 《무지개》(BFL 3)

—

교사 빛솔이 이 책 내용 중 기억나는 것이 있나요?

빛솔 엄마랑 아기가 산책하고 배나무랑 사과나무도 봤어요.

교사 우와, 맞아요. 내용을 기억하면서 읽으면 도움이 돼요. 오늘 책 읽어 봅시다.

빛솔 봄이 왔어요. 엄마와 아기는, 아기가 산책을 가요. 사과나무에는 사과[꽃이] 피어요. 배나무에는 배[꼬시] 피었, 피어요. 아기 얼굴에는 무슨 [꽃이], [꼬치] 필까요?

〈본문〉

봄이 왔어요.

엄마와 아기가 산책을 가요.

사과나무에는 사과꽃이 피었어요.

배나무에는 배꽃이 피었어요.

아기 얼굴에는 무슨 꽃이 필까요?

교사 틀렸다고 생각했을 때 다시 읽는 거 아주 훌륭해요.

(오류가 있었던 '피었어요' 쪽을 펴서 가림자[5]로 다른 글자를 가리며) 아까 빛솔이가 어떻게 읽었냐면 '피어요'라고 읽었어요. '피어요'는 몇 글자지요?

빛솔 세 글자요.

교사 그럼 책에는 몇 글자가 있지요?

빛솔 네 글자요. 피었어요.

교사 그렇지요. 글자를 끝까지 보면서 읽어야 해요. 빛솔이가 가장 좋아하는 꽃은 뭐예요?

빛솔 무궁화랑 개나리랑 또 먹을 수 있는 꽃이 있는데 맛있어요.

(중략)

교사 빛솔아, 이번에는 선생님이 두 번 읽어 볼 거예요. 어떤 게 더 멋있게 읽는 건지 봐 줘요. 1번 (한 음절씩 끊어 읽으며) 나∨는∨가∨만∨히∨의∨자∨에∨앉∨아∨있∨어∨요. 2번 (어절 단위로 유창하게 읽으며) 나는∨가만히∨의자에∨앉아∨있어요. 어떤 것이 더 멋있지요?

빛솔 2번이요.

교사 그럼 빛솔이도 그렇게 한번 읽어 볼까요?

---

5 A4 용지를 코팅하여 [그림 4]와 같이 자른 것이다. 가림자의 가운데 부분은 '책 발자국 K-2 그림책' 시리즈 BFL 1 책의 글자 크기에 맞추어 잘라 냈다.

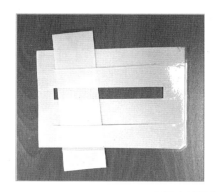

그림 4 가림자 사용 모습

나는 매 수업에서 첫 시간인 익숙한 책 읽기 단계를 아이의 문해력 발달 정도를 진단하는 시간이라고 생각한다. 지난 시간과 달리 그날 아이가 해내고 있는 것과 아직 미숙한 것이 무엇인지 발견하는 시간인 것이다. 그래서 어떤 것을 지도 요소로 선정하고 그날 수업을 이끌 것인지 이 단계를 거치면서 계획한 것을 수정하기도 한다. 그러기 위해 교사가 기록하는 것은 참으로 중요하다. 48회차 수업에서는 'ㄹ' 초성을 복습하고자 계획을 세웠다. 이전 수업에서 'ㄹ' 초성에서 오류를 보이는 모습을 포착했기 때문이다. 그러나 그날 수업 첫 책인《봄에 피는 꽃》(BFL 5)을 읽으면서 '연두색', '분홍', '진달래' 단어를 보자 첫 글자에서 읽기를 멈추고 고민하는 모습이 반복되어 나타났다. 빛솔이는 단어를 읽지 못하고 나를 물끄러미 바라보았다. 읽기를 도와달라는 신호였다. "(ㄴ을 손가락으로 가리며) ㄴ이 없으면 이 글자 어떻게 읽지요? 거기에 [은] 소리를 붙이면요?" 이렇게 글자와 말소리를 탐색하는 방법으로 도움을 주었고 빛솔이는 따라 읽었다. 이 단어들의 공통점은 첫 글자가 'ㄴ 받침이 있는 글자'라는 것이다. 그래서 처음 계획을 수정하였다. 익숙한 책 읽기를 하는 가운데 발견한 학습 요소인 'ㄴ 받침이 있는 글자'를 3단계에서 학습하기로 계획을 변경한 것이었다. 읽기 따라잡기 프로그램의 강점이 바로 여기에 있다. 교사가 미리 학습 계획을 세우지만, 그 계획은 아이에게 적절한 것으로 언제든지 바뀔 수 있는 것이다. 교사는 언제든 아이에게 적절한 지도를 제공하기 위해 계획을 변경할 수 있는 유연성을 가져야 한다. 그리고 익숙한 책 읽기 단계에서는 미리 계획한 학습 요소가 포함된 글자나 단어를 기록하는 것이 중요하다. 보통 익숙한 책은 2번 이상 읽은 책 중 그날 계획한 학습 요소가 포함되어 있는 책으로 선정한다. 특히, 이미 아이가 의미도 알고 잘 읽을 수 있는 글자나 낱말이 학습 요소로 포함된 책을 고르려고 노력한다. 아이가 익숙한 책을 읽는 동안 해당 학습 요소를 어떻게 읽는지를 기록하여 그날 수업에서 활용할 수 있을지 판단한다. 41회에서는 'ㅂ' 받침을 그날 학습 요소로 계획했다. 그래서 청주교대 수준 평정 그림책 연구팀에서 개발한《술래잡기》(4수준)를 익숙한 책으로 준비하였다. 이미 제목에 'ㅂ' 받침이 포함이 되어 있고 내용에서도 '잡'이라는 글자가 4번 등장하기 때문이다.

읽기 면밀하게 파악하기: 읽기 과정 분석

앞선 시간 5단계에서 처음 읽은 책은 이번 수업의 읽기 과정 분석 단계에서 읽게 되는 책이다. 그래서 이 책은 두 번째 읽게 되는 것이다. 아이에게는 1단계에서의 책 읽기와 다름없는 읽기이지만 교사에게는 다른 의미가 있다. 이 단계야말로 아이가 읽는 모습을 엄밀하게 기록하여 오반응과 그 이유를 분석하고 어떤 읽기 전략을 사용하는지 파악하는 시간이다. 따라서 아이가 책을 넘기는 순간부터 교사는 열심히 기록해야 한다. 읽는 동안 즉시 기록하기도 하지만 지도가 끝난 후 녹음이나 녹화한 것을 다시 보면서 분석하는 시간도 꼭 필요하다. 이때 주의할 것은 책 읽기의 책임을 온전히 아이에게 이양하는 것이다. 아이와 긍정적인 교감은 유지하되 교수적 상호작용은 최소화해야 한다. 정말 중대한 오류가 아니라면 읽기에 개입하지 않아야 한다. 보통 내가 중대한 오류라고 판단하는 것은 앞으로 계속 반복될 글자가 처음 등장했을 때 틀린 경우이다. 가르치는 것에 익숙한 교사는 오류를 보고도 침묵하는 일이 쉽지 않다. 하지만 침묵해야 한다.

읽기 과정 분석의 목적은 아이가 그 책을 어느 정도로 정확하게 읽는지 파악해 그 책에 대한 아이의 읽기 수준을 알기 위함이다. 그리고 오반응한 것과 자기 수정한 것을 면밀히 분석해 아이의 읽기 전략과 문제 해결력 정도를 확인하기 위함이다. 이것을 통해서 교사는 아이에게 필요한 학습 요소를, 기록을 근거로 훨씬 더 정확하게 찾아낼 수 있다. 하지만 나는 매시간 분석하는 것에 부담감을 느껴, 정반응과 오반응을 표시하는 정도는 매일 하더라도 면밀하게 분석하는 것은 일주일에 1번만 하였다. 즉, 아이에게 적절한 수준의 책인지와 어디서 오반응을 주로 보이는지를 알기 위해 매일 어절 단위의 반응을 기록하되, 오반응과 자기 수정에서 어떤 읽기 단서를 어떻게 사용하고 있는지와 같은 면밀한 분석은 주 1회 정도 하여 지도의 근거로 활용한다.

천리길도 한 걸음부터: 낱말·글자·말소리 탐색

이 단계는 질문으로 수업을 시작한다. "이 책의 제목이 뭐였지요?", "이 그림이 무엇이지요?", "○○이가 가장 좋아하는 새라고 했는데 뭘까요?"라는 식의 질문을 자주 한다. 질문의 답은 그날 3단계의 학습 요소를 포함한 목표 글자나 낱말이며, 아이가 비교적 정확하고 쉽게 말할 수 있는 것으로 정한다. 그 이유는 의미나 말소리를 이미 아는 낱말을 가지고 글자와 연결하는 것이 장기 기억의 저장에 더 효율적이기 때문이다. 예를 들어 책에 그림이 있는 낱말로 어렵지 않게 대답할 수 있는 것을 선정한다. 3단계 지도는 이렇게 아이에게 익숙하거나 의미 있는 낱말을 활용한다. 읽을 수는 있지만 쓸 수 없는 단어나 읽고 쓸 수 있는 단어를 가지고 탐색 활동을 하는 것이 낱말·글자·말소리를 익히는 데 매우 중요하다. 아는 것에서 출발하라는 읽기 따라잡기 지도 원리가 여기에도 해당하는 것이다. 수업 전 그날 지도할 낱자나 글자를 선정하고 그것이 포함된 아이의 자산 어휘 목록을 준비한다. 이는 말소리 탐색 후 다양하게 다른 낱말에도 적용해 보기 위해서이다. 만약에 오늘 'ㄷ' 초성을 지도하겠다고 계획했다면 도토리, 다리미, 두유, 두더지, 대머리 정도로 되도록 받침이 없는 글자로 준비해 둔다. 종성 'ㄴ'을 계획했다면 돈, 산, 손, 눈, 문 등 한 글자로 된 쉬운 글자를 따로 적어 둔다. 받침을 지도할 때는 한 글자로 된 단어로 카드를 만들어 활용하기도 한다. 카드는 앞면에 그림을, 뒷면에는 글자를 넣어 만든다.

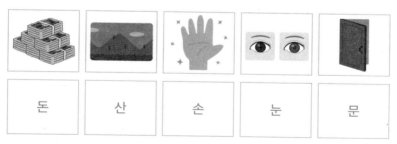

그림 5 'ㄴ' 종성 지도에 사용한 낱말·그림 카드

그날 패턴화된 수업 계획을 세울 때 먼저 2단계에서 읽을 책에서 지도 낱자나 글자를 포함하는지 살피고 있다면 활용하되, 없다면 익숙한 책에서 이를 고려하여 책 후보를 정한다. 이것도 어렵다면 책이 아닌 아이가 알고 있는 자산 어휘 목록에서 활용할 것들을 정해서 수업에 활용하면 된다.

3단계 지도 목표를 세울 때 꼭 기억해야 할 것은 내가 맡은 아이의 읽기 발달 단계이다. 아이의 발달 단계에 적합한 학습 난이도와 양을 조절하는 것은 정말이지 여러 번 강조해도 지나치지 않다. 아이의 발달 단계보다 낮은 수준의 학습은 지루함을 불러일으킬 수 있고 또 그보다 높은 수준은 아이에게 무기력함을 느끼게 할 수 있기 때문이다. 내 아이의 적절한 근접발달영역Zone of Proxmal Development, ZPD 단계를 찾아 적절한 비계를 놓아 주는 것이 읽기 지도에서 성공 열쇠이다. 즉, 현재 아이의 읽기 발달 단계를 파악하여 아이가 알고 있는 것에서 약간의 도전을 불러오는 과제를 제시하며 앞으로 나아가도록 계단을 놓아 줘야 한다.

한글 단어 읽기 발달 과정(윤혜경, 1997)[6]
① 통단어whole word 읽기
② 글자 읽기

---

6 한글 읽기는 단어와 그 소리를 대응시키는 단어 읽기로부터 시작하여 글자와 음절을 대응시키는 글자 읽기 단계를 거쳐 자소 읽기로 발달한다. 자소 읽기는 받침자부터 종성과 대응하며 시작된다. 이어서 음절체의 초성과 중성이 초성 자음자와 중성 모음자와 각각 대응하면서 완성된다. 자소 읽기가 자동화되면 철자 읽기가 된다. 철자 읽기 단계에 이르면, 애써 생각하지 않아도 모든 글자를 읽고 쓰는 것이 가능해진다.

③ 자소 읽기

④ 철자 읽기

빛솔이는 음절 단위의 글자 읽기 단계에서 자소 읽기 단계로 나아
가고 있다. 아.눈.머 활동을 하는 동안 빛솔이는 음절 단위 분석이 가
능하였다. 읽기 발달 수준을 더 면밀하게 파악하기 위해서 아래와 같
이 몇 가지 질문을 하였다.

표 1 읽기 발달 수준을 파악하기 위하여 음절에 관해 던진 질문들

음절 수 세기	"강아지, 소리마디가 몇 개이지요?"
첫/끝음절	"과자와 과일은 똑같이 들어가는 소리마디가 무엇이지요?"
음절 변별	"첫 소리마디가 다른 것을 찾아봐요. 나무-사과-나비."
음절 생략	"고양이에서 고를 빼고 말하면?"
음절 첨가	"거미에다가 줄을 붙여서 말하면 어떻게 되나요?"
음절 분절	"마트를 각각의 소리마디로 나누면?"
음절 합성	"자, 전, 거를 합치면 뭐가 되나요?"
음절 대치	"나비에서 비를 무로 바꾸면?"

빛솔이는 음절 대치에 관한 질문에 대답하는 것을 어려워하였고 나
머지는 올바르게 대답하였다. 수업 중 같은 음절이나 글자 찾기에 흥
미가 생기면서 직접 찾아 말하는 일이 많아졌다. 'ㅅ' 초성을 지도할 때
'스티커'를 익힌 뒤 "버스에도 '스'가 들어가요"라며 단어를 음절과 글자
단위로 인식하고 있음을 보여 주었다. 'ㅁ' 받침을 지도하면서 '잠'이라
는 단어를 배우고도 "잠꾸러기 할 때 잠이에요"라고 말하였다. 따라서

음절 단위를 인식할 수 있는 글자 읽기 단계에 있음을 알 수 있었다. 하지만 낱자의 이름을 알아도 개별 글자에 있을 때 소리를 구분하지 못했고, 특히 받침이 있는 글자는 고빈도 어휘가 아니라면 읽기를 시도하지 않았다. 글자 안에서 자음이나 모음이 바뀌면 읽지 못하는 모습을 보이므로 아직 글자 읽기 단계에 있음을 알 수 있다. 음성 언어를 살펴보면 '가을'이라는 단어를 [가흘]이라고 발음하거나 과자를 [가자]로 발음하는 등 명확하게 발음하지 못하는 모습도 보였다. 특히, 초성 위치에서 'ㄷ', 'ㅈ', 'ㅊ', 'ㅌ' 자음의 음소를 구별하지 못하고 헷갈리는 경향을 보였다. 그래서 기본 음절체 즉, 자음과 모음으로만 이루어진 글자에 대한 소리를 명확하게 확립한 이후에 받침을 도입하기로 계획을 세웠다. 보통 기본 음절체 말소리가 80% 이상 확립되었을 때 받침을 지도하는 것이 좋다. 처음 빛솔이를 만났을 때 기록을 보면 읽을 수 있는 글자는 모두 받침이 없는 글자였다. 30회기가 넘어가면서 받침이 있는 낱말을 낱자 자석으로 만들 때 종성에는 자음 'ㅇ'을 항상 먼저 가져왔다. '땀'을 만들 때도 '깊게'에서 '깊'을 만들 때도 'ㅇ'을 먼저 가져왔다. 이러한 모습을 보면 종성을 모르거나 구분하는 데 큰 어려움이 있으므로 지도가 절실히 필요하다고 판단하였다.

지도 초기에는 기본 음절체를 익히는 일을 우선했다. 30회기에 이르기까지 자음과 모음의 초성과 중성을 지도하였다. 어떤 낱자를 지도할 것인가를 정할 때 나름의 기준을 세웠다. 10회기까지는 빛솔이가 자음, 모음 이름을 알고 있는 것들을 가지고 초성, 중성 위치에서의 말소리를 확립하는 것을 목표로 삼았다. 어떻게 보면 낱자 이름과 말소리가 확립되어 있는가를 확인하는 일이었다. 10회기 이후부터는 새 책 소개하기 단계에서 처음 책을 읽을 때 읽기에 어려움을 보인 글자를 선정하거나 초기 문해력 검사 중 이름 대기에서 오류를 보였던 낱자 중 하나를 선정하여 지도하였다. 이때의 낱말도 빛솔이에게 지도가 필요할 만큼 고빈도 어휘이고 유의미한 낱말인지를 고민하여 정했다. 그리고 선정한 낱자를 되도록 포함하고 있는 책을 1단계 책의 후보로 정했다. 30회기를 기점으로 이중 모음과 받침을 순차적으로 포함하였다. 이 순서를 철저하게 지킨 것은 아니며 빛솔이가 지금 당장 어려워하는 낱자가 있다고 한다면 이중 모음이라도 30회기 이전에 지도하였다.

3단계 지도에서 첫 질문을 통해 아이에게 그날 학습 요소를 말하게 한다. 말하고 나면 작은 칠판에 낱자 자석으로 해당 낱말을 만들도록 한다. 자석을 이용하여 글자를 만드는 것은 쓰기에 비해 인지 부담이 적고 수정이 쉬워 아이가 편하게 시도할 수 있다. 글자를 만들고 나면 여러 번 읽기를 거듭하고 바로 써 보기도 한다. 이것은 선택적이기는 하나 보통 자석 글자를 만든 뒤 1번 이상은 쓰도록 한다. 글자를 조금 더 명확하게 확립해 주려는 의도이다. 쓸 때도 재미를 더하기 위해 작은 칠판 그리고 교실 속 다른 공간, 예를 들어 선생님 칠판으로 이동해서 쓰게 한다. 그 후 다시 만들어 둔 자석 글자로 돌아가 목표 글자를 음소 지도를 위한 엘코닌 박스[7]로 옮기도록 한다. 초성, 중성, 종성의 위치를 보여 주는 동시에 시각적으로 음소를 구분하기 위함이다. 목표 낱자의 이름을 묻고 그 낱자가 위치한 곳에 따라 어떤 소리가 나

---

7 "한글의 글자 구조에 따라 여섯 가지의 형태를 띤다. 각각의 형태에서 음소 엘코닌 박스 하나는 하나의 음소에 대응한다. 엘코닌 박스를 이용하여 음소를 시각화할 수 있으며 자음자나 모음자를 직접 대입할 경우에는 음소를 보다 구체적으로 시각화할 수 있다는 장점이 있다."(정종성·최진오, 2022)

는지 말소리를 명확하게 알려 준다. 소리가 합쳐지는 과정 또한 직접 손으로 낱자 자석을 움직이고 함께 소리 내면서 보여 준다. 그러고 나면 꼭 아이에게도 똑같이 하도록 권한다. 기본 음절체를 지도할 때는 초성, 중성이 합쳐지는 모습을 보여 주고, 받침을 지도할 때는 기본 음절체와 받침을 합치는 것으로 보여 준다. 받침을 지도할 때 초성과 중성을 합치는 것부터 지도하는 것은 혼란만 일으킬 수 있기 때문이다. 그래서 받침은 기본 음절체가 어느 정도 확립된 후에 지도하는 것이 더 효과적이다. 이렇게 글자와 소리의 연결을 보여 준 뒤에는 해당 목표 낱자나 글자의 말소리를 다른 글자나 낱말에 적용해 본다. 아래 사례와 같이 'ㅊ' 초성을 '기차'에서 익혔다면 '치즈', '초코', '고추', '치마' 등 빛솔이의 자산 목록에 있는 낱말을 찾아 적용해 보면서 유의미한 학습이 이루어지게 하였다.

회차: 45회차 수업 ···

활동 내용: 패턴화된 수업 3단계 낱말·글자·말소리 탐색 / 'ㅊ' 초성 지도, 자산 어휘 활용

–

교사 빛솔아, 칙칙폭폭 하면 뭐가 떠올라요?

빛솔 기차요.

교사 빛솔이는 기차 타 본 적 있어요?

빛솔 할머니 집에 갈 때 탔어요. 엄청 긴 거요.

교사 (작은 칠판을 꺼내며) 그럼 '기차' 낱말을 자석으로 만들어 볼까요?

빛솔 (낱자 자석으로 '기차' 낱말을 만든다.)

교사 어떻게 읽지요?

빛솔 기차.

교사 (작은 칠판을 가져오며) 써 봅시다.

빛솔 (작은 칠판에 '기차'를 쓴다.)

교사 (음소 엘코닌 박스를 가져오면) 빛솔아 여기에 차를 옮겨 볼까요?

('기차'에서 'ㅊ'을 가져오며) 오늘 선생님이 알려 주고 싶은 건 이 낱자예요. 낱자 이름이 뭐지요?

빛솔 치읓이요.

교사 그럼 치읓이 1번 자리[8]에 오면 어떻게 소리가 날까요?

빛솔 츠

교사 (하이파이브 하며) 그렇죠. 치읓이 'ㅏ'랑 만나면 어떤 소리가 나는 거지요?

츠 아, 츠 아, 츠 아, 츠 아, 츠아, 츠아 차.

빛솔이가 해 볼까요?

그림 6 낱자 자석을 사용하여 '차' 소리 탐색하기[9]

빛솔 (직접 손으로 사진과 같이 조작하면서) 츠 아, 츠 아, 츠 아, 츠 아, 츠아 차.

교사 샌드위치 만들 때 잼도 바르고 그 위에 뭐도 올리죠?

---

8 초성 위치를 일컫는 약속된 말이다. 2번은 중성, 3번은 종성 위치를 일컫는 것으로 수업 전 약속하였다.

9 동영상을 캡처한 이미지로, 전체적인 수업 과정은 다음 동영상을 참고하기 바란다.

빛솔 치즈요.

교사 치즈에 [츠] 소리가 있나요? 그럼 '치'를 만들려면 어떤 낱자를 바꿔야 하지요?

빛솔 ('ㅏ' 낱자 자석을 'ㅣ'로 바꾼다.) 치.

교사 츠 이, 츠 이, 츠 이, 츠 이, 츠이, 치 해 볼까요?

이 단계에서 가장 주의할 것은 교사가 욕심내지 않는 것이다. 이것도 저것도 알려 줘야 한다는 조급함이 생길 때와 아이가 조금 잘한다고 느껴질 때가 정말 조심해야 하는 순간이다. 한동안은 3단계 수업을 진행하다 보면 10분을 넘기는 일이 비일비재했다. 지쳐 가는 아이를 보지 못하고 주의가 산만해지는 아이 탓만 하곤 했었다. 그래서 학습 요소는 하루에 딱 한 가지만 정하고자 한다. 더불어 아이는 한 번 지도에 바로 습득하는 것이 아니므로 여러 번 반복해야 함을 잊지 않으려고 한다. 만약에 오늘 'ㅈ'을 지도했는데 미흡하다고 느껴진다면 3~4일 뒤 계획표에 'ㅈ'을 미리 적어 두었다. 아이 발달에 따라 더 지도가 필요 없거나 그날 시급한 것이 보이면 계획은 수정할 수 있지만, 간헐적으로 반복하기 위해서 미리 적어 두었다.

단계의 이름에 걸맞게 낱말·글자·말소리 탐색을 원활하게 할 수 있도록 다양한 활동을 구상하는 것도 중요하다. 그 방법은 앞서 말한 그날 지도 낱자가 들어가는 낱말 중 아이가 알 만한 것으로 미리 준비하여 말해 보고 쓰도록 하는 것이다. 그중 한 가지로 구어 사용을 독려하기 위해 아이에게 묻는다. "ㄷ이 첫소리에 들어가는 낱말이 뭐가 있지요? '대'가 들어가는 낱말 중 아는 거 있어요?" 그리고 해당 낱말을 사용하여 문장을 만들 기회를 주기 위해 질문을 미리 생각해 두기도 한다. 예를 들어 '뉘'를 익히기 위해서 다음과 같이 말한다. "선생님에게 빨간 색연필 줘요. ○○이도 '줘요'를 사용해서 선생님에게 부탁해 봐요." 그리고 다른 활동으로는 놀이를 넣기도 한다. 빛솔이와 50회차에서 'ㅁ' 받침이 있는 낱말 카드 여러 장을 책상에 두고 번갈아 가며 설명하는 낱말 카드 가져가기 놀이를 했다. 예를 들어 "잠을 자며 꾸게 되는 것은?"이라고 빛솔이가 질문하면 내가 "꿈" 이렇게 대답하면서 카드를 가져가는 것이었다. 마지막으로 〈내가 만드는 한글꼬마〉라는 책자를 이용하기도 한다. 이 책자는 다섯 부분으로 나뉘어 있고 각각에 자음과 모음 낱자가 들어가 있다. 그래서 'ㄷ' 초성을 익혔다면 초성 위치에 'ㄷ'을 펼쳐 두고 모음자를 넘기면서 글자를 읽는다. 직접 아이가 넘기면서 'ㄷ'이 각각의 모음을 만났을 때 어떻게 말소리가 나는지 반복해 본다. 'ㅁ' 종성을 지도한다면 'ㅏ'와 받침 'ㅁ'을 그대로 두고 초성 위치에 자음자를 바꾸어 가며 읽어 본다. 말소리를 글자에 빠르게 적용해 볼 수 있고 직접 넘기는 재미가 있다. 더불어 해당 글자가 들어가는 낱말을 말하거나 비슷한 단어 또는 반대말을 말하며 단어 확장을 도모하기도 한다.

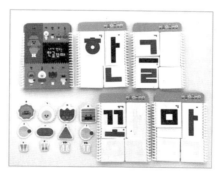

그림 7 〈내가 만드는 한글꼬마〉

회차: 42회차 수업 ··

활동 내용: 패턴화된 수업 3단계 낱말·글자·말소리 탐색 / 'ᅱ' 중성 지도, 책 속 낱말 이용

–

교사 (제목을 가리고 표지를 보여 주며) 방금 읽은 책 제목이 뭐지요?

빛솔 지렁이가 뭐가 무서워.

교사 빛솔이는 뭐가 무서워요?

빛솔 (침묵)

교사 선생님은 귀신을 무서워해요. 밤에 귀신 나올까 봐 너무 무서워.

빛솔 우리 언니랑 오빠는 귀신 안 무서워해요. 잘 때 귀신 본 적도 있어요.

교사 그렇구나. 그럼 '무서워' 자석 글자 만들어 볼까요? 무서워는 몇 글자이지요?

빛솔 세 글자요. (자석 글자를 가져와서 '무서ㅇ' 만든다.)

교사 (이중 모음만 있는 작은 칠판을 가져와서) 자 [ᅱ]는 여기에 있어요. 가져가 볼까요?

빛솔 ('ᅱ'를 가져가서 만들고 잠깐 멈춘다.)

교사 어떻게 생각해요?

빛솔 ('ᅱ'를 제자리에 두고 'ᅯ'를 가져오며) 이거 같아요.

교사 빛솔아, 시도해 보는 것은 아주 훌륭해요. 읽어 볼까요?

빛솔 무서워.

교사 (작은 칠판을 가져오며) 쓸 수 있을까요?

빛솔 (고개를 끄덕인다. 그리고 낱말을 쓴다.)

교사 빛솔아, 이 낱자의 이름이 무엇이지요?

빛솔 워요.

교사 (춤추면서) 빛솔아, 선생님 지금 뭐 하지요?

빛솔 춤춰요.

교사 그렇지요. 춤춰에서 '춰'를 만들려면 어떤 낱자를 바꿔야 하지?

빛솔 ('ㅇ' 낱자 자석을 'ㅊ'으로 바꾼다.)

교사 선생님한테 색연필 좀 줘요.

빛솔 (색연필을 선생님에게 준다.)

교사 그럼 '줘' 글자를 만들려면 어떤 낱자를 바꿔야 하지?

빛솔 ('ㅊ' 낱자 자석을 'ㅈ'으로 바꾼다.)

지도 요약

1. 목표 낱말 의미 묻고 답하기
2. 낱자 자석으로 목표 낱말 만들기
3. 목표 낱말 쓰기
4. 쓰기 반복
5. 자석 글자로 소리 분석하기
6. 다른 글자에 적용하기

네 생각을 펼쳐라: 문장 쓰기

이 단계는 지금까지 썼던 문장 3개를 읽으면서 시작한다. 이전에 자기가 쓴 문장을 보면서 그날 만들 문장에 대한 단서를 얻을 수 있기 때문이다. 아이는 자기가 쓴 글들을 보며 성취감을 얻기도 하고 그것을 유창하게 읽으면서 기분 좋게 이 단계를 시작할 수 있다. 나 역시 아이가 만든 문장에서 반복되는 구조를 파악하고 문장의 발달 양상을 인식할 기회를 갖는다. "오늘은 어떤 문장을 써 볼까요?" 이 질문은 필수다. 지도 초반에 빛솔이는 쓸 것을 염두에 두고 말하는 것에 주저함이 많았다. 어떤 문장을 말해야 하는지 정답을 찾으려는 듯 침묵하는 시간이 길었다. 그럴 때면 내가 여러 가지 주제를 던져 주었다. "오늘 학교에서 있었던 일도 좋아요. 오늘 말소리 분석한 것 중에서 마음에 드는 것도 괜찮아요. 무엇이든 쓸 수 있어요." 이렇게 선택지를 제시했음에도 어려워할 때면 여러 가지 예시 문장을 만들어 주었다. 3회차 때 멍멍 개를 쓰고 싶다고 말한 뒤 문장을 만들지 못하는 것을 보고 "'개를 키우고 싶다. 우리 집에도 개가 있으면 좋겠다.'라고 써도 좋아요. 선생님이라면 '개가 무섭다.'라고 쓸래요! 아니면 '개랑 놀고 싶다.'도 좋아요"라며 제시하였다. 빛솔이는 마지막 문장에서 "그거 쓸래요"라고 답하였고 "개랑 놀고 싶다." 문장을 썼다. 이렇게 초반에는 내 이야기에서 단서를 얻어 문장을 만드는 일이 잦았다. 가끔은 내 이야기를 주저리주저리 하다 보면 자연스럽게 빛솔이가 자기 이야기를 꺼내면서 문장 쓰기로 이어지곤 했다. 첫 번째 패턴 수업에서는 "안 쓰고 싶다"라고 혼잣말한 것을 듣고 문장을 쓰자고 제안했다. 피식 웃으며 써 보겠다는 의사를 밝혀 쉽게 문장 쓰기를 했던 기억이 난다. 이렇게 아이의 생각과 입으로 만든 문장이라면 어떤 것이든 허용하는 것이 좋다. 지도 초기에 아이가 빛솔이처럼 완전한 문장을 만들기 어려워한다면 교사가 적극적으로 돕기는 하지만 점차 주도권은 아이에게 넘겨야 한다. 점차 회차가 거듭되면서 8회차부터 빛솔이는 자연스럽게 앞 단계에서 분석한 낱말 중 하나를 사용하여 문장을 만들기 시작하였다. 이것이 빛솔이의 문장 만들기 전략이 된 셈이다. 15회차에서 'ㅋ' 초성을 배우기 위해 '커피', '키위', '초코', '코' 등 낱말과 소릿값을 탐색했더니 "초코 우유가 좋아요."라고 스스로 문장을 만들었다. 나는 나아가 몇 가지 질문을 더 했다. "왜 좋아요?"라고 묻자 "맛있어서요"라고 대답했고, 결국 "초코 우유가 맛있어서 좋아요."라는 문장을 완성하였다. 이렇게 아이의 문장이나 생각이 충분하지 않으면 몇몇 질문을 통해 문장을 정교화할 수 있다. 아이가 만든 문장에 '누가', '언제', '어디서', '무엇을', '어떻게', '왜'라는 여섯 가지 질문을 하거나 무슨 색인지, 어떤 느낌인지 등을 구체적으로 물어보면 문장을 정교화하는 데 도움이 된다. 하지만 빛솔이는 이러한 경험을 몇 번 한 후, 한 가지를 깨달았다. 여기서 대답을 하게 되면 문장이 길어진다는 것을 말이다. 그래서 언제부터인가 순순히 말을 덧붙여 주지 않았다. 아니면 대답하더라도 처음대로 쓰겠다고 선언하였다. 그럴 때면 "지금부터 말하는 것은 선생님이 쓸게요"라며 회유하기도 하고 아주 잘하는 사람은 문장을 이렇게 길게 쓰는 거라며 설득하기도 하였다. "선생님이 써 줄게요"라는 말이 빛솔이의 마음을 움직인 덕분에 40회차부터는 문장이 점차 복잡하고 다양해지는 것을 눈에 띄게 볼 수 있었다. 그리고 약속한 대로 내가 쓰기로 한 부분은 꼭 내가 썼다.

쓸 문장을 정했다면 종이에 옮겨 적기 전에 충분히 연습하도록 한다. 그 이유는 아이가 스스로 구성한 메시지를 기억하면서 종이에 써야 하는데 이 과정을 대부분 어려워하기 때문이다. 아이가 쓸 문장을 구두로 완성하면 한 번 더 말하면서 어절당 하나의 말마디 막대[10]를 앞에 놓게 한다. 어절에 대한 개념도 형성하고 문장을 기억하는 데 도움을 주기 위해서이다. 그리고 말마디 막대를 손으로 짚으면서 문장을 3번 정도는 말하도록 한다. 자기가 쓴 문장을 되뇌며 기억하게끔 하기 위함

---

10 "말마디 막대란 쉽게 말해 어절 막대이다. 아이가 문장을 어절 단위로 조직화하면서 자연스럽게 어디에서 띄어쓰기를 해야 할지 생각하게 된다."(엄훈 외, 2022)

표 2 빛솔이가 쓴 문장과 그 안에 들어 있는 앞 시간에 배운 낱자들

회차	쓴 문장	3단계 지도 낱자
10	여우야 사랑해.	ㅕ 중성
17	엄마가 맛있는 커피를 마셔요.	ㅁ 초성
24	놀이터에서 오빠랑 시소를 타요.	ㄹ 종성
27	엄마랑 아빠랑 김밥을 먹어요.	ㅁ 종성
34	나는 새로운 딸기가 좋아요.	ㅐ 중성
37	가을이가 고양이 학교 길로 간다.	ㄹ 종성
41	삽으로 땅을 깊게 판다.	ㅂ 종성
43	집에서 엄마랑 참외를 같이 먹다.	ㅚ 중성
45	그냥 초코 우유가 먹고 싶다.	ㅊ 초성
50	하늘색 보노보노랑 너구리는 남자다.	ㅁ 종성
51	집에 두유가 많아서 엄마가 먹는다.	ㄷ 초성
……		……

이다. 가끔 빛솔이는 문장을 만들 때 적절한 조사를 사용하지 못하는 경우가 있었다. 그럴 때면 조사를 쓴 카드를 꺼내어 보면서 어떤 것이 어울리는지 직접 넣어서 문장을 만들면서 찾도록 하였다. 쓰고자 하는 문장을 충분히 인지했다면 메시지 상자[11]를 꺼낸다. 아이가 구성한 메시지를 음절 단위로 기억할 수 있도록 메시지 상자를 활용하는 것이다. 음절당 자석 1개씩 의미를 부여하여 메시지 상자 1칸에 자

---

11 "청주교육대학교 문해력지원센터에서 개발한 메시지 상자는 가로 10칸씩 3줄을 배열한 형태로 되어 있으며, 1칸이 한 음절을 의미한다. 음절 분리나 음절 수를 직관적으로 파악하기 어려운 아이에게 유용하다."(엄훈 외, 2022)

석 1개씩을 밀어 넣는다. 이 과정에서 아이는 띄어쓰기까지 고려해야 한다. 이 메시지 상자는 아이에게 기억의 매개가 되어서 실제 쓰기를 할 때 발판이 되어 준다. 그래서 문장을 쓸 때 메시지 상자를 잘 보이는 곳에 둔다. 그리고 스케치북과 다양한 색깔의 펜을 준비한다. 다양한 펠트펜과 사인펜을 꽂아 둔 펜꽂이를 보여 주며 그날 쓸 펜을 선택하게 한다. 이 부분 역시 작은 것이지만 아이가 마음껏 선택할 수 있는 즐거움을 느낄 수 있는 요소 중 하나다.

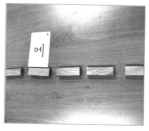

말마디 막대   메시지 상자   펜꽂이

그림 8 문장 쓰기에 활용한 교구들

스케치북은 두 공간으로 나누어 한쪽은 연습 공간, 다른 쪽은 실제 쓰기 공간으로 정한다. 누구보다 스스로 연습이 필요한 낱말을 잘 파악하고 있으므로 아이에게 어떤 낱말을 연습하기를 원하는지 물어본다. 따라서 아이가 연습을 원하는 낱말과 내가 판단하기로 아이가 어려워할 만한 것을 연습 공간에 써 본다. 이때도 아이가 주도적으로 쓰되 혼자 쓰지 못하는 것은 교사가 도와줘야 한다. 이것이, 아이가 쓰고 싶은 메시지를 직접 구성하도록 하고 구성한 메시지를 글로 표현할 수 있도록 교사가 단계를 거쳐 돕는 '실제성에 기반한 안내된 쓰기'

이다. 여기서 아이를 도와주는 방법은 여러 가지가 있다. 하나는 아이의 자산 어휘에서 같은 글자가 있는 혹은 같은 낱자가 들어간 낱말을 말해 주고 떠올릴 수 있도록 도움을 주는 것이다. 다른 하나는 그 말소리를 들려주면서도 어떤 낱자가 와야 하는지 단서를 주는 것이다. 예를 들어 '당근'을 쓰고자 할 때 당을 어려워한다면 "'당'은 [다웅]이에요. 바다 할 때 '다', 다리미 할 때 '다'를 먼저 써야 해요. 그리고 [응] 소리가 나는 받침이 와야 해요"라고 말이다. 그런데도 어려워한다면 낱자 자석을 이용하여 3단계의 낱말·글자·말소리 과정을 똑같이 실행한다. 쓰고자 하는 단어를 낱자 자석으로 먼저 만들고 연습 공간에 적어 보는 것이다. 여기서 기억할 것은 문장에 포함된 모든 낱말을 아이가 연습하고 쓰게 하는 것보다는 핵심 낱말만을 중점적으로 다루는 것이 낫다는 점이다. 어려운 낱말은 교사가 직접 써 주는 것도 괜찮은 방법이다. 지도 초기에 빛솔이는 쓰지 못하는 낱말이 많았으므로 학습량을 조절하기 위해 쓸 낱말 2개 정도를 정하였다. 시간이 흐르면서 점차 전체 문장을 쓰는 일이 많아졌다. 이렇게 연습하는 가운데 연습 공간에 단어를 쓸 때는 얼마든지 틀려도 괜찮다는 허용적인 메시지를 계속 전달하는 것 또한 중요하다. 50회차 때 빛솔이는 연습 공간에 낱말을 쓰면서 "여기는 틀려도 괜찮아. 진짜는 나중에 쓰니까"라면서 연습 공간의 의미를 스스로 알고 있음을 이야기하며 당당하게 시도하는 모습을 보여 주었다.

연습이 끝났다면 실제 쓰기 공간에서 쓰기를 시작한다. 나는 쓰기 전 메시지 상자를 보면서 다시 쓸 문장을 말하게 한다. 그러고서 앞서 연습한 것을 보지 않고 떠올리면서 쭉 이어서 쓰기를 하도록 한다. 스케치북에서 연습한 부분은 보이지 않도록 감춘다. 아이가 애써 문장과 낱말을 기억하려는 노력이 문장 쓰기에서 습득할 수 있는 학습 요소를 오래 기억하는 데 도움이 될 수 있기 때문이다. 다소 어려워하면 떠올릴 수 있는 여러 가지 단서를 제시하는 것으로 쓰기를 돕는다. 단서로는 문제를 해결하지 못하면 연습한 것을 잠깐 보게 한다. 하지만 되도록 잘 보이는 곳에 메시지 상자를 두고 참고하여 문장을 스스로 기억하여 쓰도록 독려한다. 그리고 처음부터 써 주기로 한 낱말은 써 주지만 그 낱말마저도 빛솔이는 결국 자기가 쓰겠다고 하는 경우가 많았다. 문장이 완성되고 나면 큰 목소리로 자기가 쓴 문장을 읽게 한다.

문장 쓰기 단계를 마무리하면서 나는 아이가 완성한 문장을 띠지에 옮겨 쓴다. 띠지는 글자를 쓸 칸을 편집하여 8절 도화지에 프린트해서 준비한다. 문장을 띠지에 옮겨 쓸 때도 나는 아이에게 내가 쓰는 모습이 잘 보이게 하고 소리 내어 읽으면서 쓴다. 자를 때 역시 글자가 아이에게 잘 보이게 하고 소리 내어 읽으면서 자른다. 이 과정을 통해서 문장의 구조에 대해 학습하고 문장 구성하기 과정을 다시 되새겨 보게 하려는 것이다. 더불어 글씨를 쓰는 모습의 모범을 보이고자 하는 의도도 있다. 띠지를 자르는 방법은 아이의 발달에 따라 달라질 수 있다. 지도 초기에는 어절 단위와 음절 단위로 잘랐으나 받침을 지도하기 시작하면서 문장에 받침이 여러 개 등장할 때는 받침까지도 잘라서 올바른 문장 만들기 놀이를 한다. 가끔은 아이에게 몇 초 안에 성공할 것 같은지 묻고 초를 세어 주기도 한다. 이렇게 문장 재구성하기가 끝나면 자른 종이는 봉투에 담아서 가정으로 보낸다. 봉투 겉면에는 날짜와 문장을 적는다. 가정에서 다시 연습할 기회를 제공하기 위해서이다. 그래서 가끔 빛솔이가 오빠와 문장 만들기 경쟁을 한 이야기를 무용담처럼 늘어놓기도 하였다.

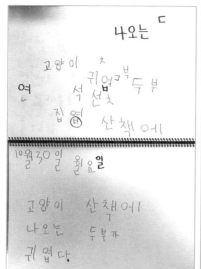

띠지

스케치북   봉투

그림 9 문장 쓰기와 띠지를 활용한 후속 활동

지도 요약

1. 이전에 쓴 3개 문장 읽기
2. 어절 단위로 말마디 막대 놓으며 말하기
3. 쓸 문장 정교화하기
4. 쓸 문장 3번 말하기
5. 메시지 상자에 자석 놓으며 쓸 문장 말하기
6. 연습할 낱말 선정하기
7. 낱말 쓰기 연습하기
8. 실제 쓰기
9. 문장 재구성하기

배운 것을 활용해 보자: 새로운 책 소개하기

"자 오늘 새롭게 읽을 책은……" 5단계를 시작할 때 아이의 눈은 기대로 가득 찬다. 어떤 책을 읽을까 궁금해하며 내 손이 어디로 향하는지 바라본다. 새로운 책 소개하기에서 가장 중요한 것은 읽기 전 활동이다. 여기서 중점을 두어 준비하는 것은 세 가지가 있다. 첫째, 아이가 80% 이상 정확하게 읽을 수 있을 것으로 기대되는 책을 준비한다. 흥미와 관심을 고려하되 발달 수준을 반영하여 3~4분 이내에 읽을 수 있는 분량의 책을 선정한다. 둘째, 그림을 자세히 살펴보면서 아이가 가진 배경지식과 연결할 질문과 이에 활용할 그림 단서에는 어떤 것이 있는지를 생각한다. 셋째, 글에서 주요 낱말과 아이에게 다소 어려울 것으로 보이는 낱말이 무엇인지 파악한다. 그럼으로써 어떻게 비계를 설정할지를 고민한다. 이 세 가지를 준비하는 이유는 하나다. 아이에게 읽기에서의 성공 경험을 제공하여 즐거움을 얻게 하기 위함이다. 새 책을 처음 소개할 때 이 세 가지를 염두에 두고 준비한다면 아이는 읽기에서 기쁨을 얻고 계속 읽고 싶어 할 것이다.

우선, 나는 제목을 손으로 가린다. "뭐가 보이나요?" 역시 시작은 아이가 눈으로 확인하여 쉽게 답할 수 있는 질문으로 시작한다. 또는 제목과 관련된 경험을 묻기도 한다. 이렇게 쉽게 답하면서 자신감을 얻은 뒤에 책과 만나게 하기 위해서이다. 《식탁》(BFL 1)을 소개할 때도 그림을 보면서 보이는 것을 물었다. 빛솔이는 밥, 국, 생선 등 표지에 있는 것들을 자신 있게 말하였다. 이 낱말들은 문장에 나오는 주요 낱말이다. 다음 "그림에 보이는 우리가 밥 먹는 곳을 뭐라고 하지요?"와 같이 질문했다. 빛솔이가 식탁이라고 말하도록 유도하기 위해서였다. 그때는 빛솔이가 읽을 수 있는 낱말 수가 적었기에 제목을 읽을 단서를 준 것이었다. 빛솔이가 식탁이라고 말한 뒤에 제목 글자를 보여 줬다. 자연스럽게 말소리와 글자를 연결하도록 한 것이었다. 제목을 말한 뒤에는 한 장씩 넘기고 그림을 먼저 보면서 충분히 이야기 나누었다. 어느 시점이 되면 아이는 글이 보이면 먼저 읽으려 하므로 처음에는 글을 가린다. 읽기가 미숙한 아동에게 글자를 바로 노출하게 되면 읽기 실패를 빈번하게 경험하게 되고, 이러한 경험이 축적되다 보면 읽기 자체에 대한 거부감이 들 수 있기 때문이다. 그래서 그림을 보면서 이야기를 추측해 보기도 하고 낱말을 읽을 수 있도록 주요 단서가 있는 그림에 주의를 집중시키기도 한다. 그림이나 의미 단서를 이용해서 주요 낱말을 말하고 나면 그 글자를 보여 주며 말소리와 글자를 연결하도록 한다. 이때도 주로 가림자를 사용하여 다른 글자는 가리고 해당 낱말만 보여 주려고 한다. 스스로 읽을 때 이것을 기억하여 읽도록 하려는 것이다. 특히, 뜻을 모르거나 못 읽을 것으로 예측한 글자가 있다면 꼭 이 과정을 거치려고 한다. 본격적인 읽기를 할 때 교사가 앞서 준 단서를 활용해 읽을 수 있도록 발판을 마련하는 것이다. 마지막 장까지 이 과정을 반복하면서 자유롭게 경험이나 배경지식을 묻고 답한다. 아이가 내용에 대해 더 관심을 가지고 더 잘 이해할 수 있도록 계단을 놔 주는 것이다. 책과 관련된 아이의 이야기를 충분히 나눴다면 읽기 준비가 끝난 것이다.

그렇다면 본격적으로 아이가 새로운 책을 읽는다. "자, 이제 읽어 봅시다." 이제 온전히 읽기의 권한을 아이에게 넘겨야 한다. 아이는 처음부터 끝까지 스스로 소리 내어 책을 읽는다. 분명 처음 읽는 책이기 때문에 오류가 있을 것이고 도움을 요청하기도 할 것이다. 읽기를 멈추고 한참 글을 바라보고 있거나 "모르겠어요"라며 도움을 청한 것은 내가 대신 읽어 주기도 한다. 그러나 시도하다가 발생한 오류에 대해서는 되도록 개입하지 않고 기록만 한다. 오히려 아이가 보이는 오류는 반갑다. 이것은 다음 시간 3단계에서 아주 적절한 학습 요소가 될 수 있기 때문이다. 이번 시간 새로운 책은 다음 시간 2단계 읽기 과정 분석에서 읽을 책이므로 자연스럽게 3단계 낱말·말소리·탐색과 연결되어 지도할 수 있다. 그래서 아직 확립되지 않은 낱자나 읽기 전략 그리고 문해력 검사에서 오류를 보인 것 중 학습 요소로 삼을 것이 있는지 아이가 새로운 책을 읽는 동안 기록한다. 기록한 것은 다음 지도 계획을 세울 때 적극적으로 활용한다. 혼자 읽기가 끝나면 아이에게 책을 읽고 드는 생각이나 느낌을 묻거나 가장 인상 깊었던 것을 간단히 질문하면서 마무리한다.

회차: 46회차 수업 ···

활동 내용: 패턴화된 수업 5단계 새로운 읽기 / 《잘할 수 있어》(5수준)

–

교사 (표지를 보며) 몇 명이 보이지요?

빛솔 하나, 둘, 셋, 네 명이요.

교사 친구들 표정이 어때요?

빛솔 좋아요.

교사 기분이 좋은 거 같아요. 선생님은 줄넘기를 잘할 수 있어요. 빛솔이는?

빛솔 저는 한 번은 할 수 있어요.

교사 좋아요. 오늘 책 제목 읽어 봅시다.

빛솔 잘할 수 있어.

교사 (표지를 넘기며) 이 친구들은 무엇을 잘할 수 있는지 그림 봅시다. 지금 어떤 상황인 것 같아요?

빛솔 모자 쓴 친구가 잘할 수 없어 가지고…….

교사 그런가 봐요. 그럼 서 있어요, 앉아 있어요?

빛솔 앉아 있어요.

교사 맞아요. 표정 보니깐 속상해서 그런 거 같아요. 이 친구 이름은 진구예요. (글을 보여 주면서) '진구' 글자 보여요?

빛솔 ('진구' 글자를 손가락으로 가리킨다.)

교사 (뒷장으로 넘기며) 진구다. 그림을 보니깐 진구는 뭘 못한 것 같아요?

빛솔 받아쓰기요.

교사 그래요. 받아쓰기를 못한 것 같아요. (글을 보여 주면서) '받아쓰기' 날말 보여요?

빛솔 ('받아쓰기' 글자를 손가락으로 가리킨다.) 다른 친구들은 다 백 점 받고 저만 십 점 받든지 빵점 받아요.

교사 그럴 때 빛솔이 기분은 어때요?

빛솔 나빠요.

교사 그런데 이 친구 뭐 잘하는 것 같아요?

빛솔 달리기요.

교사 받아쓰기는 못해도 달리기는 잘하나 봐요. 빛솔이도 잘하는 거 있잖아.

빛솔 저는 만들기 잘해요.

(중략)

교사 (아동이 책을 다 읽은 후) 가장 마음에 들었던 장면은 뭐였어요?

빛솔 (책을 넘기며) 여기요. 종이접기 잘하고 만들기를 잘하니깐요.

교사는 새로운 책을 지도하기 전 반드시 미리 읽어 보아야 한다. 이 단계에서는 새로운 책을 선정하는 일이 가장 중요하다. 아이에게 약간의 도전 과제가 있지만 좌절감을 주지 않는 책이어야 한다. 즉, 주어진 시간 내에 다 읽을 수 있는 분량이어야 하며 끝까지 읽었다는 성공의 경험을 줄 수 있는 수준이어야 한다. 여기에 더해 아이가 읽고 싶을 만큼 흥미가 있고 가지고 있는 배경지식과 관련 있는 책이라면 더할 나위 없이 좋다. 흥미를 고려한다면 시중에 있는 그림책을 사용하

그림 10 《잘할 수 있어》 중 일부

면 좋겠지만 쉽지 않다. 시중 그림책의 글은 아동의 읽기 발달 단계를 고려하여 쓴 것이 아니며 분량도 몇 분 이내에 읽기에는 많다. 읽기 발달 수준별로 체계를 갖추고 있는 책도 드물다. 글의 분량이 주어진 시간 내에 읽을 수 있는 정도이고 사용한 어휘 수나 문장 길이 등을 아동의 읽기 발달 수준에 맞게 정밀하게 평정한 책이 필요하다. 이 모든 것을 만족하는 책들이 바로 '책 발자국 K-2 수준 평정 그림책' 시리즈('책 발자국 K-2')이다. 이 책으로 읽기 지도를 시작한다면 근접발달영역을 벗어나는 시행착오를 줄일 수 있다. 다만 이 책 세트에서 아쉬운 점은 수준별 책 종수가 적다는 것이다. 이 갈증을 해소하고자 세종, 충북, 울산 등 각 지역 초등 교사가 직접 개발한 그림책이 있다. 각 지역 교육청 홈페이지[12]를 통해서 구할 수 있으니, 필요에 따라 사용하면 좋겠다.

이제, 안녕!: 수업 종료하기

아이의 초기 문해력 수준이 또래 평균으로 회복되었다면 개별화 수업을 종료한다. 개별화 수업 종료를 결정할 때는 그동안 아이의 발달 양상을 기록한 것을 면밀히 검토하고 초기 문해력 검사를 다시 실시한다. 그리고 교실과 가정에서의 변화를 알아보기 위해 담임 교사 그리고 학부모와 상담을 실시하는 등 신중한 준비 과정을 거쳐 지도 종료를 결정한다. 보통 종료 시점을 상정하고 그로부터 4주 전쯤 담임 교사 그리고 학부모와 상담을 통해 마지막 약 20회기의 수업을 준비

---

12 세종시교육청 학습지원센터 자료마당(https://www.sje.go.kr/ssok/na/ntt/selectNttInfo.do?mi=52288&nttSn=3018340), 충북 학습 종합 클리닉(https://cblc.cbe.go.kr/home/main.php).

한다. 하지만 읽기 지도 집중 지원 학교 프로그램으로 만난 빛솔이는 시작부터 그 한계가 명확했다. 만날 수 있는 기간이 정해져 있었고 그 안에 만족할 만한 결과가 나오지 않더라도 수업을 종료해야 했다. 정해진 종료 시점을 기준으로 4주 전 학부모와 담임 교사와 상담을 실시했다. 그 시점에서 느끼는 빛솔이의 변화와 함께 앞으로도 더 지도가 필요하다는 생각에 대한 이야기를 들었다.

학부모는 이전과 다르게 간판이나 책 제목 등 아는 글자를 보면 읽으려는 빛솔이의 변화를 반가워했다. 글자에 관심이 부쩍 늘어 자기가 아는 글자를 가족에게 가르쳐 준다고 하였다. 그리고 가정에서 하고 있던 학습지와 다니던 공부방을 그만두었다고 하였다. 빛솔이의 변화를 보면서 이전에 가정에서 했던 방법이 아이에게 적절하지 않았음을 느껴서 내린 결정이라고 했다. 담임 교사 역시 이전에 비해 수업에 적극적으로 참여하는 모습이 나타나고 발표하는 빈도가 높아졌으며 읽기 태도가 좋아졌다고 말했다. 그러나 아직 읽기에서 첫 글자를 보고 단어를 유추해서 읽는 오류가 자주 보이는 것에 염려를 표했고, 여전히 교수 환경이 맞지 않아서 나타나는 행동, 즉 하품하기 그리고 친구와 장난치기 등이 발견된다고 하였다. 나 역시 읽기 유창성 향상을 위한 지도가 필요하다고 판단하여 가정과 학급에서 해야 할 과제에 대한 협조를 구했다. 가정에서는 매일 책 읽기를 녹음하는 것과 교실에서는 아침 시간을 이용해 담임 교사에게 책 1권을 읽어 주는 과제를 함께 확인하기로 약속했다. 나는 학부모 및 담임 교사와의 면담을 바탕으로 읽기 유창성을 향상시키고 말소리를 분석하여 모르는 낱말도 읽을 수 있도록 하는 데에 집중하며 남은 기간을 보내기로 계획했다. 그렇게 종료 시점을 맞이하였다.

빛솔이는 아.눈.머 10회, 패턴 수업 70회 동안 나를 만났다. 마지막 초기 문해력 검사에서 자모 이름 대기는 원점수 38점으로 이전보다 12점 향상하였다. 자음에서 'ㅎ'을 [히읗]이라고 발음하였고 모음에서는 'ㅔ'를 모른다고 답한 것만 틀렸다. 단어 읽기에서도 15점이 향상되었고 음운 변동 현상을 반영한 단어 읽기와 받침이 있는 무의미 단어 읽기에서 오류를 보였다. 첫 검사에서는 읽기를 시도조차 하지 않았던 빛솔이가 모든 단어를 읽으려고 했다는 점이 큰 변화였다. 오류를 보인 낱말조차도 말소리 분석을 하여 읽은 것이므로 빛솔이가 앞으로 나아가고 있음을 나타내는 것이라 볼 수 있다. 예를 들어 '닫는'을 [다는]으로, '벙미'를 [버미]로 읽는 등 거의 유사하게 읽은 것이었다. 세 번째 읽기 유창성 역시 4월에 실시한 첫 검사에서는 읽기를 시도조차 하지 않았지만 이번에는 원점수 47점이 나왔다. 아직 또래 평균 수준에 현저히 미치지 못하긴 하지만 억양과 강세 등을 살려 부드럽게 읽으려고 하였으며 읽은 글자는 모두 오류 없이 읽었다는 점이 훌륭했다. 받아쓰기에서도 10개 중 7개 단어를 썼으며 49점 만점 중 28점이라는 결과를 얻었다. 12월 기준 구분점수 2에 해당하는 결과이지만 자신감을 가지고 쓰기를 7개나 시도했다는 것이 쓰기 자체를 거부하고 회피하던 빛솔이에게는 크나큰 성장이라고 생각한다. 하지만 결과가 조금 아쉬운 것은 사실이다. 20회기 정도만 더 주어졌다면 또래 평균 수준인 구분점수 5까지는 성장하고 수업을 종료할 수 있었으리라는 생각이 든다. 학부모와의 마지막 상담에서 빛솔이가 스스로 책을 찾아 읽는 빈도가 높아지고 글자를 읽고 설명하는 일이 많아졌다는 이야기를 들었다. 하지만 아직 쓰기를 어려워한다는 아쉬움도 함께 표하였다. 담임 교사도 마찬가지로 분명 읽기와 쓰기에 변화가 있으나 아직은 완전히 교실 수업에 참여하는 데 어려움이 있음을 호소하였다.

이렇듯 제한된 기간으로 인해 종료 시점을 결정하는 것은 옳지 않다. 아이의 초기 문해력이 또래 평균 수준에 도달하였는가와 더불어 교실 수업에서 아이가 읽기와 쓰기에 참여하는 데 어려움이 없는가를 확인하고 종료를 결정해야 한다. 그래서 종료를 준비할 때와 마찬가지로 종료 시점에도 담임 교사와 학부모 상담이 필요한 것이다. 가능하다면 개별화 교사가 교실에서 수업에 참여하는 아이의 모습을 직접 관찰하는 것이 좋다. 그리고 최대 100회까지 아이를 지도할 수 있는 시간을 확보해야 한다. 그랬음에도 원하는 결과를 얻지 못했다면 다른 프로그램으로 인계할 수 있도록 해야 한다. 양질의 문해력 지도가 충분히 이루어졌음에도 읽기 수준이 또래 평균에 미치지 못했다면 특별한 요구가 있는 아이일지 모르기 때문이다. 하지만 아직 우리나라는 이 부분에 대한 준비가 미흡하다. 국가 차원에서 읽기 따라잡기 프로그램을 확대하는 등 여러 방안을 통해 대처해 나갈 필요가 있다.

3) 마치며

처음 읽기 따라잡기 프로그램을 시작했을 때를 생각해 보면 7년 동안 읽기 따라잡기 프로그램 자체도 많은 변화와 성장을 거듭해 오고 있다. 나 역시 빛솔이를 지도하면서 또 배우고 새롭게 변화하고 성장하였다. 매년 새로운 아이를 만나며 이전에 경험하지 못한 새로운 도전에 직면하게 된다. 매년 새롭게 맞이하는 아이에게는 또 그 아이만을 위한 지도가 필요하기 때문이다. 앞서 언급한 빛솔이에 대한 지도 역시 모든 아이에게 보편적으로 사용할 수 있는 것은 아닐 수 있다. 여기에 쓴 방법들도 새로운 아이를 만나면 또 변형되고 새롭게 정비될 것이다. 그래서 지도를 거듭하고 해를 거듭할수록 더 겸손한 마음을 갖는다. 또래 평균 수준으로 성장한 아이와는 작별할 수 있지만 읽기 따라잡기 교사로서 나의 연구에는 끝이 없을 것이다. 대한민국 곳곳에서 아이의 초기 문해력 향상을 위해 끝없이 노력하는 모든 교사에게 응원을 보내는 바이다. 그 끝없는 길에 함께하는 동료가 있음을 잊지 않기를 바란다.

엄훈, 정종성(2019). **초등 저학년을 위한 초기 문해력 검사[1, 2학년용] 교사용 지침서**. 인
싸이트.

엄훈, 염은열, 김미혜, 박지희, 진영준(2022). **초기 문해력 교육: 읽기 따라잡기로 시작
해요**. 사회평론아카데미.

윤혜경(1997). 아동의 한글읽기발달에 관한 연구. 부산대학교 대학원 박사 학위 논문.

정종성, 최진오(2022). **읽기의 심리학에 기초한 읽기잠재력 키우기**. 학지사.

김진희 글, 차선희 그림(2022). **잘할 수 있어**. 청주교육대학교 문해력지원센터.

마거릿 와이즈 브라운 글, 클레먼트 허드 그림. 이연선 옮김(2017). **잘 자요, 달님**. 시공
주니어.

책 발자국 K-2 그림책

무지개. BFL 3.
봄꽃. BFL 2.
식탁. BFL 1.

문해력의 뿌리에
물과 거름 주기

읽기 따라잡기는 초기 문해력 개별화 수업이다. 즉, 개별화 수업 형태로 진행되는 초기 문해력 교육이다. 초기 문해력 교육은 균형적 문해력 접근법과 발생적 문해력 개념에 바탕을 둔다. 여기서 균형적 문해력 접근법이란 문해력 교육에 대한 총체적 접근법과 발음 중심 접근법을 모두 적용하려는 방법이다. 즉, 총체적 접근법에 기반하여 구체적인 맥락 속에서 실제적인authentic 읽기와 쓰기 활동을 경험할 수 있도록 의미 있는 언어 자료와 활동 기회를 풍부하게 제공하는 것과 함께 발음 중심 접근법에서 강조하는 음운 인식, 단어 재인, 글자와 소리의 대응 관계 등과 같은 기초 기능을 직접적이고 체계적으로 가르치는 교수법이자 관점이다. 다양한 사례에서 나오는 실증적 효과를 중시하기 때문에 '연구 기반'이라는 수식어가 붙기도 한다. 발생적 문해력은 아이들이 형식적인 읽기 및 쓰기 학습이 이루어지기 전부터 문해력의 기초 기능들을 습득해 간다는 것에 주목하는 개념이다(엄훈, 2019: 10).

처음 읽기 따라잡기를 접했을 때, 나는 '초기 문해력 교육'이라는 측면에 집중했다. 교과서를 읽는 데 어려움을 겪는 아이들도 수준 평정 그림책은 읽을 수 있었다. 자모 카드를 통해 그림으로 낱글자의 음가(소릿값)를 익히고, 소리 상자로 소리를 나누어 글자를 썼다. 어려움을 헤쳐 나가는 아이들을 지켜보며 교사로서 뿌듯함을 느꼈다.

그러나 '개별화 수업'을 간과한 '초기 문해력 교육'만으로 아이의 성장을 가속화할 수는 없었다. 3년 동안 '같은' 학교에 다니는 '같은' 학년 아이들을 만났지만, 매년 개별 학생의 수준은 굉장히 '달랐다'. 나는 점차 개개인의 특성에 따라 적절한 수업 방법을 찾는 '개별화 수업'에 관심을 갖게 되었다.

읽기 따라잡기는 처음 아이를 지도할 때부터 지도가 종료될 때까지 아이의 눈높이에서 머무를 것을 강조한다. 수업 초반 10회기에 걸쳐 진행되는 아이의 눈높이에서 머무르기(아.눈.머)는 비형식적인 문해 활동과 더불어 이를 통해 학생들을 관찰·분석하며 학생과의 라포르 rapport를 형성하는 수업이다. 동물을 좋아하던 재희는 발생적 문해력 수준이 낮은 학생이었다. 재희와의 아.눈.머 수업을 통해 나는 아이의 수준과 흥미, 성향 등을 파악하고 수업에 적용하는 것이 중요함을 깨달았다.

개별화 수업의 경험이 쌓이다 보니 나는 호기심이 생겼다. 읽기와 쓰기에 어려움을 겪는 아이들은 발생적 문해력이 갖추어지지 않은 경우가 많은데, 초기 문해력 교육과 개별화 교육은 학생의 발달에 효과적이다. 그렇다면 이를 교실 수업에 적용하여 발생적 문해력을 보완하면 어떨까? 형식적 문해 수업을 시작하기 전인 3월의 1학년 교실에서 말이다.

이 글에는 나의 2021년과 2023년의 수업을 담았다. 2021년에 나는 초기 문해력 개별화 수업 교사로 재희를 만났고, 2023년에는 18명의 1학년 학생들의 담임이었다. 개별화 수업 교사로서 나는 한 아이의 가물어 있는 뿌리에 직접 물을 주기 위해 노력했다. 담임으로서 나는 우리 반 아이들에게 이미 존재하는 문해력의 잔뿌리를 더욱 튼튼히 하기 위해 거름을 주려 애썼다.

1) 문해력의 뿌리에 물 주기
: 아이의 눈높이에서 머무르기를 중심으로

과묵한 아이, 재희

재희는 스스로 입을 잘 열지 않는 1학년 아이였다. 어렵게 입을 떼면 불분명한 발음으로 상대방이 아닌 허공 어딘가를 응시하며 말했다. 나란히 앉아 있다가도 이따금 나를 등지고 앉곤 했다. 그런 재희를 보며 좀처럼 입을 열지 않는 과묵한 영감님을 떠올렸다.

수업을 시작하기 전에 받아 본 담임 관찰 기록지에 적힌 재희도 비슷했다. "워낙 말을 잘 안 하"던 재희는 "그동안 칭찬보다는 야단을 많이 맞았는지 주눅 들어 있는" 학생이었다. 또 "친구를 몸으로 자꾸 밀치는데 자신이 한 행동에 대해 인지하지 못"하며, "집중력이 짧고 학습에 흥미가 부족"한 아이였다. "한글 공부를 이제 막 시작"한 터라 "오개념 상황이 없"는 점은 다행스럽게 느껴졌다.

재희는 초기 문해력 검사 결과 구분점수 평균 1.25 수준이었다. 원점수 총점 8점은 자음자 ㄱ, ㄴ, ㄷ, ㄹ, ㅁ, ㅅ, ㅇ와 모음자 ㅣ의 이름을 댄 자모 이름 대기에서 획득한 것이었다. 읽기 유창성과 단어 받아쓰기에서는 아무런 반응을 보이지 않았고, 단어 읽기에서는 '사과'를 [사자]로 읽은 게 전부였다.

재희의 초기 문해력 수준을 더 깊이 알아보기 위해 인쇄물 개념 검사를 실시했다. 재희는 상하가 뒤바뀐 삽화를 보곤 책을 돌려 바른 방향으로 오게 했다. 그러나 글자가 180° 뒤집혀 있는 다음 장에서는 반응하지 않았다. 또한 '처음'이라는 개념은 알고 있었지만 '끝'이라는 개념은 알고 있는지 불분명했다. 재희는 총 21점 중 8점을 얻었다.

그림 1 《신발이 없어》 중 일부

표 1 인쇄물 개념 검사 가이드

페이지	검사 항목	교사 질문
6	7. 처음과 끝	(읽어 주며 중간에 질문하기) 7. "글의 처음이 어디야? 끝은 어디야?"
7	8. 그림의 아랫부분	8. "그림의 아랫부분이 어디야?"
8~9	9. 뒤집힌 글자	(읽어 주며 중간에 질문하기) 9. "어디부터 시작해야 돼?" 　"어느 방향으로 읽어야 하는지 보여 줘." 　"어디로 돌아가야 돼?"

인쇄물 개념 concept about print 검사

인쇄물 개념은 인쇄물에 쓰이는 구성 요소, 이들 요소의 조직 및 작동 원리 등을 이해하는 것을 뜻한다. 가령, 낱자가 단어를 구성하고, 단어가 문장을 구성한다는 것을 아는 것이라든지 인쇄물의 본문이 대체로 왼쪽에서 오른쪽으로 작성된다는 것, 문장 부호의 종류와 쓰임을 아는 것 등이 포함된다.

우리나라의 초기 문해력 검사에 대응하는 영미권의 observation survey에는 concept about print 검사가 있다(Clay, 2019). 해당 검사를 수행하기 위한 목적으로 만들어진 책(《Follow Me, Moon》, 《No Shoes》, 《Sand》, 《Stones》)을 읽어 주며 검사를 시행한다. 이 글에서 언급된 인쇄물 개념 검사는 《No Shoes》를 우리말로 번역한 《신발이 없어》를 읽으며 시행한 검사를 의미한다. [그림 1]은 《신발이 없어》 중 일부이고, 〈표 3〉은 인쇄물 개념 검사 가이드의 일부다.

활동 내용: 아.눈.머 / 인쇄물 개념 검사

–

교사는 검사 지시 사항에 따라 책에 문제가 없다는 듯 읽어 주고 있다.

교사 (그림이 뒤집힌 6~7페이지로 책장을 넘긴다.)

재희 (책을 돌려 그림이 바로 보이게 한다.)

교사 그림의 아랫부분이 어디에 있어?

재희 (글을 손가락으로 가리킨다.)

교사 그림의 아랫부분

재희 (글을 손가락으로 가리킨다.)

교사 (책을 원래대로 돌린다.) 이 글에서 처음 부분은 어디야?

재희 ('바'를 가리킨다.)

교사 맨 끝은?

재희 바

교사 글에서 맨 처음은 '바'가 맞아. 잘 읽었어. 맨 끝은 어디야?

재희 ('바'부터 오른쪽으로 손가락을 훑고 다음 줄 '물'을 가리킨다.)

교사 좋아. 선생님이 읽어 줄게. 바위와 내 발에 물방울이 튀어요. (글자가 뒤집힌 8~9쪽으로 넘긴다.) 선생님이 어디부터 읽으면 돼?

재희 (뒤집어진 '요'를 가리킨다.)

교사 거기부터 읽으면 돼?

재희 (고개를 끄덕인다.)

재희는 낱글자 지식이 적고 읽고 쓸 수 있는 낱말도 거의 없었다. 인쇄물 개념도 미약해 보였다. 아마 문해 경험도 적었으리라. 더 큰 문제는 재희의 묵묵부답이었다. 재희가 내 말을 이해하지 못한 것인지, 이해는 했으나 무어라 대답할지 모르는 것인지, 그저 내성적인 성격 때문에 말을 하지 않는 것인지 알 수 없었다. 아.눈.머 기간 동안 나는 재희의 말문을 틔우고 인쇄물 개념을 비롯한 문해력의 기본 개념을 가르쳐야 했다.

관심사 깨닫기

김선영이 글을 쓰고 김효은이 그림을 그린《우리 아가 사랑해》(키위북스, 2017)는 동물 가족들이 등장하는 그림책이다. '사랑해'라는 표현이 반복되어 쉽게 읽을 수 있으면서도 따스한 분위기를 주었다. 4.3.2.3 음절로 구성된 전체 문장에서는 말의 재미와 리듬감이 느껴진다. 나는 이 책을 아이들과의 첫 만남에서 자주 활용하곤 했다. 재희와의 수업에서도 이 책으로 읽기를 시작했다.

회차: 1회차 수업 ···

활동 내용: 아.눈. 머 / 그림책《우리 아가 사랑해》읽어 주기

–

재희 (세 권의 책 중에서《우리 아가 사랑해》를 고른다.)

교사 왜 이 책이 제일 재미있을 것 같아?

재희 (책을 펼쳐서 살펴보다 책을 덮고 표지의 그림을 가리킨다.)

교사 아, 이 그림이 재밌어 보였어? 이 그림이 뭔데?

재희 너구리.

교사 너구리가 있네. 또 다른 동물은 어떤 동물을 알고 있어?

재희 (불분명한 발음으로) 호양이

교사 고양이?

재희 호랑이!

교사 고양이?

재희 호랑이! 동물원에 있는 호랑이!

교사 아, 호랑이도 알고 있구나! 호랑이랑.

재희 사자.

교사 사자도 알고 있구나. 힘센 동물들을 좋아하는구나. 또 어떤 동물을 알고 있어?

재희 코끼리.

교사 코끼리도 알고 있고. 또?

재희 오랑우탄.

교사 오랑우탄도 알고 있고. 또?

재희 고릴라.

교사 고릴라? 오랑우탄이랑 닮은 고릴라?

재희 털이 없는 거.

교사 털이 없는 게 고릴라구나. 몰랐어. 선생님한테 가르쳐 줘서 고마워요.

재희 원숭이.

교사 재희 동물 좋아하네. 선생님이 나중에 동물이 나오는 책도 가져올게.

재희 치타.

재희는 책 표지에 있는 너구리 삽화를 보자 말문이 트여 동물 이름을 쏟아 냈다. 특히 털이 없는 것으로 오랑우탄과 고릴라를 구별할 수 있다고 이야기한 것으로 보아, 재희는 동물에 관심이 큰 것으로 보였다. 나는 우연한 계기로 알아낸 재희의 관심사를 수업에 적극적으로 활용하기로 마음먹었다.

관심사 확인하기, 그리고 새로운 발견

다음 날 수업을 시작하기에 앞서 나는 동물 사진(고릴라, 사자, 치타, 코끼리, 코뿔소, 토끼, 하마, 하이에나, 호랑이)을 컬러로 인쇄해 오려 두었다. 그리고 《우리 아가 사랑해》를 다시 읽어 본 뒤, 동물 사진들을 보여 주며 이름을 말해 보게 했다.

이 활동에는 두 가지 목적이 있었다. 첫째, 수업에서 성공을 경험하게 하고 싶었다. 입학한 지 한 달 남짓밖에 지나지 않았지만, 재희는 이미 학교에서의 누적된 실패 경험으로 방어적인 태도를 가지고 있었다. 교사와의 수업이 어려움에 도전하는 불편한 시간이 아닌 편안한 시간이라는 인식을 심어 라포르를 형성하고 싶었다.

둘째, 아이의 말하기 능력, 즉 구어를 촉진하고 싶었다. 재희는 말수가 적을 뿐만 아니라 발음이 불분명해 발화한 내용을 알아듣기 무척 힘들었다. 특히 마스크를 착용하는 코로나19 상황에서는 입 모양도 보이지 않아 어려움이 가중되었다. 그래서 자연스러운 대화 상황을 만들어 자주 이야기하면서 발화 내용, 발음 등 전반적인 말하기 능력 발달에 기여하고자 했다.

재희는 사진을 보고 동물 이름을 막힘없이 이야기했다. 그중에서 '하마'를 써 볼 수 있냐고 물었더니 스케치북에 적어 내었다. 여러 동물 중에서 하마를 택한 것은 전날 수업에서 재희가 '자음자 + ㅏ'로 조합된 글자를 몇 개 쓸 수 있다는 사실을 깨달았기 때문이다(전날 재희에게 쓸 수 있는 단어를 적어 보라고 했더니 '가', '나', '다', '라', '마', '바', '사'라는 글자를 썼다). 하마에 이어 사자, 바나나처럼 자음자에 'ㅏ'를 더한 글자로만 구성된 낱말들은 모두 쓸 수 있었다.

나는 궁금증이 생겼다. 재희에게 '하이에나'를 써 볼 것을 주문했다. 재희가 첫음절인 '하'와 마지막 음절인 '나'는 쓸 수 있을 거라고 확신했지만 '에'와 '이'에 대해서는 그렇지 못했다. 재희가 '이'와 '에'를 쓸 수 있다면 모음에 대해 얼마나 알고 있는지를 더 자세히 알아볼 계획이었다. 쓰지 못하더라도 '하'와 '나'를 쓰는 것만으로도 성공적이라고 생각했다. 그리고 쓸 수 없는 부분은 교사가 도와줄 것(대신 써 줄 것)이기 때문에 안심하라는 메시지를 주고 싶었다.

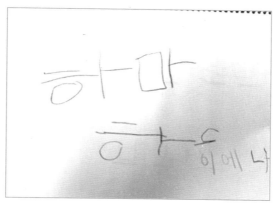

그림 2 재희가 쓴 하이에나

다음 순간, 놀라운 일이 일어났다. 하마를 참고하여 '하'를 쓴 재희는 '이'라는 글자 대신 좌우가 뒤집힌 숫자 '2'를 써냈다. 이것이 의미하는 바는 다양했다. 첫째, 재희는 숫자와 문자가 모두 기호라는 것은 알고 있다. 그러나 숫자가 쓰이는 상황과 문자가 쓰이는 상황을 구별하지는 못하고 있다. 둘째, 재희는 숫자 '2'와 글자 '이'가 같은 소리임을 알고 있다. 셋째, 재희는 일부 문자에 대해 방향성을 확립하지 못했다.

아는 것과 관심사 적용하기, 그리고 시행착오

아이들이 실생활에서 접하는 것은 낱글자가 아닌 텍스트다. 따라서 되도록 이른 시기부터 텍스트를 읽어 보는 경험이 필요하다. 재희처럼 읽기와 쓰기에 어려움을 겪는 아이들은 취학 전 글자나 텍스트를 읽어 본 경험이 충분치 않았을 것이다. 나는 수업을 통해 이를 보충해 주어야 했다. 시중에는 재희가 읽을 만한 텍스트가 많지 않았다. 나는 어려운 책을 주면 재희가 다시 입을 닫을까 걱정이 되었다. 그래서 재희가 알고 있는 것과 관심사를 적용하여 새로운 그림책을 만들기로 했다.

첫째, 재희가 알고 있는 낱말을 사용해 "사자가 바나나 하나를 먹어요. 하마가 바다에 있어요."라는 2개의 문장으로 책을 만들었다. '사자', '바나나', '하나', '하마', '바다'는 모두 '자음자+ㅏ' 글자로 구성된 낱말로, 재희가 읽고 쓸 수 있는 낱말들이었다. 아는 것에 더해 낯설지 않은 낱말인 '먹어요', '있어요'를 추가해 읽을 수 있는 낱말을 조금씩 늘리고자 했다.

둘째, 텍스트를 읽게 했다. 문장을 접할 기회를 주면서 읽는 부담을 낮추기 위해 캡션 북처럼 책의 한 면을 하나의 어절 단위로 구성했다. 즉, "사자가 바나나 하나를 먹어요."라는 문장 대신 '사자가', '바나나', '하나를', '먹어요'를 각각 별개의 페이지에 적었다.

셋째, 그림을 활용하게 했다. 시각적 단서[1]를 활용하여 글자를 소리

---

1 읽기란 시각적 단서(문자-음성 단서), 통사적 단서, 의미적 단서 즉 세 가지 단서 체계를 활

로 풀어 읽지 못하더라도, 그림을 의미적 단서로 활용해 텍스트를 읽을 수 있도록 도왔다. '사자가'라는 어절에는 사자를, '바나나'에는 바나나 1송이를 그렸다. '하나를' 페이지에는 바나나 1개를, '먹어요' 페이지에는 사자가 바나나 1개를 까서 먹으며 웃는 모습을 그렸다.

재희는 나의 도움을 받아 스스로 페이지를 넘기며 책을 읽어 나갔다. 나는 '사자가 바나나 하나'까지는 읽어 낼 것을 예상했지만, 통사적 단서를 활용하여 조사 '를'까지 읽어 낼 것은 예상치 못했다. 나머지 부분도 그림과 글자를 대조하면서, 책을 끝까지 읽어 냈다. 책이 어려웠냐는 질문에 재희는 고개를 가로저으며 쉽다고 이야기했다. 아는 것과 관심사를 적용하여 쉬운 텍스트를 읽게 하며, 성공 경험을 심어 주고자 한 의도가 맞아떨어진 순간이었다.

내친김에 비워 둔 책의 제목도 함께 정해 보았다. 재희는 "재밌어요"라는 말을 했고, 나는 이를 그대로 제목으로 적어 주었다. 실수였다. 인쇄물 개념 검사를 통해 나는 재희가 책 표지가 어디인지 잘 모른다는 사실을 알고 있었다. 이는 책을 대표하는 이름인 제목 또한 잘 모르고 있을 가능성을 내포했다. 그러나 나는 이를 지도하지 못한 채 함께 제목을 정해 보자고 제안했다. 게다가 감상에 가까운 "재밌어요"라는 대답을 듣고도 추가 지도 없이 무조건 수용했다. 이 장면은 내게 모든 수업 상황에 집중하고 최적의 경로로 대처할 수 있는 개별화 수업 교사의 역량에 대해 생각해 보게 했다.

활동은 여기서 끝난 것이 아니었다. "재밌어요"가 재희에게 입말에

용한 심리언어학적 추측 놀이다(Goodman, 1967). 여기서 시각적 단서란 눈으로 들어온 시각적 정보를 통해 획득한 글자와 소리의 관계를 의미한다. 통사적 단서는 문법적인 구조, 의미적 단서는 그림이나 맥락, 상황, 배경지식 등을 의미한다.

그치는 것이 아닌 '문자'로서 의미를 가지려면 추가적인 지도가 필요했다. 먼저 재희에게 '재밌어요'의 '요'라는 글자에 주목하게 하였다. 다시 책으로 돌아가 동일한 형태, 즉 '먹어요'의 '요'와 '있어요'의 '요'를 찾게 하였다. 자석 글자로도 '요'를 만들어 보게 하고, 전날 수업에서 읽었던 책을 펴 '요리사'라는 단어를 보여 주며 따라 써 보게 했다.

이는 유연성을 확립하기 위한 일이었다. 초기 문해력 시기 읽기와 쓰기에 어려움을 겪는 아이들은 읽고 쓰는 데 토대가 되는 문해력 자원 자체가 매우 적다. 특정 낱자나 소리를 알고 있을지라도 새로운 상황에서는 '내가 알고 있는 그것'이라고 인식하지 못하기 때문에, 그나마의 자원조차 활용하기가 매우 어렵다. 알고 있는 것이 여기저기에 쓰인다는 사실을 일러 주는 것은 향후 스스로 지닌 자원을 꺼내어 보는 토대가 될 것이다.

쓰기 전략 엿보기

다음 수업에서는 동물이 그려진 그림 카드를 활용했다. 무작위로 섞여 있는 카드 중에 알고 있는 동물을 말해 보는 활동이었다. 이름도 쓰여 있는 카드이기 때문에 구어뿐만 아니라 읽기와 쓰기 양상을 엿볼 수 있을 것이라고 생각했다. 재희는 방아깨비 카드를 집어 들고는 [방아깨비]라고 말했다. 뒤이어 글자 '아'를 가리키며 [아]라고도 말했다.

나는 깜짝 놀랐다. 지난 수업에서 동물 이야기를 하다가 '코뿔소'와 '코끼리', '하마'와 '하이에나'에 공통으로 들어 있는 음절을 물었을 때 ("코뿔소, 코끼리. 같은 소리가 뭐야?") 대답하지 못했던 기억이 떠올랐다. 그렇지만 해당 활동은 문자를 배제하고 소리만을 다룬 음운 인식 활동이었다. 이번 활동은 문자가 존재하는 상황이다. 재희는 다른 단어에 포함된 같은 음절을 변별하지는 못했지만, 단어의 소리를 음절 단위로 나누어 인지하고 아는 글자와 대응시킬 수는 있었다.

재희가 단어를 글자(시각)나 음절(청각)로 분리하여 지각할 수 있다는 사실은 매우 뜻깊은 발견이었다. 이는 읽기 발달 단계상 재희가 단어의 비자소적인 특징에 집중하여 단어를 그림처럼 통째로 읽어 내는 단계(자모 이전 단계)에서 부분적으로나마 자모의 형태를 분별하고 소리를 인식할 수 있는 단계(부분적 자모 단계)로 나아가고 있다는 신호일 수 있기 때문이다. 한편으로 재희는 통단어로 인식할 수 있는 낱말도 적었다. 재희에게는 자모 이전 단계에 적절한 지도와 부분적 자모 단계로 나아가는 지도가 병행되어야 했다.

그림 3 그림책 만들기

이날 수업에서는 책을 한 권 만들었다. 《동물원》이라는 이름의 캡션 북이었다. 나는 미리 아무것도 쓰이지 않은 책에 동물 사진을 붙여 놓았다. 아이가 그림에 해당하는 동물의 이름을 쓰는 활동이었다. 이를 통해 아이의 쓰기 양상을 엿보고, 읽고 쓸 수 있는 자산 단어를 확보하고자 했다. 이 활동 역시 재희의 힘에 오롯이 맡긴다면 쉬울 리 없었다. 나는 다양한 쓰기 전략을 통해 낱말을 표기할 수 있도록 촉진했다.

첫 번째 전략은 직전 활동에서 사용한 그림 카드를 활용한 보고 쓰기다. 동물이 그려진 그림 카드를 책상 위에 늘어놓고, 사진에 해당하는 동물 이름을 찾아 책에 쓰게 한다. 이 활동은 보고 쓰는 행위 자체가 핵심이다. 아직 낱글자의 형태를 정확히 인지하고 있지 않은 아이들에게는 보고 쓰기가 도전 과제가 된다. 재희는 카드 더미에 있는 '코끼리' 카드를 찾아서 보고 썼다.

두 번째 전략은 전에 써 보았던 낱말을 떠올려 찾아서 보고 쓰기다. 스케치북 등에 썼던 낱말이나 책 등에서 보았던 낱말을 떠올려 찾아 쓰는 것이다. 이 활동은 알고 있는 것을 떠올려 연결하는 데에 목적이 있다.

책의 다음 장에는 오랑우탄 사진이 있었다. 나는 재희가 지난 시간에 스케치북에 썼던 '오랑우탄'을 스스로 떠올리지 못할 것으로 생각했다. 따라서 재희가 단어를 온전히 스스로 쓰게 하지 않고, '오랑우탄'이 쓰인 스케치북 페이지를 찾아 보여 주었다. 지난 시간에 재희는 '오'와 '우'만 쓸 수 있었지만, 이날은 '오랑우탄'이라는 낱말 전체를 책에 적어 볼 수 있었다.

회차: 5회차 수업

활동 내용: 아.눈.머 / 그림책 《동물원》 만들기

–

(책에 오랑우탄 사진이 있다.)

재희 (카드 더미를 뒤적인다.)

교사 오랑우탄은 여기 없네. 우리 예전에 오랑우탄 썼었는데 기억날까? (스케치북을 펴며) 여기에 오랑우탄이 있어.

재희 (카드 더미를 만지며) 이런 것만 가지고

교사 어, 거기엔 없어. (스케치북을 펴며) 여기서 오랑우탄이 어디 있는지 알겠어?

재희 (오랑우탄을 손가락으로 짚는다.)

교사 그렇지, 그거야. 여기에 '오' 있지? 써 볼까? 오

재희 (스케치북을 힐끔 본다.)

교사 ('오'를 짚으며) 오

재희 (스케치북을 보며 '오'를 쓴다.)

교사 ('랑'을 짚으며) 랑. '사랑해' 할 때 '랑'이네.

재희 (스케치북을 보며 '라'를 쓰고, '우'를 쓴다.)

교사 우, 탄

재희 (페이지를 넘겨 '탄'을 쓴다.) (무어라 웅얼거림)

교사 넘어가도 괜찮아요.

재희에게 '보고 쓰기'는 상당히 어려운 과제였다. 이날 첫 시도에서 재희는 오랑우탄을 '오라우탄'이라고 썼다. 여기서 나는 바로 종성자 'ㅇ'을 덧붙여 주는 선택을 할 수도 있었다. 하지만 나는 왼손 검지를 재희가 쓴 '오라우탄'에, 오른손 검지를 전에 쓴 '오랑우탄'에 놓고 한 글자씩 대조시켰다. 재희가 스스로 모니터링할 수 있도록 한 것이다. 재희는 스스로 '라' 밑에 'ㅇ'을 썼다.

마지막으로 '하마'처럼 알고 있는 낱말은 아이가 스스로 쓰게 했다.

알고 있는 것을 자신 있게 쓰면서 성공 경험을 하게 하는 것이다. 이 전략을 사용할 때도 주의할 점이 있다. 교사는 아이가 쓸 수 있는 낱 말과 쓰지 못하는 낱말을 미리 구별하고 있어야 한다. 더불어 한 낱 말 안에서도 쓸 수 있는 부분과 쓸 수 없는 부분을 구분해야 한다. 안 내된 쓰기[2]에서는 아이 주도로 쓰면서 교사가 도움을 줄 것을 권장 한다. 아이가 알고 있는 것에 대한 교사의 지식은 향후 쓰기 지도의 밑거름이 된다.

표 2 재희의 아.눈.머 쓰기 전략

쓰기 전략	목적	책임 이양 정도
그림 카드 보고 쓰기	보고 쓰기	새로운 전략 가르치기
전에 쓴 낱말 찾아서 보고 쓰기	연결하기	전략 사용 촉진하기
스스로 쓰기	성공 경험	전략 사용 강화하기

읽기 양상 엿보기

문해력의 뿌리가 약한 아이들은 읽을 수 있는 책이 한정되어 있다. 읽기 따라잡기 패턴 수업에서 사용하는 '책 발자국 K-2 수준 평정 그 림책' 시리즈에는 단어로만 된 책들이 있다. 읽기에 어려움을 겪는 아 이들은 BFL 0에 해당하는 4권의 책을 충분히 읽어 어휘나 인쇄물 개 념을 익힌 후 다음 책을 접한다.

그렇지만 선행 독서 경험이 적다는 것은 곧 다양한 책을 접해야 함 을 의미한다. 읽을 수 있는 책은 적지만 다양한 책을 접해야 한다는 딜

---

2 자세한 설명은 이 책 83~84쪽을 참고하기 바란다.

레마를 극복하기 위해 나는 2권의 책을 택했다.

우은경이 글을 쓰고 김혜란이 그림을 그린 그림책 《너는 없어?》(아람, 2015)는 재희가 좋아하는 동물 친구들이 삽화로 등장한다. 향후 패턴 수업에서 읽게 될 '책 발자국 K-2'《얼굴》(BFL 0)과도 유사한 구조를 지녔다. 나는 교재의 성격이 짙은 수준 평정 그림책보다 일상생활에서 더 쉽게 접하게 될 그림책의 물성을 지닌 《너는 없어?》를 먼저 수업에 활용했다.

그림 4 《너는 없어?》 중 일부

눈　　　　　　　코 코 코 코

2　　　　　　　　3

그림 5 《얼굴》중 일부

　《너는 없어?》는 "코 코 코 코 코 코……"로 시작한다. 재희는 첫눈에 '코'를 읽지는 못했다. 그렇지만 '코'라는 글자는 '코끼리'나 '코뿔소' 등 지난 수업에서 반복해서 다루어 본 낱말에 포함되어 있었다. 또한 삽화에서도 여러 동물이 자신의 코를 가리키고 있어 의미적 단서를 활용하기 쉬울 거라 예상했다. 재희는 다음 페이지에서 반복된 "코 코 코 코 코 코……"를 쉽게 읽어 냈다.

　뒤에 나온 '귀' 역시 삽화를 통해 의미적 단서를 활용하여 잘 읽었다. 나는 그에 그치지 않고 전에 읽어 보았던 낱말인 '사마귀'와 연결하고자 했다. 재희가 전에 읽어 본 그림 카드 '사마귀'를 가져와 책에 쓰인 '귀'와 같은 글자를 짚어 보게 했다. 그리고 검지로 글자를 하나씩 짚으며 "사, 마, 귀." 하고 말하게 했다. 동일한 형태임을 인지하고, 낱말 속에서 글자를 분리하여, 글자와 소리를 일대일로 매칭하는 활동을 통해 읽어 본 것을 강화했다.

　다음 날과 그 다음 날 수업에서 재희는《너는 없어?》를 성공적으로 읽었다. 나는 수업 말미에 재희에게 《얼굴》을 건넸다. 앞서 언급했던 것처럼 《너는 없어?》와 《얼굴》은 비슷한 구조로 되어 있다. 《너는 없어?》는 '눈'이라는 글자 안에 2개의 눈이 그려져 있으나(그림 글자), 《얼굴》은 글자와 그림이 일반적인 책처럼 분리되어 있다. 《얼굴》의 시각적 단서와 의미적 단서가 물리적으로 더 멀기 때문에 교차 점검을 사용하기 한층 더 어려울 수 있다고 예상했다.

회차: 7회차 수업 ···

활동 내용: 아.눈.머 / 그림책 《너는 없어?》 읽기

–

재희 코 코 코 코 (책장을 넘기고) 눈.

교사 맞아.

재희 코 코 코 코. 너는 없어는 ('코'를 가리키며) 한 개 더 있었는데 요거는 왜 네 개예요?

교사 어, 여기는 네 개밖에 없네. 이 작가는 네 개만 쓰고 싶었나 봐.

재희 (책장을 넘기고) 코. 코 코 코 코 (책장을 넘기고) 입. ('눈'을 가리키며) 입이에요?

교사 글자 봐 봐. 입이 맞아?

재희 ('눈'과 같은 형태를 찾기 위해 앞장으로 넘긴다.)

교사 그렇지. 적극적으로 찾아 봐.

재희 눈 (책을 넘긴다.)

교사 (다시 원위치 하며) 눈만 읽으면 될까? 나머지도 다 읽어야지.

재희 눈 코 입은

교사 입이

재희 어이구

교사 모이면. 모인다는 말이 뭐야? 멀리 있는 게 가까이 오는 게 모이는 거지?

재희 (책장을 넘기며) 얼굴이 생겼어요.

교사 내 얼굴.

　재희는 《얼굴》이 《너는 없어?》와 비슷한 구조로 되어 있다는 점을 스스로 발견했다. 앞선 페이지에 동일한 글자가 등장했던 것을 스스로 기억해 냈고, 직접 페이지를 넘겨 찾아낸 뒤 '눈'이라고 읽었다. 비록 재희가 모든 글자를 정확하게 성공적으로 읽어 낸 것은 아니었다. 그렇지만 기존의 지식과 끊임없이 대조하면서 능동적으로 읽는 재희를 보며 아.눈.머를 마무리해도 좋겠다고 생각했다.

교실 문을 나서며

　그 후로도 재희와의 수업은 꾸준히 이어졌다. 110회에 걸친 수업을 마친 재희의 원점수는 총점 8점에서 58점으로 7배 이상 성장하였다. 그렇지만 재희는 학급 평균을 향해 성큼성큼 나아가기보다는 한 걸음 한 걸음 꾸준하게 걸어가는 학생이었다. 그런 재희와의 수업이 BFL 5단계에서 마무리된 것은 아쉬움으로 남는다.

　재희와의 아.눈.머 시기에 알게 된 '동물'이라는 관심사는 수업 전 회기에 걸쳐 도움을 주었다. 처음 재희의 입을 열게 한 것도, 수업에서 처음 성공적인 경험을 한 것도 모두 '동물'이라는 관심사가 있었기에 가능했다. 나는 재희가 해 주는 동물 이야기를 들으며, 때로는 재희의 궁금증을 해결해 가며 자주 대화를 나누었다.

　읽기 따라잡기 패턴 수업으로 들어선 후 재희가 쓰고 싶은 것도 대부분 동물과 관련되어 있었다. 재희의 동물에 대한 지식과 관심은 공룡, 딱따구리, 지렁이, 새우 등 시간과 공간을 넘나들었다. 처음 수업을 시작할 때 재희는 전체 문장 가운데 3~4개 글자 정도만 쓸 수 있었지만, 수업이 종료될 때쯤에는 자신이 구성한 문장의 단어와 글자를 대부분 스스로 쓸 수 있었다.

표 3 재희의 메시지 쓰기 문장 중 일부

회차	쓴 문장	비고
41	공룡이 많이 있어요.	
46	딱따구리가 집을 만들어요.	
50	지렁이가 말라 죽었어요.	
56	범고래를 핸드폰에서 보고 싶어요.	
67	고래가 새우를 삼켜요.	
73	바다코끼리는 북극에 살아요.	
77	손바닥보다 큰 해삼이 제일 커요.	
82	캥거루쥐가 높이 점프를 해요.	
83	코브라는 독을 뿌리니까 좋아요.	
84	바다뱀은 줄무늬가 있어요.	
85	아마존에 사는 뱀은 킹코브라입니다.	
86	코끼리는 덩치가 엄청 커요.	
90	멧돼지는 어떻게 공격해요?	
95	물방개가 손을 물어요.	
96	소금쟁이는 잠자리를 잡아먹어요.	
97	메뚜기보다 여치가 더 커요.	
98	독사에 물리면 바로 죽어요. 독사에 바로 물렸어요.	

재희는 동물에 관해서라면 항상 하고 싶은 말이 넘치는 아이였다. 아침으로 무엇을 먹었는지는 기억하지 못해도 바다뱀에 무늬가 있다는 것은 알고 있었다. 방금 교실에서 무엇을 하고 있었는지는 설명하지 못해도 여치와 메뚜기의 크기는 비교할 수 있었다. 나는 재희의 동물 이야기나 메시지 쓰기 문장을 모아 《동물 백과사전》이라는 책을 만들어 읽혔다.

재희뿐만 아니라 후에 지도한 아이들과의 수업에서도 관심사를 쏠쏠하게 사용했다. 포켓몬스터, 흔한남매, 시나모롤, 쿠로미, 두다다쿵, 공룡메카드 등 아이들은 저마다 각자의 흥미를 지니고 있었다. 아이들이 읽기와 쓰기에 흥미를 잃었을 때, 수준에 맞는 읽기 자료가 부족할 때, 대화의 소재가 떨어졌을 때 등 다양한 상황에서 아이들의 관심사는 수업에 생기를 더해 주었다.

문해력에 관해 지닌 자원이 적었던 재희에게 새로 배운 것을 알고 있는 것과 연결시키는 것은 중요했다. 재희는 인쇄물 개념부터 낱글자의 이름과 소리, 단어, 문장을 만드는 방법 등 배워야 할 것이 굉장히 많았다. 이를 기계적으로 반복하여 훈련하기보다, 예상치 못한 자연스러운 상황에 알고 있는 것을 슬그머니 가져다 놓아 의도적인 성공 경험을 구현할 수 있었다.

재희는 새로운 책을 읽어 내는 와중에도 계속해서 사고하고 연결했다. 재희의 읽기 과정 분석에 나타난 자기 수정 비율(자수비)이 이를 반영한다. 비록 좌절 수준이 나올지언정 오류 어절을 인지하였고, 계속해서 수정하려 시도하였으며, 결국에는 성공했다.

재희와의 네 번째 수업은 지금도 생생하다. 나는 재희에게 그림책을 읽어 주고 있었다. 나를 등지고 앉아 있던 재희는 별안간 주먹으로 책

표 4 재희의 읽기 과정 분석 중 일부

회차	날짜	읽기 과정 분석 대상	BFL	정확도	자수비
32	2021년 6월 7일	《도토리 키 재기》	2	72%	0:5
35	2021년 6월 10일	《토요일 아침》	2	82%	1:2
39	2021년 6월 17일	《봄꽃》	2	88%	1:2
46	2021년 7월 15일	《딱지치기》	2	77%	1:3
51	2021년 7월 26일	《옷 입기》	3	80%	1:2
68	2021년 9월 2일	《무궁화꽃이 피었습니다》	3	91%	0:10
74	2021년 9월 27일	《병아리》	3	79%	1:5
78	2021년 10월 5일	《내 동생》	4	82%	1:2
81	2021년 10월 12일	《우산》	4	83%	1:5
84	2021년 10월 19일	《돌이와 똘이》	4	79%	1:3
100	2021년 11월 16일	《지렁이가 뭐가 무서워》	4	73%	1:6
102	2021년 11월 18일	《봄에 피는 꽃》	5	70%	1:4

을 "쾅!" 내리쳤다. 세상에, 책 읽는 것도 듣는 둥 마는 둥 하다 다른 사람이 읽고 있는 책을 내리쳐 구겨지게 하다니, 아무리 멋모르는 1학년일지언정 이런 무례가 다 있나! 나는 재희를 한참이나 야단쳤다.

수업을 마치고 근무하고 있던 문해력지원센터로 돌아와 무거운 마음으로 아이와의 수업 영상을 돌려 보았다. 대체 왜 그랬을까? 멍한 얼굴로 영상을 보았다. 영상 속 재희는 이미 넘긴 페이지가 빳빳한 나머지 자꾸 넘어오는 것을 누그러뜨리려 하고 있었다. 순간 허탈하면서 부끄러웠다. 조금 더 여유를 가지고 지켜보았어야 했는데 하는 아쉬움이 남았다.

이날의 기억은 재희를 가르치는 1년 동안 이따금 떠올랐다. 내가 본 것이 다가 아닐 수 있다. 그리고 아이의 행동에는 나름의 이유가 있다. 그릇되어 보이는 아이의 행동을 빠르게 대처하기에만 급급해한다면, 진정 아이에게 필요한 지도가 이루어지진 않을 것이다. 그날의 일은 문해력 수업과 직접적인 관련은 적었다. 그렇지만 개별화 수업의 측면에서 아이의 행동을 다각도로 살펴보는 계기가 되었던 특별한 사건이었다.

이후 나는 재희의 관심사를 수업에 녹여 글과 글자에 대한 관심과 흥미를 높이고 읽기와 쓰기에 참여시켰다. 수업의 모든 순간을 관찰하고 지나온 것과 새로운 것을 연결시켰다. 그 결과 오랫동안 물을 주지 않아 무엇 하나 피어날 것처럼 보이지 않았던 재희의 화단에도 조그마한 싹이 피어나기 시작했다.

2) 문해력의 뿌리에 거름 주기
: 1학년 3월 수업을 중심으로

문해력지원센터에서의 2년과 전라남도교육청에서의 1년을 더해 총 3년의 파견 기간이 끝나고 다시 교실로 돌아오며 나의 읽기 따라잡기 수업은 다시 한번 변화를 맞이했다. 18명의 1학년 학생과 함께 오랜만에 복귀한 학교는 일대일 수업을 실행할 수 있는 환경을 쉬이 내주지 않았다. 올 한 해 읽기 따라잡기 수업을 실행할 수 없을지도 모른다는 생각마저 들었다.

읽기 따라잡기는 초기 문해력 개별화 수업에 주로 적용되지만 읽기 따라잡기의 철학과 방법은 초기 문해력 수업 일반에 적용할 수 있지 않을까? 그렇다면 읽기 따라잡기 수업을 교실에서 적용하면 어떨까? 모든 학생의 특성을 고려하지 못한다면 우선 고려해야 할 요소는 무엇일까?

나는 담임을 맡은 교실에서도 초기 문해력 시기 읽기와 쓰기에 어려움을 겪는 아이들에 먼저 주목했다. 이들은 입학 전에 이루어진 문해 경험이 적기 때문에 문해력의 뿌리가 튼튼하지 않은 경우가 대부분이었다. 이들에게는 다양한 형태로 읽고 써 보는 문해 경험이 필요했다. 오성렬(2022)은 발생적 문해력의 하위 요소를 다음 아홉 가지로 분류했다.

표 5 발생적 문해력의 하위 요소(오성렬, 2022)

가정의 문해 환경	자연스러운 문해 환경 노출 및 성인과의 의미 있는 상호작용
인쇄물 개념	책에 대한 개념, 방향성, 배열, 글자·낱말 개념 등
문자의 형태·이름·소리 지식	문자의 형태·이름·소리에 관한 지식
발생적 읽기	관습적이지는 않으나 글에서 무언가를 읽어 내려고 하는 행위
발생적 쓰기	아동의 비관례적인 쓰기 행위
어휘력	낱말의 의미나 용례를 다양하고 적절하게 사용하는 능력
서사 능력3	이야기를 생성하거나 이전에 들은 이야기를 회상하여 말하는 능력
음운 인식	말소리를 조작할 수 있는 능력
통사론적 인식	언어의 문법적 구조를 조작하고 반영하는 능력

3 이야기 기억 능력story memory, 이야기 이해 능력story comprehension, 이야기 생산 능력story production을 포함한다.

이를 바탕으로 3월 한 달 동안 발생적 문해력을 길러 주는 교실 수업을 진행했다.

몰라도 우선 읽어 주기

읽고 써 본 경험이 적은 아이들에게 문해 경험을 시켜 주는 가장 좋은 방법은 뭐니 뭐니 해도 책을 읽어 주는 것이다. 특히 그림책은 발생적 문해력 형성과 초기 문해 지도에서 매우 효과적인 교육 자료다(엄훈 외, 2016: 232). 이는 아이들이 글자를 알고 있는지와는 상관이 없다. 이미 한글을 해득한 교사가 아이의 수준을 고려하며 읽어 주면 되기 때문이다. 성인이 읽는 모습을 따라 하며 아이들은 발생적 읽기를 시작한다. 나는 3월 한 달 동안 매일 1권씩 읽는 것을 목표로 아이들에게 다양한 그림책을 읽어 주었다.

아이들에게 읽어 줄 그림책을 고를 때는 다음과 같은 점을 고려하였다. 첫 번째로 매우 쉬운 유아용 그림책을 선택하였다. 이 책들은 친숙한 대상이나 개념이 어휘로 등장하고 짧은 문장이 반복된다는 특징을 지닌다. 이러한 특징은 아이들이 글과 그림을 보고 읽는 시늉을 하거나 나름대로 규칙을 만들어 가며 읽는 발생적 읽기를 촉진한다.

기도 반 게네흐텐의 '아기 물고기 하양이' 시리즈 역시 발생적 읽기를 촉진하기에 용이하다. 《우리 엄마 어디 있어요?》(한울림, 2004)에서 하양이는 잃어버린 엄마를 찾아 나선다. "어! 하양이의 엄마일까요? 아니에요. 빨간색 게예요."라는 문장은 색과 동물이 바뀌며 계속해서 반복된다. 《꼭꼭 숨어라》(한울림, 2004)에서 하양이는 술래잡기를 한다. ""찾았다, 달팽이 하나!" 바위 뒤에 달팽이가 숨어 있어요." 문장은 계속 반복된다.

더불어 이 시리즈를 통해 나는 아이들의 개념 발달 수준을 확인할 수 있었다. 색깔, 위치 등 책에서 다루고 있는 다양한 개념 가운데에는 교육과정이나 교과서에서 명시적으로 다루고 있지 않은 것도 존재한다. 그렇지만 이러한 개념이 잘 형성되어 있지 않다면 교사의 지시나 설명을 이해하기 어려울 수 있다. 이는 초기 문해력 시기 읽기 및 쓰기와 관련된 어려움의 한 요인이 될 수 있다.

아.눈.머에서 자주 활용한 《우리 아가 사랑해》도 수업에 활용했다. 반복되는 '사랑해', '엄마', '아빠' 등의 표현은 글을 처음 읽기 시작하는 아이들에게도 친숙한 어휘다. 문자로 표현된 이러한 낱말들을 반복적으로 노출시키면 한눈에 읽을 수 있는 '일견 단어sight word'가 되어 향후 읽기와 쓰기의 자산이 된다.

다음으로 선택한 그림책은 그림이 재미있는 책이다. 초기 문해력 시기의 아이들은 시각적 단서로 얻은 일부 문자-음성 정보와 의미적 단서로 얻은 정보를 교차 점검하여 읽는다. 그림책의 삽화가 의미를 뒷받침하는 것이다. 한글을 모두 해득하여 잘 읽는 아이, 다시 말해 문자를 소리로 바꾸어 읽는 '해독'을 잘하는 아이가 있다고 가정하자. 이 아이가 읽은 것을 바탕으로 의미를 구성하는 '독해'까지 스스로 하기 힘들 때, 그림 단서는 큰 도움을 준다. 초기 문해력 시기에 그림에도 집중해야 하는 이유가 여기에 있다.

이지은의 그림책 《이파라파냐무냐무》(사계절, 2020)는 그림의 흐름만으로도 이야기가 전개된다. "우리도 싸울 수 있어요!" 같은 문장이 등장할 때도 있지만, 대부분은 "얍", "냠냠", "보글보글" 등 의성어나 의태어가 전부다. 따라서 해독을 해야 한다는 부담 없이 책을 즐길 수 있다. 발생적 문해력에는 이야기를 구성하는 능력이 포함되며, 아이들은 교사와의 대화와 그림을 통해 의미적 단서를 충분히 사용하며 이야기의 내용과 의미를 구성해 나갔다.

글 없는 그림책이나 외국어로 쓰인 그림책도 서사 능력을 발달시키기에 효과적이다. 니키 맥클루어가 쓴 그림책 《APPLE》(AbramsAppleseed, 2019)은 영어로 쓰인 캡션 북이다. 판화를 연상시키는 간결한 삽화가 인상적인 이 그림책은 그림과 단어만으로 스토리를 이끌어 간다는 점이 매우 흥미롭다. 흑백으로 구성된 삽화 가운데 빨간색 그림을 따라가다 보면 제목에 해당하는 '사과'를 만날 수 있다. 수업에서는 글자를 가리고 글 없는 그림책처럼 활용했다. 아이들은 앞뒤의 상황을 고려하여 내용을 추측하며 이야기를 만들어 나갔다.

에이미 크루즈 로젠탈이 글을 쓰고 탐 리히텐헬드가 그림을 그린 《오리야? 토끼야?》(아이맘, 2010)도 그림이 두드러진 책이다. 제목처럼 오리로도, 토끼로도 해석될 수 있는 그림을 두고 두 명의 화자가 서로 대화를 주고받는다. 자신의 의견만을 주장하던 둘은 서로의 생각을 경청하며 점차 상호 이해와 공감으로 나아간다.

초기 문해력 시기 아이들은 의미적 단서인 그림만을 활용하거나, 시각적 단서인 글자-소리 관계만을 활용하여 읽는, 즉 한 가지 단서에만 의존하여 읽는 경향이 있다. 그러나 작은 개를 보고 누군가는 '강아지'라고 표현하지만, 누군가는 '멍멍이'라고 표현할 수도 있다. 같은 그림이 다양한 관점으로 읽힐 수 있다는 이 책의 메시지는 초기 문해력 시기 아이들이 여러 단서와의 교차 점검을 통해 텍스트를 읽어야 한다는 점과도 통한다.

세 번째로 말의 재미를 느낄 수 있는 그림책을 선택했다. 카가미 켄의 그림책 《붙여 볼까?》(상상의집, 2022)는 서로 다른 2개의 대상이 만나 새로운 것을 만드는 구조가 반복된다. 책은 연필과 코끼리의 그림과 낱말을 보여 준 후 "붙여 볼까?"라는 주문을 외운다. 그러면 다음 장에선 연필 모양의 코를 가진 코끼리 그림이 "필끼리"라는 이름과 함께 나타난다.

아직 자모 단계에 있던 아이들은 그림책 《붙여 볼까?》를 통해 단어가 더 작은 것으로 쪼개질 수 있다는 것을 처음 경험했다. '연필'이라는 단어가 '연'과 '필', '코끼리'가 '코'와 '끼리'라는 소리와 형태로 바뀌는 경험은 향후 단어에서 음절로 점점 작아지는 소리 단위를 지도하는 기초가 되었다.

사이다의 그림책 《고구마구마》(반달, 2017) 역시 소리에 대한 감각을 익히기 좋은 책이었다. 이 책은 다양한 모양의 고구마가 삽화로 실려 있고 모든 문장이 '~구마'로 끝난다. 발생적 문해력의 하위 요소 중 하나인 음운 인식 능력은 말소리를 자유자재로 다루는 능력을 의미한다. 말소리를 다루기 위해서는 같은 소리를 인지하고 다른 소리를 변별해 낼 수 있어야 한다. 《고구마구마》는 문장의 어미가 반복되기 때문에 이를 자연스럽게 유도할 수 있었다.

같은 작가의 그림책을 여러 권 읽어 주기도 했다. 우리나라를 대표하는 그림책 작가 백희나의 작품 《구름빵》(한솔수북, 2007), 《장수탕 선녀님》(책읽는곰, 2012), 《이상한 손님》(책읽는곰, 2018), 《알사탕》(책읽는곰, 2017), 《나는 개다》(책읽는곰, 2019) 등을 다루었다. 아이들은 점토로 만들어진 등장인물과 실감 나는 배경, 먹으면 두둥실 떠오르는 빵이나 다른 이들의 속마음을 들을 수 있는 사탕 등 흥미로운 소재와 줄거리에 무척 재미있게 책을 읽었다.

책이 모두 같은 작가의 작품이라는 사실을 일러 주니 새로운 일도 일어났다. 한 아이가 《장수탕 선녀님》의 선녀와 《이상한 손님》의 선녀가 같은 인물이 아닌지 질문을 던진 것이다. 그러자 《나는 개다》의 주인공과 《알사탕》의 주인공을 연결하는 아이도 나왔다. 또 도서관에서 주로 내가 읽어 주었던 책을 다시 빌려 보던 아이들이 읽어 보지 않았던 백희나 작가의 새로운 작품을 스스로 발견했다며 자랑하고 읽어 보기도 하였다. 작품 너머에 있는 작가의 세계관을 발견하고, 좋아하는 작가라는 새로운 취향을 개발해 나가는 것까지 의도했던 것은 아니었지만 아이들은 놀라운 성장을 보여 주었다.

마지막으로 모리스 샌닥의 《괴물들이 사는 나라》(시공주니어, 2002)나 존 버닝햄의 《지각대장 존》(비룡소, 1995), 사노 요코의 《100만 번 산 고양이》(시공주니어, 2002) 등 고전의 반열에 든 그림책도 읽어 주었다. 이러한 책들은 좋은 서사를 가지고 있어 세계적으로 작품성과 예술성을 인정받은 작품이다. 아이들의 서사 능력을 길러 주기에 좋은 작품이지만, 다소 오래된 책이기 때문에 아이들이 지루해할 것이라고 여겨 선택이 망설여졌다. 그러나 아이들은 내가 미처 발견하지 못했던 책의 재미까지 스스로 찾아 흥미진진하게 책을 즐겼다.

3월 한 달 동안 읽어 준 책을 표로 정리해 3월의 마지막 날 아이들에게 보여 주었다. 그리고 이 중에서 가장 재미있게 읽었던 책 3권을 선택해 학습지에 잘라 붙여 보게 했다. 나는 아이들이 좋아하는 그림책이 비슷할 거라고 예상했다. 그렇지만 놀랍게도 18명의 아이들이 모두 다른 결과를 보여 주었다. 갓 초등학교에 입학한 어린아이들이지만 아이들은 모두 각자의 기호와 흥미를 가지고 있는 존재라는 것을 다시 한번 확인했다. 더불어 단위 차시 내에서의 교실 수업이 개별화 수업의 양상을 띠기는 어렵더라도 긴 호흡으로 보면 개별화 수업에 기반

표 6 3월에 읽어 준 그림책

기준	그림책
유아용 그림책	《우리 아가 사랑해》, '아기 물고기 하양이' 시리즈(《우리 엄마 어디 있어요?》, 《꼭꼭 숨어라》)
그림이 재미있는 그림책	《이파라파냐무냐무》, 《오리야? 토끼야?》, 《APPLE》
말의 재미를 느낄 수 있는 그림책	《붙여 볼까?》, 《고구마구마》
같은 작가의 그림책	《구름빵》, 《장수탕 선녀님》, 《이상한 손님》, 《알사탕》, 《나는 개다》
고전 그림책	《괴물들이 사는 나라》, 《지각대장 존》, 《100만 번 산 고양이》

한 교실 수업을 만들 수 있겠다는 희망을 보았다.

수준 평정 그림책으로 읽고 쓰기

발생적 문해력의 하위 요소인 발생적 읽기는 관습적이지는 않으나 글에서 무언가를 읽어 내려고 하는 행위이다. 1학년 아이들 중에도 발생적 읽기 수준 아이들은 다수 존재한다. 이들은 누군가가 읽어 주는 책에서 반복되는 표현을 읽는 시늉을 하며 읽기 시작한다. 더불어 타인의 도움 없이 스스로 책을 읽는다는 궁극적인 목표를 위해 초기부터 스스로 읽기도 병행해야 한다.

수준 평정 그림책은 아이들의 읽기 능력이 발달하는 과정과 양상을 반영하여 그림책의 수준을 평정하는 기준을 마련하고, 이 기준에 따라 연속적으로 정교하게 수준이 부여된 그림책을 말한다(엄훈, 2018: 10). 학습에 어려움을 겪는 아이들은 기본적으로 개별 지식이나 기능을 '익히는' 것 자체도 어려워하지만, 일단 익힌 지식과 기능을 '써먹지'

도 못하기 때문에 학습의 효율성이 떨어진다. 수준 평정 그림책 0수준에 해당하는 그림책은 그림과 단어가 일대일로 매칭하는 캡션 북 형태가 많아 쉽게 읽을 수 있다. 또한 '책 발자국 K-2'는 등장인물이나 어휘가 반복된다. 아이들은 자신이 익힌 것이 여기저기에 쓰이고 있다는 점을 쉽게 알아챌 수 있다. 쉽고 반복된다는 특징으로 아이들이 스스로 책을 읽기에 적합하다고 판단했기 때문에 나는 수준 평정 그림책을 수업에 도입했다.

읽을 때는 같은 책 안에서 반복되는 단어나 음절을 찾아보도록 연습했다. 《의자》(BFL 0)의 경우, '의자'라는 제목이 첫 번째 페이지 문장 "우리집 의자입니다."에서 단어로 등장한다. 이 낱말은 표지에서 보았다는 시각적 단서보다 문장 위에 크게 그려진 의자 그림에 따른 의미적 단서를 활용하여 읽을 수 있다. 따라서 표지와 1쪽을 번갈아 펴보며 1쪽에서 읽은 '의자'가 제목에 나와 있는 '의자'라는 낱말과 동일한 형태 및 소리를 지녔다는 점을 인식시켰다.

마찬가지로 2쪽 "누가 앉아 있나요?"의 첫음절 '누'와 5쪽 "누나"의 첫음절 '누'가 같다는 것도 알려 주었다. '의자'는 단어지만, '누'는 글자(음절)이다. 동일한 형태와 소리를 다른 맥락 안에서 찾아낸다는 점은 일치하지만, 표현 단위가 다르기 때문에 아이들에게는 새로운 도전 과제로 다가올 수 있다. 여러 차례 시범을 보이며 반복되는 형태와 소리에 익숙해지게끔 하였다.

위와 같은 사항을 시범을 보여 주며 가르친 뒤에는 아이들이 스스로 할 수 있도록 촉진했다. 특정 단어나 글자(음절)를 보며 "어디서 본 것 같지 않아?" 하고 물었다. 아이들은 해당 단어나 글자를 포함한 문장이나 책의 제목을 상기했고, 나는 이를 칭찬으로 강화하였다. 나

중에는 "어떻게 읽었어?"라는 물음에 아이들은 스스로 "~ 문장과 같아서요"라고 말할 수 있게 되었다. 유추에 따른 읽기 전략을 익힌 것이다.

쓰기를 위해 기본적인 수준의 어휘 확장에도 노력을 기울였다. 쓰기를 처음 시작할 때부터 글자-소리 지식을 통해 소리를 분절하고 글자와 대응시켜 쓰는 것은 어렵다. 읽기처럼 쓰기도 유추 전략을 활용할 수 있도록 유도해야 했다. 이때 필요한 것이 자산 어휘다. 일단 아이들이 읽게 된 단어들은 그림과 함께 교실 벽면에 부착해 단어 벽을 만들었다. 주로 BFL 0~1인 '책 발자국 K-2'에서 발췌한 낱말들이었다.

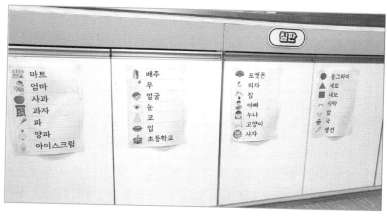

그림 6 수준 평정 그림책으로 만든 단어 벽

처음 아이들은 이 자료를 활용하여 쓰고자 하는 단어가 나타났을 때 그대로 보고 썼다. 익숙해진 후에는 아이들이 쓰고자 하는 단어를 음절(글자)로 나눈 후, 동일한 음절을 가지고 있는 자산 단어에 접근할 수 있도록 도왔다. 예를 들어 '파란색'이라는 단어를 쓰고 싶은 아이는 교실에 부착한 '파'라는 낱말을 참고했다. '포크'라는 단어를 쓰고 싶었던 아이는 '포크'의 '포'와 벽면에 있는 '포켓몬'의 '포'가 같다는 것을 알아채고 쓸 수 있었다.

유추 전략을 활용하여 쓰기를 유도할 때 주의해야 할 점이 두 가지 있다. 첫 번째는 구어를 관찰해야 한다는 점이다. 온라인 게임 '어몽어스Among us'는 귀여운 캐릭터와 함께 몇 년 전부터 초등학생들에게 인기를 끌고 있다. 그런데 '어몽어스'는 영어를 한글로 표기한 것이므로 철자 그대로 발음하는 아이들이 많지 않고 대부분 [어머머스]와 비슷하게 발음했다. [어몽어스]라고 고쳐 발음하게 하고 표기를 유도해 보았자 잠시뿐이었다. 아이들은 [어머머스]라고 듣고 인지하고 말하고 있었다. 그에서 어떠한 오류도 감지하지 못했기 때문에 '어몽어스'라고 고쳐 쓸 필요를 느끼지 못했다. 따라서 아이들이 표준 발음과 다른 소리를 내는 낱말은 표기 지도 대상으로 삼아서는 안 된다.

두 번째는 아이가 잘 알고 있는 낱말을 사용해야 한다는 점이다. 하루는 아이가 '대포'라는 낱말을 쓰고 싶어 했다. 알고 있는 글자-소리 지식이 적어 유추 전략을 활용하도록 '포'가 들어간 '포도'를 말해 주었다. 그렇지만 아이는 '포도'를 쓰는 방법을 몰랐다. 아무리 쉽다고 느껴지는 단어일지라도 아이가 모르니 지도에 활용할 수 없었다. 만약 내가 아이의 기호와 선행 지식을 파악했더라면 나라에 관심이 많은 아이에게는 '포르투갈', 자동차를 좋아하는 아이에게는 '포르쉐', 강아지를 키우는 아이에게는 '포메(포메라니안)'로 촉진했을 것이다. 이러한 단어는 쓸 수 있는 가능성이 높고, 모르더라도 선호하는 대상이기 때문에 쉽게 익힐 수 있다.

아이들이 읽기 및 쓰기에 유추 전략을 적용하며 배운 것들을 활용하여 책을 만들어 보았다. 책 만들기는 인쇄물 개념을 익히기에 좋은 활동이다. 아이들은 그림책을 넘기는 방향은 잘 알고 있었다. 그렇지만 책을 만들기 위해 아무것도 쓰이지 않은 무지 스크랩북을 주었더니 책을 어느 방향으로 넘겨야 하는지 헷갈려했다. 넘기는 방향이 헷갈리니 왼쪽에서 오른쪽으로 넘기거나 뒤표지부터 시작하는 책을 만드는 아이도 생겼다. 표지를 구성하는 제목은 큰 글자로 쓰고, 그 밑에는 작가와 삽화가의 이름이 등장하며, 책은 왼쪽에서 오른쪽으로 읽어 가고, 각 쪽의 아래에는 조그마한 숫자로 쪽수가 쓰여 있다는 점, 즉 인쇄물 개념은 책을 만들어 봄으로써 더 명확하게 배울 수 있었다.

발생적 읽기처럼 발생적 쓰기 또한 비관습적인 형태의 쓰기를 말한다. 이 시기 아이들은 글자를 그리거나 쓰는 시늉을 하면서 관습적 쓰기로의 이행을 준비한다. 아이들이 쉽게 따라 쓸 수 있는 쓰기 자료를 제공하면 발생적 쓰기를 촉진할 수 있다. 이때, 아이들이 쓰는 글자의 모양이나 방향 하나하나에 피드백하기보다 아이가 쓰고자 하는 것을 알아채고 칭찬해 주면 쓰기에 대한 부담을 줄일 수 있다.

《마트》(BFL 0)는 아이들에게 친숙한 장소인 마트를 소재로 한다. 또한 "엄마랑 마트에 갔어요.", "무엇을 살까요?", "사과 과자 배추 무 파양파 아이스크림"이라는 간단한 텍스트로 구성되어 있다. 수업에서 여러 번 읽어 본 이 책을 토대로 '나만의 마트 책'을 만들어 보았다. 아이들은 "엄마" 대신 "할머니", "아빠", "언니", "(친구 이름)" 등을 넣어 문장을 완성했다. 또 마트에서 실제로 사 보고 싶은 '포켓몬 빵'이나 '블루베리' 같은 낱말을 써 보았다.

문장을 읽고 쓸 때는 문법적인 구조인 통사적 단서(통사론적 인식)도 영향을 미친다. 의미적 단서나 시각적 단서만큼 읽기와 쓰기에 영향을 많이 미치지만, 명시적으로 지도하기에 한계가 있다. 3월 이후 나는 이를 문장 재구성하기 활동을 통해 보완하고자 했다.

《옷 입기》(BFL 3)를 읽고 "나는 바지를 입고, 티셔츠를 입어요. 양말을 신고, 모자를 써요."라는 문장을 어절 단위로 잘라 다시 붙여 보았다. 원 문장 그대로 재현하는 것이 목표였지만, 단순한 문장이기 때문에 아이들이 새롭게 구성할 것을 염두에 두고 문장을 선택했다. 아이들은 "나는 티셔츠를 입고, 바지를 입어요."처럼 어절의 순서를 바꾸어 보기도 하고, "나는 바지를 입고, 양말을 신고, 모자를 써요."처럼 문장을 길게 잇기도 했다.

그런데 "나는 모자를 입어요."처럼 호응이 되지 않아 어색한 문장을 만들거나 "나는 바지를 티셔츠를 입어요."처럼 문장 성분을 여러 개 사용하는 아이들도 있었다. 만든 문장을 읽어 주었을 때 어색함을 알아차린 아이들에게는 "'모자를 입어요'는 이상해. '모자를 신어요'도 이상해. '모자를 써요'는 괜찮아. 그럼 그렇게 써야 해" 하고 알려 주었다. 이상함을 느끼지 못한 아이들에게는 "여기는 '나는 모자를 써요.'라고 써야 해. 그게 더 자연스러워" 하고 지도를 마무리했다.

다양한 읽기 모델을 보여 주고자 오디오북도 활용했다. 스스로 그림책을 읽어 본 후에 기본적으로 교사가 읽어 주고, AI 더빙 프로그램인 네이버 클로바 더빙을 활용하여 그림책을 동영상으로 바꾸어 들려주었다. 한번 만들어 놓으니 수업 시간뿐만 아니라 자투리 시간에도 수시로 들려줄 수 있었고, 유튜브에 탑재하여 가정과의 연계 학습도 진행할 수 있었다.

3월 이후에는 1학기 말까지 교실에서 다루는 수준 평정 그림책 수준이 BFL 4까지 높아졌다. 아이들은 점점 더 긴 문장도 읽을 수 있게 되었다. 그렇지만 틀린 부분을 수정하지 않고 읽는 아이들도 점점 늘어났다. 아이들은 자기 모니터링 전략[4]을 익혀야 했다.

우리 학급은 기본적으로 합창독보다 자신의 속도에 맞추어 읽는 것을 권장한다. 그렇지만 여러 아이가 동시에 소리 내어 읽으면 시끄러워지기 마련이다. 그 속에서 자신의 목소리를 확인하기란 쉽지 않다. 위스퍼 폰whisper phone은 파이프처럼 생긴 모조 전화기다. 관을 타고 흘러 들어오는 자신의 목소리를 또렷하게 들을 수 있다는 장점이 있다. 교사의 일대일 피드백 없이 적절한 교구를 사용하는 것만으로도 아이들의 자수비는 많이 개선되었다.

소리에 집중하기

자모 이전 단계와 부분적 자모 단계의 가장 큰 차이점은 낱글자의 자소적인 특징에 집중하느냐에 따라 달려 있다. 자모 이전 단계의 아이들도 '좋아요'라는 낱말을 읽고 쓸 수 있다. 그렇지만 그것은 [조아요]라는 소리가 나고, '좋다'를 기본형으로 가지고 있으며, 만족이나 선호의 의미를 지니고, 낱글자 'ㅈ', 'ㅗ', 'ㅎ', 'ㅇ', 'ㅏ', 'ㅇ', 'ㅛ'로 분해된다는 점까지는 알지 못할 수도 있다. 단지 유튜브를 자주 보던 아이가 영상 밑에 있는 '좋아요' 버튼을 보고 통째로 알게 된 낱말일지도 모른다. 따라서 아이들이 자모 이전 단계에서 부분적 자모 단계로 넘어가기 위해서는 단어를 읽을 때 일부 자소라도 인식하고 소리와 연결할 수 있도록 지도해야 했다.

소리에 집중하기 위해서는 먼저 소리를 덩어리가 아닌 음절로 구분

---

4 자세한 설명은 200쪽을 참고하기 바란다.

할 수 있는 연습이 필요했다. 가장 유용하게 쓰인 것은 박수였다. '소리 박수' 활동은 단어를 음절 단위로 소리 내며 손뼉을 치는 것이다. 주의할 점은 글자를 활용하지 않는다는 점이다. 글자를 보여 준 상태에서 소리 박수 활동을 하면, 글자의 형태와 짜임에 익숙한 일부 아이들은 글자의 수를 보고 박수 활동을 하게 된다. 소리와 글자는 일대일로 대응하기 때문에 이러한 행동이 고착되면 소리에 집중하기 더 힘들어진다. 따라서 그림을 보고 낱말을 읽은 후 소리 박수 활동을 지속적으로 실행했다.

소리 박수가 익숙해진 후에는 그림 카드를 음절 수대로 분류하는 활동을 했다. 그림 카드를 보고 단어를 소리 내어 말하며 소리 박수를 친 다음, 박수의 수대로 카드를 칠판에 붙이는 것이다. 그림 카드를 사용할 때 주의할 점은 그림이 무엇을 나타내는지 미리 함께 확인해 보아야 한다는 점이다. 한 아이는 유리컵에 커피가 담겨 있는 그림을 보고 '커피'가 아니라 '아메리카노'라고 생각해 소리 박수를 5번 쳤다. 사전에 이 그림이 무엇을 나타내는지 함께 확인하지 않으면 그림이 무엇을 의미하는지를 추정하는 데에 집중하여 다소 엉뚱한 방향으로 수업이 흐를 수 있다.

아이들이 단어에서 음절을 분리할 수 있게 된 후에는 말놀이를 했다. '~로 시작하는 말'은 제시어와 같은 음절로 시작하는 말을 찾는 활동이다. 두 낱말의 첫음절이 같은지를 확인하는 음운 인식 능력과 다양한 낱말을 떠올릴 수 있는 어휘력이 동시에 요구된다. 기본 자음과 기본 모음을 합성한 종성 없는 음절(가, 나, 조, 서 등)을 중심으로 매일 반복했다.

만약 소리에 집중하는 연습을 하고 있다면 '~로 끝나는 말'은 조금 더 주의해야 할 필요가 있다. '떡볶이'라는 단어는 [떡뽀끼]라고 소리가 난다. 여기서 끝소리가 같은 단어는 '토끼[토끼]'나 '새끼[새끼]'다. '고양이[고양이]'나 '어린이[어리니]'가 아니다. 앞 단어의 끝음절을 첫 음절로 하는 낱말을 떠올려야 하는 끝말잇기도 마찬가지다. 끝음절의 음운이 변동되는 경우 표기대로 적용하는 경우가 많기 때문이다. '소리'대로 끝말을 이어야 한다는 규칙을 명시하거나, 무의미한 단어로 소리만을 잇는 '외계인 끝말잇기'가 소리에 집중하기에 유리하다.

말놀이 활동을 학급 전체적으로 실행한 후, 아이들이 각자 소리를 내고 구분해 보도록 활동지를 사용했다. 먼저 한 음절로 된 낱말의 소리가 같은지 다른지를 구분해 보게 했다. 이어 같은 음절로 시작하거나 같은 음절로 끝나는 낱말을 찾아보게 하였다. 이때도 소리에 집중할 수 있도록 글자 대신 그림으로 낱말을 표현했다.

1학기 중반에 이르러서는 받침소리를 구별하는 데 활동지를 사용했다. 먼저 소리를 더 작은 단위로 나누는 교구인 소리 상자(엘코닌 박스)에 익숙해지게 했다. 한 음절 낱말을 천천히 소리 내며 음절체(초성+중성)와 종성으로 분리했다. '책'이라는 낱말을 천천히 말하면 [책]이라는 소리를 [채]와 [윽]으로 구분하는 것이다. 동시에 색깔 칩을 소리 상자에 밀어 넣어 소리를 구분한다. [책]이라고 말할 때는 색깔 칩을 두 손가락으로 동시에 밀어 올리고, 천천히 소리를 나누어 가며 시간차를 두고 올린다. 소리가 [채]와 [윽]으로 완전히 나누어지면 [채] 소리에 1개, [윽] 소리에 1개를 올린다. 소리 상자를 통해 소리를 나누는 데 익숙해지면 소리를 스스로 나눈 뒤 그에 대응하는 몸통(초성자+중성자)과 받침(종성자)을 쓰도록 했다.

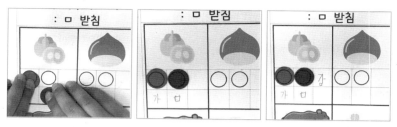

그림 7 소리 상자를 이용한 받침 쓰기 활동지

형태에 집중하기

소리를 분리하는 것만큼 중요한 것이 형태를 분리하는 것이다. 앞서 언급한 것처럼 자모 이전의 단계에 있는 아이들이 부분적 자모 단계로 옮겨 가기 위해서는 글자의 자소적 특징을 인식해야 한다. 우리말은 모아쓰기 때문에 음절 단위가 형태상으로도 구분되어 있다. '한글'이라는 낱말은 '한'과 '글'이라는 음절(글자)로 나눌 수 있다.

처음 글자를 익히는 1학년 아이들이 이를 익힐 수 있도록 익숙한 단어를 글자(음절) 단위로 분리하게 했다. 처음에는 아이들이 이미 알고 있는 낱말을 글자(음절) 단위로 선을 그어 구분해 주고 잘라 보게 하였다. 먼저 소리 박수를 치면서 소리를 나누어 보는 경험을 더하여 소리와 글자는 연결되어 있으며, 소리가 나누어지면 글자도 나누어짐을 이해하도록 하였다.

다음 수업에서는 아이들이 인식하기 용이하도록 글자(음절)마다 자간을 넓힌 낱말을 인쇄해 주었다. 전날 비슷한 활동을 했던 아이들은 단어가 달라지고 선도 없어졌지만 글자(음절)를 수월하게 구별했다.

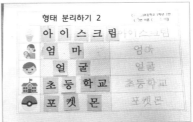

그림 8 **형태 분리하기 활동지**

　친구들의 이름으로도 수업을 진행했다. 아이들이 수준 평정 그림책에 나온 낱말 외에도 학급 친구들의 이름을 자산 단어로 보유하고 있었다. 자주 부르고 들을 뿐만 아니라 사물함이나 책상 등 교실 곳곳에서 보고 읽는 경험이 많기 때문이다. 단어 카드에 적어 포켓 차트에 넣거나 빙고 놀이를 하며 쓰고 읽는 경험을 더 늘렸다. 더 나아가 내가 써 본 친구들의 이름을 글자(음절) 단위로 잘라 보고, 자른 글자 조각을 다시 이름으로 맞추며 확인해 보았다.

그림 9 **친구 이름 재구성하기 활동**

아이들에게 친숙한 소재인 포켓몬도 수업에 자주 활용했다. 포켓몬은 캐릭터의 이름이 일정한 규칙에 따라 변화하기 때문에 문해력 수업에 활용하기에 더 좋다. 포켓몬은 '진화'라는 개념이 있어서 일정 정도 성장하면 다른 포켓몬으로 바뀌는데, 진화 전후의 포켓몬들은 비슷한 이름을 갖는 경우가 많다. '피츄-피카츄-라이츄'나 '이상해씨-이상해풀-이상해꽃'처럼 말이다. 한 포켓몬의 이름을 알면 같은 무리의 포켓몬은 유추 전략을 활용해 쓰기 쉽다.

피카츄 무리의 경우 '츄'라는 '글자'가 마지막 글자이다. 이상해씨 무리의 경우 '이상해'라는 음절보다는 크지만 단어보다는 작은 '글자 덩어리'를 가지고 있다. 여러 포켓몬의 이름을 쓰다 보면 음절과 글자 덩어리로 유추의 수준을 오갈 수 있다. 글자 덩어리 개념을 익히면 나중에 '-ㅂ니다', '-ㅆ어요' 등의 어미를 쓸 때도 활용할 수 있다.

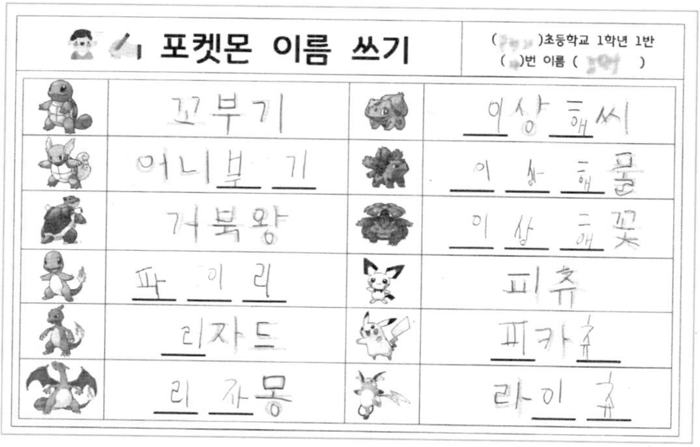

그림 10 포켓몬 이름 형태에 집중하기 활동지

교실 문해 환경 만들기

발생적 문해력의 하위 요인 가운데에는 가정의 문해 환경도 존재한다. 그렇지만 읽고 쓰는 데 어려움을 겪는 아이들은 가족 구성원의 적절한 상호작용을 기대하기 어려운 경우가 많다. 또한 가정 내에 책이나 잡지, 신문 등 읽을거리나 쓸 만한 것이 많지 않은 경우도 있다. 이를 교실 내에서 보완하고자 읽기 및 쓰기와 친숙한 환경을 조성하기 위해 노력했다.

가장 먼저 교실에 있는 모든 물건에 이름표를 붙였다. '컴퓨터', '거울', '벽', '소화기' 등의 이름표를 아이들이 스스로 붙여 보게 하였다. 이때, 텔레비전이나 티비TV[5]처럼 두 가지 방법으로 읽을 수 있는 물건은 두 이름을 모두 붙여 놓았다. 아이마다 자산 단어가 텔레비전으로 형성되어 있기도, 티비로 형성되어 있기도 한 것을 염두에 두었다. 만약 자산 단어가 '티비'로 형성되어 있는 자모 이전 단계의 아이가 '텔레비전'이라는 글자를 본다면 '티비'로 읽으며 오개념을 형성할 수 있기 때문이다.

다음으로 단어 벽을 만들었다. 아이들이 읽고 쓸 수 있는 단어를 교실 곳곳에 게시하여 수시로 읽고 쓸 수 있게 한 것이다. 학급에서 자주 읽고 써 본 단어를 아이들이 직접 단어 카드에 써서 포켓 차트에 게시하거나, 별도로 정리해 벽면에 붙여 놓았다. 가정에서 활용하는 동물이나 과일 등의 벽보도 붙였다.

또한 아이들에게 친숙한 환경 인쇄물environmental print[6]인 과자 봉지

---

5 규범에 따르면 '티브이'라고 적는 것이 옳지만, 아이들이 읽는 소리를 반영하여 '티비'라고 써 놓았다.
6 환경 인쇄물은 표지판, 라벨, 로고처럼 일상 환경에서 접하는 인쇄물을 의미한다.

도 이름만 잘라 벽면에 게시해 두었다. 자모 이전 단계 아이들은 과자 봉지에 쓰인 '포카칩'은 읽을 수 있지만, 색상과 폰트를 제거한 '포카칩'은 읽지 못할 가능성이 크다. 따라서 과자 이름만 써 놓는 것보다 과자 봉지를 그대로 보여 주는 것이 더 효과적이다.

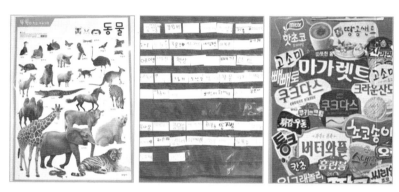

그림 11 교실 문해 환경

읽기 따라잡기에서 자주 사용하는 교구인 자모 카드도 문해 환경으로 탈바꿈했다. 본래 자모 카드는 새로 익힌 낱글자를 이미 알고 있

그림 12 교실 자모 카드

는 단어와 연결 지어 보는 교구로, 아이마다 다른 자산 단어를 반영하기 때문에 획일적으로 만들어지지 않는 것이 핵심이다. 그 취지를 살려 수업 시간에 다루어 본 낱말이나 아이들이 좋아하는 포켓몬을 토대로 자모 카드를 만들어 칠판 옆에 게시했다. 아이들은 이미 익힌 자모의 소릿값을 자모 카드를 보며 지속적으로 상기할 수 있었다.

그 밖에도 자석 글자 및 화이트보드, 종이, 다양한 색상과 질감의 매직, 굵은 사인펜, 네임펜, 마카 등을 구비하여 원한다면 언제나 읽고 쓸 수 있는 환경을 갖추어 두었다. 아이들은 이를 활용하여 작은 책을 만들기도 하고, 쪽지를 써서 서로 주고받는 등 다용도로 활용하였다.

3월을 마치며

3월 한 달 동안 진행한 문해 수업은 발생적 문해력을 촉진하여 읽기와 쓰기, 글자와 단어 공부를 시작할 기반을 마련해 주었다. 각각의 활동을 발생적 문해력의 하위 요소와 연결한 것은 〈표 7〉과 같다.

표 7 **3월 문해 수업과 발생적 문해력**

활동	발생적 문해력의 하위 요소
몰라도 우선 읽어 주기	발생적 읽기, 서사 능력
수준 평정 그림책으로 읽고 쓰기	발생적 읽기, 어휘력, 발생적 쓰기, 인쇄물 개념
소리에 집중하기	음운 인식, 문자의 형태·이름·소리 지식
형태에 집중하기	문자의 형태·이름·소리 지식, 발생적 쓰기
문해 환경 만들기	가정의 문해 환경

3월 이후의 수업은 다소 아쉬움이 남는다. 아이들이 다양한 문해

경험을 통해 낱글자를 익힐 수 있도록 교과서를 탈피하려고 애썼지만, 체계화된 교육과정을 꾸리지는 못했다.

외국의 경우 초기 문해력 시기 교실에서는 안내된 읽기^{guided reading}가 이루어진다. 안내된 읽기란 교사가 학생의 근접발달영역에서 읽기 활동을 설계한 후, 교사의 도움과 지도하에 학생이 읽기 전략을 활용하여 텍스트를 성공적으로 처리하도록 가르치는 읽기 교육 방법이다(백지아, 2022: 49). 같은 뿌리를 지니고 있기 때문에 일대일로 진행되는 안내된 읽기는 읽기 따라잡기 개별화 수업과 매우 유사하다. 안내된 읽기는 비슷한 읽기 수준을 지닌 4~6명의 학생을 소그룹으로 묶어 진행하기도 한다.

수준 평정 그림책을 활용하여 이루어지는 이 수업은 교실 수업이지만 학생 개개인의 수준을 고려할 수 있다는 장점이 있다. 더불어 초기 문해력 시기에 필요한 읽기, 쓰기, 단어 공부, 인쇄물 개념 등 다양한 요소를 헤아려 수업할 수 있다. 얀 리처드슨에 의하면 우리나라의 BFL 0에 해당하는 Pre-A 단계 수업은 다음과 같이 진행된다(Richardson, 2016).

먼저 이름 활동을 2~3분간 진행한다. 띠지에 적어 자른 이름을 맞추어 보는 '이름 퍼즐', 글자 자석으로 이름을 만들어 보는 '자석 글자', 여러 색상의 필기구로 이름 위에 이름을 반복해서 적어 보는 '무지개 쓰기' 중 하나를 선택한다. 아이가 참고할 이름 모델 없이 스스로 옳은 형태의 이름을 쓸 수 있다면 생략한다.

다음으로 글자 활동을 2~3분간 진행한다. 주머니 속 낱글자의 이름을 말하는 '주머니 속 글자 맞히기', '주머니 글자를 ABC 차트와 연결하기', 일렬로 늘어놓은 무작위 글자의 이름을 대는 '왼쪽에서 오른쪽으로 글자 이름 대기', 교사가 글자 이름을 말하면 학생이 ABC 차트에서 그 글자와 단어를 말하는 'ABC 차트에서 글자 찾기'는 아는 글자가 30개 미만인 아이들을 위한 것이다. 그 이상을 아는 아이들은 교사가 제시하는 글자로 시작하는 단어를 말하거나('해당 글자로 시작하는 단어 말하기'), 교사가 제시하는 소리로 시작하는 단어를 찾거나('해당 소리가 나는 글자 찾기'), 교사가 제시하는 단어에서 시작하는 소리를 찾는('해당 단어의 첫 글자 말하기') 활동을 한다.

세 번째는 소리 활동으로 2~3분간 진행한다. 1음절, 2음절, 3음절 단어를 사용한 '음절 박수치기', pig, wig처럼 같은 라임(-ig)을 찾는 '라임 듣기', 제시한 글자와 같은 소리로 시작하는 그림을 찾는 '그림 분류하기' 활동 중 하나를 선택한다.

네 번째는 책 활동으로 5분간 진행된다. Pre-A 책을 읽으며 인쇄물 개념을 가르친다. 단어와 소리의 일대일 매칭, 단어 개념, 처음과 마지막 단어 구별하기, 글자 개념, 처음과 마지막 글자 구별하기, 문장 부호 등 인쇄물 개념 1~2개를 책을 읽으며 지도한다. 그림을 함께 본 다음 합창독으로 함께 읽고, 인쇄물 개념을 가르치는 순서로 진행된다.

마지막 5분은 상호작용적 쓰기interactive writing와 잘라 낸 문장이다. 교사와 아이들은 4~6개의 단어로 된 문장을 함께 구성한다. 아이들은 문장을 반복하여 말하며 어절 단위로 밑줄을 긋는다. 교사는 아이들이 각 단어에서 가장 잘 들리는 소리를 쓰도록 돕는다. 한 아이가 띠지[7]에 문장을 쓰는 동안, 다른 아이들은 ABC 차트를 보며 올바

---

7 띠지paper strip는 좁고 길게 잘린 종이를 의미한다. 리딩 리커버리와 읽기 따라잡기 수업에서는 쓴 문장을 띠지에 다시 쓰고 잘라서 재구성하는 활동을 통해 읽기와 쓰기를 통합하고 자기 모니터링을 강화한다. 자세한 활용법은 이 책의 85~86쪽을 참고하기 바란다.

른 글자 형태로 쓰는 연습을 한다. 다 쓴 후에는 문장에 쓰인 글자 중 1~2개를 골라 글자를 쓰는 순서를 말하면서 허공에 쓴다. 마지막으로 띠지를 자르고 재구성을 하며 수업을 마무리한다.

교사는 모든 과정에서 아이들의 읽기 및 쓰기 양상을 기록하고 정리한다. 이를 토대로 다음 단계로 이행하기 위해 익혀야 할 개념이나 주의할 점을 분석하고 다음 수업에 적용한다. 우리나라의 소그룹은 학습 수준이나 성향 등을 고려하여 동질 집단으로 구성되는 경우가 많다. 때문에 개별 아이들의 수준은 모두 다르지만, 소집단의 과제 수준은 대부분 동일하다. 안내된 읽기 수업은 다인수 학급에서의 개별화 수업의 대안이 될 수 있을 것이다.

3) 마치며

이상은 1명의 아이 그리고 18명 아이들의 1학년을 함께한 이야기다. 일대일 수업에서 나는 초기 문해력 수업을 어떻게 '개별화'할 것인지에 초점을 맞추었다. 수업을 통해 아이가 알고 있는 것과 아이의 특성, 흥미, 관심사를 깨달았다. 아이에 관해 알아낸 모든 것은 후속 수업에서 연결되고 재구성되어 아이가 전략적으로 읽고 쓸 수 있게 하는 기반이 되었다.

교실에서 나는 일대일 수업에서만 적용했던 '초기 문해력 수업'을 실행했다. 교사가 책을 읽어 주거나 아이들 스스로 읽고 써 보고, 소리와 형태에 집중하게 하고, 문해 환경을 조성했다. 이를 통해 발생적 문해력의 하위 요소인 인쇄물 개념, 발생적 읽기와 쓰기, 서사 능력, 음운 인식, 문자의 형태·이름·소리 지식, 어휘력 등을 발달시켰다.

　두 수업 모두 읽기와 쓰기를 다루며 동시에 글자와 낱말을 가르치는 균형적 문해력 접근법을 따랐다. 출생 직후부터 발달하는 문해력의 뿌리, 즉 발생적 문해력을 강화하려는 목적도 같다. 궁극적으로 아이들의 특성을 고려한 최적의 수업, 즉 개별화 수업을 표방한다는 점도 동일하다. 그렇지만 교실 수업에서는 이것이 충분히 녹아들지는 못했다.

　사람들은 모두 다르다. 작은 사람들인 아이들도 마찬가지다. 초기 문해력 시기 읽기와 쓰기에 어려움을 겪는다거나, 문해력의 뿌리가 약하다는 표현만으로는 아이들의 빛깔을 모두 담아낼 수는 없다. 초기 문해력 교육에 대한 고민은 내 교직 생활의 X축이었다. 거듭하여 차원을 넓혀 가 진정한 의미의 개별화 수업을 교실에서도 실행해 볼 날을 나는 기대한다.

참고 문헌

백지아(2022). '안내된 읽기'란 무엇인가. **초기 문해력 교육**, 6, 문해력지원센터, 46~58쪽.

엄훈(2018). **초기 문해력 교육을 위한 수준 평정 그림책의 활용**. 교육공동체 벗.

＿＿＿(2019). 아동기 문해력 발달 격차에 대한 문제해결적 접근. **독서연구**, 50, 한국독서학회, 9~31쪽.

엄훈, 정종성, 김미혜(2016). 초기 문해력 교육을 위한 그림책의 수준 평정 기준 개발 연구. **한국초등국어교육**, 61, 한국초등국어교육학회, 259~287쪽.

오성렬(2022). 발생적 문식성(Emergent Literacy)의 개념과 구인: 국어교육학적 연구를 위한 기초 논의. **한국어문교육**, 38, 고려대학교 한국어어문교육연구소, 105~151쪽.

Clay, M. M.(2019). *The observation survey of early literacy achievement*(4th ed.). Heinemann.

Goodman, K. S.(1967). Reading: A psycholinguistic guessing game. *Literacy research and instruction*, 6(4), pp. 126-135.

Richardson, J.(2016). *The next step forward in guided reading*. Scholastic Teaching Resources.

함께 읽은 그림책

기도 반 게네흐텐 글·그림. 서남희 옮김(2004). **우리 엄마 어디 있어요?**. 한울림.

기도 반 게네흐텐 글·그림. 서남희 옮김(2004). **꼭꼭 숨어라**. 한울림.

김선영 글, 김효은 그림(2017). **우리 아가 사랑해**. 키위북스.

모리스 샌닥 글·그림. 강무홍 옮김(2002). **괴물들이 사는 나라**. 시공주니어.

백희나 글·그림(2007). **구름빵**. 한솔수북.

백희나 글·그림(2012). **장수탕 선녀님**. 책읽는곰.

백희나 글·그림(2017). **알사탕**. 책읽는곰.

백희나 글·그림(2018). **이상한 손님**. 책읽는곰.

백희나 글·그림(2019). **나는 개다**. 책읽는곰.

사노 요코 글·그림. 김남주 옮김(2002). **100만 번 산 고양이**. 시공주니어.

사이다 글·그림(2017). **고구마구마**. 반달.

에이미 크루즈 로젠탈 글, 탐 리히텐헬드 그림. 서연 옮김(2010). **오리야? 토끼야?**. 아이맘.

우은경 글, 김혜란 그림(2015). **너는 없어?**. 아람.

이지은 글·그림(2020). **이파라파냐무냐무**. 사계절.

존 버닝햄 글·그림. 박상희 옮김(1995). **지각대장 존**. 비룡소.

카가미 켄 글·그림(2022). **붙여 볼까?**. 상상의집.

Clay, M. M. 글·그림(2000). *No Shoes*. Heinemann.

McClure, N. 글·그림(2019). *APPLE*. AbramsAppleseed.

책 발자국 K-2 그림책

마트. BFL 0.

얼굴. BFL 0.

옷 입기. BFL 3.

3장

초기 문해력 수업의
도전적 실행

- 교사를 세워라

읽기 따라잡기로
"말과 글" 두 마리 토끼 잡기

초기 문해력 발달은 두뇌 속에 네트워크를 형성하는 과정이다. 아이들은 태어나면서부터 듣고 말하면서 메시지를 주고받는 과정을 통해 말하기 네트워크를 만들어 왔다. 여기에 문자를 통해 메시지를 주고받는 경험을 하고 학습하면서 초기 문해력 네트워크가 추가로 형성된다. 초기 문해력 네트워크는 아이에게 익숙한 말하기 네트워크와 긴밀히 연결될 때 더욱 견고하게 형성될 수 있다.

초기 문해력 형성에 추가적인 도움이 필요한 아이들은 그 수만큼 발달의 정도와 양상도 제각각이다. 아이의 눈높이 머무르기 활동은 아이에게 형성된 네트워크를 파악하고, 이를 자산으로 해서 새로운 네트워크 연결을 위한 실마리를 찾는 출발 과정이다. 읽고 쓸 수 있는 낱말이 본인의 이름과 2~3개 정도뿐이라도 교사의 말을 듣고 이해하고,

자신의 의사를 정확히 말로 전달할 수 있는 능력은 아이의 큰 자산이 된다.

초기 문해력 개별화 수업에서 만나는 아이들 중에는 구어 발달이 느린 경우가 꽤 있다. 어휘력이 부족하거나 발음이 부정확한 아이들뿐만 아니라 상대방의 말을 이해하고 내 의견을 말로 표현하는 데에 어려움을 겪는 아이들도 있다.

초기 문해력 발달이 느린 아동을 지도하는 교사의 입장에서 구어 발달까지도 느린 아동을 만난다면 고민이 깊어지기 마련이다. 소위 언어 치료라고 하는 언어 발달 프로그램을 통한 말하기 훈련을 하면서 초기 문해력 개별화 지도를 동시에 받아야 할까? 아니면 초기 문해력 개별화 지도 교사가 언어 치료사의 역할까지 하면서 문해력 지도를 해야 할까? 리딩 리커버리에서는 이렇게 말한다.

"언어를 확장하는 지름길은 없다. 하지만 리딩 리커버리 교사가 활용할 수 있는 최선의 기회는 수업 시간 혹은 수업 전후에 아이와 나누는 대화에 있다. 아이를 위해 읽으려고 선택한 책들이 언어를 확장하는 다른 기회를 제공한다."(Clay, 2005)

대화를 통한 언어 확장, 책을 통한 언어 확장. 이 조언은 말처럼 간단하지는 않다. 하지만 말하기, 그리고 읽기와 쓰기 네트워크를 동시에 확장시킬 수 있는 가장 효과적인 방법이다. 이제부터 함께 나눌 선물이와 내가 걸어온 여정은 모든 아이에게 통용될 수 있는 방법은 아니지만 말하기, 그리고 읽기와 쓰기라는 이중의 문제로 고민하는 교사들에게 개별화 수업을 디자인하는 데 참고가 되기를 바란다.

1) 한두 개의 단어로 말하는 아이

선물이는 H초등학교 1학년 학생 전원을 대상으로 실시된 '초등 저학년을 위한 초기 문해력 검사'에서 원점수가 가장 낮은 학생으로 초기 문해력 개별화 교육 대상자로 선정되었다. 선물이의 담임 선생님은 선물이가 친구들과 잘 어울리는 것 같지만 대화나 수업 중 발표를 들어 보면 특이한 점이 발견된다고 하였다.

"선물이는 밝고 사교성이 좋은 아이예요. 그림을 그려서 선생님한테 가져와서 보여 주기도 잘하고, 혼자 있는 친구를 보면 먼저 다가가는 편이에요. 우리 학교가 다문화 예비 학급을 운영하고 있어서 한 학급에 외국인이 1~2명 정도 있는데, 우리 반에 있는 인도 친구와 가장 친한 아이가 선물이에요. 하지만 친구들과 이야기를 할 때 보면 대화를 주고받는 것이 아니라 '아!', '와!'와 같은 감탄사로 반응을 하고, 발표를 할 때도 앞에 발표했던 친구의 말을 그대로 따라 하거나 말을 하지 못하는 경우가 많아요."

우리가 외국인 친구를 만나서 대화를 주고받기가 힘든 이유는 문화적 차이에 따른 어색함 때문이기도 하겠지만 언어 간의 장벽으로 서로의 말을 이해하기 힘든 것이 크게 작용할 것이다. 선물이의 교실 생활을 살펴보면 외국인 친구들과 가장 친하게 지낼 정도로 사회성이 좋고 학교생활에 원만하게 적응하고 있는 학생으로 보일 수도 있다. 하지만 친구들과 대화하는 장면을 유심히 살펴보면 자신의 생각을 잘 표현하지 못하고 짧은 감탄사로 대화하는 모습이 나타나고 있었다. 이런 행동은 선물이가 언어적인 부분에서 어려움을 겪고 있음을 보여 주는 신호일 수 있다.

아이의 눈높이에서 머무르기 활동 중 선물이와 주고받은 대화는 매우 인상적이었다. 선물이와 그림책을 읽으면서 질문을 하면 "토끼", "곰"처럼 짧게 답하거나 "캠핑요", "숙제요"와 같은 전보식 문장을 사용해서 답을 했다. 선물이의 생각을 물어볼 때는 말을 하지 않고 가만히 선생님을 바라보기만 하였다. 선물이는 자신의 생각을 말하는 데에만 미숙한 것이 아니라, 선생님이 말한 의도를 제대로 알아듣지 못하고 두리번거리거나 본인이 한 말과는 다른 엉뚱한 행동을 하기도 했다.

선물이의 어머니는 선물이가 어려서부터 또래보다 구어 발달이 느리다는 것을 알고는 있었지만, 적극적인 의사소통을 시도하려는 노력은 적었던 것으로 보였다. 부족한 언어 능력을 보완하기 위해서 학교에 입학하기 전에 가정 방문 학습지 교재로 낱말 카드를 반복적으로 읽고 쓰는 활동을 했지만, 이런 활동은 선물이의 구어 발달에도, 초기 문해력 발달에도 긍정적인 영향을 끼치지 못하였다. 선물이의 읽기 부진과 구어 발달이 느린 원인은 가정에서 충분한 문해 경험을 제공받지 못했고 적극적인 언어적 상호작용이 부족했기 때문이라고 추정해 볼 수 있었다.

나는 선물이의 읽기 발달뿐만 아니라 구어 발달을 돕기 위해서 글을 읽고 이해하는 문해력을 지도하는 교사이자, 구어 발달을 적극적으로 촉진하는 부모와 같은 역할도 해야 했다.

2) 책을 매개로 한 상호작용과 책 읽기

발생적 문해의 뿌리가 없어서 기본적으로 책의 제목이 어디에 있는지, 책을 어디에서부터 읽어야 하는지도 잘 모르는 아이에게 스스로 책을 읽도록 지도하는 것이 가능할까? 단어 수준으로 말하는 아이에게 문장 수준의 책을 읽도록 하는 것이 의미가 있을까? 입말부터 발달하도록 언어 치료사처럼 드릴 식의 반복 연습을 해야 할까?

- 개별화 수업 10회 지도 일지 중

초기 문해력 개별화 교사는 초기 문해력을 지도하는 '교사'이지, 문장을 말하도록 훈련시키는 '언어 치료사'는 아니다. 이로 인해 읽기 발달뿐만 아니라 구어 발달도 느린 선물이의 지도 방향을 읽기에 초점을 두어야 하는지, 구어 발달에 초점을 두어야 하는지 고민이 되었다. 수준 평정 그림책 중 선물이가 성공적으로 읽을 수 있는 책도 없는 상황에서 읽기 따라잡기 프로그램으로 아이를 지도해야 하는지도 스스로 확신할 수 없었다.

구어 발달이 느린 아동의 초기 문해력은 어떻게 지도해야 할까? 이 고민에 대한 실마리를 읽기 따라잡기 프로그램이 벤치마킹한 리딩 리커버리의 창시자인 클레이의 저서에서 찾을 수 있었다.

"언어 습득 능력이 현저하게 떨어지는 아이들은 학교에 입학하면 이런 문제와 관련된 이중 지원이 필요하다. 첫째, 아동의 언어 패턴은 성인과의 일대일 대화를 통해 가장 빠르게 개선되며 아동의 대화 기회가 엄청나게 증가한다. 언어 패턴이 제한적인 아이들은 더 자주 대화를 할 수 있는 방법을 찾아야 한다. 언어 치료speech therapy는 충분하지 않을 것이다. 교사는 아이의 필요를 계속 염두에 두며 아이가 자신과 관련된 것들로 대화할 기회를 만들어 줌으로써 도움을 줄 수 있다.

언어장애가 있는 아이를 위한 두 번째 프로그램 적용은 아이가 좋아하는 책을 계속 읽는 것이다. 그 책은 아이의 문해 언어에 맞춰져야 하고 동시에 자료는 아이가 읽을 수 있도록 단순해야 한다. 평균 또는 뛰어난 아이가 읽는 책의 문장 구조는 언어장애가 있는 아이에게는 너무 복잡하다. 더 단순한 텍스트가 요구되며 문장 구조와 어휘는 예측 가능해야 한다(예를 들어, 아이에게 익숙한 것). 문장은 아이가 발화에서 사용하는 문장과 같은 길이와 구성이 같아야 한다."(Clay, 1991)

클레이는 아동의 읽기 능력 향상을 위해 반드시 전제되어야 할 학습 조건으로, 학습자의 수준에 적합한 책을 읽을 수 있도록 제공하는 것과 이를 매개로 대화할 기회를 최대한으로 확보할 것을 강조하고 있었다.

'맞춤형 책' 제작하기

나는 선물이가 듣고 이해할 수 있는 수준의 문장 구조를 활용한 '선물이만을 위한 맞춤형 책'을 만드는 것에서부터 시작하기로 했다. 수준 평정 그림책에서 선물이에게 익숙한 것과 익숙하지 않은 것을 구별했다. 주제와 어휘뿐만 아니라 선물이가 듣고 이해할 수 있는 문장 구조와 들었을 때 이해할 수 없는 문장 구조도 분석했다. 그리고 맞춤형 책을 만들 때의 원칙을 정했다.

① 선물이에게 익숙한 주제와 어휘를 활용하기
② 선물이가 읽고 쓸 수 있는 낱말을 활용하기
③ 선물이가 듣고 이해할 수 있는 문장 구조를 활용하기

바다에 가는 여정을 이야기하는 수준 평정 그림책 《바다》(BFL 1)에

표 1 맞춤형 책의 예

	맞춤형 책	책 발자국 K-2 수준 평정 그림책
제목	《잘 먹겠습니다》	《바다》
텍스트	잘 먹겠습니다. 나는 빵을 먹어요. 나는 바나나를 먹어요. 나는 포도를 먹어요. 우리는 밥을 먹어요.	우리는 버스를 타요. 우리는 기차를 타요. 우리는 택시를 타요. 바다가 보여요. 바다에서 무엇을 탈까요?
문장 구조	주어-목적어-서술어	

주로 활용되는 주어-목적어-서술어의 문장 형태를 가져오고 선물이
가 좋아하는 음식을 소재로 삼아 《잘 먹겠습니다》라는 맞춤형 책을
제작하였다. 발생적 문해력 수준에 해당하는 선물이에게는 글의 의미
를 온전히 뒷받침하는 삽화도 중요하게 고려할 사항이었다. 그래서 인
터넷 검색을 통해 문장 내용을 잘 전달하는 삽화를 선택해서 삽입하
거나, 선물이가 주인공이 되는 경우에는 선물이의 사진을 찍어서 삽화
로 활용하였다.

"선생님이랑 함께 읽어 보자"

아동의 자기 주도적인 읽기는 가속화된 읽기 발달을 위해 꼭 필요
하지만, 선물이와 같이 문해 활동 경험과 상호작용 경험이 부족한 경
우, 자기 주도적으로 읽기에 앞서 책을 함께 읽는 경험이 필요하다. 선
생님과 책을 매개로 적극적으로 상호작용하며, 선생님이 책을 읽어 주
는 과정에서 책의 제목이 어디에 있는지, 책을 읽을 때 어디서부터 시
작해서 읽어야 하는지와 같은 책 다루기 방법을 경험하고, 선생님의

도움을 받아 가면서 책 읽기 시도를 하는 '함께 읽기shared reading'를 하는 과정이 필요하다고 판단했다. 리딩 리커버리에서도 교사는 아이의 필요에 따라 책 소개하기를 다르게 해야 하는 경우 추가적인 지원을 제공할 것을 언급하고 있다.

함께 읽기는 '함께 읽을 책에 대해서 살펴보기 → 책을 교사가 읽어 주기 → 다시 읽어 주기(학생이 읽을 수 있는 부분은 함께 읽기) → 점진적으로 학생이 읽을 수 있는 부분을 늘려 가기'와 같은 순서로 진행되었다. 읽기와 관련된 경험을 위해 교사는 아동과 함께 책을 매개로 대화하면서 아동의 다양한 반응을 수용, 격려하고 읽기의 모델을 제공하고자 했다. 그리고 교사와 상호작용하고 책을 읽어 주는 것을 보고 들으면서 아동이 책을 읽는 경험을 쌓는 것에 중점을 두었다. 새로운 책 1권을 소개하는 데에는 하루나 이틀로는 충분하지 않았고, 일반적으로 3일에서 4일에 걸쳐 새로운 책을 소개하는 날도 있었다.

• 책 살펴보기 책을 읽기 전 새로운 책의 표지 삽화를 보면서 관련된 경험이나 알고 있는 것에 대해 자유롭게 이야기함으로써 책과 관련된 맥락 속에서 상호작용할 수 있도록 하였다.

회차: 30회차 수업 ···

활동 내용: 패턴화된 수업 5단계 새로운 책 읽기 / 맞춤형 책《잘 먹겠습니다》소개하기

–

교사 (표지의 그림을 가리키면서) 여기가 어디일까?

선물 급식실요.

교사 급식실이구나. 선물이는 점심 교실에서 먹니?

선물 아니요.

교사 그럼 어디에서 점심을 먹니?

선물 급식실요.

교사 선물이는 급식실에서 점심을 먹는구나.

선물이는 급식실에서 뭐 먹었어?

선물 밥이랑요. 국이랑요. 김치랑요.

교사 밥, 국, 김치를 먹었구나.

선물 시금치도요.

교사 시금치 싫어하는 친구들도 있는데, 선물이는 시금치도 먹었구나.

선물이는 밥 먹을 때 뭐라고 인사하니?

선물 잘 먹겠습니다.

교사 맞아. 이 책의 제목도 그렇게 말하고 있어.

(제목을 가리키면서) 잘 먹겠습니다. 선물이도 제목을 한번 읽어 볼까?

선물 잘 먹겠습니다.

교사 (책의 페이지를 넘기면서) 아이들이 뭘 먹고 있는지 보자.

선물 빵이요.

교사 빵을 먹고 있구나.

아이가 (문장을 가리키면서) "나는 빵을 먹어요."라고 말하고 있어. 선물이도 말해 볼까?

선물 "나는 빵을 먹어요."

(중략)

교사 (포도를 먹고 있는 삽화를 보면서) "나는 빵을 먹어요, 나는 바나나를 먹어요."라고 이야기하고 있었어. 이 아이는 뭐라고 말할까?

선물 나는 포도가 먹어요.

교사 "나는 포도를 먹어요."라고 말하고 있구나.

맞춤형 책《잘 먹겠습니다》의 표지를 살펴보면서 급식실에서 먹었던 음식을 이야기해 보고, 책 속에 등장하는 다양한 상황을 제시하면서 대화를 이어 나갔다. 선물이가 단답형으로 대답을 하는 것을 수용해서 문장으로 확장한 다음 다시 말해 주고, 문법에 맞지 않아 문장이 자연스럽지 않을 경우에는 선물이의 말을 일부 혹은 전부를 다듬어서 말해 주었다.

• 책 읽어 주기 그리고 함께 읽기 책 소개가 끝난 후에 첫 번째 읽기는 교사가 처음부터 끝까지 책을 읽어 주었다. 이때 책 읽는 방향과 글자와 소리의 일대일 대응을 모방할 수 있도록 글자 아랫부분을 손가락으로 짚어 가며 읽었다. 두 번째 읽기는 교사가 한 문장을 읽고, 선물이가 그대로 따라서 읽도록 했다. 이때는 선물이가 글자와 소리의 일대일 대응을 경험할 수 있도록 아이의 손가락을 글자 아래에 놓고 짚으면서 읽을 수 있도록 지도했다. 마지막으로 선물이에게 읽기를 스스로 시도할 수 있도록 격려했으며, 읽지 못할 때는 교사가 읽어 주거나 교사가 읽은 것을 따라 읽을 수 있도록 했다.

말놀이하기, 그리고 문장 쓰기

새로운 책 소개하기가 이루어진 다음 날, 패턴 수업 2단계 읽기 과정 분석에서 선물이가 스스로 책 읽기를 마친 후에는 책의 내용을 확인하면서 책의 주제와 관련된 경험을 더 이야기해 보았다. 1~2개의 단어로 말하는 선물이가 문장을 구성해서 말할 수 있도록 책 속에 반복적으로 등장하는 문장 구조에 일정 부분을 다른 말로 대치하는 말놀이를 하였다.

활동 내용: 패턴화된 수업 3단계 낱말·글자·말소리 탐색 / 반복되는 문장 구조를 활용해서 말놀이하기

–

교사 아이들이 급식실에서 무엇을 먹었지?

선물 빵이랑요, 바나나랑요, 포도랑요, 밥이랑요.

교사 맞아. 빵, 바나나, 포도 그리고 밥을 먹었어.

선물이는 어떤 장면이 기억에 남아?

선물 포도하고요…….

교사 포도를 먹은 것이 기억에 남는구나. 왜 그 장면이 기억에 남았어?

선물 포도 좋아하니까요.

교사 선물이가 좋아하는 음식은 또 뭐가 있어?

선물 오이랑요, 당근이랑요.

교사 선물이는 오이, 당근 같은 채소를 좋아하는구나.

선물이가 좋아하는 음식으로 "나는 ~을 먹어요." 말놀이를 해 보자.

선생님이 먼저 할게. "나는 수박을 먹어요."

선물 나는 딸기를 먹어요.

말놀이를 하면서 말했던 문장은 읽기 따라잡기 패턴 수업 4단계 문장 쓰기와 연결되었다. 선물이가 말했던 문장 중에서 쓰고 싶은 문장을 선택하고, 스케치북에 교사의 도움을 받으면서 문장을 썼다.

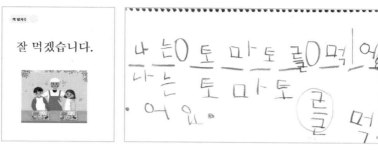

그림 1 맞춤형 책 《잘 먹겠습니다》와 말놀이 후에 쓴 문장

3) 문장 쓰기와 이를 매개로 한 상호작용

여름 방학을 맞이하기 전, 지도 일지를 살펴보면서 선물이의 발달을 중간 점검해 봤다.

회차: 38회차 수업 ··

활동 내용: 패턴화된 수업 4단계 문장 쓰기 / 문장 작성하기

－

선물 "아빠는 참외를 먹어요."

('아'를 쓰고 멈춘다.)

교사 '빠', 선물이가 아는 낱말에 '빠' 소리가 있는데?

선물 '오빠' 할 때 '빠'. ('빠'를 스스로 쓴다.)

선물이는 읽을 수 있는 낱말이 늘어나고, 글자와 소리의 일대일 대응 관계를 이해하면서 잘못 읽었을 때 오류를 알아차리고 고쳐 읽으

려는 초보적인 수준의 자기 점검이 나타나기 시작했다. 동시에 쓰기에서는 음절 단위의 음운 인식 능력이 발달하면서 문장을 쓸 때 자산 단어의 음절 글자를 활용하는 모습을 보여 주었다.

그러나 구어 발달이 느린 선물이는 암묵적으로 습득하는 통사적인 규칙을 활용하는 데 한계를 보였다.

회차: 41회차 수업 ···

활동 내용: 패턴화된 수업 1단계 익숙한 책 읽기

-

교사 (읽기 후) 선물아, 너는 마트에서 뭐 샀어?

선물 과자가 샀어요.

교사 과자가 샀어요? 조금 이상하지 않아?

선물 ········.

교사 과자를 샀어요.

'주어-목적어-서술어'로 이루어진 문장이 반복적으로 등장하는 책을 읽고, 문장 쓰기를 하고, 이와 관련된 대화를 했음에도 불구하고, 새로운 상황에서는 통사 규칙이 내재화되지 않는 상황이 반복되었다.

책 읽기와 문장 쓰기에서 동일한 문장 구조를 반복해서 활용하는 것은 하나의 문장 구조를 익히기에는 용이하지만, 교사가 가르치지 않은 문장 구조는 익힐 수 없다는 한계가 발견되었다. 이 한계를 넘어서기 위해 어떻게 해야 할까?

– 개별화 수업 41회 지도 일지 중

인간의 언어 발달은 크게 한 단어 시기, 두 단어 시기, 문장 사용기로 나누어 볼 수 있다. 옹알이 시기를 지나 영아가 표현하고 싶어 하는 것을 자신의 방식대로 말하는 한 단어 시기, 단어와 단어를 조합하여 기본적인 문장의 형식으로 말하는 두 단어 시기, 어휘나 문장 구조에 대한 지식이 발달해 가면서 다양한 문장 형태로 언어를 구사하는 문장 사용기에 이르게 된다. 세 단어 이상의 단어 조합으로 이행하는 과정에서 문법의 과잉 일반화 현상이 나타난다. 문법의 과잉 일반화란 문법의 습득 과정에서 자신이 이미 알고 있는 문법 규칙을 다른 곳에도 적용하면서 말하는 것으로, 우리나라는 주격 조사 중에 '가'를 먼저 습득하는데 모든 것에 주격 조사인 '~가'를 사용하는 현상이 나타난다(남규 외, 2021). 선물이가 '과자가 샀어요'라고 말했던 것은 세 단어 이상으로 문장을 사용해서 말하는 언어 발달의 과정이었다.

어떤 문장을 쓰고 싶어?

개별화 수업을 시작한 후부터는 전보식의 간결한 단답형이 아니라 문장으로 말하는 것에 익숙해지도록 할 필요가 있었다. 이를 위해 문장 쓰기 단계에서 선물이에게 문장 구조를 지정해서 문장을 구성할 수 있게 해 왔다. 그러나 "과자가 샀어요."에서와 같은 오류를 딛고 다음 단계로 발달하기 위해서는 선물이가 자신의 삶을 자유롭게 말해 보고 쓰면서 통사 규칙을 습득하는 경험이 필요하다는 것을 깨닫게 되었다. 그래서 문장을 구성하기 위한 발문을 바꿔 보기로 하였다.

활동 내용: 패턴화된 수업 4단계 문장 쓰기 / 문장 구성하기

－

교사 선물아, 어떤 문장을 쓰고 싶어?

선물 포도.

교사 "포도"라고 말하면 선물이가 "포도를 싫어해요"라고 말하는지 "포도를 좋아해요"라고 말하는지 알 수 없어. 포도가 먹고 싶니?

선물 포도는 시원해요.

　　문장 구조를 정해 주고, 문장의 일정 부분을 다른 말로 바꾸어 보는 것이 아니라 "어떤 말을 하고 싶어?", "어떤 문장을 쓰고 싶어?" 등과 같이 문장 구성을 위한 발문을 바꾸자, 선물이는 일상에서 다양한 소재를 가져와 문장을 구성하기 시작하였다. 선물이의 아이디어를 구조화된 문장으로 구성할 수 있도록 대화를 주고받으면서 최종적으로 쓸 문장을 구성하였다.

활동 내용: 패턴화된 수업 4단계 문장 쓰기 / 문장 구성하기

－

교사 희수한테 하고 싶은 말 있니?

선물 좋아해요.

교사 희수에게 "좋아해"라고 말하고 싶구나. 뭐라고 쓸까?

선물 좋아해요.

교사 선물이가 누구를 좋아한다는 말이야?

선물 김희수를

교사 선물이가 희수를 좋아하는구나.

선생님은 선생님 동생에게 이렇게 말해 볼게.

"진모야, 누나는 너를 좋아해." "나는 진모를 좋아해요." 이렇게 말해 볼래.

너는 어떻게 말해 볼래?

선물 희수야, 책을 읽자.

교사 좋아. 희수와 책을 함께 읽고 싶구나. 다시 한번 더 말해 보자.

선물 희수야, 누나와 책을 읽자.

선물이가 경험을 이야기하고 그와 관련된 생각과 느낌을 말할 수 있도록 독려하는 것뿐만 아니라 선물이의 의사 표현에 민감하게 반응하고 수용하기 위해서 4단계 문장 쓰기에 충분한 시간을 확보해야 했다.

선물이가 하고 싶은 말로 문장을 구성할 수 있도록 촉진 질문을 바꾸자 책에 등장하지 않는 어휘와 문장 형태를 활용한 문장 구성과 문장 쓰기로 변화가 보이기 시작하였다.

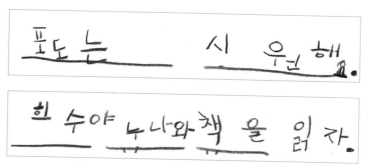

그림 2 문장 구성을 위한 촉진 발문을 바꾸면서 쓴 문장

말문이 트이다

여느 날처럼 익숙한 책 읽기로 개별화 수업을 하던 어느 날. 책 대신 하루 전날 썼던 문장 "희수야, 누나 공부할 때 조용히 해."를 읽으면서 수업을 시작하였다.

회차: 74회차 수업 ┄┄┄┄┄┄┄┄┄┄┄┄┄┄┄┄┄┄┄┄┄┄┄┄┄┄┄┄┄┄

활동 내용: 패턴화된 수업 1단계 익숙한 책 읽기 / 하루 전날 썼던 문장을 읽어 보기

-

선물 희수야, 누나 공부할 때 종히 해.

교사 "종히 해" 자연스럽게 들리니?

선물 아니오.

교사 어떻게 말하는 게 자연스러울까? "종히 해, 조용히 해?"

선물 조용히 해.

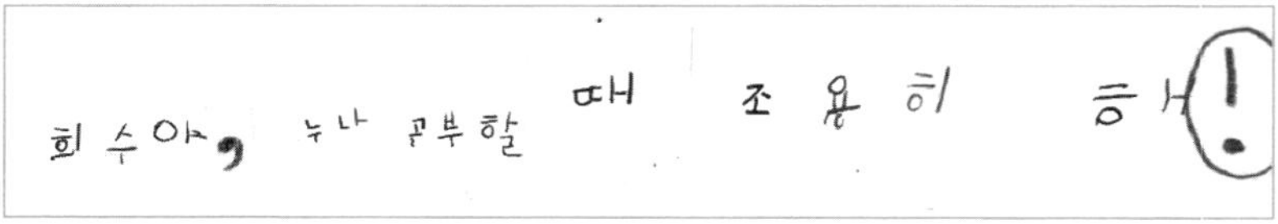

그림 3 73회차 개별화 수업에서 쓴 문장

문장을 다시 한번 더 읽은 후 언제, 어디에서 조용히 해야 할지 구체적인 상황을 가지고 이야기를 주고받았다.

교사 영화관에서는 조용히 해야 해. 다른 사람이 영화 보는 데 방해가 될 수 있어.

선물 선생님, 겨울 방학이 오면…… 사촌 언니랑 영화 보러 갈 거예요.

"조용히"라는 어휘와는 상관없는 이야기일 수도 있지만 선물이에게 묻지도 않았는데 자신의 이야기를 늘어놓기 시작하는 놀라운 상황이 벌어졌다. 그동안 선물이도 하고 싶은 말이 있었지만 어떻게 말을 해야 하는지 몰라서 말하지 못했던 것이 아닐까? 선물이의 발달이 대견하면서도 아이가 힘들었을 상황을 생각하니 안쓰럽기도 했다.

선물이의 발달은 대화뿐만 아니라 자연스럽게 문장 쓰기에서도 드러나고 있었다. 개별화 수업 70회차를 넘어서는 시점에 선물이가 구성하는 문장의 길이가 길어지고 단문이 아닌 복문으로 이루어진 복잡한 문장을 구성하는 모습을 보였다. 그리고 2~3번 정도 문장을 반복해서 말하고 교사의 도움 없이 문장을 기억해서 써 내려 가기 시작하였다.

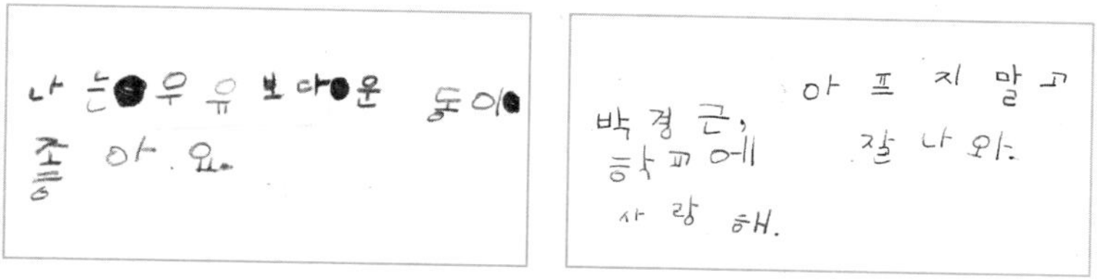

그림 4 복잡한 문장 구조를 활용해서 문장 구성하고 쓰기

10월 들어 선물이의 구어나 문장 구성의 발달이 눈에 띄게 보이기 시작하면서 개별화 수업을 마칠 때 선물이에게 수준 평정 그림책이 아닌 일반 그림책을 1권씩 빌려주었다. 구어가 발달하는 시기에 집에서 어머니께서 책을 읽어 주시면 더 다양한 문장 구조와 어휘를 습득할 수 있을 것을 기대한 것이다. 어머니께 책 읽어 주기의 중요성과 책을

읽어 주고 대화를 나누는 방법을 안내했다. 한 달여가 지나 선물이 어머니와 정기적인 상담을 하던 중, 어머니께서 선물이에게 책을 읽어 주기도 하시지만 선물이가 그림책을 직접 읽어 보려고 한다는 것을 알게되었다.

교사 선물아, 엄마가 책을 읽어 주는 게 좋아, 아니면 네가 읽는 게 좋아?
선물 내가 읽는 게 더 좋아요.

선물이는 집에서 동생에게 책을 읽어 주면서 책을 읽을 수 있다는 자기 효능감을 맛보고 책을 읽는 것에 재미를 느끼고 있었다. 선물이는 학습을 위한 책 읽기가 아니라 책 읽는 과정을 즐기는 진정한 독자의 즐거움을 느끼고 있었다.

4) 가속화된 발달

아이마다 발달의 출발과 성장 속도는 다르다. 교사들은 이러한 개별적인 아이들의 다양성을 이해하고 지도하기 위해 노력한다. 특히 초기 문해력 발달이 늦은 아동을 지도하는 교사는 아동의 독특한 특성을 알고, 이를 바탕으로 더 이상 발달이 지체되지 않도록 촉진시켜 가속화된 발달이 이루어지도록 돕는다.

선물이의 초기 문해력 개별화 수업은 '과연?'이라는 의심 반, 걱정 반에서 출발했다. 나는 선물이의 출발점과 특성을 고려하여 발달 속도에 맞게 유연하게 개별화 수업이 진행될 수 있도록 디자인했다.

4월부터 시작된 개별화 수업이 2학기를 넘어서 계속되었다. 선물이의 발달이 다른 개별화 수업을 받는 아동에 비해서도 느린 편이라 나는 애가 타기 시작했다. '선물이를 촉진시키는 것은 중요하지만, 무리하게 재촉하지는 말아야 한다.' 이러한 말을 되뇌면서 선물이와 개별화 수업을 이어 나갔다.

　　70회 이상의 개별화 수업을 거치면서, 선물이에게 가속화된 발달이 일어나는 것이 눈에 보이기 시작했다. 선물이의 책 읽기 발달 양상과 수준 변화를 점검하기 위해서 선물이가 읽은 책 수준을 수업 회차별로 누가 기록을 해 왔다. 개별화 수업 초반에는 새로운 책을 소개하기 위해 2~3일이 걸리던 시간이 개별화 수업 70회를 넘어서면서 확연히 감축되었고, 책 읽기 발달 그래프에서도 가속화된 발달을 확인할 수 있었다.

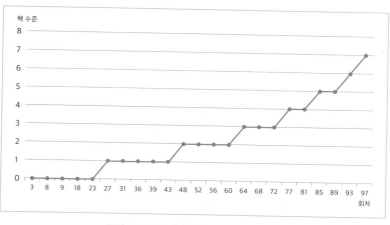

그림 5 **선물이의 책 읽기 발달 수준 변화**

　　선물이의 발달은 읽기 능력과 더불어 구어에서도 관찰할 수 있었다.

구어에서 사용하는 어휘와 문장 구조에 대한 발달은 읽기와 쓰기에서 어느 정도의 복잡성을 기대할 수 있는지 가늠할 수 있는 바탕이 되기 때문에 개별화 수업 동안 선물이가 읽은 책, 쓴 문장과 함께 선물이가 말한 문장 중에서 긴 발화 문장을 기록해 왔었다.

표 2 선물이의 구어 발달 양상

회차	말한 문장	비고
6	토끼 봤구요. 곰돌이 봤어요.	
18	잠바 입고 학교 왔어요. 추워서요.	
51	엄마가 설거지하면 선물 사 준대요.	
53	동생이 의사 하고요. 저는요 간호사 했어요.	
54	손으로 스케치북에 물감을 제 손에 묻혀 가지고 찍었어요.	
70	2교시 때 다른 애들은 다 강당 갔는데요, 알렉세이랑 김단아랑 같이 있었어요.	
81	오빠는 공부 안 하고 게임만 해요.	
82	학교 끝날 때는 강아지하고 고양이 봐요.	
87	비가 많이 내리니까 우산 갖고 학교에 갔어요.	
89	공부 시간에 화장실 가면 선생님한테 혼나니까요.	
90	받아쓰기 시험 오늘 보는데 받아쓰기 시험도 공부했어요.	
95	희수가 공부하는데 책 뺏을까 봐 걱정했어요.	
96	동물한테 먹이 함부로 주면 배탈이 나기 때문이에요.	

단어 또는 짧은 문장을 나열해서 단순한 사실 위주로 말하던 선물이는, 점차 문장 구성이 풍성해지면서 있었던 일의 인과관계를 설명하고 생각과 감정을 풍부하게 표현하게 되었다.

5) 마치며

선물이의 성장 과정은 실제적인 읽기와 실제적인 쓰기를 하면서 발달한 초기 문해력은 책을 읽고 쓰는 능력을 넘어서 언어적 의사소통을 위한 네트워크를 확장시키는 역할을 한다는 사실을 보여 준다. 책을 매개로 한 상호작용과 책 읽기, 문장 쓰기와 이를 매개로 한 상호작용이 연계되는 초기 문해력 교육은 말하기, 그리고 읽기와 쓰기를 연결하는 포괄적인 언어 네트워크를 형성하는 데 핵심이 된다.

또한 선물이의 성장 과정은 개별화 수업의 성공을 보여 주는 것뿐만 아니라 아이마다 가능성이 숨어 있다는 점을 이야기한다. 선물이가 자신만의 발달 곡선을 그리면서 성장해 나갈 수 있었던 것은 자신의 위치에서 출발할 수 있도록 지원하고 격려한 교사가 함께했기 때문이 아닐까?

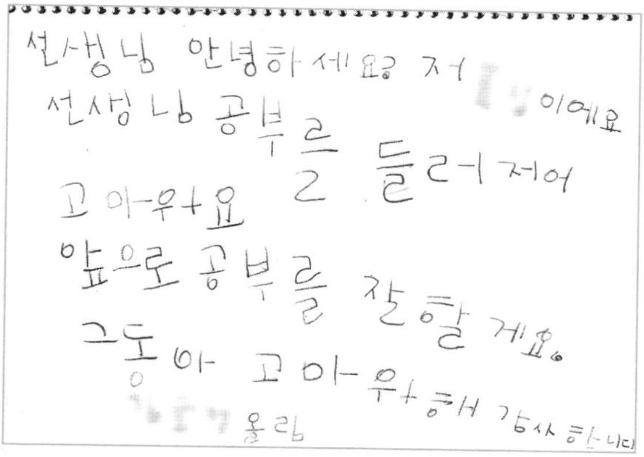

그림 6 선물이가 개별화 수업 마지막 날에 쓴 편지

참고
문헌

남규, 최은영, 장석경(2021). **균형적 접근에 기초한 영유아 언어지도**. 공동체.

Clay, M. M.(1991). *Becoming literate*. Heinemann.

_____(2005). *Literacy lessons: Designed for individuals*. Heinemann.

2

베트남에서 온 미소와 떠나는 읽기 따라잡기 여행

교직 생활 중 처음으로 2019년에 2학년 담임을 맡게 되었다. 농촌 지역의 소인수 학급이었는데, 학급 아이들의 실제 문해력 수준은 3년 이상의 차이가 나 보였다. 능숙하고 유창하게 글을 읽고 스스로 문장을 구성하여 쓰는 아이부터, 겨우 한글을 해득했지만 더듬더듬 읽거나 간단한 단어조차 잘못된 맞춤법을 사용하며 쓰기에 어려움을 겪는 아이까지 다양한 수준의 아이들이 있었다.

유독 눈에 띄는 아이가 별이였다. 별이는 다른 수업 시간에는 비교적 활발했지만, 국어 시간만 되면 입을 닫았다. 읽기, 쓰기 능력이 낮아서 수업 활동을 제대로 이해하지 못해 뒤처지는 모습을 보였다. 친구들도 그런 별이의 소극적인 모습이 익숙한 듯 대수롭지 않게 여겼다. 별이에게 어떤 도움을 줄 수 있을까 고민이 깊어졌다.

읽기 따라잡기와의 만남은 기초학력 부진 학생, 특히 문해력 발달 수준이 낮은 학생을 지도하는 방법에 갈증을 느끼던 나에게 동아줄과도 같았다. 매주 1시간 반의 거리를 달려 읽기 따라잡기 연수를 받으면서 별이의 문해력 지도를 병행했다. 별이는 한국인 아빠와 필리핀인 엄마 사이에서 태어난 다문화 가정 아동으로 엄마는 간단한 생활 대화 수준의 한국어를 구사할 수 있었다. 별이네 집에는 아이들이 읽을 만한 책이 구비되어 있지 않았고, 부모가 그림책을 읽어 주거나 의미 있는 대화가 이루어지기는 힘든 분위기였다. 별이는 두 형과 누나, 두 동생 사이에 낀 셋째로 문해력의 뿌리가 발달되지 않은 채 학교에 입학하게 되었다. 별이의 가정 문해 환경은 좋지 않았고, 학교 입학 후 동일 연령 아이들의 문해력 수준을 따라잡기에는 무리가 있었다.

별이는 받침이 있는 낱말을 잘 읽지 못하고 조사를 생략하여 읽거나, 서술형 어미를 추측하여 읽는 경향이 강했다. 문장을 읽을 때 유창하게 읽지 못해 어렵게 소리 내어 읽고도 의미 파악이 어려웠다. 1년여 실행 연구 기간 동안 별이는 읽기에 재미를 붙이고 읽기 능력 발달에 속도가 붙자 스스로 수준 평정 그림책 BFL 13까지 읽고 싶다는 강한 의지를 보였다. 별이는 BFL 2에서 시작해서 BFL 13까지 읽어 내었다. 별이는 쓰기에서 스스로 글자를 표기하는 데 어려움이 있어 쓰기 과제 수행을 할 때면 친구의 것을 보고 따라 쓰는 방법에 의존하고 있었다. 별이에게 자소-음소 대응 지도는 매우 효과적이었다. 별이는 소리를 분절하고 합성하는 것이 능숙해지면서 읽기와 쓰기에서 가속화된 발달을 보였다. 읽고 쓰는 것에 대한 자신감 향상으로 인해 교실 수업 내 다른 교과에서도 적극적으로 수업에 참여하게 되었다.

읽기 따라잡기 연수가 끝난 후에도, 지역 연구회를 통해 지속적으로 실천을 이어 갔다. 매년 만난 개별화 지도 학생들은 초기 문해력이 낮은 경우가 많았고, 보호자가 교육에 대한 관심이 부족하여 가정과 학교 간의 협력이 어려웠다. 그러나 발생적 문해력 수준이 낮은 상태로 초등학교에 입학하더라도, 학습에 성실한 태도로 참여하고 적극적으로 수업 활동을 하는 아이들은 의미 있는 변화를 보일 수 있었다. 올해 만난 미소가 그런 아이였다.

1) 읽기 따라잡기 여행 준비하기

베트남에서 왔어요

미소를 만나기 전부터 미소에 대해 알고 있었다.

"정말 성실한 아이예요. 뭐든지 하려고 해요. 똘똘해서 잘 받아들여요."

기초학력 전담 교사[1]로 새 학교에 전입한 지 얼마 되지 않은 날부터 만나는 동료 선생님들은 미소 이야기를 했다. 미소는 한국인 아빠, 베트남인 엄마, 오빠와 함께 전년도 11월 베트남에서 중도 입국[2]한 학생이었다.

---

1 기초학력 전담 교사는 전라남도교육청에서 초기 문해력과 수해력을 각각 최적의 교육 방법으로 능숙하게 학생을 지도할 역량을 갖춘 정규 교사로 전라남도교육청에서 학습 부진 학생 조기 발견을 통한 개별 맞춤형 집중 지원을 위해 만든 제도이다(전라남도교육청, 2023).
2 교육부에서는 중도 입국 자녀는 국제 결혼 가정 자녀 중 외국인 부모의 본국에서 성장하다가 청소년기에 입국한 자녀 등으로 정의하고 있다(교육과학기술부, 2012).

내가 미소를 만난 건 미소가 베트남에서 온 지 5개월쯤 되었을 때였다. 초기 문해력 검사를 하기 위해 기대감을 가득 안고 아이를 만났다. 어색한 표정으로 교실에 들어온 아이는 한마디도 하지 않고 자리에 앉았다. 초기 문해력 검사를 진행하는 동안에도 검사에 필요한 답변 이외에 다른 말은 하지 않았다. '한국말이 서툴러서일까?' 생각하다가 말을 걸었다. 학교는 재미있냐는 물음에 슬며시 웃더니 자그마한 소리로 재미있다고 했다. 그러더니 "한국은 너무 추워"라는 말을 덧붙였다. '베트남에서만 살다가 처음 경험하는 한국의 겨울이 얼마나 추웠을까?'라는 생각이 들었다.

'초등 저학년을 위한 초기 문해력 검사(초기 문해력 검사)'를 3월 중순 실시하였다. 미소는 2학년이기 때문에 '초기 문해력 검사(2학년용 검사)'를 사용했다. 2학년은 해독 능력이 완성되고 유창한 글 읽기가 완성되는 시기로, 이러한 특성에 맞게 2학년용 검사지는 49문항의 음절 글자 읽기 검사, 12문항의 구절 읽기 검사, 읽기 유창성 검사, 4문항의 문장 받아쓰기의 네 가지 소검사로 구성된다(엄훈·정종성, 2019: 77).

초기 문해력 검사에서 미소는 1수준[3]의 음절 글자 기, 누, 더, 모, 버, 유, 재, 초, 코 등을 정확하게 읽어 냈다. 2수준 글자 략[란], 몇[면], 붕[북], 삽[슴], 깝[깹], 찢[친], 젓[천], 닺[다], 엌[어], 낙[녁], 꾕[깅], 흰[x]으로 읽었으며, 3수준 글자는 거의 읽어 내지 못했다. 다만 2~3수

---

3 1수준은 기본적인 초성 자소와 기본적인 중성 자소를 결합하여 만든 음절체이다. 2수준과 3수준은 초성, 중성, 종성의 전체 세트를 활용하여 만든 음절 글자이지만, 2수준은 실제 낱말에서 쓰이는 음절 글자이고, 3수준은 실제 낱말들에서 보기 힘든 음절 글자라는 차이가 있다(엄훈·정종성, 2019).

준 복잡한 글자를 읽을 때 첫 번째 글자는 어느 정도 읽고 있음을 알 수 있었다(〈표 1〉 참조).

표 1 음절 글자 읽기 검사 결과

1수준(14)		2수준(21)				3수준(14)	
글자	반응	글자	반응	글자	반응	글자	반응
기	✓	곰	✓	묻[묻]	✓	윰	✓
누	✓	넌	✓	닻[닫]	다	큭	큼
더	✓	들	✓	엌[억]	어	툩	토
랴	왜	락	란	낚[낙]	넉	펫[펱]	표
모	✓	몇[멷]	면	쏟	✓	뚭	✓
버	✓	붕	북	굉	깅	뿔	뽕
쇼	소	삽	승	흰	몰라요	쏭	청
유	✓	질	✓			뉜	뭔
재	✓	청	✓			쌀	쌀
초	✓	핸	✓			딍	딩
코	✓	깝	깹			퉵	댐
테	✓	찢[찓]	친			괠[궬]*	괘
표	✓	섶[섭]	✓			[섹]*	새
혀	허	젓[젇]	천			렌[렌]*	몰라요
✎ 검사 방법에 따라 학생의 정반응과 허용 반응(*)은 ✓표시, 허용 반응과 오반응은 기록함.						음절 글자 읽기 원점수 22/49	

구절 읽기에서는 글자를 읽을 때 음절 단위로 끊어 읽으며 음운 변동을 구현하지 못했다. 읽기 유창성 검사에서는 '거북 한 마리가 알을

낳으려고 하'[거북 한 마리가 알을 했]이라고 읽었는데, '했'은 자기 수정하여 '하'로 고쳐 읽어 30초 동안 9음절을 읽었다.

문장 받아쓰기에서는 낱말 쓰기, 띄어쓰기, 구두점 세 가지 모두 어려움을 보였다. 소리를 듣고 글자를 쓰려고 노력하나 글자-소리 대응이 정확하지 않고 받침이 있거나 복잡한 글자는 쓰기를 어려워했다 (〈표 2〉 참조). 특히 읽기에서도 음운 변동을 정확하게 적용하지 못하는 모습을 보였고 쓰기에서도 들리는 대로 쓰고 있었다. 검사 결과 네 영역 모두에서 구분점수 1점으로 낮은 성취를 보였다.

표 2 문장 받아쓰기 검사 결과

문장 받아쓰기	① 달 밝은 밤입니다. [달∨발근∨바밈니다(바밈미다*).] ② 벌떡 읽어나서 앉았어요. [벌떡∨이러나서∨안잤써요.] ③ 밤바람이 차네요. [밤빠라미∨차네요.] ④ 문을 닫고 이불을 꼭 덮어요. [무늘∨닫꼬∨이부를∨꼭∨더퍼요.]
반응	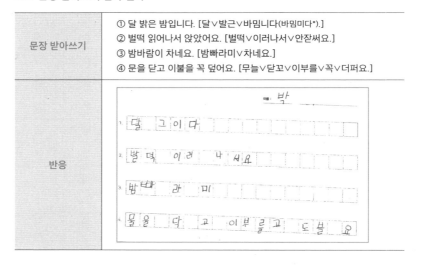

몇 번의 만남을 통해 미소에 대해 더 깊이 있게 알게 되었다. 베트남에서 나고 자란 미소는 한국인 아빠가 귀국을 선택하면서 갑자기 한국에 오게 되었다. 베트남에 사는 10여 년 남짓 동안 아빠와는 한국말

로, 엄마와는 베트남어로 대화를 했다고 한다. 베트남에서 생활하며 학교를 다녔기 때문에 베트남어에 더 익숙했다. 그나마 가정 내에서 아빠와는 한국어로 대화를 해서 간략한 의사소통은 가능했다. 간단한 한국어 구어를 사용할 수 있다는 건 큰 강점이었다.

중도 입국 후 미소는 아빠가 외지에서 일을 해서 주말에만 오시기 때문에 평일에는 주로 베트남어를 사용하는 엄마, 오빠와 지냈다. 가정의 문해 환경이 한국어를 습득하기에 좋은 편은 아니었다. 한국어로 의사소통할 기회가 적고, 학교 과제는 스스로 해결해야 했다. 자신의 생각이나 감정을 한국어로 표현하기에는 어휘력이 부족하여 친구들과의 관계에서 소극적인 태도로 임해 어려움을 겪고 있었다. 교실에서는 혼자 있거나, 거의 대화를 하지 않았다. 이런 악순환으로 교우 관계 속에서 익히는 생활 언어 발달이 더딜 수밖에 없었다. 기본적인 의사소통을 위한 일상 어휘, 학교생활 어휘, 학습 어휘가 전반적으로 부족했다. 그리고 미소의 구어는 단문에 머물러 있었다.

열 살이지만 2학년이에요

미소는 열 살이지만 2학년이었다. 친구들보다 한 살 많았다. 자주 "나는 열 살이다. 원래 3학년이다"라는 말을 하고는 했다. 학교에서는 미소가 중도 입국 학생임을 인지함과 동시에 빠르게 대처하여 학생 수준에 맞는 2학년으로 배치를 권했다. 곧바로 적절한 교육 지원을 받을 수 있도록 한국어 방과 후 수업을 개설하고, 국어교육에 전문적인 지식을 가진 수석 선생님이 수업을 진행하였다. 방학까지 이어진 방과 후 수업에서 미소는 자모음 소릿값을 학습하고, 수준 평정 그림책을 읽었다. 주 2~3회 3개월 동안 이루어진 집중적인 한국어 수업을 통해 미소는 받침 없는 글자를 읽을 수 있었고, 소리를 합성하며 받침 있는 글자를 간헐적으로 읽어 냈다. 다만 자소와 음소를 대응시키며 글자를 하나씩 읽어 내는 해독 수준에 머물렀으므로 글을 읽을 수 있으나 유창하게 읽지 못하고 의미를 파악하지 못했다.

미소의 가장 큰 강점은 배우고자 하는 욕구와 성실한 자세였다.

"나는 베트남 사람이다. 갑자기 이제 한국 사람이 되었다. 한국 와보니 좋아. 한글 공부해서 빨리 잘하고 싶다. 매일매일 공부해."

미소는 이렇게 말할 정도로 학습 동기가 매우 강했다.

미소의 문해력 수업은 초기 문해력 검사 다음 주부터 진행되었다. 학습 지원 대상 학생 지원 협의회를 통해 담임 선생님께 '읽기 따라잡기'에 대해 설명하고 앞으로 수업 진행 방법과 수업 시간을 공유했다. 처음에는 수해력 지도를 같이 하려고 했으나, 수해력 저하는 문해력 저하에서 영향을 받은 것으로 판단되어 읽기 따라잡기에 기반한 초기 문해력 교육에 집중하기로 방향을 잡았다. 그렇게 미소와 초기 문해력 향상을 위한 긴 여정을 시작했다.

2) 아이가 할 수 있는 것에서부터 출발하기

아이의 눈높이에서 머무르기

읽기 따라잡기 수업의 첫 2주는 아이의 눈높이에서 머무르기(아.눈.머)를 하며 아이의 개별 특성을 파악하고 수업을 계획하는 주간이다. 이 기간 동안 교사는 아이가 할 줄 아는 활동에 머무르며 새로운 것을 가르치지 않는다. 여러 가지 쉬운 과제를 제시하고 아이가 수업 속에서 과제에 어떻게 반응하고 어떤 것을 할 줄 아는지를 발견하는 데 중점을 둔다.

이 시기 수업은 주로 구어(듣기·말하기), 읽기, 쓰기 활동으로 연결되었고, 나는 다양한 방식으로 아이가 알고 있고 할 수 있는 것이 무엇인지를 파악했다. 아이가 잘 사용하는 어휘를 활용하여 짧은 이야기를 써서 책을 만들어 보는 활동은 아이가 아는 것을 발견할 수 있는 좋은 활동이다. 아이가 직접 이야기를 구성하고 말하게 하고 글을 쓰게 한다. 그런 다음 그림을 그리고 완성되면 함께 읽는다. 이러한 과정을 반복하여 한 권의 책으로 엮어 내면 아이의 특별한 책이 완성된다.

미소는 친구들과 같이 놀고 싶어 했다. 어느 날 "같이 놀자."라는 말을 썼는데 '같이'를 '간지'라고 썼다. '같이'는 읽을 때와 쓸 때가 다르다고 알려 주며 명시적으로 지도했다.

회차: 5회차 수업 ·····

활동 내용: 아.눈.머

–

교사 '같이'는 이렇게 쓰는 거예요. (종이에 '같이'를 써 준다.)

미소 가이?

교사 쓸 때는 '같이', 읽을 때는 '가치'라고 읽어요. 자, 세 번 쓰고 읽어 볼까?

미소 ('같이'를 세 번 쓰고) 가치, 가치, 가치.

교사 같이 놀고 싶은 친구가 있어?

미소 (한참을 생각하다가) 태이요. 민주.

교사 문장으로 써 볼까?

미소 태이야 같이 놀자. 민주도 같이 놀자.

미소와 '같이' 낱말 카드를 만들고 《같이 놀자》 책을 만들었다. 책의
본문은 다음과 같은 문장들로 구성되었다.

"태이야 같이 놀자. // 민주야 같이 놀자. // 슬라임하고 같이 놀자.
// 마리모랑 같이 놀자. // 같이 놀자."

미소가 잘 알고 있던 어휘 '놀자'에 '같이'를 추가하여 반복하는 어휘
가 들어간 책을 만들고 함께 읽었다. 책 만들기 활동은 미소의 읽기와
쓰기에 성공 경험을 주었다.

낱말 카드   책 표지   본문

그림 1 《같이 놀자》 제작 책

다음으로 낱말 카드를 활용해 미소가 읽을 수 있는 글자를 확인
했다. '커피, 지렁이, 자전거, 바지, 병원, 붓'은 처음에는 정확하게 읽지
못하고 머뭇거리더니, 음절체와 받침소리를 합성해 보려고 시도했다.
미소는 낱말이나 글을 축자적으로 읽었고, 미소의 읽기에는 특유의 강
세가 있어 한국어처럼 들리지 않았다. 더군다나 뜻을 알지 못하는 단

어가 많아 해독에만 그치는 경우도 많았다. '병원'을 읽을 때 '병'에서 한참을 머뭇거렸다. '병원'이 어디인지 아냐고 했더니, 아프면 아빠랑 가는 곳이라고 했다. 직접 경험해 본 곳은 잘 기억하고 있었다. 같이 읽고 어려운 낱말을 따라 읽었다. 읽은 낱말을 한 글자, 두 글자, 세 글자로 나누어 보자고 했더니 바로 해냈다. 다음은 미소에게 기회를 주었다.

그림 2 낱말 카드 활동

"미소가 나누고 싶은 기준을 정해 나눠 봐요."

표 3 미소의 낱말 카드 분류 활동

병원, 밥, 밤, 붓, 병아리, 발, 바지, 배, 버스	코, 커피	못, 무	책, 배추	자전거, 지렁이, 전화기, 주사기, 집, 모자

미소는 제시된 낱말 카드들을, '병원, 밥, 밤, 붓, 병아리, 발, 바지, 배,

버스'와 '코, 커피', '못, 무', '책, 배추', '자전거, 지렁이, 전화기, 주사기, 집, 모자'로 분류(《표 3》 참조)하였다. 책과 배추를 왜 함께 놓았느냐고 물었더니 그것도 모르겠냐는 듯 "책과 배추는 치읓이 들어 있어"라고 미소가 말했다. 모자는 왜 여기에 있냐는 물음에는 "지읒이 들어 있잖아요"라고 했다. 미소는 같은 낱글자가 들어 있는 낱말끼리 분류했는데, 이를 통해 미소가 낱글자 단위까지 형태 분리 지각을 할 수 있음을 알 수 있었다.

노부미의 그림책 《내가 나를 골랐어!》(위즈덤하우스, 2020)는 아이 자신이 가지고 있는 재능을 찾고, 스스로가 얼마나 소중한 존재인지 생각하며 자존감을 높일 수 있는 책이다. 수업 초기에 아이들의 성향을 파악하기 위해 함께 읽어 보기 좋다. 미소에게 친구들, 가족들, 주위 사람들에게 가장 듣고 싶은 말이나 들으면 기분이 좋아지는 말이 무엇이냐고 물었다. 천천히 생각하고 써 보라고 했지만 미소는 바로 연필을 들고 자신 있게 썼다. 내가 "동동하다?" 미소가 쓴 말을 읽자 미소는 "똑똑하다"라고 말했다. 미소가 가지고 태어난 재능 구슬은 '머리가 좋음, 글쓰기, 가르치기, 피아노, 공부'였다. 학습에 관련된 재능만 고르는 것에서 미소의 강한 학습 욕구가 느껴졌다.

미소가 듣고 싶은 말

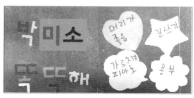
미소가 갖고 싶은 재능 구슬

그림 3 《내가 나를 골랐어》 활동 내용

우리는 야.눈.머 기간 동안 많은 이야기를 나누었다. 처음에는 질문에 고개만 끄덕이거나 거의 들리지 않는 작은 소리로 말했다. 시간이 지날수록 말수가 많아졌고 교실에 오자마자 전날 있었던 이야기를 털어놓기도 했다. 미소는 수다쟁이였다.

회차: 8회차 수업

활동 내용: 야.눈.머

–

교사 사탕 왜 안 먹어?

미소 오빠랑…… 집에서.

교사 미소가 오빠를 정말 좋아하는구나. 미소 오빠는 좋겠다.

미소 오빠 여기 못 와?

교사 여기? 올 수 있지?

미소 그럼 오빠도 여기에서 공부해.

교사 아. 오빠는 오빠 교실에서 공부해야 해. 여기는 1학년, 2학년 학생만 와서 공부하는 곳이야.

미소 오빠 공부 엄청 힘들다. 걱정돼.

미소는 친구들보다 가족에 대해 이야기할 때 신나 했다. 주로 오빠와 많은 시간을 보내기 때문인지 무엇이든 오빠와 함께 공부를 하고 싶다고 하고, 간식을 받으면 오빠 것까지 챙겨 집에서 함께 먹겠다고 했다. 오빠도 기초학력 전담 교사의 도움을 받을 수 있는지 물어보며 오빠의 한글 공부를 걱정하기도 했다.

10회기를 거치며 미소의 말에는 교사를 향한 신뢰, 앞으로의 수업에 대한 기대감이 묻어났다. 그러나 미소는 구어 사용이 서툴렀다. 상대를 가리지 않고 반말을 하거나 마치 글을 읽듯 '~다'로 끝을 맺었다. 말끝을 흐리는 습관도 있었다. '미소와 대화를 많이 하자!' 미소가 유창하게 자기 생각을 말할 수 있고, 상황이나 대사에 맞는 구어 사용이 가능하도록 도와야겠다는 생각이 들었다.

선생님 시소 타러 가요

아.눈.머 마지막 시간이었다. 마음씀[4]을 쓰고 봄꽃 맞이 산책을 나갔다. 그저 밖으로 나간다는 것만으로 콩콩 뛰며 좋아하는 미소 덕분에 내 기분도 좋아졌다. 신발을 신고 나가자 하얀 꽃송이가 보였다. 미소에게 무슨 꽃인 줄 아냐고 물어보자 모른다고 했다. 목련이라고 답해 주자 꽃송이를 들여다보며 "참 예쁘다"라고 했다. 미소는 학교 안에 피어 있는 꽃 이름을 하나도 알지 못했다. 학교 안 곳곳을 걸으며 꽃 이름을 알려 줬다. 눈처럼 떨어지는 벚꽃 밑에서 "개나리와 민들레는 노란 꽃"이라며 미소가 빙그레 웃었다. 봄의 느낌과 계절에 대해서도 이야기를 나누었다.

미소 선생님, 시소 탈래요.
교사 시소는 혼자 못 타는데?
미소 그럼 선생님이 같이 타.

놀이터를 본 미소가 뛰어갔다. 미소는 그네에 앉아 나에게도 얼른

---

4 '마음씀'에 대한 자세한 설명은 211쪽을 참고하기 바란다.

같이 타자고 했다. 미소를 보고 시소 탄다고 하지 않았냐고 했더니 "그러니까요. 시소 탔잖아요" 한다. 이건 시소 아닌데 했더니 미끄럼틀을 보며 "그럼 저게 시소인가?" 하며 고개를 갸웃했다. 미소는 시소라는 이름을 알고 있었지만, 해당 놀이기구와 연결하지 못했다. 놀이터를 돌아다니며 미끄럼틀과 그네, 구름 사다리, 철봉을 알려 주었다. 한참을 놀이터에서 놀다가 그네를 보고 이름을 물어보자 다시 시소라고 했다. 이날의 산책에서, 미소가 몇 개의 놀이기구 이름을 알고 있지만 대상의 이름과 대상을 연결하지 못하는 것을 알게 되었다.

2교시 수업이 끝나자마자 아이가 교실로 왔다. "친구들과 놀고 와도 돼. 지금은 중간놀이 시간이야" 했더니 "아니에요. 선생님. 여기에서 놀래요!"라고 하면서 교실 여기저기를 기웃거렸다. 도장을 찍고 싶다고 해서 도장을 주었더니 여러 가지 도장을 찍으면서 놀았다. "어? 상어다" 하면서 상어 이야기를 하길래 나는 "아기 상어 뚜루루뚜루 귀여운 뚜루루뚜루 아기 상어~" 노래를 불렀다. 미소가 잘 모르는 눈치였다. 미소에게 〈상어 가족〉 노래를 아냐고 물었더니 처음 들어 본다고 했다. 노래도 들려주니까 금세 흥얼거리더니 어깨춤까지 추면서 즐겁게 들었다. "내일 또 듣고 싶어요. 매일 들을래요." 미소와 나는 도장도 찍으면서 같이 〈상어 가족〉 노래를 불러 봤다.

아.눈.머 시간을 통해 중도 입국 학생들의 초기 문해력 향상을 위해서는 배경지식과 어휘력을 넓히는 것이 중요한 과제임을 알게 되었다.

3) 잘 읽기 위하여

나 잘 읽어요. 그냥 읽을래요

회차: 12회차 수업 ··
활동 내용: 패턴화된 수업 5단계 새로운 책 읽기 /《옷 입기》(BFL 3)

–

교사 책 표지에 무엇이 보여요?

미소 ······.

교사 아이가 무엇을 하고 있지?

미소 (글자를 보며) 옷!

교사 옷을 입고 있구나. 제목이 옷 입기구나. 그림에서는 무엇이 보여?

미소 아이. 빨리 읽어요. (페이지를 넘긴다.)

교사 우리 페이지를 넘기면서 그림을 먼저 살펴볼까?

미소 나 잘 읽어요. 그냥 읽어요. 그림 안 볼래요.

잘 읽는다는 건 뭘까? 글을 읽고 이해하는 것이다. 이는 단순히 글자를 소리 내어 읽는 것을 넘어 정보를 이해하고 받아들이는 것을 포함한다. 해독은 글자와 소리를 대응시키며 글을 읽는 것이고, 독해는 글을 읽고 전체 의미를 구성하는 것이다. 잘 읽기 위해서는 읽기 유창성이 확보되어야 하며, 의미 파악이 가능해야 한다. 읽기 유창성은 적절한 속도와 정확성, 그리고 표현 능력을 갖추고 글을 읽는 능력을 말한다. 해독과 독해 능력이 통합적으로 발달해야 유창하고 능숙하게 읽는 독자가 될 수 있다.

미소는 유난히 그림 살펴보기를 거부했다. 그냥 글만 읽고 싶다는 것이다. 미소가 말하는 "잘 읽어요"는 자신이 읽을 수 있는 글자에 집중하며 해독에만 치중하는 것이었다. 읽어도 뜻을 모른다면 잘 읽는 것이 아니다. 미소는 의미적 단서와 시각적 단서의 교차 점검을 경험하고 텍스트의 내용을 맥락적으로 추론하여 읽는 것을 학습할 필요가 있었다. 특히 음절 단위로 읽어 의미를 파악하는 데 어려움을 겪는 미소는 그림을 보고 맥락을 이해하는 활동이 더욱 필요했다. 기본적인 어휘 획득이 되어 있지 않아 미소를 지도할 때 그림 읽기나 배경지식 활성화에 중점을 두고 싶었다.

"미소야. 글을 잘 읽는다는 것은 글자를 정확하게 읽고 의미를 아는 거야. 책을 읽기 전에 그림과 글을 미리 살펴보면 더 잘 읽을 수 있어."

초반에는 교사가 직접 그림을 보는 장면을 모델링해서 보여 주거나 질문을 통해 그림을 볼 수 있도록 하였다.

새로운 책 읽기에서는 먼저 아이와 함께 표지를 살펴보며 제목을 확인하고 내용을 예측했다. 전체 스토리를 따라가며 아이가 모르는 단어, 구절들과 이름, 새로운 어휘에 의도적으로 익숙해지도록 만들었다. 삽화를 보며 어려운 단어에 대한 단서를 찾는 모습도 보여 주었다. 이야기를 탐색한 후 최초의 읽기를 시도해 볼 수 있도록 도움을 주었다. 점차 아이에게 책임을 넘겼다. 새로운 책을 읽을 때 책을 스스로 고르고 글과 그림을 교차 점검해 모르는 글자를 읽고 그래도 모르는 것은 질문하도록 했다. 미소는 그림과 주요 단어를 보고 나서 새로운 책 읽기를 시도할 때 더 쉽게 책을 읽을 수 있다는 것을 알게 되었다.

회차: 12회차 수업 ···

활동 내용: 패턴화된 수업 5단계 새로운 책 읽기 / 《옷 입기》(BFL 3)

–

활동	교사와 학생의 대화	단서 활용
새로운 책 소개하기	교사 제목을 읽어 볼까? 미소 옷 입기 교사 그림에서 무엇이 보이지? 미소 아이, 옷, 모자, 신발, 양말. 교사 그림을 보고 이야기해 볼까? 미소 (페이지를 넘기며) 아침에 일어났다. 　　　(하품하는 흉내를 내며) 아하 　　　옷을 입었다. 교사 무슨 무슨 옷 입고 있어요? 미소 어… 위에… 밑에… 양말도 신고 모자도 쓰고 　　　신발도 신고… 모자를 쓰다. 교사 강아지는 뭐 하고 있지? 미소 냄새를 맡는다. 　　　어? 신발이 한 개 어디 있지? 　　　(찾고 있는 표정을 지으며) 찾고 있다.	표지 살펴보기 (의미적 단서 활동을 위한 기초 활동)

	교사 한번 읽어 봅시다.	
	미소 옷 입기	
	글 엄균 그림 하루.	
	교사 글 엄훈.	
	양손으로 책을 잡고 천천히 읽어 봐요.	
	(중략)	
	미소 나는 버지(바지)를 입고, 티. 티. 티스츠(티셔츠)를	자기 모니터링
	입어요.	시각적 단서 활용
	교사 읽어 보려고 시도해 보는 것 좋았어.	
	여기 그림 보이지?	의미적 단서 활용
	이럴 때는 손가락으로 한 글자씩 짚으며 읽어 봐.	시각적 단서 활용
	미소 나는 바⋯지를 입고, 티⋯셔(생각하더니)⋯츠⋯를	
	입어요.	
새로운	교사 ('셔'를 짚으며) 속으로 말고 밖으로 소리 내면서 해	시각적 단서 활용
책 읽기	보자. 이 글자를 쪼개면 어떤 소리가 나지?	(소리-글자 분절 합성)
	미소 스여. 스여. 셔.	
	교사 잘했어. 합쳐서 읽으면?	
	미소 티셔츠.	
	교사 아주 잘 읽었어. 티셔츠.	
	('입어요.'를 가리키며) 어떻게 읽어야 할까?	
	미소 이버요.	시각적 단서 활용
	교사 맞아. 왜 그렇게 읽어야 하지?	
	미소 자연스럽게 읽으려고요. ㅇ 비켜 해요.	
	교사 그렇지. 그렇게 읽으면 돼.	
	(중략)	
	교사 "어, 내 신발 한 짝 어디 갔지?" 따라 읽어 볼까?	유창하게 읽기
	미소 어, 내 신발 한 짝 어디 갔지?	
	교사 이 말은 무슨 뜻이야?	의미적 단서
	미소 신발 찾는 거요.	
	교사 내용을 잘 파악하며 읽었구나.	

새로운 책 읽기로 《옷 입기》를 읽었다. 새 책을 소개하며 제목과 표
지 그림을 살피고 질문했다. 그래서인지 아이가 그림을 보고 내용을
유추하는 과정에서 책의 내용을 잘 읽어 냈다. 《옷 입기》의 마지막 부

분 내용을 물어봤더니 잘 파악하고 있었다. '바지', '티셔츠'와 같은 단어를 읽는 데 오류가 있었고, 음절 단위로 또박또박 읽었다.

나는 안타깝게도 첫날 미소가 '티셔츠'에서 보인 머뭇거림을 단순히 해독의 문제로 생각하고 있었다. 그런데 다음 날《옷 입기》를 읽는데, "나는 바지를 입고 티셔츠를 입어요."를 읽으며 미소가 자꾸 주저하는 것이었다. 혹시나 싶어 물어봤다.

"미소야, 티셔츠가 뭐야?"

"몰라요."

그랬다. 미소는 '티셔츠'를 읽을 수는 있었지만, 뜻을 알지 못했다. 그러니 글을 읽을 때 의미 단어로 읽지 못하고, 음절 단위로 띄엄띄엄 의미 없는 글자로 읽어 내고 있었다. 미소가 입고 있는 옷을 보며 '티셔츠, 바지'에 대해 알려 주었다. 낱말의 의미를 알고 나서 다음 회차에 책을 읽을 때 미소는 확실히 '티셔츠'를 주저함이 없이 읽었다.

옷에 대해 설명하면서 '티셔츠, 바지, 긴바지, 긴팔, 반바지, 반팔, 원피스'도 같이 알려 주었는데, 미소가 직접 경험하고 있는 부분이어서인지 잘 받아들였다. 내가 '티셔츠'가 무엇인지 물어보면 바로 자기 윗옷을 가리켰다. 하지만 미소의 윗옷을 가리키며 "이런 옷을 무엇이라고 했지?" 하면 바로 '티셔츠'라고 말하지는 못했다. 여러 번에 걸쳐 반복하고 나서야 다양한 옷을 명명하는 단어를 완전히 이해했다.

경험해 봐야 더 잘 아는구나

새로운 책을 읽을 때마다 미소가 알지 못하는 단어를 파악하고 아이의 수준에서 설명했다. 어떤 단어들은 아이와 함께 경험을 떠올리거나 직접 해 보면서 알아 갔다. 수준 평정 그림책《무궁화꽃이 피었습

그림 4 《무궁화꽃이 피었습니다》 중 일부

니다》(BFL 3)는 '무궁화꽃이 피었습니다' 놀이로 책의 내용이 구성되어 있다. 미소는 이 놀이를 전혀 몰랐다. 그래서 처음에는 책의 그림을 살펴보며 실제로 놀이를 해 볼 수 있도록 이끌었다. 내가 술래가 되고 미소는 출발선에서 놀이를 시작했다. 내가 큰 소리로 운율을 살려 느리게, 빠르게 "무궁화꽃이 피었습니다"를 외쳤다. 미소는 조심스럽게 다가오기도 하고 가끔 뛰어오기도 하며 놀이를 즐겼다. 미소가 비틀비틀 움직여 술래가 되었다. 다음에는 내가 미소가 외치는 소리에 자세를 취하며 열심히 앞으로 나아갔다. 둘이서 하는 놀이였지만, 미소는 무척이나 즐거워했고 집에 가면 엄마, 오빠와 함께 해 볼 거라고 했다. "무궁화꽃이 피었습니다."는 운율을 살려 잘 읽게 되었다.

"열 걸음 뒤에 아이들이 멈춰 서 있어요." 뜻을 물어보니 모른다고 했다. 같이 서서 한 걸음씩 세어 가며 열 걸음을 걸은 뒤에 멈춰 섰다. "아하! 제가 열 걸음 뒤에 서 볼게요." 복도까지 나와 미소가 직접 해 보고 나서야 이해했다. 잘 알게 되는 데 있어 직접 해 보는 것만큼 확실한 방법은 없다. 미소는 이후 나오는 "열 걸음 뒤에 멈춰 서 있어요."를 자신 있게 읽었다.

어느 날은 미소의 얼굴빛이 좋지 않았다. 배가 아프다고 했다. 보건실에 다녀오라고 했지만, 한 번도 가 본 적이 없다고 해서 함께 보건실로 갔다. 전날 저녁부터 배가 아파서 밥을 못 먹었다고 했다. 보건 선생님이 미소의 안색을 살피고 이것저것 물어보신 후, 손을 주물러 주셨다. 한참 주무른 후 약을 먹고 나니 미소가 괜찮다고 했다. 얼굴빛도 발그레 혈색이 돌아왔다. 함께 교실로 돌아와 수업을 시작했다. 오늘의 마음씀은 "배가 아프다."로 썼다.

교사 방금 간 곳이 보건실이야. 보건실은 언제 가는 곳일까?
미소 아플 때요.
교사 맞아. 학교에서 갑자기 아플 때는?
미소 보건실!
교사 집에서 아플 때는 어디에 가지?
미소 병원!
교사 지난번에 병원 공부했었지? 단어 카드에서 병원 찾아서 읽어 볼까?
미소 저기 있다. (단어 벽의 단어 카드를 가리키며) 병원!

어휘가 부족한 미소를 위해 만든 단어 벽에는 미소가 학습하며 배운 단어들이 가득 차 있었다. 자주 읽어 보고 미소가 아는 말로 설명해 보는 활동을 진행했다. 학습이 되었다고 생각한 단어 카드는 한꺼번에 묶어 가끔씩 확인하고 되새겨 보도록 했다.

네가 고쳐 읽었구나

익숙한 책 읽기 단계에서는 이미 읽은 책을 여러 번 반복해서 읽는다. 《병아리》(BFL 3) 책을 읽었는데, 지난번에 실수했던 부분인 "병아리야, 엄마 보고 싶어?"를 "병아리야, 엄마 보고 싶냐?"라고 읽었다. 아이의 언어 습관이 드러난 것이다. 유창하게 읽기 위해 메아리 읽기(〈표 4〉 참조)를 시도했다. 적절한 부분에서 의미 단위로 떠어 읽는 시범을 보여 준 후 미소에게 따라 읽도록 했다. 메아리 읽기 후 다시 혼자 읽었을 땐 처음보다 훨씬 더 자연스럽게 읽어 냈다. 미소는 따라 읽으면서 시각적 단서와 의미를 교차시키며 점검하고, 문장 구조에 익숙해지기 시작했기 때문이다.

전 시간에 이어서 《병아리》를 다시 읽어 보기로 했다. 자주 틀리던 "엄마 보고 싶어?"를 제대로 읽어 냈다. 전반적으로 유창하게 읽었다. 익숙한 책 읽기로 10번 정도 읽었고 전 차시에 모범독을 들려주고 읽기, 메아리 읽기, 같이 읽기를 한 보람이 있었다.

표 4 읽기 종류

모범독	교사가 먼저 읽어 주기
메아리 읽기	교사가 먼저 읽고 학생이 따라 읽기
같이 읽기	교사와 학생이 동시에 같이 읽기

읽기는 시각적 단서, 의미적 단서, 통사적 단서를 모두 활용하는 복잡한 과정이다. 미소는 주로 시각적 단서를 활용하는데, 글자-소리 대응 관계를 활용하여 모르는 글자를 읽어 낸다. 자음과 모음을 합성하여 읽기도 하고, 받침 있는 글자는 음절체를 먼저 읽은 후 받침(말미

자음)을 합쳐 소리 내어 보라고 하면 정확히 읽을 수 있었다. 그에 비해, 의미적 단서와 통사적 단서 활용은 능숙하지 못했다. 미소가 시각적 단서에만 지나치게 의존하지 않고 두 가지 이상의 단서를 교차 점검하여 읽도록 많은 촉진이 필요했다. 그리고 읽기 과정에서 단서들을 교차 점검하여 읽는 모습이 보였을 때 많은 칭찬으로 단서 활용을 강화했다.

회차: 11회차 수업 ··

활동 내용: 패턴화된 수업 1단계 익숙한 책 읽기 / 《병아리》(BFL 3) 시각적 단서와 의미적 단서 교차
　　　　　점검

-

미소 저일… 저일 작은 병아리. (머뭇거리며) 저일.
(손가락 짚으며) 제. 일. 작은 병아리 주세요.

교사 글이 이상해서 다시 되돌아와서 고쳐 읽었구나. 정말 잘했어.
지금처럼 네가 읽다가 생각해 보니 이상하다면 다시 확인하고 읽어 내려가면 돼.

미소 (자신감 넘치는 목소리로) 지난번에 그냥 틀리게 읽고 지나갔는데 이번에는 제대로 읽었어요.

회차: 62회차 수업 ··

활동 내용: 패턴화된 수업 1단계 익숙한 책 읽기 / 《해와 바람》(BFL 6) 의미적 단서 활용

-

교사 '내기'가 뭐야?
미소 싸움하는 거요.

교사 '입김'은 뭘까?

미소 (그림을 보더니) 후후 부는 것이요.

교사 "흉내를 내요." 뭘까?

미소 (그림을 보며) 따라 하는 게 흉내 내는 거예요?

교사 맞아. 그림을 보니까 글을 이해하기 더 쉽지?
'울상'이 무슨 말이야?

미소 몰라요.

교사 그림을 봐 볼까? 어떤 표정이야?

미소 우는 거?

교사 그렇지. 울상은 울 것 같은 얼굴이야. 한번 해 봐.

미소 (우는 표정을 지으며) 이렇게요?

회차: 68회차 수업 ···

활동 내용: 패턴화된 수업 1단계 익숙한 책 읽기 / 《선물》(BFL 7) 시각적 단서 활용

–

미소 ("없잖아요?" 가리키며) 어떻게 읽어요?

교사 어떻게 읽으면 좋을까? 첫 글자만 먼저 읽어 볼까?

미소 (손가락으로 'ㅆ' 받침을 가리며) 어, (손가락을 들며) 읍. 업! 자. 은. 잔! 없
잖아요.

교사 맞아. 그렇게 읽기 어려운 글자가 나오면 먼저 손가락으로 짚기 - 받
침 가리기 - 몸통 소리 내어 읽기 - 몸통+받침 합쳐서 소리 내어 읽기 이런
순서로 읽으면 돼. 잘했어.

미소가 자신의 읽기를 모니터링하고 교차 점검을 활용하여 스스로

고쳐 읽을 때, 아이가 사용한 전략을 구체적으로 언급하며 칭찬했다. 시각적 단서에만 의존해서 읽을 때는 해독에 급급해 내용 파악이나 자기 모니터링이 어려웠지만, 익숙한 책 읽기를 통해 여러 번 읽으면서 적극적으로 자기 모니터링을 하기 시작했다. 수업이 진행될수록 미소는 읽기 과정에서 시각적 단서와 의미적 단서, 그리고 통사적 단서를 적절히 활용하였다. 글을 읽으며 자기 모니터링을 통해 오류를 발견하고 교차 점검하면서 수정을 했다. 비교적 글자-소리에 맞게 매우 잘해냈다. 미소의 노력에 더하여 나는 글을 읽을 때 내용 질문을 통해 텍스트의 이해를 돕고 각각의 이해들이 쌓여 미소의 배경지식이 넓어지도록 도왔다.

자기 모니터링

능숙한 독자는 글자를 잘 보았는지, 말이 되는지, 자연스럽게 읽는지 등 자신의 읽기를 끊임없이 스스로 점검한다. 자기 모니터링은 자신의 읽기를 점검하는 것이다.

무슨 말인 줄 알아?

중도 입국 학생은 사회 문화적 환경 변화로 어려움을 겪고 있으므로 세밀한 수업 설계가 필요하다. 특히 읽기 능력 향상을 위해서는 어휘력이 중요한 열쇠였다. 텍스트를 읽을 때 어휘력이 부족하면 중도에 읽기를 포기하게 된다. 생소한 단어가 등장할 때마다 혼돈이 오고 주의력이 분산된다.

미소와 새로운 책 읽기를 시도할 때는 텍스트를 접하기 전에 미리 아주 기초적인 어휘부터 아는지를 물어보고 서로 이야기를 나누었다. 주로 사용한 촉진어는 다음과 같다.

활동: 패턴화된 수업 5단계 새로운 책 읽기에서 읽기 전 사용한 교사 언어(촉진하기)

–

"이 단어가 무슨 말인 줄 알아?"

"어떤 뜻일 것 같아?"

"들어 본 적 있어?"

"언제 들어 봤어?"

"읽어 볼까?"

"다시 읽어 볼래?"

습득한 어휘가 많아질수록 미소는 유창하게 잘 읽어 내는 모습을 보였다. 미소가 읽을 수 있는 글자 낱말 카드를 만들어 주거나, 단어를 많이 접할 수 있는 기회를 제공했다. 아이들은 글을 읽을 때 아는 단어를 만나면 재빠르게 재인한다. 이에 일견 어휘를 넓혀 주는 활동을 같이 진행했다.

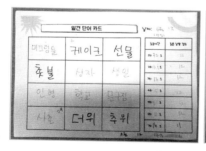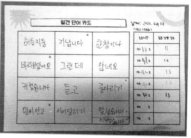

그림 5 일견 단어 카드 읽기

새로운 책을 읽고 나면 일견 어휘로 만들 단어를 찾아 쓰고 매일 초를 재어 가며 일견 단어 카드 읽기를 했다. 예를 들면 미소는 《생일》(BFL 5), 《운동회》(BFL 5)에 나오는 단어 중 "바라보았어요", "놀랐어요", "앞섰습니다"를 유창하게 읽어 내지 못했다. 그 단어를 일견 단어 카드에 적고 다시 읽기를 반복했다. 미소는 승부욕이 있어서인지 이 활동을 매우 좋아했으며, 시간을 줄이기 위해 주말 동안 연습을 해오기도 했다. 책에서 찾은 일견 어휘들이었기 때문에 익숙한 책 읽기로 바로 연결했는데, 유창성을 기르는 데 도움이 되었다.

미소의 수업에서는 새로운 책 읽기, 익숙한 책 읽기 과정에서 독해와 일견 어휘를 확장하는 데 중점을 두었고 이는 곧 유창하게 읽는 길로 이어졌다. 다음은 미소가 수업을 통해 새로 습득하여 알게 된 어휘이다. 미소는 아는 것이 많아질수록 자기 확신과 읽기 자신을 가지고 수업에 집중하게 되었다.

미소가 새로 습득한 어휘 예시
(미소와 책을 읽고 대화를 나누며 새로 습득한 어휘)

바위, 더위, 추위, 야채, 과일, 거위, 못, 잎, 병원, 티셔츠, 반팔, 반바지, 긴바지, 긴팔, 촛불, 케이크, 밤, 봄, 여름, 가을, 겨울, 개미, 장수풍뎅이, 문구점, 상자, 임금님, 난장판, 야구, 우표, 울상, 내기, 입김, 흉내, 편지, 뒤뚱뒤뚱, 가까이 등

잘 읽기 위하여: 독립적 읽기 연습

읽기 따라잡기에서는 수준 평정 그림책을 활용해 읽기 활동을

한다. 아이들이 책을 스스로 읽을 때, 난이도에 영향을 미치는 여러 범주들이 있다. 수준 평정 그림책은 그 범주들의 난이도를 균형적으로 조정한 책이기 때문에 아이에게 적합한 수준의 책을 선택해서 활용할 수 있다.

　새로운 책 읽기에서는 가급적 아이가 그림과 글을 상호 보완적으로 읽을 수 있도록 정교한 질문을 해야 한다. 새로운 책을 소개한 뒤에는 아이가 읽어 볼 기회를 제공한다. 아이가 어려워하는 경우 교사가 질문을 하면서 아이가 읽기 전략을 활용하여 문제를 해결할 수 있도록 촉진한다. 다양한 읽기 전략과 관련된 질문은 아이가 자기 모니터링을 거쳐 독립적 읽기로 나아갈 수 있는 힘을 길러 준다.

활동: 패턴화된 수업 5단계 새로운 책 읽기에서 읽기 중 사용한 교사 언어(촉진하기)

－

"그림을 봐, 맞는 것 같아?"

"앞뒤 말이 자연스럽게 들려?"

"뭐라고 읽어야 할 것 같아?"

　미소는 텍스트를 읽을 때 음절 단위로 끊어 읽고 강세를 정확하게 파악하지 못해서 의미 구성에 있어서도 어려움을 겪었다. 의미 단위나 어절 단위로 끊어 읽기를 할 수 없었고, 띄어쓰기의 개념도 형성되어 있지 않았다. 스스로 읽고도 어떤 뜻인지 알지 못했다. 매끄럽고 유창하게 읽게 될 때까지 많은 시간이 필요했다. 미소의 읽기 과정을 분석했을 때, 읽기 정확도 수준은 93% 이상이었지만, 단서 활용은 시각적 단서에 과하게 의존하는 양상을 보였다. 그래서 읽기 정확도가 높은 책이라도, 읽기 속도와 표현력, 어휘력을 확장하도록 익숙한 책 읽기에서 지속적으로 다루었다.

해독이 자동화되면 인지 에너지를 독해에 더 많이 쓸 수 있다. 유창하게 읽을수록, 독자는 의미 구성에 더 힘을 쏟을 수 있다. 유창하게 읽기에는 익숙한 책을 반복적으로 읽는 것이 도움이 된다. 이 과정에서 자기 모니터링, 교차 점검 등 다양한 읽기 전략을 활용하며 독립적 독자가 되기 위한 준비를 한다. '익숙한 책을 계속 읽는 것을 미소가 지루해하지 않을까?' 걱정도 되었다. 미소는 익숙한 책을 5번 읽는 동안 새롭게 알게 된 점을 찾아내기도 하고, 읽는 재미를 느꼈는지 익숙한 책을 먼저 찾아 읽기도 했다. 스스로 성공적으로 읽어 내기 위하여 노력하였다.

읽기 따라잡기 수업 속에서 교사는 아이에게 점차 책임을 이양하고 독립적 읽기가 가능하도록 돕는다. 미소가 혼자서도 잘 읽기 위해서는 알맞은 속도로 정확하고 유창하게 읽는 것이 중요했다. 미소의 읽기 과정에 세 요소가 자연스레 녹아들도록 촉진 언어를 꾸준히 사용했다.

활동: 패턴화된 수업 1단계 익숙한 책 읽기에서 사용한 교사 언어(촉진하기)

-

"말하듯이 읽을 수 있겠어?"

"이 부분은 한꺼번에 읽어 봐."

"네가 읽고 있는 것처럼 읽어 줄게."

"부드럽게 읽어 봐."

"물음표가 나오면 문장의 끝에서는 올려 읽어."

"언제 쉬어 읽으면 좋을까?"

유창하게 잘 읽게 된 책은 책 나무 스틱에 스티커를 붙였다. 미소는 읽기의 결과가 눈에 가시적으로 보이니 잘 읽기 위해서 더 노력했다.

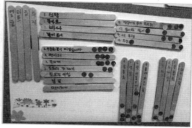

그림 6 책 나무 스틱

4) 잘 쓰기 위하여

쓰기 발달 단계

엄훈(2019)은 쓰기의 발달 과정을 끄적거리기, 창안적 쓰기, 소리 나는 대로 쓰기, 표준적 쓰기로 설명하였다. 창안적 쓰기는 아동이 자신만의 자소와 음소의 대응 관계 규칙을 고안하고 구성해 나가는 단계로 초기 쓰기 발달의 대표적인 징후이다. 이러한 글자는 변형된 글자 형태를 나타내는 경우가 있어, 자세히 들여다보면 읽어 낼 수는 있지만 관습적인 표기와 다르다. 아동이 창의적으로 쓴다고 해서 창안적 쓰기라고 한다.

소리 나는 대로 쓰기 단계는 소리가 들리는 대로 글자를 써서 음에 따라 비슷한 형태로 나타나지만 불안정한 단계이다. 한글은 표음 문자이며 글자-소리 대응이 비교적 규칙적인 언어이다. 그래도 아이들은 소리와 글자가 일대일로 정확하게 대응하지 않는 단어나 어구를 만나면 쓰기에서 어려움을 느낀다. 미소는 받침이 없거나 하나인 경우는 비교적 정확하게 썼지만, 겹받침 글자 또는 음운 변동 현상이 나타날 때는 소리 나는 대로 쓰는 경우가 많았다.

개별화 수업을 진행하면서 국가 수준의 국어과 교육과정을 등한시할 수 없기 때문에 교육과정을 자주 들여다봤다. 우리나라의 국어과 교육과정에서 쓰기 교육은 1학년 때 시작하여 한글 지도 후 본격적으로 이루어진다.[5]

아이들은 대체로 읽기보다 쓰기에 더 많은 어려움을 겪는다. 그러나 읽기와 쓰기는 상호 보완적이기 때문에 같이 발달할 수 있도록 균형을 맞춰 지도할 필요가 있다.

이것만 쓸래요

미소와 만난 지 한 달이 지났을 때였다. 그동안 아이의 문장 쓰기는 두세 어절에 머물렀다. 미소는 읽기에는 열의와 흥미를 보였지만, 유독 쓰기를 싫어했다. 쓰기에는 자신이 없으니 잘하는 읽기만 계속하고 싶은 욕구가 강한 것 같았다.

미소는 쓰기를 할 때마다 "이것만 쓸래요"라고 하며 메시지 상자에 간단한 문장을 구성했다. "한 문장을 더 써 보자" 하면 너무 길다며

---

5 2015 개정 국어과 교육과정에 따르면, 1~2학년에서 쓰기 교육은 쓰기 영역의 내용 성취 기준인 "[2국03-01] 글자를 바르게 쓴다", "[2국03-04] 인상 깊었던 일이나 겪은 일에 대한 생각이나 느낌을 쓴다"와 문법 영역의 내용 성취 기준인 "[2국04-01] 한글 자모의 이름과 소릿값을 알고 정확하게 발음하고 쓴다", "[2국04-02] 소리와 표기가 다를 수 있음을 알고 낱말을 바르게 읽고 쓴다"를 중심으로 이루어진다.

싫다는 말을 단호하게 했다. 처음에는 아이가 스스로 문장을 완성해 볼 수 있도록 문장의 길이나 맞춤법에 과도하게 집착하지 않고 아이의 쓰기를 면밀히 관찰했다. 그러나 시간이 지날수록 문법에 맞지 않게 말하거나 말이 짧아지고 단문에 머물렀다. 여전히 말미를 흐리거나, '~다.'나 '~어.'로 끝내는 경우가 많았다. 높임말에 대해 말하면서 '~요.'를 붙이도록 지도했고, 미소가 높임말에 익숙해지도록 나도 의도적으로 높임말을 사용했다.

미소 만들기 했어.

교사 미소야, 미소보다 나이가 많은 언니, 오빠, 선생님들에게는 '~요.'를 붙여요. 높임말이라고 하는 거예요.

미소 왜요?

교사 한국에서는 그래야 해. 반말을 하면 예의가 없는 거야.

미소 눈을 그렸어… 그렸어요.

교사 그렇게 말하면 돼요. 잘했어요.

실제성에 기반한 문장 구성하기

쓰기 전에 아이와 대화를 많이 하는 데 집중했다. 아이의 발화를 이끌어 내기 위해 대화를 시도했다. 아이에게 질문을 하고 아이가 스스로 쓰고 싶은 문장을 말하도록 유도했다.

회차: 18회차 수업 ···

활동 내용: 패턴화된 수업 4단계 문장 쓰기

–

교사 오늘 있었던 일 중에 기억에 남는 일 있어요?

미소 어제는 있어요. 어제 우리 공부 안 했잖아. 선생님 못 만나니까 슬 펐다.

교사 선생님도 어제 미소랑 공부 못 해서 엄청 슬펐어요. 우리 그 말을 써 보자. 너무 멋진 말이니까 여기에 써서 남겨 두는 거예요. 메시지 상자에 구 성해 볼까?

미소 선생님을 못 만나서 슬프다.

(메시지 상자에 자석을 놓으며) 선생님을 못만나서슬프…다.

교사 미소가 놓은 대로 같이 읽어 봐요.

미소 (메시지 상자에 놓인 자석을 손가락으로 짚으며) 선생님을 못만나서 슬 프다.

교사 선생님을 못만나서슬프 다. 어때? 맞게 띄어 쓴 것 같아? 선생님이 다 시 들려줄게. 띄어쓰기를 잘 생각하며 놓아 보자. 선생님을 못 만나서 슬 프다.

미소 (자석을 바르게 놓으며) 아하.

교사 잘했어요. 쓸 수 있는 말을 바로 써 보자.

미소 ('선생님을' 바로 쓰더니 '못'에서 머뭇거린다.)

교사 어떤 말을 쓰려고 했지? 소리 내어 볼까?

미소 못.

교사 어떤 소리가 들리니? 네 소리에 집중해 봐.

미소 못. 못. 모 은.

교사 아주 잘했어. '은' 소리 가족은 여러 소리가 있지. 이건 '은' 소리 가족 중에서 'ㅅ'이야. 연습 페이지에 써 볼까? 소리 내어 말하며 써 봐.

미소 못.

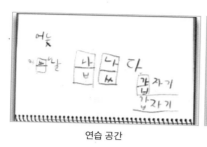
연습 공간

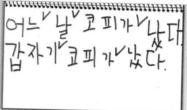
쓰기 공간

그림 7 문장 쓰기 스케치북의 구성

대화를 통해 문장을 정교하게 구성했다. 가급적 아이의 단어와 문장을 최소한으로 수정하고 실제적인 쓰기가 되도록 하기 위해 노력했다. 아이의 구어에서 쓸 메시지를 가져오고 쓰고 싶은 문장을 정하게 했다. 읽기 따라잡기 수업에서는 문장을 쓰기 위해서 메시지 상자를 활용한다. 미소가 구성한 문장을 메시지 상자에 놓아 보도록 하고, 띄어쓰기에 어려움을 겪으면 다시 천천히 말해 주며 "맞게 띄어 쓴 것 같아?"라고 물은 다음 띄어쓰기를 수정하도록 했다. 메시지 상자가 완성되면 드디어 글을 쓰게 했다.

글을 쓸 때는 구어와 문어를 대응시키면서 풀어서 쓰도록 했다. 사진처럼 스케치북의 위는 연습 공간, 아래쪽의 공간은 쓰기 공간으로 활용한다. 미소가 쓸 수 있는 낱말은 바로 쓰도록 하고 도움을 청하거나 못 쓰는 글자는 위 공간에서 연습하게 했다. 소리를 천천히 내고 분절된 소리를 들으면서 그 소리에 해당하는 낱글자를 찾아 쓰는 연습을 도왔다. 과거에 썼던 경험을 떠올리거나 배운 내용에서 가져오기도 했다. 음운 변동이나 겹받침 글자는 명시적으로 가르치고 따라 쓰도록 했다. 아래 공간에 완성된 문장을 쓰게 함으로써 자신이 문장을 성공적으로 잘 써 냈다는 경험을 가지게 되었다. 그 다음에는 완성된 문장을 잘라서 재구성해 보게 했다. 낱말-글자-말소리 탐색 단계에서 배운 어휘나 아이가 어려워했던 어휘를 잘라서 재구성해 봄으로써 문장의 구조적인 측면을 익히고 소리와 글자의 대응 관계를 연습하게 된다. 또한, 아이가 쓴 문장에 소리와 글자의 대응 관계가 불규칙한 낱말, 어절이 포함되어 있다면 음운 변동 현상을 직접적으로 경험할 수 있었다.

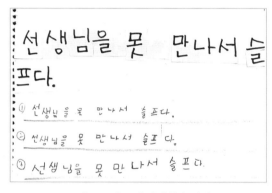

그림 8 문장 쓰기 가정 학습 과제

재구성한 문장 쓰기는 그날 가정 학습 과제로 부여해 가정에서 다시 쓸 수 있는 기회를 가지게 하였다. 이미 성공적으로 써 본 문장이라서 자신 있게 쓰고 반복 학습을 하게 된다. 가정 학습 과제를 통해 완벽하게 습득된 낱말은 이후에 새로운 문장에서도 쓰이게 되어 마침내 잘 쓰게 되었을 때는 아이의 노력에 아낌없는 칭찬을 보냈다. 스스로 쓸 수 있게 되었다는 기쁨을 마음껏 누릴 수 있도록 말이다.

오늘, 마음씀

　매일 수업의 시작은 '마음씀'으로 열었다. 아이의 말은 곧 문장 쓰기로 연결되었다. 말이 곧 글이 된다는 것, 글이 또 말이 된다는 것을 알게 하기 위해 미소의 말을 글로 썼다. 매일 수업을 시작하면 '마음씀'을 쓰게 했다. 이 활동에서는 전날 집에 돌아간 후부터 학교에 오기까지 있었던 일 중에 즐거운 일, 슬펐던 일, 재미있었던 일, 짜증 났던 일을 떠올리고 나서 그때의 감정을 생각해 보도록 했다. 아이가 가지고 있는 자산 단어에서 쓰기를 출발하면서 아이의 생활 어휘에 대해 더 많이 알 수 있었다. 자연스럽게 현재 아이의 감정 상태와 생활을 파악할 수 있어 유연한 분위기로 수업을 시작할 수 있었다. '마음씀' 활동에서 써 나갈 책의 표지 만들기를 했다.

회차: 3회차 수업 ···

활동 내용: '마음씀' 만들기

-

　교사 어떤 제목으로 할까요? 여기에 미소가 일 년 동안 미소의 마음을 쓰는 거예요.

　미소 제목?

　교사 아까 봤던 그림책에서 제목이 뭐였어요?

　미소 이거? (《괜찮아 아저씨》(비룡소, 2017) 그림책에서 제목 부분을 손가락으로 가리켰다.)

　교사 맞아요. 이게 제목이에요. 이건 책 표지예요. 책 표지에는 제목이 있고, 또 뭐가 있어요?

　미소 글?

교사 글 작가와 그림 작가가 있네요. 또 뭐가 보여요?

미소 (그림, 출판사 이름을 손가락으로 짚는다.)

교사 출판사 이름이에요. 책을 만든 곳이 나와 있어요. 우리도 '마음쏨' 책 표지를 만들어 보려고 하는 거예요. 제목을 지어 볼까요?

미소 어, 오늘, 마음쏨이요. 마음쏨이 좋아.

교사 오늘, 마음쏨. 오늘이라는 말을 붙이니 제목이 너무 멋지다. 표지도 꾸미고 작가 이름도 써 줘요. 미소가 글을 쓸 거니까 "글쓴이"라고 쓰고 미소 이름을 쓰면 되겠다.

미소 (입으로 되뇌며) 글쓰니, 그쓰니, 그스니?("그스니"라고 썼다.)

교사 뒤표지에는 우리 교실에서 공부하고 난 후 앞으로 하고 싶은 일을 적어 볼까요?

미소 음.

교사 하고 싶은 말을 적어도 돼요.

미소 한글 공부 하고 싶어.

교사 우리 미소는 한글 공부 하고 싶구나. 그 문장을 한번 써 보자.

미소 (말하면서 새롭게 구성하며) 매일매일 학글공부를 하고시보요. 선센님.

교사 마음쏨을 써 보자. 지금 기분이 어때?

미소 공부해서 기분이 좋아요.

교사 말하면서 써 보자.

미소 기보이 조워요.

교사 읽어 볼까?

미소 기분이 좋아요.

교사 그렇게 쓰여 있는 것 같아? 다시 한번 읽어 볼까?

미소 (손가락을 짚으며) 기보이 조워?

교사 괜찮아. '기', '이', '요.'를 맞게 썼네, 잘했어. 미소가 쓸 수 있는 만큼 써 보면 돼. 다른 글자는 이제 앞으로 천천히 배우자.

아이가 주로 사용하는 감정 단어는 '좋아요'였다. 아이의 감정 단어를 돕기 위해 시중에 나와 있는 감정 카드를 보여 줬는데, 오히려 아이가 혼동하며 어려움을 느꼈다. 그래서 다른 친구들과 함께 《내 기분은》이라는 그림책을 만들었다. 나와 친구들이 느끼는 감정을 글과 그림으로 보면서 아이는 보다 정교화된 감정을 표현할 수 있게 되었다.

그림 9 미소의 그림책 《내 기분은》 일부

잘 쓰기 위하여

읽기와 쓰기는 동일한 것, 즉, 구어를 표기하는 데 사용된 문어 부호written code에 대해 배우는 두 가지 다른 길이다. 초기 읽기에서 필요한 프로세싱의 다양한 측면들이 초기 쓰기에서 다른 형태로 실행된다(엄훈, 2019: 64).

안내된 쓰기에서는 아이가 쓰기의 주도권을 가지고 쓸 수 있는 글자는 바로 쓰기를 하고 교사는 촉진자의 역할을 수행한다. 그리고 안내된 쓰기에서는 읽기 활동 중 아이가 말한 것, 아이의 경험 등과 관련된 낱말 등을 다양한 방법으로 쓰는 활동이 필요하다. 문장을 구성하고 메시지 상자를 활용하는 방법을 시연하면서 주도권을 점차 아이에게 이양하였다. 아이 스스로 문장을 구성하고 쓰는 독립적 글쓰기가 가능하도록 하였다.

문해력 수업 초반에 아이는 읽고 쓰기에 어려움이 많았다. 아이는 읽을 때 나는 소리와 그 소리를 적는 글자가 다르다는 것에 혼동을 느꼈다. 나는 음운 변동을 아이의 눈높이로 설명하고 실제적인 음운 변동은 명시적으로 가르쳤다. 읽기에서 연음 규칙을 잘 지켜서 읽게 하고 읽는 소리와 쓰는 문자가 다른 경우가 있음을 끊임없이 지도했다. "'ㅇ' 비켜. 우리 자연스럽게 읽을 거야" 하면서 연음 규칙을 연습했다. 앞 글자의 받침을 이어지는 초성 글자 'ㅇ' 자리에 넣으면서 읽었다. 한글은 생활 속에서 글을 읽고 쓰면서 경험을 통해 자연스럽게 익힐 수 있는 것들이 있다. 많이 읽고 쓰는 기회를 제공하고 실제로 사용하여 자신의 언어로 표현해 보도록 하였다.

실제성에 기반한 책 만들기

수준 평정 그림책은 각 수준마다 2~4권으로 구성되어 있는데, BFL 0~4 책을 활용하는 아이들은 많은 책이 필요하다. 이럴 때 아이들과 수준에 맞는 그림책을 만들 수 있다. 아이들의 발화를 모아 글을 쓰고 목표 단어를 설정하여 책 곳곳에 넣는다. 만든 책은 읽기 과정 분석을 통해 수준을 평정하고 익숙한 책 읽기로 읽어 가며 아이들의 학습을 돕는다.

미소와 책 만들기 활동을 많이 했다. 직접 나가서 주위를 둘러보며 사진을 찍고 사진을 보면서 아이가 하고 싶은 문장을 구성해 보게 했다.

봄 산책을 나가 미소에게 목련꽃 사진을 보여 주며 이야기를 나눴더니 "목련은 하얗고 예뻐요"라고 이야기했다. 개나리를 보고 찍은 사진에서는 "저도 노란 옷 꽃도 노란색을 입었어요", 민들레꽃 사진을 보면서는 "키 작은 민들레 키가 크면 해바라기"라고 말하기도 했다. 하얀 조팝나무꽃 사진을 보면서는 "마스크도 하얀색 꽃도 하얀색", 그네 사진에 대해서는 "같이 그네 타요"라고 말했다. 이어서 "구름 사다리에 올라가요. 오로라 내리락 해요"라는 이야기를 했다. 직접 보고 느낀 것을 기반으로 문장 쓰기를 하고 책을 만들면서 아이의 어휘가 질적으로 늘어남을 알 수 있었다. 마지막 제목을 정해 보라는 말에 "봄꽃을 봤다"라고 했다. 이후에도 아이가 한 말로 책을 만들어서 지속적으로 같이 읽었다. 〈표 5〉는 한 학기 동안 미소와 만든 책 목록이다.

표 5 미소와 만든 책 목록

제목	작가	목표	출판사
같이 놀자	박미소	'같이' 어휘	공지락출판사
봄꽃을 봤다	박미소	계절 어휘	공지락출판사
여름을 봤다	박미소	계절 어휘	공지락출판사
학교 ㄱㄴㄷ	박미소	ㄱㄴㄷ 어휘	공지락출판사
내가 나를 골랐어	공동 저자	자존감	공지락출판사
우리는 배운다	공동 저자	배움 동기 유발	공지락출판사
내 기분은 1	공동 저자	감정 어휘	공지락출판사
내 기분은 2	공동 저자	감정 어휘	공지락출판사
받침소리 가족	공동 저자	받침소리	공지락출판사

시간이 지날수록 미소 스스로 쓸 수 있는 글자가 많아졌다. 어휘량이 늘고 음소 단위의 분절과 합성을 익숙하게 할 수 있게 되면서 교사의 도움을 거의 필요로 하지 않았고 자신 있게 쓰게 되었다. 이는 유창하게 읽는 데도 도움이 되고 다시 쓰기로 연결되었으며, 읽기와 쓰기가 상호작용을 하면서 미소는 읽기와 쓰기 모두에서 눈에 띄는 발달을 보였다. 쓰기 어려운 글자는 소리를 내면서 스스로 쓸 수 있게 되었고, 점점 더 길고 복잡한 문장 쓰기를 즐기게 되었다.

회차: 64회차 수업
활동 내용: 패턴화된 수업 4단계 문장 쓰기

-

미소 선생님, 쓰기가 재미있어요.

교사 정말? 미소가 쓰기가 재미있다니 선생님이 기분이 날아갈 것 같아.

미소 쓰기 먼저 할래요. 쓰기가 좋아요.

(스스로 문장을 쓴다.) 맨날 맨날 쓰고 싶어요. 쓰기를 더 열심히 할 거다. 쓰기는 마음을 쓸 수 있어서 좋다.

교사 쓰기가 왜 좋아진 거야?

미소 제가 잘하니까요. 쓰기를 잘하게 되니까 계속하고 싶어요. 또 쓰고 또 쓰고 싶어요. 또 읽기 하고 또 써요.

교사 그렇구나. 우리 미소가 쓰기 정말 잘하지. 그렇지.

쓰기에 자신감이 생기면서 미소는 "제가 혼자 속으로 이야기를 지어 볼래요"라고 말하며 메시지 상자에 혼자 문장을 구성하고 스스로 글을 써서 보여 줬다. "부끄러우니까 혼자 쓸게요." 문장 쓰기를 혼자서도 잘 해냈다. 주로 나에 대한 글이었다.

회차: 65회차 수업 ··

활동 내용: 패턴화된 수업 4단계 문장 쓰기

—

미소 (스스로 문장을 쓴다.) 오늘은 학교에 와서 선생님이 칭찬해 주셔서 기분이 설레였다. 공부를 잘해서 좋았고 앞으로는 더 열심히 할 거다.

교사 미소야. 선생님이 미소가 쓴 글을 보니 기분이 너무 좋아.

미소 (마음쏨을 넘겨 보며) 이렇게 많이 못 썼었는데, 진짜 점점 이렇게 잘 쓰게 되었어요.

미소는 "이렇게 잘하는데, 그냥 3학년으로 갈걸 그랬어요. 괜히 2학

표 6 미소가 구성하고 쓴 문장

회차	쓴 문장	비고
1	기분이 좋아요.	
3	공주인형 재미있다.	
8	힘들다.	
11	테이프 공을 받아서 기분이 좋아요.	
12	배가 아프다. 보건실에 갔다.	
18	선생님을 못 만나서 슬프다.	
30	강아지가 앞서기도 하고 내가 앞서기도 한다. 문장을 썼다.	
33	오빠 생일이 거의 됐는데, 선물을 무엇을 줄까 고민중이다.	
35	선생님이 지렁이가 뭐가 무서워 숙제를 내주셨다. 숙제를 해서 읽기가 더 쉬워졌다.	
37	숙제를 깜박하고 안가져왔는데, 오늘은 안 깜박하고 가져왔다.	
43	파란 하늘 위에 구름이 귀엽다. 앗, 그네가 뜨겁다. 꽈배기를 하니까 시원하다. 여름을 봤다.	
59	키 재기 책에서 울상을 배웠다. 울상은 울고 싶은 마음이다.	
62	선생님이랑 같이 학교에 와서 좋았다. 선생님이 학교에 뒤뚱뒤뚱 걸어왔다.	
64	선생님이랑 같이 공부해서 재미있다. 토끼랑 같이해서 좋았다. 쓰기를 더 열심히 할 거다.	
66	김치 너는 너무 매워! 말했지만, 김치는 이게 무슨 소리지? 냉장고에서 김김 생각해.	동시 쓰기
68	엄마랑 같이 학교에 와서 좋았다. 비가 와서 엄마랑 우산을 같이 쓰고 왔다. 오늘은 글씨를 하나도 안틀렸다.	
70	[자전거] 자두를 먹고 / 전화를 했다 / 거짓말이다 [칼림바] 칼싸움 / 림보 / 바다 [텃밭] 텃밭에 가서 / 밭 구경 하자 [달리기] 달려 / 리모콘 / 기린 [마스크] 마이크 / 스케이트 / 크레파스	n행시 글쓰기

년 했어요"라며 아쉬운 마음을 표현하기도 했다. 쓰기의 즐거움을 알고 자신감이 생긴 미소가 자랑스러웠다. 〈표 6〉은 미소가 구성하고 쓴 문장이다. 표와 같이 아이의 쓰기는 단문에서 복문으로, 한 문장에서 두세 문장으로 발달하였다.

아이가 말하고 쓰고 싶어 하는 문장을 쓸 때 쓰기 능력은 발달한다고 한다. 모든 글자를 쓰지 못하더라도 쓸 수 있는 글자는 스스로 쓰고 교사가 적절한 비계를 주면 성공 가능성이 커진다. 아이의 경험과 삶이 살아 있는 문장을 구성하고 실제적 쓰기가 이루어지도록 하는 것이 중요하다. 미소가 글자를 표기하는 데 아직 어려움이 있었지만, 자신의 생각을 글로 표현하려는 동기를 가졌다는 점에서 성장하고 있었다.

5) 잘 이해하기 위하여

수업 시간에 한참 이야기를 나누다 보면 미소가 내 눈을 멀뚱멀뚱 쳐다보곤 했다. 그럴 때면, '아, 잘 모르는 거구나. 아이가 안다고 생각하고 그냥 넘어갔었나 보다' 깨닫게 되곤 했다. 아이의 배경지식이 부족하고 일상 어휘가 부족해서였다. 나는 아이에게 계속 질문할 수밖에 없었다. "무슨 말인지 알아? 언제 들어 봤어? 어떤 때 쓰는 말이야?" 끊임없이 물으며 이해를 돕고자 했다. 친숙한 생활 주변이 담기고 일상 어휘를 배우고 이해할 수 있는 가장 적합한 매개체는 그림책이었다. 교실에 있는 그림책을 활용하기로 했다.

그림책은 어휘가 반복적으로 사용하는 경우가 많고 간단한 스토리가 담겨 아이들이 쉽고 재미있게 읽을 수 있다는 강점이 있다. 또한 그

림책이 다루는 소재가 아이들의 삶과 가까워 중도 입국 학생들의 적
응에 도움이 될 수 있을 거라는 생각이 들었다. 특히 배경지식이 약한
미소에게 그림책을 통해 간접 경험으로나마 구어와 문어를 습득하고
이해력을 향상시킬 기회를 주고자 하였다.

읽기 따라잡기 수업이 일찍 끝날 때나 매주 2~3회 방과 후에 만나
그림책을 읽었다. 그림책을 읽는 방식은 다양했다. 때로는 전체 내용을
나 혼자 읽어 주기도 하고, 페이지별로 번갈아 가며 미소와 함께 읽기
도 했다. 또한 캐릭터나 장면에 따라 역할을 나눠서 읽는 방식으로 진
행하기도 했다.

그림책의 문장보다 그림책을 보며 나누는 대화가 문해력을 더 키
운다. 그림책은 아동 문해력 발달의 강력한 원동력이며, 시각 문해와
의사소통 능력 발달의 핵심이다(최나야, 2023). 특히, 미소는 텍스트를
읽을 때 해독에 집중하다 보니 이야기의 전반적인 의미를 파악하는 것
이 어려웠다. 그래서 이 시간에는 한글 해독보다는 그림을 보면서 이
야기를 나누고, 이야기의 중심이 되는 주제나 메시지 등 전체적인 내
용에 대해 이해하는 데 더 많은 시간을 보냈다.

미소와 많은 대화를 나누고 자기만의 언어로 표현해 보는 활동을
진행했다. 한국에 관련된 배경지식을 확장하도록 도움을 주었다. 교실
에는 전문 작가들의 그림책뿐만 아니라 어린이 작가들의 그림책들이
많았다. 어린이 작가들의 그림책은 아이의 수준에 맞았는지 미소가
자주 보았다.

가끔 친구들과 함께 그림책을 읽기도 했는데, 친구들과의 대화를
통해서 미소는 더 많이 이해하고 배웠다. 미소에게 읽고 싶은 책을 직
접 고르게 했다. 의도적으로 미소의 언어 수준에 알맞은 그림책, 미소

가 좋아하는 내용의 그림책, 수업 시간에 배운 내용이 포함된 그림책, 적절한 분량의 글이 담긴 그림책을 눈에 잘 띄게 배치하였다.

우지영의 그림책《가나다는 맛있다》(책읽는곰, 2016)는 '가, 나, 다, 라'를 아이들에게 친숙한 음식과 의성어, 의태어로 배울 수 있는 그림책이다. 글이 많아 나눠 가며 읽다가 미소가 어려워하는 단어가 많아 시간이 될 때 3~4쪽씩 나눠 읽었다. 좀 더 쉬운 책을 찾아봐야겠다고 생각했는데, 미소가 그림책《신나는 가족 ㅏ ㅑ ㅓ ㅕ》를 찾아왔다.《신나는 가족 ㅏ ㅑ ㅓ ㅕ》는 어린이 작가가 만든 모음 그림책이다. 1학년 아이가 처음 모음을 배울 때 만든 책이어서인지 아이들이 좋아하며 자주 읽는 책이다.

'ㅏ, ㅑ, ㅓ, ㅕ' 모음에 맞춰 단어로 구성되어 있어 아이가 성공 경험을 쌓기 좋은 책이다. 미소는 책을 읽은 후 마지막에 나온 '모음을 찾아라' 퀴즈까지 잘 풀어냈다.

그림 10 《신나는 가족 ㅏ ㅑ ㅓ ㅕ》 그림책(위)과 '모음을 찾아라' 퀴즈 활동 내용(아래)

앞의 수업 사례에 등장한 《괜찮아 아저씨》는 이중 모음과 겹받침이 있는 '괜찮아'라는 표현이 다소 어렵지만, 내용이 재미있고 "오, 괜찮은데?"라는 말이 반복되어서 아이가 읽기에 적합한 책이다. 그림책에 등장하는 주인공 아저씨가 긍정적이면서 매력적인 캐릭터이기도 하고 머리카락 열 가닥이 한 올, 한 올 빠지면서 펼쳐지는 내용으로 아이들이 좋아하는 그림책이다. 처음에는 교사가 읽어 주다가 점차 아이에게 읽기 책임을 넘겨주는 방법으로 접근하는 것이 좋다. 이를 통해 아이의 읽기 습관을 살펴볼 수 있으며, 유창하게 읽을 수 있는지, 내용과 의미를 이해하고 있는지를 자연스럽게 확인할 수 있다.

다비드 칼리의 그림책 《난 커서 어른이 되면 말이야》(나무말미, 2022)는 상상력이 풍부한 아이가 어른이 되면 이루고 싶은 다양한 꿈에 대해 이야기하는 그림책이다. 미소는 음절 단위로 천천히 읽어 나가기 때문에 의미까지 파악하기는 어려울 수 있어 자주 의미를 알고 있는지 확인해야 했다.

미소 수. 의? 사?

교사 한 번에 이어서 읽어 볼까?

미소 수의사?

교사 수의사가 어떤 일을 하는 사람인 줄 알아?

미소 수의사? 몰라요.

교사 (그림책 장면을 보여 주며) 그림을 살펴볼까?

미소 코끼리, 거북이, 호랑이? (고개를 갸웃하며)

교사 의사는 사람을 치료해 주는 사람이야. 수의사는 무엇을 치료할까?

미소 몰라요.

교사 그럼 보니까 코끼리, 거북이, 사자도 보이네. 여기 보이는 아저씨 뭐 하고 있지?

미소 아하, 동물을 치료해요. 수의사!

교사 사람을 치료해 주는 사람은?

미소 의사요. 수의사는 동물을 치료해요.

천천히 동물 그림을 보고 단서를 찾고 단어의 의미를 파악하며 읽었다. 카우보이, 사냥꾼, 탐험가 같은 직업이 나올 때마다 질문과 답을 반복했기 때문에 많이 읽지 못하고 시간이 지났다. 글자를 읽을 수는 있지만, 의미 파악이 어렵고 자산 단어가 적었다. 단어를 설명하는 데 많은 시간을 보내야 했다.

그림책《난 커서 어른이 되면 말이야》를 읽고 나서 "넌 커서 어른이 되면 뭐가 되고 싶니?"라고 물었더니, 미소는 의사가 되고 싶다고 말했다. 왜 의사가 되고 싶냐는 질문에는 엄마가 좋아할 것 같아서라고 대답했다.

'ㅁ' 받침의 소릿값을 배우고 익힌 날, 아이는 교실을 돌아다니며 그림책을 찾아냈다. "선생님, 저 'ㅁ' 받침 찾아볼래요. 여기에 'ㅁ' 받침 있어요. 마음. '음' 맞죠?" 미처 생각지 못했는데, 아이는 스스로 그림책에서 단어를 찾기 시작했다. 아이의 자산 단어에서 해당 받침을 찾아보는 활동도 좋았지만, 그림책 표지를 보며 직접 받침을 찾는 활동은 아이가 더 적극적으로 한글에 다가갈 수 있게 했다. 아이는 'ㅁ' 받침이 들어간 단어가 이렇게 많은지 몰랐다며 여기저기서 많은 그림책을 찾아 왔다. 찾은 그림책의 제목에서 'ㅁ' 받침이 들어간 단어를 읽고 의미에 대해 이야기를 나누고 'ㅁ' 받침 가족책에 넣는 활동을 했다. 아

그림 11 'ㅁ' 받침 글자가 들어간 그림책 찾기(위)와 《받침소리 가족》 그림책(아래)

이는 그 어느 때보다 흥미진진하게 학습에 몰입했다.

지영우의 그림책 《콩콩콩콩》(달리, 2023)은 콩 4형제가 모험을 떠나는 이야기인데, 그림 속에 계절이 흥미롭게 담겨 있어 찾아보는 재미가 있다. 'ㅇ' 받침을 배운 날 읽기 좋은 그림책이다.

교사 (책 표지를 보며) 어떤 계절이 보여?

미소 (표지를 보며) …….

교사 사계절 말해 볼까?

미소 그게 뭐지? 봄? 여름?

교사 어떤 계절을 봄이라고 해?

미소 봄은 덥고 여름은 시원하고 가을은 아주아주 시원해. 겨울은 아주아주 더워요.

교사 미소야, 지금 여름이거든. 시원해?(미소가 어려워했던 어휘 '더위', '추위'를 혼동해서 쓴 건지 생각해서 다시 물었다.)

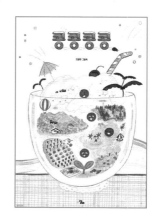

미소 시원하지요. 봐 봐요. (에어컨이 틀어진 교실)

교사 지금 밖에 나가면 엄청 덥잖아.

미소 그렇게 안 덥던데…….

교사 미소 지금 반팔, 반바지 입었잖아. 더워서…….

미소 아…….

교사 봄에는 새싹이 나고 꽃이 펴. (《봄꽃을 봤다》 책을 보며) 여기 봐 봐. 우리 같이 나가서 봤었지? 여름은 더워. 엄청 뜨거운 날이 여름이야.

미소 선풍기 있어야 해요.

교사 맞아. 가을은 미소 말대로 시원해. 나뭇잎이 떨어져. 겨울은?

미소 아주아주 시원해.

교사 시원하다는 말보다는 춥다고 해. (단어 벽에 있는 단어 카드를 가리키며) 지난번에 배웠지?

미소 추위.

교사 맞아. 미소 겨울에 한국에 있었잖아. 선생님 처음 봤을 때 엄청 춥다고 했잖아. 눈도 봤지? 겨울이라고 해.

미소 봄, 여름, 가을, 겨울 순서대로 가요? 나 눈은 못 봤어요. 가을 다음이 겨울이에요? 여름, 가을…….

계절을 설명하는 것은 생각보다 어려웠다. 우리가 살면서 경험으로 체득하게 된 것들을 1년 만에 모두 알기란 어려웠다. 계절을 느끼기 위해 직접 나가서 보고, 만지고, 느끼며 그것을 말로 글로 남기고 하는 활동을 반복했다. 마인드맵으로 계절을 살펴본 후 봄 책과 여름 책을 만들었다. 아직 가을은 체험하지 못해서인지 미소의 여름 다음은 가을이 되기도 하고 겨울이 되기도 한다. 문해력에는 직접 경험하며 채위 가야 하는 부분이 있다. 그 부분은 간접 경험과 시간이 해결해 주리라 믿는다.

중도 입국 학생들에게 한국에 관한 문화적 특징을 가진 어휘가 매우 어렵다는 것을 알게 되었다. 그림책 함께 보기는 한글 해독뿐만 아니라 의미 이해를 위한 어휘 지식과 읽기 기능을 보충해 주면서 아이의 문해력 성장을 돕는 중요한 시간이었다.

어느 금요일, 아이가 "내일이 일요일이니 좋다"라고 말해서 아이에게 요일을 말해 보라고 했더니 "월화수목금일토"라고 대답했다. 이에 '월화수목금토일'을 명시적으로 가르치며 어제는 월요일이었다면 오늘은 무슨 요일인지 확인하는 수수께끼 놀이를 진행했다. 미소에게 가장 좋아하는 요일을 물어보니 금요일을 좋아한다고 답했다. 토요일과 일요일에 쉴 수 있기 때문이었다. 반면 가장 싫어하는 요일은 수요일이라며 선생님과 함께 공부하지 않는 날이기 때문이라고 했다. 그런 미소의 말을 들으니 힘이 불끈 솟았다. 미소가 정확한 요일을 아는 것부터 시작해서 자신의 선호, 비선호에 대한 이유를 자신 있게 표현하는 모습을 보면서 잘 배우고 있다는 것을 알았다.

6) 더 나은 배움으로

담임 선생님과의 협력

담임 선생님과의 협력은 미소의 학습에 있어서 매우 중요했다. 미소의 담임 선생님은 아침마다 등교를 일찍 하는 미소의 손을 잡고 학교 주변을 돌아다니며 여러 이야기를 나누었다. 보이는 사물들의 이름, 느낌, 좋아하는 것들, 경험한 일들에 대해 이야기했다. 미소와 담임 선생님 사이의 대화는 미소의 배경지식 활성화에 큰 도움이 되었다. 미소는 다양한 주제와 상황에 대한 지식을 넓히고 관련된 개념을 습득할 수 있었다.

기초학력 전담 교사의 수업은 정규 수업 시간에 풀 아웃 방식으로 진행된다. 담임 선생님은 정규 수업 시간에 배우지 못한 차시 내용을 매일 방과 후에 미소의 속도와 학습 수준에 맞추어 일대일로 지도해 주셨다. 정규 교육과정에 대한 학습 기회를 제공하며, 학습에 손실이 없이 아이의 정확한 이해를 돕는 데 큰 도움이 되었다.

학기 초 수업 시간에 들어가 미소의 수업을 참관하면서 또래 친구들과의 수업 참여 정도와 비교했다. 자신감 결여 때문인지 학습 어휘가 어려워서인지 수업 참여를 적극적으로 하지 못하고 짝꿍에게 의지하는 모습을 보였다. 나는 담임 선생님과 미소의 학습 내용, 발전 상황, 그리고 앞으로의 수업 방향에 대해 자주 만나서 논의했다. 정규 수업에서 자신감을 키우고 나아지고 있다는 담임 선생님의 말에 아이가 문해력뿐만 아니라 정서적으로 단단해지고 있음을 알 수 있었다. 미소는 성장할 수밖에 없었다. 담임 선생님의 아낌없는 노력과 미소의 성실함으로 10여 년의 초기 문해력 공백을 잘 메우고 있었다. 담임 선생님과의 지속적인 협력은 학습 환경에서 중요한 요소였으며, 실질적인 지원과 개별 맞춤형 가르침으로 미소가 더욱 발전할 수 있게 했다.

전문적 학습 공동체

중도 입국 학생을 처음 만나면서 어떻게 수업을 설계해야 할지 많은 고민이 있었다. 벽을 만날 때마다 함께하는 기초학력 전담 교사들과의 협력은 큰 도움이 되었다. 인근 지역 권역별로 구성된 기초학력 전담 교사 나눔의 날에 지도 학생의 발달 상황을 공유하고, 어려움을 겪는 부분을 같이 고민하고 나누다 보면 새로운 힘을 얻을 수 있었다. 기초학력 부진 학생들은 개인별로 출발점과 발달 상황이 다르기 때문에, 기초학력 전담 교사들과의 논의를 통해 학생들에게 적용 가능한 다양한 사례를 접하고 시도해 볼 수 있었다. 더딘 발전에 지치기도 하고 내가 하고 있는 문해력 지도에 의구심이 들 때마다 서로에게 묻고 답했다. 미소는 주로 음절 단위로 읽고 읽은 내용을 제대로 파악하지 못하는 어려움을 갖고 있어 지도 경험을 가지고 있는 교사들과 많은 이야기를 나누었다. 전담 교사 대부분 지도 학생 중에 다문화 학생이 있었기 때문에 미소의 유창성, 독해 부분 등에서의 어려움을 공감하며 지도 교재, 교구와 지도 방법을 공유했다.

전문적 학습 공동체 읽기 따라잡기 소모임에서 개별화 전문 교사의 수업 사례를 보고, 의견을 나누는 과정을 통해 우리 아이에게 어떻게 적용해 볼 수 있을지, 지금 내가 잘하고 있는 부분과 부족한 부분이 어디인지를 파악하고 부족한 부분을 보완해 나갈 수 있었다. 초기 문해력을 지도하는 교사에게 반드시 필요한 것은 같은 고민을 하는 교사들이다.

배운다는 것은

읽기 따라잡기는 대부분 5단계의 패턴화된 개별화 수업으로 진행된다. 패턴에 익숙해질 때까지 'to do list'를 활용했다. 학생은 자신이 지금 수행하고 있는 활동이 수업의 어느 단계에 해당하는지 알고 다음에 해야 할 것을 계획할 수 있어서 유용했다. 미소는 자기 주도적 성향이 강해 자신이 현재 무엇을 하는지 아는 것이 중요했다. 단계마다 체크하고 스스로 다음 단계로 나아가는 데 도움이 되었다.

읽기 따라잡기의 패턴 수업의 마지막 단계는 새로운 책 읽기이다. 새로운 책을 읽다 보니 수업 시간이 금방 지나갔다. 미소는 수업을 더 하고 싶다며 돌아가지 않고 머뭇거리곤 했다. 숙제를 더 많이 하고 싶다며 책을 내밀었다. 미소는 더 잘하고 싶어 배움을 갈구했다. 끊임없이 성장하고자 했다. 학급의 아이들처럼 읽고 쓰고 싶어 했다. 미소의 배움의 자세가 자랑스럽고 가슴이 먹먹했다.

미소는 매일 가정 학습 과제를 수행했다. 자발적으로 과제를 요구했고, 다음 날 검사를 해 주기를 원했다. 진심으로 한글을 빨리 깨우치려 했고, 자신의 변화 과정을 확인받고 싶어 했다. 가정 학습 과제는 '문장 쓰기' 과정에서 쓴 문장을 세 번씩 쓰고, 익숙한 책 2~3권을 2번 이상 소리 내어 읽는 것이었다. 꾸준한 반복으로 쓰기 능력이 향상되었음은 물론 읽기 유창성도 크게 개선되었다.

아이에게 배운다는 것은 뭘까? 배움을 갈구하고 열정적으로 받아들이는 미소에게 배운다는 건 뭘까 궁금했다. "배운다는 건 공부하는 거죠. 글자를 써 보는 거예요. 읽어 보는 것도 배우는 거예요. 선생님이 지금 가르쳐 주는 것을 하는 거요."

미소는 요즘 베트남어를 잊지 않기 위해서 주말에 다문화센터로 베트남어를 배우러 다닌다. 엄마와 소통하고 모국어를 잊지 않기 위해서다. 아이의 배움은 계속됐다. 미소가 스스로 공부를 즐기며 성장하는 것에 놀랐다. 나는 배울 때 어떤 마음으로 배워야 하고, 어떤 태도로 다가가야 하는지를 미소에게서 배웠다.

7) 마치며

여름 방학이 시작되었다. 미소는 많은 양의 가정 학습 과제를 가지고 방학에 들어갔다. 내가 처음에 계획했던 것보다 더 많은 과제를 하겠다며 미소가 할 방학 과제를 주라고 했다. 여름 방학 가정 학습 과제는 수준 평정 그림책 읽기와 문장 쓰기다. 방학이 시작되기 전 아이는 편지를 남겼다. 아직 가야 할 길은 멀지만 2학기에 만날 아이가 기다려진다.

미소를 만난 건 나의 교사 생활에 큰 행운이었다. 2년 동안 기초학력 전담 교사로 만났던 학생 중 가장 성실하고 발달이 빠른 학생이었다. 중도 입국한 열 살 학생도, 학생의 태도에 따라 가속화된 발달을 이룰 수 있다는 것을 알게 되었다. 미소와 함께한 수업은 참 즐거웠다. "교사로서 자존감과 뿌듯함을 느끼게 해 준 미소야, 정말 고마워. 너를 통해 배운 것을 다른 학생들에게도 전해 주는 좋은 선생님이 될게."

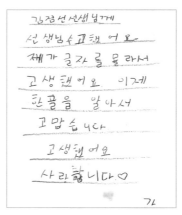

그림 12 미소가 1학기 수업 후 교사에게 쓴 편지

참고
문헌

교육과학기술부(2012). 다문화학생 교육 선진화 방안. 2012년 3월 19일 보도 자료.
엄훈(2019). 읽기 따라잡기 전문가 과정 연수 교재. 청주교대읽기지원센터·전라남도교
    육청.
엄훈, 정종성(2019). **초등 저학년을 위한 초기 문해력 검사**. 인싸이트.
전라남도교육청(2023). 기초학력전담교사제 길라잡이. 전라남도교육청 공문 자료.
최나야(2023). 그림책과 리터러시. **라키비움J 다홍**. 제이포럼.

함께 읽은
그림책

김경희 글·그림(2017). **괜찮아 아저씨**. 비룡소.
김미소 글, 밤코 그림(2023). **독 독 꼬마 독 사세요**. 사계절.
김유 글, 소복이 그림(2022). **마음버스**. 천개의바람.
김희경 글, 염혜원 그림(2016). **나는 자라요**. 창비.
노부미 글·그림. 황진희 옮김(2020). **내가 나를 골랐어**. 위즈덤하우스.
다비드 칼리 글, 줄리아 파스토리노 그림. 엄혜숙 옮김(2022). **난 커서 어른이 되면 말이
    야**. 나무말미.
박선정 글·그림(2023). **여름 소리**. 풀빛.
박세랑 글·그림(2021). **깔깔 주스**. 노란돼지.
밤코 글·그림(2019). **모모모모모**. 향.
신혜은 글, 이철민 그림(2014). **내 이름**. 장영.
앤서니 브라운 글·그림. 공경희 옮김(2017). **내가 좋아하는 것**. 웅진주니어.
우지영 글, 김은재 그림(2016). **가나다는 맛있다**. 책읽는곰.
윤정미 글·그림(2022). **도시 가나다**. 향.
이누이 사에코 글·그림. 고향옥 옮김(2023). **오늘도 너를 사랑해**. 비룡소.
이수연 글, 민승지 그림(2020). **시원한 책**. 키즈엠.
이희은 글·그림(2021). **똑같을까?**. 사계절.
정연경 글, 김지영 그림(2023). **무엇이든 할 수 있는 손 손 손**. 책속물고기.
정주희 글·그림(2023). **꽃이 필 거야**. 북극곰.

지영우 글·그림(2023). **콩콩콩콩**. 달리.

필라르 로페즈 아빌라 글, 지나 로사스 몬카다 그림. 오은 옮김(2023). **내가 만일 나무라면**. 뜨인돌어린이.

허아성 글·그림(2019). **끼리끼리 코끼리**. 길벗어린이.

홀리스 쿠르만 글, 바루 그림. 이순영 옮김(2022). **안녕하세요!**. 북극곰.

홍하나 글·그림(2015). **글자 셰이크**. 바람의아이들.

> ### 자체 제작
> ### 그림책

말하는 ㄱㄴㄷ. 공지락출판사.

신나는 가족 ㅏㅑㅓㅕ. 공지락출판사.

텃밭에 여름이 왔어요. 공지락출판사.

3

듣는 만큼 보인다,
산이의 듣기 계발기

아는 만큼 보인다는 말처럼 듣는 만큼 보인다. 듣기가 안 되면 읽기, 쓰기 학습에도 어려움을 겪는다. 그런데 초기 문해력이 뒤처진 아이들 중에는 청각 기능에 문제가 없더라도 초등학교에 입학해서도 듣기를 어려워하는 아이들이 있다. 예를 들어 '사다리'라는 단어를 들려준 다음 몇 개의 소리가 들리는지 물으면 1개 혹은 모른다고 답하는 아이들이 있다. 또는 '사다리'에서 [다]는 몇 번째로 들리는지 모르는 아이들이 있고, '사다리'와 '꼬리'의 끝소리가 같다는 것을 모르거나 더 나아가서는 '사다리'와 '수영'에서 맨 앞 음소가 같다는 것을 인식해야 하는데 그렇게 하지 못하는 아이들도 있다.

이 장의 주인공인 산이 또한 듣기가 느린 아이다. 읽기나 쓰기가 늦다는 말은 많이 쓰이지만, 듣기가 느리다는 말은 생소할 수도 있다.

그렇지만 듣기에도 분명한 발달의 차이가 있다.

여기서 말하는 듣기의 실제 의미는 음운 인식이다. 음운 인식이란 말소리를 인식하고, 말소리를 합하거나 나누거나 다른 소리로 바꾸는 등 말소리를 조작할 수 있는 능력(김애화·박현, 2007: 80)으로, 아주 어린 시절부터 특별한 교육 없이도 환경과의 자연스러운 상호작용을 통해 발달한다. 유아들은 큰 단위부터 점차 작은 단위로 음운 인식의 발달을 보인다(Bradley & Bryant, 1983; 최나야·이순형, 2007에서 재인용).

이처럼 음운 인식 능력 또한 읽기와 쓰기 능력처럼 발달 단계가 있으며, 학령 전의 음운 인식 능력은 언어 능력이나 인지 능력보다도 읽기 능력을 가장 잘 예측할 수 있는 결정적인 요인이다(Gilberts & Bramlett, 1998; 홍성인 외, 2002에서 재인용). 듣기, 말하기, 읽기, 쓰기 능력은 상호작용하며 발달한다(양지숙, 2021: 3).

읽고 쓰는 데에 어려움을 겪는 초기 문해력 최하위 학생을 가르치다 보면 산이처럼 음운 인식 능력이 또래에 비해 발달하지 못한 경우가 많다. 작은 말소리를 정확하게 분별하지 못하는, 즉 듣기가 느린 아이가 있다는 사실을 놓치지 않아야 이 아이들의 눈높이에서 학습을 시작할 수 있다. 듣기가 느린 아이인 산이와의 수업 이야기를 통해 음운 인식 능력을 계발하는 초기 문해력 수업의 경험을 나누고자 한다.

1) 듣기가 느린 아이, 산이

음운 인식과 문해력

자기 이름을 발음하면 몇 개의 소리가 들릴까? 보통의 성인들이라면 너무나 쉽게 답할 것이다. 그러나 그것은 우리가 한국어의 음운과 글자를 익히 알고 있고 그 말소리와 글자를 조작할 수 있기에 가능한 것일 수도 있다. 낯선 언어인 프랑스어를 들었을 때도 몇 개의 소리가 들리는지 쉽게 대답할 수 있을까? 영어만 해도 익숙한 언어이니 쉽게 몇 음절인지 들을 수 있겠지만 낯선 언어인 프랑스어는 어려울 것이다. 마찬가지로 비록 한국어가 모국어일지라도 충분한 문해 환경에서 자라지 못한 산이에게 저 질문은 마치 우리에게 프랑스어 'aujourd'hui[oʒuʀdчi]'(오늘이라는 뜻)를 들려주고 몇 개의 소리가 들리는지 답하라는 질문처럼 당혹스럽고 어려울 것이다. '구'와 '무'에서 공통적으로 들리는 소리가 무엇이냐는 질문을 받은 산이의 심경도 그럴 것이다. 한국어가 모국어이긴 해도 그 말소리에 귀를 기울이거나 관심을 가져 보지 않은 채 이제까지 자랐기 때문이다.

보통 음운 인식 능력은 유아기부터 초등학교 1학년 때까지 빠르게 발달하며 초등학교 입학 전에 발달 속도가 더 빠르지만(Chafouleas & Martens, 2002; 최나야·이순형, 2007에서 재인용) 산이처럼 1학년이 되어서도 음절을 잘 조작하지 못하는 아이도 예상보다 많다. 보통 5세 후반에 이르면 음절 수준의 인식은 어느 정도 확립이 되지만(김선정·김영태, 2006) 읽기 지도 집중 지원 학교 프로그램을 통해 2년간 만난 초등학교 4곳만 보아도, 1학년 교실에서 한글 해득이 안 되어 교실 수업 적응에 애를 먹는 학생들은 거의 음운 인식 능력이 뒤처져 있었다. 이렇게 듣기 발달이 느린 아이는 어떤 방식으로 읽고 쓰도록 가르쳐야 할까? 아이의 발달 상황에 대한 고려 없이 무조건적으로 자모 순서에 따른 조합을 암기하는 상향식이나 단어 위주의 하향식 읽기 지도 방식을 고수하는 것은 아이에게 학습에 대한 고통스러운 경험이 될 뿐만 아니라 지도를 진행하는 동안 아이의 발전도 더뎌 효과 면에서도 비효율적이다. 산이처럼 학습에서 실패 경험이 누적된 아이들에게는 더더욱 그렇다.

약 5세 수준이거나 그에 미치지 못하는 문해력을 갖춘 이 아이를 하루 30분의 수업으로 얼마나 빠르게, 얼마나 많이 성장시킬 수 있을까? 어깨가 무거웠다. 산이의 듣기 수준을 확인하고 거기에서부터 수업을 시작하기로 했다. 산이가 듣고 말할 수 있는 수준에서 읽고 쓰는 것을 시작하기로 계획을 세웠다. 즉, 산이의 음운 인식 능력의 발달 수준에 맞춰 읽고 쓰는 수업을 하기로 말이다. 음운 인식 능력은 단어를 인식하는 것에서 시작해 음절로 분화되고, 음절에서 음절체와 종성으로 분화되며, 최종적으로는 음소를 인식할 수 있게 발달한다(Adams, 1990; Cassady & Smith, 2004; Chard & Dickson, 1999; Goswami, 2000; Vaughn Gross Center for Reading & Language Arts, 2002; Torgesen, 1999; 김애화·박현, 2007에서 재인용). 이에 따라 산이와의 수업은 단어를 인식하는 것에서 시작해 음소를 인식하고 활용하며 더 나아가 유창하게 읽고 쓰게 되는 방향으로 진행되었다.

아이의 출발점 확인

나는 충청북도교육청과 청주교육대학교 문해력지원센터가 협력해 진행하는 '읽기 지도 집중 지원 학교' 사업에 참여하면서 산이를 만나게 되었다. 이 사업은 학교의 1학년 학생 중에서 초기 문해력이 가장 갖춰지지 못한 아이들을 선정하여 또래 평균 수준의 문해력을 따라잡도록 도와 학습 결손을 예방하기 위한 사업으로, 읽기 따라잡기 지도법으로 문해력 수업이 진행된다. 청주교대 교육대학원 아동문학과 초기 문해력 전공에서 초기 문해력을 공부하면서 읽기 따라잡기 실행 연구를 하고 있는 나 또한 '읽기 지도 집중 지원 학교' 프로그램에 참여하여 매일 아이들을 만나 개별적으로 지도를 하고 있다.

G초등학교의 초기 문해력 최하위 학생인 산이는 경계선 지능 아동보다도 더 낮은 지능을 가진 경도 지적장애로 추정되는 학생이다.[1] 학습의 면뿐만 아니라 생활, 사회, 정서, 행동 면에서도 지적장애 혹은 경계선 지능 아동의 특성을 발견할 수 있었다. 산이는 한 학기 내내 또래와 관계를 맺지 못하고 담임 선생님 옆에만 붙어 있었다. 그리고 입학하던 날부터 여름이 다 가도록 똑같은 마스크를 착용해도 불편함을 느끼거나 바꿔 달라는 요구를 하지 않았다. "'자'에다 '전'에다 '거'를 합하면 어떤 단어가 되니?"라고 5번에 걸쳐 다시 물어봐도 '거'를 듣는 동안 '자'를 잊어 결국 답을 하지 못했던 것과 같이 단기 기억력이 부족했다. 그리고 몇 번을 봤던 8쪽짜리 그림책의 장면 간의 개연성을 파악하지 못해 다음에 어떤 일이 일어날지 예상하지 못하는 추론 능력 문제가 있었으며 음운 인식 능력도 또래에 비해 약 2년 뒤처져 음절을 인식하지 못했다. 산이는 5남매 중 막내지만 주변에는 산이를 도와줄 만한 사람이 없었다. 형제들 또한 학업 능력이 최하위 수준으로 학습에 어려움을 겪고 있었고 부모님께선 경제 활동을 하시며 자녀 5명을 돌봐야 해 바쁘셨기 때문이다. 그래서 하교 후엔 집에서 방치되다시피 스마트폰으로 영상만 보는 산이에게 추가적인 지원이 시급했다. 학교에서는 가정에 산이의 특수 학급 입급 심사를 권유했지만

---

1 청주교육대학교 교육학과의 학습장애 전공 교수와 읽기 따라잡기 동료 교사들, G초등학교 담임 교사와 기초학력 전담 교사가 반년간 관찰하여 내린 결론이다.

큰 반대로 무산되었다. 개별화 지도가 끝난 현재 산이는 담임 선생님의 개별 지도 외에는 추가적인 지원을 받지 못하고 있다.

산이를 처음 만난 날 산이의 모습이 또렷이 생각난다. 산이를 개별화 수업을 진행할 교실로 데려가려고 교실 앞 복도에서 기다리고 있었다. 또래보다 작은 아이가 교실에서 담임 선생님과 나왔다. 산이에게 인사를 건네자 눈을 조심스럽게 마주치며 인사를 하는 듯 마는 듯 어색한 표정을 지었고 나의 안내에 따라 쭈뼛쭈뼛 개별화 수업 교실에 들어와 조용히 자리에 앉아 책상만 뚫어져라 바라보고 있었다. 확실히 또래에 비해 체구뿐만 아니라 목소리와 행동도 작았다. 책상에 조용히 앉아 눈동자만 또록또록 움직이고 있다가, 수업을 시작하니 내 쪽으로 살짝만 고개를 돌려 내가 아닌 교실 어딘가를 응시하고 있었다. 흥미 있는 이야깃거리로 대화를 시작하자 산이는 긴장을 풀고 자기 이야기를 신나게 풀어 내기 시작했다. 그렇지만 아이가 하는 말을 알아듣기 힘들었다. 부정확한 발음으로 웅얼거리듯 말을 해 산이와 친구들 사이의 의사소통이 원활하지 않다던 담임 선생님의 이야기가 생각났다. 의사소통이 원활하지 않다 보니 좋거나 싫다는 자기 의사를 표현하지 않고 조용조용히 따르는 아이, 앞으로의 수업이 이 아이로부터 출발할 수 있으려면 훨씬 섬세하게 산이의 표정과 말, 행동을 관찰하고 알아채야겠다는 생각이 들었다.

더 세심한 관찰이 필요한 이유는 바로 습관적으로 반복되는 산이의 "몰라요" 때문이었다. 산이는 많은 질문에 대부분 "몰라요"를 남발했다. 일상생활에 관한 쉬운 질문들은 조금만 생각해 보면 대답할 수 있는데도 모른다고 하는데, 그 심리를 알 수 없어서 애를 먹었다.

회차: 2회차 수업 ··

활동 내용: 아.눈.머 / 아이의 옷에 대한 대화 나누기

–

교사 (산이가 입은 옷의 캠핑 그림을 보며) 옷의 그림이 재미있네. 얘네는 뭘 하고 있어?

산이 몰라요.

교사 그래? 얘네가 놀고 있네?

산이 캠핑하고 있어요. 마시멜로 구워 먹고……

위의 대화에서 보이듯이, 아주 쉬운 상황에서도 산이는 "몰라요"라고 말한다. 이 "몰라요"는 산이와의 수업에서 넘어야 할 큰 산이었다. 모른다고 해 놓고는 더 구체적으로 질문을 하면 대답이 술술 나오니까 산이의 모르겠다는 말을 믿을 수가 없었다. 진짜 모른다는 뜻인지 아주 조금만 모르는 것인지, 아주 많이 모르는 것인지, 혹은 말하기 싫다는 것이거나 단순한 말버릇인지 해석이 어려웠다. 그렇게 "몰라요"의 애매모호함은 수업에 부정적인 영향을 미쳤다. 모른다고 해 놓고서는 잘할 때가 많았기 때문에, 나는 산이와의 수업에서 어느 정도의 난이도로 과제를 정해야 하는지 확실하게 알 수가 없었다. 과제를 제시하고 아이의 반응을 세심하게 관찰해서 난이도가 적절했는지 확인해야 했다. 만약 과제의 난이도가 적절하다면 처음엔 "몰라요"라고 하다가도 할 만하다는 것을 느끼면 언제 모른다고 했냐는 듯 성공해 보였다. 그럴 때 산이는 아주 조그맣게 뿌듯한 미소를 짓는데, 그 미소를 보기까지 여러 시행착오를 거쳐야 했다. 초기에는 산이의 "몰라요"를 정말 모르는 것이라고 해석했다가 아이의 학습 기회를 놓친 적이 많았다.

반대로 산이의 "몰라요"가 진짜일 경우도 많았는데, 이땐 문제가 심각해진다. "몰라요"를 그렇게 잘 말하면서, 진짜로 모를 때에는 더 강하게 "진짜 몰라요"라고 해 준다면 참 고마울 텐데, 늘 비슷한 강도로만 모른다고 한다. 대신 진짜 모를 땐 몸짓에서 드러난다. 산이는 어려운 과제를 만나면 무표정으로 우선 눈이나 볼, 코를 계속 만진다. 갑자기 간지럽다고 하면서 몸 여기저기를 긁기 시작하다가 나중에는 목이며 배, 등, 팔을 빨개질 때까지 마구 긁는다. 산이의 비언어적 신호를 이해하게 된 다음부터는 산이가 얼굴을 만지기 시작하면 주어진 과제를 어려워하고 있다는 걸 알아채고 즉시 과제의 난이도를 낮추어 주지만, 처음엔 이 몸짓이 어려움을 나타내는 신호인지 알지 못했다. 그래서 자주 못 씻어서 몸이 가려운 줄로만 알고 샤워를 자주 해야 한다고 잔소리를 하며 가려움증이 가라앉을 때까지 기다렸다가 진정되면 어려운 질문을 다시 시작해 아이가 또 몸을 긁게 만들었다. 아이가 보내는 신호를 못 알아들은 나도 힘들었지만, 못 알아듣는 선생님을 둔 산이도 참 힘들었을 것이다.

산이의 또래에 비해 뒤처진 듣기와 말하기 능력은 필연적으로 읽기와 쓰기에도 부정적인 영향을 미쳤다. 읽기와 쓰기는 소리를 문자로, 또는 문자를 소리로 변환하는 것이기에 음운 인식 능력이 뒷받침되어야 하기 때문이다. 아는 것을 모두 써 보는 활동을 하자, 산이는 연필대의 중간을 쥐었다. 오른손으로 쥐었다가 왼손으로 바꿔 쥐기도 했다. 어느 손이 더 편한지 모르는 듯한 모습이었다. 산이가 도구를 이용해서 무언가를 쓰기 시작한 지 얼마 안 되었다는 것을 어렴풋이 느낄 수 있었다. 보통은 유아기부터 그림을 그리거나 글씨를 쓰는 시늉을 하며 노는데 말이다. 결국 왼손이 더 편한지 왼손으로 연필대의 중간을 잡고 큰 글씨로 자신과 형의 이름을 그리듯이 썼다. 그러고는 이젠 모른다고 했다. 산이가 쓴 것을 읽어 보자고 하니 단어 전체로는 잘 읽었다. 그렇지만 '산'을 짚고 무슨 글자냐고 물으니 또 자기 이름인 '구하산' 전체를 말한다. 자기 이름을 수없이 듣고 말하고 읽고 써 봤을 텐데도 산이는 자기 이름의 각 글자를 읽지 못했다.

산이는 단기 기억력이나 추론 능력이 부족하다는 인지·학습적 특성이 있고, 가정에서 읽고 쓰는 경험을 거의 못 해 보았다는 점, 학습 난이도 조절이 매우 중요하다는 점 때문에 호락호락한 학습자는 아니었다. 그렇지만 학습 난이도를 아이의 눈높이에 맞게 설정하기만 한다면 산이는 수업 시간 끝까지 의자에 앉아 있고, 교사의 말에 귀를 기울이고, 교사가 그림책을 읽어 줄 땐 눈을 빛내며 꼼꼼히 글과 그림을 살피고, 함께 읽기를 즐긴다는 큰 장점이 있는 학습자였다.

산이에게 적절한 학습 난이도를 설정하는 것이 관건이었다. 산이는 수업이 어려울 경우 바로 주의력과 집중력이 저하되어 회복되기 어렵기 때문이다. 그러나 산이가 이해할 수 있는 수준은 어느 정도로 쉬워야 하는 것일까? 나는 그 기준을 음운 인식 능력으로 삼기로 했다. 산이가 듣고 인식할 수 있는 단위의 말소리에서 수업을 시작하기로 한 것이다.

2) 산이와의 수업

단어를 자세히 듣기 시작하다: 단어 인식

이 장에서 말하는 단어 인식의 의미는 단어 단위의 말소리를 식별할 수 있는 능력을 갖췄다는 것이다. 또한 단어 단위의 말소리를 합치고 나누는 등의 조작을 할 수 있다는 뜻이다. 처음 만났을 때의 산이는 익숙한 단어를 들려주면 잘 알아듣고 정확하게 따라 말할 수 있었다. 신체 부위나 학용품, 좋아하는 음식과 동물의 이름처럼 익숙한 몇 단어를 능숙하게 듣고 고르고 말할 수 있었다. 그러나 익숙지 않은 단어나 세 음절 이상 되는 긴 단어는 말소리를 잘 인식하지 못했다.

산이의 음운 인식 능력이 단어 단위와 음절 단위 사이 어디쯤 위치해 있는지, 변별과 합성, 제거 중 어떤 과제에 더 능숙하고 어떤 과제는 어려워하는지 더 정확한 정보를 얻어야 아이의 눈높이에 맞는 수업을 할 수 있다고 판단했다. 그러나 초반에 실시한 초기 문해력 검사 결과로는 음운 인식 수준을 면밀히 파악하기 어려워 음운 인식 검사를 추가로 실시했다. 음운 인식 검사는 홍성인 외(2002: 52-54)에 제시된 음운 인식 검사 방법을 참고했으며, 음운 인식 능력 검사는 모두 문자나 그림 없이 소리로만 진행했다. 단어뿐만 아니라 음절과 음소 단위도 검사를 진행했으나 오답률이 매우 높아 단어 검사 결과만 실었다. 〈표 1〉은 산이의 검사 결과이다.

음운 인식 능력 검사 결과에 단어 단위의 음운 인식 능력 발달 상황이 잘 드러났다. 산이의 검사 결과를 보면 단어 단위도 정확하게 인식하고 조작할 수 있을 만큼 음운 인식 능력이 발달되지 않았다는 것을 알 수 있다. 이 결과와 같은 맥락으로, 첫 수업에서 산이는 '네 이름에선 몇 개의 소리가 들리냐'는 음절 인식 능력을 확인하기 위한 질문에 대답하지 못했다. 소리가 몇 개인지 관심을 기울여 본 적이 없는 아이. 산이는 단어 단위의 말소리를 인식할 수 있는 수준이지만 아직 단어 수준의 음운 인식이 능숙한 수준은 아니었다. 아이로부터 출발하는 수업을 위해서는 산이의 음운 인식 능력을 고려해 단어 인식 능력

표 1 산이의 단어 인식 능력 검사 결과

단위	조작	검사			
단어	변별	예시 질문 "'배', '파', '배' 중에서 소리가 다른 하나는 무엇이지?"			
		문항	반응	문항	반응
		배, 파, 배	○	개미, 노래, 개미	○
		밤, 돈, 돈	○	베개, 다리, 다리	○
		코, 꿀, 코	○	언니, 거울, 언니	○
		입, 곰, 곰	○	나무, 나무, 바퀴	○
	탈락	예시 질문 "'왕개미'에서 '왕'을 빼면 뭐가 남지?"			
		문항	반응	문항	반응
		왕개미	개	떡국	○
		김밥	○	방문	○
		딸기잼	기	꽃병	○
		닭고기	○	거미줄	○
	합성	예시 질문 "'바나나'와 '우유'를 합치면 뭐가 되지?"			
		문항	반응	문항	반응
		바나나+우유	○	꿀+벌	벌꿀
		포도+잼	○	나팔+꽃	○
		잠+옷	옷음	탁구+공	탁공
		강+물	○	병원+놀이	병노

을 계발하는 동시에 음절을 인식할 수 있도록 자극을 줘야겠다는 결론을 내렸다. 그래서 초기의 수업에서는 글자나 음절, 음소가 아닌, 단어와 어절 단위의 사고를 요하는 발문을 했고, 단어와 어절을 조작하는 활동으로 수업을 구성했다.

말놀이는 재미있으면서도 구어와 음운 인식 능력을 발달시키기 때문에 유익한 학습 활동이다. 구어와 음운 인식 능력은 읽기와 쓰기 학습의 밑거름이 되기 때문에 간과해서는 안 되는 영역이다. 단어를 다루는 말놀이는 '시장에 가면', '반대말 찾기', '원숭이 엉덩이는 빨개', '스무고개 퀴즈' 등이 있다. 이러한 말놀이를 하며 산이의 어휘를 확장하고 단어에서 들리는 말소리를 붙이거나 떼며 조작해 볼 수 있었다. 다만 단어 인식이 서툰 아이와의 문해력 수업에서 피해야 할 말놀이는 끝말잇기와 같이 음절을 다루는 종류의 말놀이다. 음절 단위의 말소리에 대한 인식은 아직 아이에게는 어렵기 때문이다. 아이의 수준에 맞는 말놀이로부터 차근차근 수업을 시작하며 음운 인식 능력을 기르기 시작했다.

읽기 지도는 일견 단어sight word를 늘리는 것부터 시작했다. 첫 수업에서 산이가 읽을 수 있는 단어는 딱 2개였다. 자기 이름과 형의 이름. 아무리 읽기를 못하는 아이라도 '엄마'와 '아빠'는 읽고는 하는데 산이는 이 두 단어도 읽지 못했다. 그리고 '그래'가 10번에 걸쳐 반복되는 《그건 내 조끼야》(비룡소, 2000)라는 그림책을 읽어 주었을 때, 책의 반을 읽을 때까지는 '그래'를 읽어 주고, 그다음부터의 '그래'는 산이에게 읽게 했는데, 책을 다 읽을 때까지 5번의 '그래'를 한 번도 혼자서 성공적으로 읽지 못했다. 전 페이지에서 "이건 '그래'야. 따라 해 봐. 대답할 때 하는 말이지?"라며 알려 줘도 다음 페이지를 읽어 주는 동안 까먹었다. 산이는 그만큼 학습 기억력이 좋지 않고, 어휘집이 작고, 읽고 쓸 수 있는 단어가 적고, 새로운 단어의 형태와 소리를 익히는 데에 시간이 많이 걸렸다. 산이는 자신의 이름에 들어간 '산' 자도 따로 떼어 놓으면 '산'이라 읽지 못하기 때문에, 글자를 익혀 단어를 읽게 할 수가 없는 수준이었다. 그래서 단어 형태를 통째로 익혀 익숙하게 읽을 수 있는 단어를 많이 늘리는 것이 우선되어야 했다. 함께 책을 읽고 산이가 익숙해하고 관심을 가지는 단어는 카드로 만들어 매일 읽으며 아는 단어 늘리기 활동을 계속했다.

산이가 단어를 읽는 방법은 글자 하나하나를 알고 읽는 것이 아니라 단어 전체의 형태를 뭉뚱그려 파악하는 것이었다. 즉, 에리와 매코믹이 제시한 단어 읽기 발달 과정의 첫 번째 단계인 '자모 이전 읽기' 단계에 해당한다.[2] 이 단계의 아이들은 낱자로 글을 읽는 것이 아니라 단어를 하나의 이미지로 인식해 읽는다(엄훈, 2011: 264). 이 단계인 산이는 '유튜브'는 유튜브 로고와 함께 있으니까 [유튜브]로, '눈'은 감은 눈처럼 생긴 게(ㄴ) 두 개가 있는 것처럼 생겼으니까 [눈]으로 읽었다. 자기 이름, 수없이 많이 읽었던 단어들인 '마트', '딸기', '사다리차'도 마찬가지였다. 그러나 그 많은 단어를 모양만으로 외울 수는 없기에 그림 카드로 단서를 주는 것은 필수였고, 다 익혔다고 생각해 수준을 높여 그림 카드를 제거하면 어떤 날은 읽기에 성공하고 어떤 날은 잘 읽던 것을 또 까먹기를 반복했다. 또 단어 카드로 눈에 익힌 단어여도, 새로운 책과 같이 새로운 상황에서 그 단어를 보면 낯선 단어로 인식해 읽지 못하는 경우도 많았다. 그런 수준이다 보니 아무리 글이 적고 쉬운 그림책도 그림에만 의존해 읽는 경우가 태반이었고, 외울 수 있을 만큼 여러 번 읽은 그림책을 읽을 때도 틀릴까 봐 자신 없어 하며 읽었다. 음절 수준을 잘 인식하지 못해 '엄마'와 '마트'의 '마' 소리가 같다는 것을 모르니 글자 '마'를 가르칠 수가 없고, 아는 글자가 거의

---

2 자세한 설명은 이 책의 1장을 참고하기 바란다.

없으니 글자를 보며 책을 읽으려 해도 읽을 수 없고, 그림에만 의존해야 했던 것이다. 그렇기에 빨리 음운 인식 능력을 계발함과 동시에 익숙한 단어를 늘려, 이후의 학습 단계로 넘어가는 것이 중요했다. 단어 카드와 그림 카드를 짝지으며 단어의 형태를 익히고, 책을 읽으며 익혔던 단어를 다시 찾고 읽기 등의 활동으로 단어를 듣고 읽는 학습을 계속 진행했다. 이러한 수업이 5회쯤 진행되던 어느 날, 산이는 단어 속 음절을 듣기 시작했다. "'나무'랑 '나비' 둘 다 [나] 소리가 나요", "(단어 속 글자 '나'를 가리키며) 이게 '나'예요"라는 말을 시작으로 익숙한 단어에서 음절을 인식할 수 있게 되었고 아는 글자가 하나둘 생기기 시작했다. 다음 단계로 넘어갈 준비가 된 것이다.

쓰기 또한 단어와 어절 단위를 중심으로 학습했다. 읽기 따라잡기 프로그램의 패턴 수업 5단계에는 문장 쓰기가 포함되어 있다. 읽기 따라잡기에서는 산이 같은 수준의 아이라고 단어만 쓰게 하지 않는다. 자기가 쓰고 싶은 문장을 말하고, 교사의 도움을 받아 자신의 말소리를 문자로 변환하는 과정에서 이제까지 배운 것을 활용하기 때문에 어떤 수준의 아이이든 문장 쓰기는 유의미한 과제가 될 수 있다. "아기가 잔다."를 쓰던 날은 이렇게 수업을 진행했다. 문장을 바로 쓰기 전에 문장을 아이 혼자서 제대로 유창하게 말할 수 있을 때까지 충분히 말해 본다. 그런 다음, 문장이 몇 어절로 나뉘는지 느껴 본다. 문장을 말하며 어디서 쉬어야 하는지 알고, 그 지점이 문장을 쓸 때 어절이 나뉘는 지점이라는 것을 어렴풋이 느껴야 한다. 띄어쓰기의 감각을 기르고 먼저 쓸 것과 나중에 쓸 소리를 알아야 한다. 그런데 '아기가'와 '잔다'의 사이를 충분히 띄워 말해 주어도 생각보다 문장을 어절 단위로 나누어 인식하기 어려워하는 아이들이 있다. 이럴 때는 구체물 조작을 통해 어절을 느끼게 했다.

활동 내용: 패턴화된 수업 4단계 문장 쓰기 / 문장 구성 중 어절 단위로 구체물 놓기

–

교사 아기가, 잔다. 산아, 말 덩어리마다 이 막대를 내려놓아 볼래?

산이 (막대 하나를 놓으며) 아기가, (막대 하나 더) 잔, (막대 또 하나) 다.

교사 잘 봐? (막대 하나를 놓으며) 아기가, (막대를 하나 더 놓으며) 잔다.
다시 해 볼래?

산이 (막대 하나를 놓으며) 아기가, (막대를 하나 더 놓으며) 잔다.

왠지 글자 수대로 세는 활동으로 넘어가야 할 것만 같겠지만, 이 수
준에서는 문장의 어절을 인식하는 것만으로도 충분히 유의미한 난이
도의 과제이기 때문에 음절을 다루는 활동은 하지 않았다. 오늘 쓸 문
장이 두 어절임을 느낀 다음엔 각 어절의 말소리를 떠올렸다. 이 시기
에 산이는 통째로 외워 그리듯이 쓰는 몇 개의 글자와 단어만 겨우
쓸 수 있었기 때문에 문장을 쓰려면 교사의 도움이 많이 필요했다. 도
와주는 과정에서 중요하게 생각했던 것은 산이의 주도성이었다. 산이
에게 뭘 써야 하는지 물어보고 산이가 알려 달라고 말한 것만 써 주
었다. 자기 통제력을 길러 주기 위함으로, 교사가 "'아기가'를 써야 하
지?"라며 써야 할 어절을 아이가 알고 있는지 확인하지 않고 도와주
는 경우와 아이가 스스로 '아기가'를 써야 함을 알고 그중에 교사가 무
얼 도와줬으면 하는지 말하는 경우는 자기 통제력의 면에서 큰 차이
가 있다. 또 이 수준의 아이들은 '아기가'에서 '기'를 쓸 수 있어도 스스

로 음절을 인식하지 못해 가만히 있는 경우가 많아 쓸 수 있는 글자는 아이가 쓸 수 있도록 음절을 짚어 주는 것이 필요하다.

회차: 11회차 수업 ···

활동 내용: 패턴화된 수업 4단계 문장 쓰기

—

교사 "아기가 잔다."에서 첫 덩어리는 뭐지?

산이 '아기가'요.

교사 쓸 수 있는 거 있니?

(나는 산이가 '아기'나 '가'는 못 쓰지만 '기'는 쓸 수 있다는 것을 알고 있었다.)

산이 없어요.

교사 그런데 너 쓸 수 있는 것 있잖아. '아기' 중에서.

(단어를 음절 단위로 나눠서 들려주며) '아'랑 '기' 중에 뭘 쓸 수 있지?

산이 … 기?

교사 맞아. '기' 쓸 수 있어?

산이 네. ('기'를 쓴다.)

교사 맞았어. ('아'를 써 주며) 이건 '아'야. 둘이 합치면?

산이 아기.

교사 '아기' 연습해 봐.

산이 (아기를 여러 번 쓰며 익힌다.)

끝말잇기를 할 수 있는 아이: 음절 인식

음절을 인식한다는 말은 음절 단위의 말소리를 식별할 수 있는 능력을 갖췄다는 의미이다. 또한 음절을 합치고 제거하는 등 조작할 수 있다는 뜻이다. 첫 수업에서는 음절을 떼어 생각하는 걸 이해하지 못하던 산이가 어느 날부터 '토마토'를 읽으며 '엄마'의 '마'와 같다고 말하기도 하고, 두 음절 단어뿐만 아니라 세 음절 단어도 음절을 떼고 붙일 수 있게 성장했다. 그리고 첫소리뿐만 아니라 중간이나 끝소리까지도 정확하게 변별하고 조작할 수 있게 되었다. 이렇게 음절을 인식할 수 있게 되기까지의 변화의 시작은 음절 수 세기부터였다. 단어를 듣고, 음절 수를 세고, 어떤 소리가 어디서 들리는지 집중하는 연습을 해 보았다. 가장 잘 아는 자기 이름부터 시작했다.

회차: 16회차 수업 ··

활동 내용: 패턴화된 수업 3단계 낱말·글자·말소리 탐색 / 익숙한 단어의 음절 수 세기

–

교사 산아, 네 이름에 소리가 몇 개야?

산이 몰라요.

교사 네 이름 말해 볼래?

산이 구하산.

교사 구하산이지? 구, 하, 산. 소리가 세 개야.

봐, (한 음절씩 말할 때마다 박수를 친다.) 구. 하. 산. 박수 소리 몇 개 들렸어?

산이 세 번.

교사 그래서 구하산은 소리가 세 개야. 산이도 세어 볼까?

산이 구하산. (박수를 마구 친다.)

교사 아니, 한 소리에 박수 한 번씩. 따라 해 봐.

산이 (박수를 치며) 구. 하. 산. 세 개요.

교사 이번엔 박수 없이 말소리만 세어 볼까?

산이 구. 하. 산. 소리 세 개요.

　몇 번의 연습 끝에 산이는 하루 만에 다른 낱말의 음절 수도 셀 수 있게 되었다. 그렇지만 한동안은 소리를 세려면 꼭 박수를 쳐야 했다. 박수라는 구체적 조작 활동 없이 머릿속으로만 음절을 헤아리는 것은 산이에게 어려운 과제였다. 박수를 치면 단어의 소리를 셀 수 있다는 것이 신기했는지, 시키지 않아도 여러 단어의 소리를 세고 자랑스러워했다.

　이제는 소리 수뿐만 아니라 어떤 소리가 어디서 들리는지도 집중하게 해야 했다. 하나의 단어에서 첫 번째로 들리는 소리는 무엇인지, 끝에서 들리는 소리는 무엇인지 말할 수 있어야 글자와 대응시키며 글자 읽기의 단계로 넘어갈 수 있기 때문이다. 산이는 2음절 단어는 잘 들었지만, 3음절 이상의 단어 소리는 잘 듣지 못했다. 자주 말하고 단어 카드로 만들어 읽기도 했던 '사다리차'에서도 그랬다.

회차: 19회차 수업　···

활동 내용: 패턴화된 수업 3단계 낱말·글자·말소리 탐색 / 음절 듣고 분리하기

–

교사 (자석 4개를 하나씩 짚으며 발음한다.) 사. 다. 리. 차. 사다리차에서 사는 어디에 있어?

산이 (마지막 자석 '차'를 가리킨다.)

교사 ('사'의 발음을 잘못 들은 줄 알고) '차'는 거기 있구나.

(다시 자석 하나씩 짚으며 발음한다.) 사. 다. 리. 차. '사'는 어디에 있어?

산이 (세 번째 자석 '리'를 가리킨다.) 에이, 손 아파.

산이가 듣기 어려워하는 긴 단어 대신, 잘 들을 수 있는 익숙한 2음절 단어를 활용해서 첫소리 듣기와 끝소리 듣기를 시작했다. 자석을 옮기거나 손가락을 펴는 등 구체적 조작 활동을 함께 하니 쉽게 성공했다. 스스로 '나무'와 '나비'에서 '나' 소리가 겹치고, 두 단어 모두 앞에서 그 소리가 들린다는 것을 발견했다. 나중에는 더 긴 단어도 들을 수 있게 되어 '다람쥐'의 '다'가 '사다리차'에서도 들린다는 것을 스스로 발견했고, 단어 카드에서 글자를 확인하며 같은 소리는 글자도 서로 같음까지 확인했다. 그리고 이 정도의 음절 인식 능력이면 끝말잇기를 할 수 있는 수준이 되었다고 판단했다. 끝말잇기는 음절 인식 능력을 자극하는 데에 좋은 활동이기에 규칙을 설명하고 놀이를 시작했는데, 짧은 시간 동안 네 가지의 난관을 맞닥뜨렸다.

회차: 28회차 수업 ···

활동 내용: 패턴화된 수업 3단계 낱말·글자·말소리 탐색 / 끝말잇기 말놀이

–

교사 <u>지우개</u>. 끝소리가 뭐야?

산이 지우개. 지!

교사 산아, (구체물 자석 도입. 자석 짚으며) 지, 우, 개. 끝소리가 뭐지?

산이 개… <u>개미</u>.

교사 (사고 구술) 개미의 끝소리가 뭐지? '미'니까 미로 시작하는 단어.
<u>미꾸라지</u>. 미꾸라지 끝이 무슨 소리지?

산이 미꾸라지… 지? <u>지우개</u>?

교사 그래, 잘했어. 선생님은 그럼 <u>개구리</u>. 개구리의 끝소리가 뭐지?

산이 개구이… 이. <u>이마</u>?

교사 (부정확한 발음 때문에 리-이는 인정해 주기로 한다.) 그럼, 마니까, <u>마차</u>. 산이 차… <u>창문</u>?

    첫 번째 난관은 산이가 끝소리를 바로 찾지 못하는 것이었다. 구체물인 자석을 글자 수만큼 주고 하나씩 짚어 가며 소리를 내게 하니 끝소리를 찾을 수 있었다. 두 번째는 어휘력 부족이었다. '지'로 시작하는 단어로 처음 말했던 '지우개'를 또 말했다. 세 번째는 부정확한 발음이었다. '개구리'를 '개구이'로 발음했다. 물론 두음 법칙에 따라 '리'를 '이'로 바꿀 수는 있지만, 이 경우엔 산이가 두음 법칙을 따라서 바꾼 것이 아니라 부정확한 발음 때문에 틀린 것이다. 그렇기에 정확한 발음으로 교정해야 했다. 네 번째 난관은 글자 없이 소리로만 놀이를 하다 보니 생기는 문제였다. 산이의 수준에서 '창문'의 첫소리 '차'가 맞는다고 하기도, 틀리다고 하기도 애매한 상황이 벌어졌다. 산이는 글자를 떠올린 것이 아니라 들리는 그대로 말한 것이기 때문이다. 지금의 끝말잇기는 글자 학습을 위한 것이 아니라 소리 듣기를 위한 학습 과정의 성격을 띠고 있었기에 '창문'의 '창'에서 '차'를 분리해 '마차'와 연결한 것을 허용해 주었다. 그래도 분명한 것은 이전에는 끝소리가 무엇인지 찾는 것만으로도 힘들어하던 수준이었는데 이제는 끝소리를 찾고, 그 끝소리로 시작하는 단어가 떠오르는 수준까지 향상되었다는 것이다.

    끝말잇기 외에도 음절 단위의 다양한 말놀이를 했다. '리리리 자로 끝나는 말', '쿵쿵따', '거꾸로 말하기', '앞뒤가 똑같은 단어 찾기' 등의 말놀이들은 아이가 재미있어하면서도 음절 인식 감각을 길러 주기에 좋아 꾸준히 했다.

음절을 인식하며 음절 수를 셀 수 있게 되자, 산이는 음절 수와 글자 수가 같은 것을 단서로 활용해 단어를 읽기 시작했다. 산이가 단어를 틀리게 읽고 자신의 실수를 알아채지 못할 때, 글자 수를 세고 소리 수와 글자 수가 같은지 확인하도록 했다.

회차: 18회차 수업 ·······································

활동 내용: 패턴화된 수업 3단계 낱말·글자·말소리 탐색 / 단어 카드 읽기

–

산이 ('사자'를 읽는 중에 그림만 보고) 호랑이.

교사 산아, 이 단어는 글자 수가 몇 개야?

산이 (글자를 짚으며 센다.) 두 개요.

교사 '호랑이'를 말해 봐. 소리가 몇 개니?

산이 ('호랑이'를 말하며 센다.) 세 개요.

교사 소리랑 글자 수가 다르지? 둘이 같아야 해. 고쳐 읽어 봐.

산이 아, 사자?

교사 소리가 두 개인지 확인해 볼래?

산이 ('사자'를 말하고 센다.) 두 개 맞아요.

이후에는 음절 수 세기를 넘어, 점점 글자 자체를 익히기 시작했다. 발문의 초점도 단어 단위에서 글자 단위로 옮겨 갔다. 음절을 인식할 수 있으니 소리와 글자를 연결 지어 읽을 수 있는 글자를 늘리고 이를 책과 단어 읽기에 활용했다.

활동 내용: 패턴화된 수업 3단계 낱말·글자·말소리 탐색 / 익숙한 음절을 글자로 익히기

–

교사 산아, 네 이름 말해 볼까?

산이 구하산,

교사 그럼 '구하산'에서 첫 번째 소리는 뭐야?

산이 구,

교사 맞아. '구' 소리 나는 단어 알아?

산이 구… 구름!

교사 그래. 구름 말고 또 '구멍'도 있지?

모두 '구'가 들어가는데, '구'는 이렇게 생겼어.

너도 아니?

산이 제 이름에도 있어요. 저 쓸 줄 알아요. ('구'를 여러 번 쓴다.)

이렇게 점차 단어에서 글자 읽기로 수준을 높여 갔다. 익숙한 단어 속에서 산이가 관심을 갖는 글자들도 차츰 많아졌다. 산이에게 익숙한 음절을 글자로 써 주기, 한 음절씩 단어를 소리 내 읽으며 쓰기, 익힌 글자를 책에서 찾기 등의 활동을 했다. 아는 글자가 일주일에 몇 개씩 생겼다. 자신과 형의 이름에 들어간 글자나 자주 접한 단어의 '나', '무', '눈', '코', '입'과 같은 익숙한 글자부터 익혀 갔다. 책에서 아는 글자를 발견하면 손가락으로 짚으면서 말했다. "('무엇을'을 짚으며) 무!" 그러나 맞게 읽었는지 스스로 점검하지 못하고 교사에게 의존하는 태도는 크게 줄지 않았다. 이는 산이의 읽기 학습에서 가장 문제가 되었던 점이다. 자기 점검은 고차원적인 사고력을 요하기도 하고 산이는 읽

을 수 있는 글자가 매우 적어서 책을 읽을 때 활용할 수 있는 단서가 제한적이었기 때문이다.

사람들은 책과 같은 텍스트를 읽으며 의미를 구성할 때 세 가지 단서를 활용한다(Goodman, 1996; 엄훈 외, 2022에서 재인용). 의미적, 시각적, 통사적 단서인데, 의미적 단서란 그림책의 그림이나 배경지식과 같은 맥락 정보이고, 통사적 단서란 문법적 요소나 관용적 표현과 같은 언어 구조(감각)에 대한 지식이고, 시각적 단서란 파닉스 같은 글자와 소리 대응에 관한 지식(엄훈, 2018: 108)이다. 이 세 단서를 골고루 활용할 때에야 자기 주도적인 읽기 활동을 할 수 있다(엄훈 외, 2022: 191). 그러나 산이는 시각적 단서를 활용할 수 있을 만큼 읽을 수 있는 글자가 많지 않아 의미적 단서와 통사적 단서만을 주로 활용해 그림책을 읽었기 때문에 글을 정확하게 읽는 것엔 한계가 있었다. 시각적 단서를 활용하지 못하는 상황에서는 어디까지나 추측만으로 읽을 뿐이었기 때문이다. 또한 개별화 수업을 시작하기 전에 이미 산이가 겪었던 학습 실패 경험으로 인해 적극적으로 전략을 활용하기를 꺼리게 된 정서적 요인도 방해 요소로 작용해 산이는 수업에서 많이 읽었던 아주 쉬운 수준의 그림책을 읽는 것조차도 아주 자신 없어 하곤 했다.

회차: 21회차 수업 ···

활동 내용: 패턴화된 수업 1단계 익숙한 책 읽기 /《마트》(BFL 0)를 오늘로써 10번째 읽고 있다

—

산이 (문장 '엄마랑 마트에 갔어요.'를 보며) 모르는데……. 엄마? 마트? 몰라요.

교사 그림 봐 봐, 뭘 하고 있어?

산이 (책을 안 보고 외워서 말한다.) 엄마랑 마트에 갔어요?

교사 (일부러 긍정의 표시를 하지 않고 기다린다.)

산이 맞아요?

교사 맞는 것 같아?

산이 몰라요.

교사 (그림을 가리키며) 엄마랑 마트에 간 상황이니?

산이 네.

교사 (첫 어절을 가리키며) 여기 네가 말한 '엄마' 있니?

산이 네.

교사 (두 번째 어절을 가리키며) 여기 네가 말한 '마트' 있니?

산이 네.

교사 맞게 읽은 거야.

산이는 스스로 맞게 읽었는지 점검하지 못하고 끊임없이 나를 쳐다보며 외운 것을 말했다. 문장을 통째로 외워서 글도 보지 않고 책 한 줄을 말하고, 교사가 맞다고 대답해 주기를 기다리고는 했다. 아무 반응을 하지 않고 스스로 확인하기를 기다리고 있으면 "맞아요?"라고 묻고, "맞는 것 같아?"라고 되물으면 "몰라요"라고 했다. 처음에는 의존적인 학습 태도의 문제라고 생각하고 더 채찍질하듯 산이 스스로 읽게 했다. 그러나 지금 생각해 보니 산이는 여러 글자를 확실히 알진 못했고 기억력이 좋지 않았기 때문에 스스로 맞게 읽었는지 점검하는 고차원적인 사고 과정을 수행하지 못하고 끊임없이 교사에게 물었을 것이라는 생각이 든다. 자기 주도적으로 책을 읽기에는 BFL 0에 해당하는 책도 산이에겐 너무 어려웠을 것이고, 그러다 보니 자기 주도적인 독서를 하지 못했던 것이다.

아이의 구어 단어를 이용해 아는 글자를 더 늘려 주는 것이 필요하다고 판단했다. 읽을 수 있는 글자를 늘리기 위해 아이의 구어를 활용해 만든 그림책과 단어 카드를 활용하기로 했다. 산이의 구어에 익숙한 그림책을 읽으니 기억력에 덜 의존하게 되어 인지적인 부담을 덜 수 있었고, 구어에 익숙한 단어를 배우게 되니 학습의 속도가 올랐다.

그림 1 산이의 구어로 만든 그림책《자동차》

자모 이전 읽기 단계에 해당하던 시기에는 뭉뚱그려 덩어리로 단어를 읽기 때문에 그림 단서가 꼭 필요했는데, 음절을 인식하고부터는 단어 속에서 중복되는 음절에 주목했고, 그 음절은 글자 형태를 더 수월하게 외울 수 있게 되었다. 아는 글자가 쌓이기 시작하자, 이를 활용해 단어 카드를 읽기 시작했다. 구, 고, 사, 우, 나, 무, 유, 비, 호, 이 등 아는 글자가 많아져서 그림 카드 없이도 읽을 수 있는 단어 카드가 점점 많아졌다. 그리고 처음엔 '하늘'의 '하'만 읽고 쓸 수 있었다가 점차 '늘'도 읽고 쓸 수 있게 되었다. 다만 한 글자를 외우게 되기까지 잊었다 기억했다 하는 과정이 계속 반복되었다. 예를 들어 익숙한 그림책에서는 글자 지식을 자신 있게 활용했지만 새로운 그림책이나 단어를 읽을 땐 알던 글자도 못 읽는 모습을 종종 발견했다. 아마 아직 글자를 확실히 읽을 수 있는 게 아니라, 글자 덩어리의 형상을 머릿속에 각인시켜 활용하는 부분적 자모 단계의 읽기 단계였기 때문일 것이다. 그래서 '아기'의 '아'는 잘 읽지만, '좋아요'의 '아'는 읽지 못하는 경우가 간혹 있었다. 그런 과정을 거쳐 확실하게 읽고 쓸 수 있게 된 글자들을 모아 '글자 벽'을 만들었다. 글자 벽은 그림처럼 화이트보드에 자음별로 읽고 쓸 수 있는 글자를 써 두고 전시해 놓은 것인데, 산이는 한 글자씩 늘 때마다 뿌듯해했다. 또한 이 글자 벽은 읽기와 쓰기, 소리 다루기 학습에 활용할 수 있는 유용한 자료이기도 했다.

그림 2 글자 벽

아는 글자가 많아지며, 산이의 축자적 읽기가 시작됐다. '밥이'를 [바비]로 자연스럽게 읽던 예전과 달리 이제는 [바비]로 읽고 고개를 갸우뚱하다가 "왜 책에 '비' 글자가 없어요?"라고 묻고는 [밥이]로 고쳐 읽었다. 적힌 것과 읽는 것이 다르다고 말해 주니 고개를 끄덕였지만 다음번에 읽을 때도 똑같은 질문을 한다. 책을 읽을 때 손 짚는 방식도 조금 달라졌다. 이전엔 어절 단위로 짚었다면 이제는 글자 단위로 짚으며 읽기 시작했다. 읽다가 틀렸을 땐 음절 수와 글자 수가 맞는지 확인해 보거나, 소리와 맞지 않는 글자가 있는지 확인해 보며 오류를 수정한다. 물론 축자적 읽기나 손 짚기 모두 사라져야 할 행동이지만 이런 모습에서 산이가 이제는 음절을 인식하고 글자를 보게 되었다는 것을 느낄 수 있는 긍정적 신호이기도 하다.

그러면서 동시에 산이는 자모 지식을 갖춰 갔다. 자음자의 이름은 'ㅊ, ㅋ, ㅍ'를 제외하고는 모두 알게 되었다. 모음자의 이름은 서서히 학습을 시작했다. 낱자의 모양과 소릿값, 그리고 이름은 해독에 필수적인 지식이기에 읽기 능력에 영향을 미치는 중요한 요소다. 아이가 아는 글자가 늘어나면서, 그중에서 '아, 어, 이, 요'와 같이 'ㅇ+모음'의 모음의 소릿값과 일치하는 글자들로 모음의 이름을 지도하기 시작했다. 아직 모음자 순서대로 이름을 외우게 하면 산이에게는 간섭 현상이 일어나 모음자의 이름을 말하는 속도가 느려지기 때문이다. 이런 방식으로 산이는 복잡한 이중 모음을 제외하고는 한글 자모에 대한 지식을 갖추게 되었다.

아이의 쓰기를 도와줄 때도 듣고 쓸 수 있는 글자들을 활용했다. 이전에는 처음 써 보는 단어에서 아는 글자를 발견하도록 음절을 분리해서 말해 줬다면, 이제는 스스로 한 음절씩 소리를 내 보고 쓸 줄 아는 글자인지 산이가 판단하게 했다. 이 과정이 능숙해지면 나중엔 쓰고 싶은 말을 도움 없이 쓸 수 있게 되는 것이다. 물론 능숙해지기까지 시행착오가 많이 필요하다.

활동 내용: 패턴화된 수업 4단계 문장 쓰기 / "고구마 먹고 싶다." 문장 쓰기

-

교사 ('고구마'를 쓰는 중) 소리를 잘 들어야 해. 그래서 소리 내면서 써야 해. 다시 해 보자.

처음 무슨 소리라고?

산이 고! ('고'를 씀.)

교사 두 번째 소리는?

산이 마. ('마'를 쓰려고 함.)

교사 잠깐. (쓰기를 중단시키며) 우리 뭐 쓰고 있어?

산이 고구마.

교사 다시 소리 내 봐. 두 번째 소리는?

산이 마?

교사 우리 먹는 거. 고구마지? 그럼 뭐야? 고⋯⋯.

(구체물 조작이 필요하다고 판단하여 자석을 하나씩 짚으며) 고, 구, 마.

산이 (두 번째 자석을 짚으며) 에잉? 구? ('구'를 씀.)

교사 세 번째 소리는 뭐야? 고⋯⋯.

산이 마?

교사 하나씩 소리 내 보자.

산이 고, 구⋯⋯ 마? ('마'를 씀.)

소리를 직접 내고 글자를 쓰는 것을 반복하다 보니 산이는 점점 구체물 없이도 '강아지'를 듣고 첫음절이 '강', 가운데 음절이 '아', 끝음절이 '지'라고 말하고 쓰기를 시도할 수 있게 되었다. 그리고 쓸 줄 모르는 '강' 같은 글자를 쓸 때 차츰 새로운 모습이 보이기 시작했다. 받침이 있는 글자 '강'에서 음절체 '가' 소리를 듣는 모습이었다. 모든 글자를 통째로 외워서 읽고 쓸 수는 없다. 더 효율적으로 읽기 위해선 낱자를 조합해서 읽을 수 있는 상향식 학습이 필요하다. 다만 산이는 '강'을 쪼개서 듣는 것에는 한계가 있었다. '강'에서 [가]와 [응]을 들을 수 있다면 조합해서 읽고 쓸 수 있는 글자가 폭발적으로 늘어날 텐데, 어서 음절 그 이상을 들을 수 있게 되기를 기대하며 수업을 계속했다.

[불]의 앞소리는 [부]: 음절체와 종성 인식

'음절체와 종성을 인식한다'라는 말은 음절을 쪼개어 음절체와 종성을 듣고, 음절체와 종성을 분리하거나 합치는 등의 조작을 할 수 있는 수준을 의미한다. 이는 음소 단위를 인식하는 단계에 도달하기까지의 디딤돌 역할을 하는 과업이다. 영어의 특성상 음절을 인식한 후에 두음onset과 각운rhyme을 인식하는데, 한국어는 이와 다르게 음절을 인식한 후에 음절체와 종성 인식 능력이 발달한다(이숙·김화수, 2014: 25). 받침이 있는 글자의 소리를 듣고 음절체와 종성을 인식할 수 있게 되면 음운을 합치고 떼는 전략으로 읽고 쓸 수 있는 글자가 폭발적으로 증가하고, 이 시기에 학습의 가속화가 이뤄지는 경우가 많다.

음절체와 종성으로 소리를 능숙하게 나누어 들을 수 있게 성장시키기 위한 첫 단추로 받침이 있는 글자를 길게 소리 내고 음절체를 정확히 듣고 소리를 내 보는 활동을 했다. 그러나 처음부터 항상 성공하진 못했고, 구체물의 도움이 필요했다.

회차: 49회차 수업 ··

활동 내용: 패턴화된 수업 3단계 낱말·글자·말소리 탐색 / 익숙한 단어 '북'과 '불'의 공통된 음절체
　　　　　 소리 듣기

－

교사 산아, 불, 북. 자세히 들어 보면 똑같은 소리가 있는데 뭔지 알겠어?

산이 불? 북?

교사 부-을, 부-윽. 들리니?

산이 불?

교사 (자석을 2개 놓고 소리와 대응시킨다.) 부(자석 하나 짚고) 을(다른 자석 짚고)
　　 (자석을 2개 놓고 소리와 대응시킨다.) 부(자석 하나 짚고) 윽(다른 자석 짚고)

산이 부!

교사 맞아. 어느 부분이 똑같아?

산이 (첫 번째 자석을 짚는다.)

교사 맞아. 이 부분이 똑같아.

　익숙한 한 음절 단어로 음절체 듣기 활동을 하며 여러 번 성공을
하니 산이는 음절체 듣기를 쉬워하고 좋아했으며 자신감이 높아졌다.
음절체를 듣는 걸 보니 종성도 들을 수 있을 것 같았다. 종성을 인식
하는지 확인했다. 'ㄴ' 받침이 있는 단어의 소리 나누기 활동을 시작한
첫날, 소리를 둘로 나누기에 성공했다. 이때 썼던 일지는 다음과 같다.

　종성을 들을 수 있는 것처럼 보였다! '산'의 소리를 확실히 나누어 '산'을
"사, 은"으로 들려주었더니 2개의 소리를 듣고 첫소리는 사, 끝소리는 은으로
듣는 것을 성공했다. 종성을 듣는지 더 확실히 확인하기 위해 변별 테스트

를 했다. 두 단어를 들려주고 '은' 소리가 들리는 단어를 고르게 했는데 모두 맞았다. '산-벽', '문-공' 등의 문제에서 '은' 소리가 들리는 '산'과 '문' 등을 잘 골랐다. [은] 소리는 받침 'ㄴ'이라고 알려 줬다. [은] 소리가 들리면 글자 끝에 ㄴ이 있다고 말했더니 신기해했다. 나의 도움을 받아 '산', '빈', '손'의 소리를 나누었다.

- 개별화 수업 49회 지도 일지 중

이를 시작으로 점차 소리 나누기의 주도권을 아이에게 이양했다. 아이가 주도적으로 소리를 듣고 나눌 수 있어야 교사가 없는 상황에서도 읽기와 쓰기에 이 전략을 활용할 수 있기 때문이다. 주도권을 이양하기 전과 후의 수업 장면은 다음과 같다. 아이 주도로 소리를 나누게 되기까지 긴 시간이 걸렸으며 소리를 배워서 명확히 인지하는 종성은 소리를 잘 나눴지만 그렇지 않은 종성은 소리 나누기 또한 서툴렀다.

표 2 소리 나누기 주도권 이양

교사 주도	아이 주도
교사 '산' 소리를 나누면 어떻게 되지? 산이 음. 교사 선생님이 나눠 볼게. 소리가 나눠진 게 느껴지면 말해 봐. 사-은, 사-은, 사-은. 산이 들려요. 사, 은. 교사 첫소리는 뭐니? 산이 사! 교사 끝소리는 뭐니? 산이 은! 교사 사, 은을 합쳐 보자. 사은, 산. 산이 사은, 산.	교사 '밥' 소리를 둘로 나눠 볼래? 산이 밥? 바-읍. 바, 읍. 교사 첫소리는 뭐니? 산이 바! 교사 끝소리는 뭐니? 산이 읍! 교사 바, 읍을 합쳐 보자. 산이 바읍, 바읍, 밥!

소리 나누기를 능숙하게 할 수 있는 음절이 생기자, 소리를 글자와 연결 짓기 시작했다. 산이가 잘 나눌 수 있는 종성자 'ㄴ'이 있는 한 음절 단어 '산', '문', '손'으로 받침 'ㄴ'이 있으면 어떤 소리가 나는지 들으며 글자 'ㄴ'과 종성 [은(받침 ㄴ)]을 연결했다.

회차: 53회차 수업 ···

활동 내용: 패턴화된 수업 3단계 낱말·글자·말소리 탐색 / '산'을 소리 나누고 'ㄴ' 종성 익히기

-

([산]을 [사]+[은]으로 나눌 수 있음을 확인 후)

교사 그럼 이 소리가 어떤 글자인지 알아보자. 앞에서 나는 소리 [사]를 쓸 수 있니?

산이 '사' 알아요. ('사'를 쓴다.)

교사 맞아. [사] 소리는 '사'지. 뒤에서 나는 소리 [은]은 어떤 글자인지 알아?

산이 은? 몰라요.

교사 (자석 글자 ㄴ을 꺼내며) 'ㄴ'이야. 이름에도 [은]이 숨어 있어.

산이 니은. 어? 진짜네.

교사 'ㄴ' 소리가 뭐라고?

산이 니은!

교사 아니 이름 말고. '산'에서 'ㄴ'은 어떤 소리가 났지?

산이 은!

교사 맞아. [은] 소리는 'ㄴ'에서 나.

소리를 나누고 글자와 연결 짓는 활동에서 중요하게 생각했던 것은 학습의 재료가 되는 글자들이 아이가 의미를 알고 능숙하게 발음할 수 있는 익숙한 것이어야 한다는 점이다. 익숙해야 더 잘 들을 수 있고 들은 소리를 글자와 더 잘 연결할 수 있다. 익숙하지 않은 글자로 하면 아이가 실수를 많이 하게 되어 실패 경험이 쌓이게 된다.

받침으로 쓰인 'ㄴ'의 소리를 인식하고, 음절체와 분리하고, 합치고, '은(받침 ㄴ)' 소리가 있는 단어를 찾고 혼자서 소리만으로 글자를 써 보는 일련의 'ㄴ' 종성 학습은 7일 내리 걸렸다.

> 음절체 '도'와 '무'를 쓸 수 있다는 것을 활용해서 '돈'과 '문'을 쓰게 도와 줬다. 내가 소리를 나누어 줄 테니 듣고 써 보라고 했다. '도-은'이라 하니까 '도'를 쓰고 고민하다가 받침 'ㄴ'을 음절체 '도' 옆에 썼다(도ㄴ). 소리를 들으면 '도' 다음에 'ㄴ' 소리가 들려서 옆에 나열하듯 쓴 것 같다. 합치면 '돈'이란 하나의 소리가 되고, 이건 글자로 '돈'이다. '도'랑 'ㄴ'을 합쳐 쓰는 것이라 지도했다. 네 글자를 그렇게 더 연습했더니 마지막 소리인 '운'은 나눠 주기 전에 바로 '운'까지 썼다. 나중에는 내가 안 나눠 줘도 스스로 소리를 나눠 듣고 쓸 수 있을까?

> — 개별화 수업 53회 지도 일지 중

매일 음절체와 종성을 인식하는 학습을 하니, 7일 차에는 독립적으로 받침 'ㄴ' 소릿값을 활용해서 글을 읽고 쓰는 모습을 보여 줬다. 'ㄴ'을 듣고 스스로 나누고 쓰게 되기까지 7일이라는 시간이 걸렸으나, 그 이후 다른 종성들을 학습에 할애하는 기간은 점차 줄어들었다. 소리를 어떻게 분리하고 합성하는지 터득하고 나니 하루에 하나의 종성자를 학습하고 넘어가기도 했다. 물론 산이에게 익숙하지 않은 종성자도 있었고, 그런 종성을 학습한 날엔 다른 종성과 혼동하며 간섭 현상이 일어나기도 했으나 전반적으로 큰 발전이 있었다.

　종성의 학습을 위해 자음자 카드를 만드는 활동도 이 시기에 했다. 자음자 카드는 자음자의 초성과 종성을 알 수 있도록 만드는 카드로, 가운데에 'ㄴ'과 같이 대상이 되는 자음자를 크게 쓰고, 왼쪽 상단에는 'ㄴ'이 초성인 단어의 그림을, 오른쪽 하단에는 'ㄴ'이 종성인 단어의 그림을 그린다. 단어를 글로 쓰는 것이 아닌 그림으로 그리는 이유는 소리에 집중하도록 하기 위함이다. 글자를 쓰게 되면 아이가 소리에 주의를 덜 기울이게 되는데, 내가 자음자 카드 만들기를 이 시기에 한 이유는 자음자의 소리를 느끼고 주변에서 그 소리를 찾고 변별하는 경험을 주는 데 있었기 때문에 글자를 쓰는 대신 그림을 그렸다. 또 카드를 만드는 자음자의 순서는 아이에게 익숙하고 소리를 잘 듣는 것부터 시작하며, 모든 자음자를 꼭 다 만들어야 하는 것은 아니고 아이와 학습에 필요한 자음자 몇 가지만 만들어도 된다.

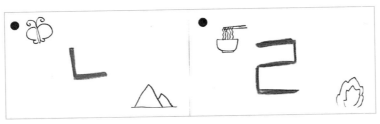

그림 3 자음자 카드 'ㄴ'과 'ㄹ'

　자음자의 이름에는 해당 자음자의 초성과 종성이 담겨 있어서 너무 이른 시기에 자음자 카드 만들기를 하면 아이가 초성, 종성을 인식하지 못해 "'-은'으로 끝나는 단어가 뭐가 있을까?"와 같은 질문을 이해하지 못하고 어려워하기 때문에 자음자 카드 만들기를 하는 시기를 언제로 할지 고민을 많이 했었다. 그래서 종성을 인식하기 전에는 자음자 카드를 만들기보다 모든 낱자의 이름을 외우는 방향으로 지도했고, 종성을 인식한 이후에 자음자가 초성과 종성에서 각각 어떻게 소리 나는지를 이해하며 자음자 카드를 만드는 방향으로 수업을 했다. 'ㄴ→ㅂ→ㅇ→ㄹ→ㅁ→ㄱ→ㄷ' 순으로 자음자 카드를 만들었는데, 이 순서는 아이마다 익숙한 종성이 무엇인지에 따라 달라져야 한다. 산이가 쉽게 발음하고 소리를 듣는 자음자 순서로 소리를 나누고 합치니 산이도 어려워하지 않고 수업에 참여했다. 산이가 느끼기에도 이전보다 훨씬 도전적인 과제임에도 불구하고 스스로 성공적으로 과제를 해결하고 있다는 생각이 들었는지, 이 과정에서 산이는 자신감을 많이 갖게 되었다. 이 자신감은 읽기와 쓰기에서도 나타났다.

얼마 전까지만 해도 여러 번 읽어서 다 외운 책도 "몰라요", "모르겠는데"를 남발하고 나에게 의존하던 산이가 어느 날부터 혼자서 책을 읽기 시작했다. 신기하게도 "몰라요"가 쏙 들어갔다. 또 나를 통해 맞게 읽었는지 점검하는 일도 거의 없어졌다. 신기한 것은 예전엔 외워서 읽는 것은 아닌지 의심스러울 정도로 글자는 휙 보고 말았고 읽는 속도도 말하듯이 빨랐는데, 글자 하나하나에 집중하며 읽는 모습으로 변했다는 점이다. 이미 충분히 외울 만큼 익숙한 책인데도 이전에 읽던 모습과는 다른 모습을 볼 수 있었다. 기억을 활용해 읽던 모습에서 벗어나 글자를 보려고 하는 모습이 인상 깊었다. 그간 시각적 단서를 활용하고 싶었어도 아는 글자가 적어 그러지 못했는데, 아는 글자가 많아지고 나서는 시각적 단서를 적극 활용할 수 있는 수준이 된 것이라고 생각했다. 책을 읽을 때 글자와 소리를 일대일로 대응시키려고 노력하느라 한 글자씩 천천히 읽는 모습이 보이고, 말하는 내용과 글자가 맞지 않는다고 느껴지면 멈추고 수정하는 자기 점검과 자기 수정의 모습이 관찰되었다. 나를 쳐다보지 않고도 혼자서 책 마지막 페이지까지 읽을 수 있게 되었다.

그간 나에게 너무 의존하며 책을 읽어서 '아이가 워낙 자신감이 부족하고 자기 점검을 할 줄 몰라서 그런가 보다. 그렇다면 자기 스스로 점검하는 힘을 길러 줘야 하니까 글자와 그림을 보도록 발문을 해야지'와 같이 생각하고 절대 맞게 읽었는지 대신 점검해 주지 않았는데, 그때 산이가 굉장히 힘들어하고 어려워했던 것이 생각났다. 자기 점검에 활용할 수 있는 지식이 부족해 그랬을 텐데 산이의 발달을 고려해 주지 않았던 것이 미안했다. 아는 것이 많아지니 충분히 혼자서 자신의 읽기를 점검할 수 있는 아이였는데 말이다.

누군가가 산이가 옛날에 읽던 모습과 현재 읽는 모습을 비교한다면, 예전엔 말하듯이 유창하게 읽고 지금은 한 글자씩 천천히 읽기 때문에 읽기 능력이 감퇴했다고 생각할 수 있겠으나 이 축자적 읽기는 해독에 눈을 뜬 아이라면 누구나 거치는 자연스러운 과정이다. 한동안 산이는 낱자의 조합을 익히며 점점 더 축자적으로 읽게 될 것이다. 그러나 축자적 읽기의 시기 동안 수준에 맞는 책을 읽고 또 읽으며 읽기를 위한 힘을 쌓는다면 다시 유창하게 읽게 될 것이다.

문장을 쓸 때도 산이 스스로 쓰는 글자가 많아졌다. 스스로 문장을 구상하고, 자신이 말소리에서 쓸 수 있는 소리를 찾고 맞는 위치에 혼자서 쓸 수 있게 되었다. 받침을 조합할 수 있게 되니 쓸 수 있는 글자가 폭발적으로 늘어났다.

활동 내용: 패턴화된 수업 4단계 문장 쓰기 / "집 가고 싶다." 문장 쓰기

–

교사 오늘은 뭘 쓰고 싶니?

산이 "집 가고 싶다."요.

(어절 수 세는 장면 생략)

교사 그럼 혼자서 쓸 수 있는 건 써 볼까?

('집 가고' 쓰는 장면 생략)

산이 싶다. 십… 시-읍. ('십다'를 쓴다.)

교사 ('싶다'로 교정할까 고민하다가 넘어간다.) 잘했어. 읽어 볼까?

산이 집 가고 십다(싶다).

전(스스로 소리 듣고 쓰지 못해 교사가 알려 주었을 때)	후(스스로 소리 듣고 쓰기 시작했을 때)

24회차 쓴 문장(싶다)	66회차 쓴 문장(십다)

30회차 쓴 문장(없어요)

62회차 쓴 문장(업써요)

그림 4 스스로 소리를 듣고 쓰기 시작한 전후 문장 쓰기 비교

맞춤법에 맞게 정확히 쓰지는 못하지만, 소리 나는 대로 쓸 수 있는 글자가 많아졌다. 소리 나누기를 잘했지만 맞춤법이 틀린 경우, 그 자리에서 교정을 해 주어야 하나 나중에 해 주어야 하나 고민이 많이

되었다. 이때까지는 별 고민 없이 정확한 맞춤법을 지도하느라 또 시간을 할애하고, 학생에게 부정적 피드백을 줬었다. 그러나 맞춤법 교정이 지금 이 아이의 학습 단계에서 가장 중요한 학습 요소일까 고민이 되었다. 산이는 마치 막 소리 나는 대로 쓰기 시작한 유치원생 아이의 발달 단계와 비슷한 상황에 있었기 때문이다. 자신의 입말이 그대로 글이 될 수 있고, 다른 사람이 그걸 읽고 이해한다는 데에 재미를 느끼는 시기. 맞춤법에는 맞지 않지만 "엄마 노트 사조서 고마워요."와 같은 편지를 써 오는 유치원생과 같은 시기 말이다. 그렇게 쓰기에 재미를 들인 아이에게, "'사조서'가 아니라 '사 줘서'야"라고 알려 주는 것이 지금 가장 급한 일일까? 나는 아니라고 판단했다. 지금 주도적으로 학습을 하고 있는 아이에게 내가 교사로서 줘야 할 가장 중요한 도움은, 산이가 도움을 요청할 때 소리를 듣고 쓰는 법을 알려 주거나 소리를 들어도 못 쓰는 글자는 알려 주는 것이었다. 맞춤법은 소리-글자 대응이 더 유창해진 다음에 지도해도 늦지 않을 일이었다. 이 시기에 맞춤법을 강조한다면 아이는 '소리 들리는 대로 쓰래서 썼는데도 왜 틀리지? 난 선생님 없이는 혼자서 못 써'와 같은 생각을 하게 될 것이고 자신감도 하락할 것이다. 클레이 또한 소리 듣기를 학습하는 시기에는 정서법이 간섭 현상을 초래하기 때문에 강조하지 않는다고 책에서 밝힌 바 있다(Clay, 2005: 93). 정서법은 소리를 듣고 글로 유창하게 옮길 수 있게 된 후에 학습하는 것이 적당하다고 한다. 그래서 '먹고 싶다.'는 맞춤법의 관점이 아닌, 소리 나누기의 관점에서 보았을 때 틀리지 않았기 때문에 추가적인 수정 없이 넘어갔다. 다만 아이가 '십따'로 썼다면 교정해 줬을 것이다. 어미의 '-다'는 그만큼 많이 쓰이기 때문에 사용 빈도에 따라 맞춤법에 맞게 교정해 주어야 할 표현과 그렇지 않은 표현을 나누어 지도했다.

또 내가 이 시기에 경계하던 것 중 하나는 아이가 모르는 글자를 쓸 때 활용하는 전략이 소리 나누기 한 가지에 그치는 것이었다. 모든 받침이 있는 글자를 소리 나누기 방법으로 읽고 쓰려는 모습을 보이는 아이들이 있다. 소리 나누기를 너무 강조하면 나타나는 현상인데, 그렇게 되면 쓰기의 유창성이 떨어지게 된다. 되도록 많은 글자를 소리를 나누지 않아도 자연스럽게 쓸 수 있어야 한다. 간혹 못 쓰는 글자는 소리 나누기 전략을 활용할 수도 있지만 쓸 줄 아는 단어에서 생각해 내기와 같은 다양한 전략을 고루 활용하는 것이 바람직하다. 그래서 지도 초반에 많은 시간을 들여 일견 단어와 글자를 늘리려고 노력했었고, 자주 쓰는 받침이 있는 글자는 산이와 주의 깊게 보고 외우게 하려 노력했던 것이다.

소리를 들으면 다 쓸 수 있어: 음소 인식

'음소를 인식한다'라 함은 음소 단위의 말소리를 식별할 수 있는 능력을 갖췄다는 것을 의미한다. 초성 또는 중성, 종성이 같은 음절을 변별하거나 더 나아가서는 초성이나 중성, 종성을 합치고 나누는 등 조작할 수 있다는 뜻이다. 해독을 위해서는 음소 단위로 듣고 자소 단위로 조합해서 쓰는 것이 가능해야 한다. 그래야 소리를 듣고 초성자, 중성자, 종성자를 조합하여 낯선 글자도 읽고 쓸 수 있게 되는 것이다. 산이는 중성을 초성보다 더 먼저, 쉽게 인식했다.

활동 내용: 패턴화된 수업 3단계 낱말·글자·말소리 탐색 / '커피'를 소리 나누고 중성 듣기

--

교사 '커피' 할 때 커 쓸 수 있어? 봐 봐, '커피'의 첫소리가 뭐니?

산이 커… 어랑 비슷한데요?

교사 (음절 수만큼 단추를 놓고 차례로 짚는다.) '커', '피' 중에 첫소리가 뭐야?

산이 커.

교사 '커'는 'ㅋ'으로 시작해. 모음은?

산이 커… [어] 소리 나는데?

교사 맞아.

산이 커, 어, 커!

교사 두 번째 소리는 뭐야?

산이 피. 피 날 때 피?

교사 '피'는 'ㅍ'으로 시작해. 모음은 뭘까?

산이 알겠다! 피… 피 소리 난다. ('ㅣ'를 집는다.) 피이?

피이. 비슷해서 한 거예요.

교사 잘했어. 그렇게 소리를 듣고 찾는 거야.

　반면 초성은 어렴풋이 같고 다름을 느끼긴 했지만 구체적으로 어떤 소리가 들리는지는 콕 집어 말하지 못했다. 사실 한국어에서 초성을 분리해서 따로 소리를 내는 것은 인위적이기도 하다. 그러나 소릿값 지식을 갖춰야 읽고 쓰는 데에 활용할 수 있다. 익숙한 한 음절 단어를 활용해서 소리만으로 초성 변별하기를 시작했다.

활동 내용: 패턴화된 수업 3단계 낱말·글자·말소리 탐색 / 'ㅅ'의 초성 익히기

–

교사 산, 몸, 시에서 첫소리가 같은 게 뭔지 아니?

산이 모르는데⋯⋯.

교사 산, 몸, 시. 스안, 므옴, 스이.

스안, 스이. 산이랑 시가 같아. 맞는 것 같니?

산이 네.

교사 산, 소, 북 중에서 첫소리가 같은 건 뭐니?

산이 산이랑 소?

교사 스안, 스오. 산, 소가 처음 소리 같아? 북은 달라?

산이 그런 것 같은데⋯⋯.

교사 맞았어.

초반에는 인위적으로 소리를 내 줘야 초성을 변별할 수 있었지만, 며칠이 지나자 그런 과정 없이도 변별하는 모습이 보였다. 다만 산이는 발음이 부정확해 'ㅅ-ㅈ-ㅊ-ㅉ'처럼 소리가 비슷한 자음끼리 변별하는 것은 어려워했으므로 의도적으로 하나의 소릿값을 확립할 때까지 비슷한 소리는 노출하지 않았다.

초성 변별하기 외에도 초성을 들려주고 같은 소리가 나는 단어 찾아보기, 단어 듣고 초성이나 중성, 종성 말하기, 초성이나 중성, 종성 바꾸기 등과 같은 음소 단위의 조작 놀이를 통해 음운 인식 능력을 계발했다.

활동 내용: 패턴화된 수업 3단계 낱말·글자·말소리 탐색 / 초성 같은 음절 찾기 놀이

-

교사 산아, 하하하, [하]랑 첫소리 똑같은 글자 말해 볼까?

산이 하?

교사 하! 선생님이 먼저 말해 볼게.

하, 히, 흐아, 흐이. 비슷하지?

산이 어⋯⋯ 호?

교사 산이도 소리 내 봐.

산이 호.

교사 하, 히, 호.

산이 하, 히, 호.

교사 또 뭐가 있지?

산이 해, 하, 햐, 허, 혀, 호, 효, 후, 휴, 흐, 히.

교사 잘했어.

음소 변별의 정확도가 높아진 것을 확인하고 읽기와 쓰기 학습에도 음소 인식 능력을 활용했다. 먼저 자음자와 초성을 대응시키는 활동을 시작했다.

활동 내용: 패턴화된 수업 3단계 낱말·글자·말소리 탐색 / 'ㄱ'의 형태와 초성자 대응하기

-

교사 '개, 차, 국' 중에 시작하는 소리가 같은 건 뭘까?

산이 '개'랑 '국'이요.

교사 맞아. '개'랑 '국'은 어떤 소리로 시작하는지 들리니?

산이 개? 개, 개…… 그우?

교사 잘 들어 봐. ('개'와 '국'의 초성을 분리해 소리를 낸다.) 그애, 그욱.

산이 그!

교사 맞았어. '그' 소리 나는 건 어떤 글자인지 아니?

산이 기역?

교사 맞았어. (단어를 보여 준다.) 둘 다 'ㄱ'으로 시작하지? 소리도 '그' 소리로 시작해.

변별할 수 있는 초성과 중성, 종성이 많아지고 있었지만 산이는 모음 지식을 완전히 갖추지는 못한 상태였다. 'ㅢ, ㅘ, ㅟ'와 같이 자주 접하는 이중 모음 정도는 알았지만 'ㅝ, ㅚ, ㅙ, ㅖ, ㅞ'와 같은 이중 모음은 복잡하게 여겼다. 아이가 잘 아는 것을 활용하기 위해 이전에는 잘 아는 낱자부터 카드로 만들었지만 위의 이중 모음은 잘 모르더라도 카드로 만들었다. 암기력과 어휘력이 생겼기 때문이다. 대신 카드를 만들기 전에 그 이중 모음이 포함된 단어에 많이 노출시키고 익숙해지게 만들었다. 모음 카드에도 역시 글이 아닌 그림을 그려 소리에 집중할 수 있게 했다. 또한 'ㅙ, ㅖ, ㅞ'가 쓰이는 고빈도어는 몇 없기 때문에 그런 고빈도어는 눈에 익을 수 있도록 충분히 노출했다.

회차: 85회차 수업

활동 내용: 패턴화된 수업 3단계 낱말·글자·말소리 탐색 / 모음자 카드 'ㅝ' 만들기

—

교사 오늘은 'ᅯ' 카드를 만들어 볼 거야.

원숭이, 고마워, 유치원, 뭐야. 여기엔 다 'ᅯ' 소리가 있어. 찾아볼래?

원숭이. 앞, 뒤 어디에서 들리니?

산이 원?

교사 맞았어. 이번엔, '고마워'. 어디에서 들리니?

산이 고마워. 워.

교사 그렇지. '고마워'의 워에서 들리지? '유치원.' 어디에서 들리니?

산이 유치원. 원이요.

교사 '뭐야'는?

산이 뭐?

교사 맞았어. 뭐. 므-워. 뭐.

글자를 보여 줄게. 다 'ᅯ'가 있지? 읽을 수 있는 것 있니?

산이 원숭이, 고마워, 유치원, 뭐야.

교사 그럼 이제 'ᅯ' 카드를 만들어 보자. '워' 소리 나는 것 중에 어떤 단어가 떠올라?

산이 원숭이요.

교사 그래. '원숭이' 할 때 원에 'ᅯ'가 있지? (카드 만듦.)

그림 5 **모음자 카드 'ᅫ'와 'ᅪ'**

이렇게 이중 모음에 대한 지식도 갖추고, 막힐 때는 소리 나누기 전략도 활용하기 시작하니 못 읽거나 못 쓰는 글자가 눈에 띄게 줄었다. 해독을 할 수 있게 되니 산이는 의미적 단서, 통사적 단서와 더불어 시각적 단서를 잘 활용하게 되었고 교수적, 독립적 수준으로 읽을 수 있는 수준 평정 그림책의 단계가 올라갔다.

3) 마치며

음소 인식까지 할 수 있을 뿐만 아니라 낱글자와 소리를 대응할 수 있기까지 하니 초기 문해력은 완성된 것일까? 초기 문해력 학습은 끝이 난 것일까? 산이는 이제 다시 교실로 돌아가서 또래 친구들처럼 수업에 적응할 수 있을까? 그렇지 않다. 이제 시작인 것이다. 문해력은 글을 읽고 이해하고, 자신의 생각을 글로 표현하고, 글을 읽으며 생각을 키울 수 있는 힘이다. 음운 인식 능력이 향상되면서 산이는 해독 능력을 갖추고 문해력도 키웠지만, 더 많이 읽고 더 많이 쓰며 더 유창한 초기 문해력을 갖춰야 한다. 그렇다면 산이와 이루어 낸 이 성장의 의미는 무엇일까?

산이는 내가 지도한 학생들 중에서 자산이 가장 적고 음운 인식 능력이 가장 뒤처졌으며, 학습 발달이 가장 더뎠던 아이다. 연휴로 며칠 못 만나다가 오랜만에 만나면 모든 것이 이전 상태로 돌아가 있었다. 그렇기에 단어 인식에서 시작해 음소를 인식하기까지 음운 인식 능력을 기르는 데 꽤 긴 시간이 걸렸다. 나에게 산이와의 수업은 너무나 어렵고 막막한 도전이었다. 과연 이 아이가 그림책을 읽고, 일기를 쓸 수 있게 될지 나조차도 확신이 서지 않았다. 막막함에 교수님께 고민을 털어놓았는데 교수님께서 해 주신 말씀이 큰 힘이 되었다. "초등학교 입학 시기에 글을 못 읽는 대부분의 아이들은 그래도 학년이 올라가며 알음알음 글을 익혀 얼추 읽고 쓰게 됩니다. 그렇지만 산이 같은 아이는 다릅니다. 이 친구들은 이런 개별화 수업이 아니고서는 절대 문맹을 벗어날 수 없을 겁니다. 한 아이에게 문맹 탈출의 마지막이 될지도 모르는 기회를 선생님이 만들어 주고 계신 겁니다."

맞다. 더딘 성장이었지만 이제 산이는 맞춤법이 정확하지는 않더라도 자기의 생각을 쓸 수 있게 되었고 쉬운 그림책을 읽을 수 있을 만큼 성장했다. 학급에서도 자신감이 생겨 수업에도 열심히 참여하고 스스로 과제를 해결하는 모습이 자주 보인다고 한다. 개별화 수업 과정이 산이에게 어렵고 좌절스러운 경험이었다면 이뤄 내지 못했을 성장이다. 산이의 음운 인식 능력에서 시작한 1년간의 수업으로 나는 산이의 빈약한 문해력의 뿌리를 키워 주었다. 뿌리가 없는 새싹은 혼자서 자랄 수 없지만, 뿌리가 있는 새싹은 혼자서도 잘 자라 자립할 수 있다. 아직은 작은 뿌리지만 이 뿌리가 산이의 삶이 문해자로서 삶으로 나아갈 수 있는 발판이 되어 주기를 바란다.

김선정, 김영태(2006). 음운생략과제를 통한 5~6세 아동의 음운 인식 발달 및 음운처리 능력과의 상관도 연구. **언어청각장애연구**, 11(3), 한국언어청각임상학회, 16~28쪽.

김애화, 박현(2007). 국내 음운 인식 연구에 관한 문헌 분석. **초등교육연구**, 20(3), 한국초등교육학회, 79~105쪽.

양지숙(2021). 음운 인식에 기반한 소리찾기 전략이 읽기부진 학생의 단어재인, 읽기유창성, 철자쓰기에 미치는 효과. 조선대학교 대학원 박사 학위 논문.

엄훈(2011). **학교 속의 문맹자들: 한국 공교육의 불편한 진실**. 우리교육.

＿＿(2018). **초기 문해력 교육을 위한 수준 평정 그림책의 활용**. 교육공동체 벗.

엄훈, 염은열, 김미혜, 박지희, 진영준(2022). **초기 문해력 교육: 읽기 따라잡기로 시작해요**. 사회평론아카데미.

이숙, 김화수(2014). 일반아동의 음절·음절체·각운·음소의 발달 특성. **언어치료연구**, 23(1), 한국언어치료학회, 127~156쪽.

최나야, 이순형(2007). 음운론적 인식과 처리능력이 4-6세 유아의 한글 단어 읽기에 미치는 영향. **아동학회지**, 28(4), 한국아동학회, 73~95쪽.

홍성인, 전세일, 배소영, 이익환(2002). 한국 아동의 음운 인식 발달. **언어청각장애연구**, 7(1), 한국언어청각임상학회, 49~64쪽.

Bradley, L. & Bryant, P. E.(1983). Categorising sounds and learning to read: A casual connection. *Nature*, 310, pp. 419-421; 최나야·이순형(2007)에서 재인용.

Chafouleas, S. M. & Martens, B. K.(2002). Accuracy based phonological awareness task: Are they reliable, efficient, and sensitive to growth?. *School Psychology Quarterly*, 17(2), pp. 128-147; 최나야·이순형(2007)에서 재인용.

Clay, M. M.(2005). *Literacy lessons: Designed for individuals*. Heinemann.

Goodman, K. S.(1996). *On reading*. Heinemann; 엄훈 외(2022)에서 재인용.

4장

개별화 교실 너머의
초기 문해력 수업

1

읽기 따라잡기,
가정과 함께 걸어가기[1]

지난여름, 2016년에 출간된 10인의 유럽 그림책 작가들의 그림책 관련 인터뷰집인 《유럽의 그림책 작가들에게 묻다》(최혜진, 2016)를 뒤늦게 완독했다. 이 책에는 현재 그들이 지닌 남다른 시선의 토대가 된 유년 시절과 그림책을 만드는 작가로서 가진 철학, 창의성과 상상력에 대한 생각까지 잘 담겨 있어, 아이를 키우는 엄마로서도 학생을 가르치는 교사로서도 참 많은 깨달음을 얻을 수 있었다.

그런데 책장을 넘기면 넘길수록 굉장히 신기하게 느껴졌던 부분이 있다. 작가 10인의 유년 시절은 그들의 넓고 다양한 작품 스펙트럼만큼이나 저마다 각기 다른 것이었지만, 자녀를 키우는 부모로서의 육

---

1 이 글은 2023년 《초기 문해력 교육》 9호에 실린 연구를 수정·보완한 것이다.

아관이나 아이를 대하는 어른으로서의 마음가짐은 모두가 비슷했던 것이다. 대다수의 인터뷰에서 현재 육아 중인 작가들은 아이들에게 책을 열심히 읽어 주고 있다고 말하며, 가정 문해 환경의 중요성을 강조하였다.

자녀에게 어떻게 독서교육을 하고 있냐는 질문에 《파란 시간을 아세요?》(베틀북, 2003)의 작가 안 에르보는 책이라는 물건 자체와 친해질 수 있도록 아이가 갓난아기일 때부터 요람 안에 책을 넣어 두었다고 전했다. 또 "요즘은 매일 밤 자기 전에 두 권씩 책을 읽어" 준다고 말하며, "좋아하는 음율, 언어의 음악성을 즐기기 위해서 소리 내어 읽어 준다"는 원칙을 언급했다(최혜진, 2016: 237).

《책놀이》(루크북스, 2010)의 작가 에르베 튈레는 자녀를 기를 때 세워 뒀던 육아 원칙에 대한 질문에 이렇게 답했다. "책은 아이들과 대화를 이어 가기 더없이 좋은 도구였어요. 제가 좋아하는 책, 싫어하는 책 모두에 대해 아이들과 대화했습니다. 책 읽기를 특히 좋아했던 딸아이는 열두 살이 될 때까지 제가 책을 읽어 줬고, 지금도 언제든 아이들과 책 이야기를 합니다."(최혜진, 2016: 207)

〈뉴욕타임스〉에서 2013년 '올해의 그림책'으로 선정한 《곰의 노래》(여유당, 2014)의 작가 벵자맹 쇼는 자녀에게 독서의 기쁨을 알려 주는 방식을 공유해 달라는 말에, "하루 종일 부산스럽게 뛰어다니는 아들이 유일하게 조용해지는 순간이 독서 시간"이라고 답하며, 아들과의 독서 시간에 대해 다음과 같이 묘사했다. "매일 저녁 잠자기 전에 30~45분 정도 소리 내어 책을 읽어 주는데요. 아이가 선택한 책을 검열 없이 읽어 줍니다. 읽을 책을 선택하는 건 언제나 아이입니다."(최혜진, 2016: 179)

그들에게 있어서 독서교육은 곧 육아의 원칙과도 같았다. 그들의 아이들은 아주 어린 시절부터 책과 친구가 되어 놀고, 부모와 책을 매개로 대화를 이어 왔다. 가정의 다양한 문해 환경과 책을 읽어 주는 부모와 나눈 풍부한 상호작용이, 눈에 보이지는 않지만, 서서히 아이의 문해력의 뿌리를 자라게 하고, 책을 좋아하는 독자로 성장하게 한다는 것을 그들은 이미 알고 있었던 것이다.

아이는 태어난 직후부터 다양한 문해 환경에 노출된다. 또한 성인과 유의미한 언어적 상호작용을 하며 눈에 보이지는 않지만 다양한 문해력의 뿌리를 만들어 낸다. 그래서 이 시기 문해력에 가정이 미치는 영향은 확실히 지대하다. 매리언 울프는 "독서에 필요한 전문적 능력이 서서히 갖춰지는 발달상 변화는 학교가 아닌 요람에서 시작된"다며, "문자 언어를 듣는 것과 사랑받는 느낌이 연합됨으로써 기나긴 학습 과정이 진행될 수 있는 최고의 토대가 마련"된다고 역설했다. 또한 "인지과학자나 교육학 박사라도 그보다 나은 환경은 조성해 줄 수 없다"라고 가정 문해 환경의 중요성을 이야기한다(Wolf, 2007/2009: 121).

그러나 이렇게 영·유아기에 이상적인 가정 문해 환경이 누구에게나 허용되는 것은 아니다. 다양한 개인과 가정의 특성만큼이나 가정마다 조성된 문해 환경은 천차만별이기 때문에 초기 아동기 문해력의 격차가 발생된다. 그리고 이런 격차로 인해 누군가는 교실 수업 상황에서 번번이 실패를 맛본다. 이런 실패가 누적되어 아이가 '학교 속의 문맹자'가 되지 않도록 하기 위해, 우리는 오늘도 '읽기 따라잡기' 수업을 실행하고 있다.

1) '읽기 따라잡기'와의 첫해를 보내며, 가정 연계의 중요성을 깨닫다!

청주교대 아동문학과 초기 문해력 전공에 석사 과정 파견을 오게 되면서 읽기 따라잡기 수업을 처음 접하고 실천하게 되었다. 읽기 따라잡기 연수를 들으며 수업을 실행한 첫해인 2022년, 두 아이와 그들이 속한 두 가정을 만났다. 아이들의 이름은 하하와 제제였다. 각각 육아 휴직 중인 아버지와 소통을 해야 하는 상황과 수업 중 나타나는 다양한 문제 행동들로 인해 어머니와 부단히 소통을 해야 하는 상황을 나에게 안겨 주었다.

처음 접하는 읽기 따라잡기 프로그램으로 매일 아이들을 만나 수업하는 것 자체도 익숙지 않고 힘들었지만, 더 힘든 것은 가정과 연계하여 아이를 지도하는 것이었다. 개별화 지도 교사로서 가정과 의미 있는 소통을 해야 한다고 생각은 했으나 방법을 제대로 알지 못해 막막하기만 했다. 그러나 읽기 발달에 관한 여러 논문과 책을 읽으며 가정의 부족한 문해 환경을 조금이라도 채울 수 있도록 도와주고 싶다는 생각이 점점 확고해졌다. '가정과의 유의미한 소통으로 가정에서도 좋은 문해 자극을 줄 수 있게 만든다면 가속화된 발달이 좀 더 빠른 시기에 찾아오지 않을까?' 하는 가설을 세워 보기도 했다.

하지만 이러한 생각은 아직 읽기 따라잡기 초보 교사이기에 하는 것인지도 모른다. 읽기 따라잡기를 배우며 가정 연계 지도나 학부모 상담과 관련해 도움을 요청한 선배 교사들 중 일부는 이렇게 말하기도 했으니 말이다.

"가정의 문해 환경이 좋지 않아 아이의 문해 발달이 제대로 이루어질 수 없었다."

"이미 여덟 살인 아이의 문해력을 키우는 것도 힘들지만, 그만큼의 긴 시간 동안 형성된 부모님들의 교육관을 바꾸기는 더 힘이 든다."

"의미 있는 연계 지도는커녕 전화 연결도 잘 되지 않는다."

"개별화 지도 교사의 상담을 통해 바뀔 부모님이었으면 이미 바뀌었을 것이다."

이런 상담의 결론은 읽기 따라잡기 교사 혼자라도 열심히 지도를 이어 가는 데 의의를 두거나, 혹은 교실의 담임 선생님과 의미 있는 소통을 하라는 정도로 매듭지어지곤 했다.

가정과 연계해서 개별화 수업을 하는 일은 굉장히 중요하지만, 실제로 잘 이루어지지 않을 수 있다고 읽기 따라잡기 선배 교사들은 말했다. 그리고 대부분의 교사들에게 가정 연계나 소통에서의 실패 경험들이 누적되어 있는 경우가 많았다.

그러나 어려운 일일지라도 한번 그 이상향을 따라가 보는 것은 어떨까? 레슬리 머로우에게서 큰 힘을 얻어, 의미 있는 한 걸음을 떼어 보기로 했다.

"물론 부모를 돕기 위한 노력이 좌절될 때도 많다. 그러나 세 부모와 연락이 되었다면 세 가정을 도운 것이고 이는 좋은 출발이고 성과이다. 작은 성공을 크게 여기며 앞으로 전진해야 한다."(Morrow, 2012/2012: 388)

작년 1년을 보낸 결론부터 말하자면, 어렵게 뗀 한 걸음은 작은 성공을 만들었고, 그런 작은 성취들에서 달릴 수 있는 추진력을 얻었다. 그 두 가정과의 의미 있는 소통으로 읽기 따라잡기 수업이 가정과 연계되어 이뤄졌을 때 '시너지'를 느낄 수 있었다. 각각의 사례를 아래에 간추려 본다.

하하의 이야기

하하는 어머니, 아버지, 한 살 어린 동생과 화목한 가정에서 자란 아이였다. 자주 캠핑을 떠나거나 체험 학습을 가서 여행 경험도 많았고 부모님, 동생과의 상호작용도 풍부했다. 활발하고 밝은 성격으로 구어가 발달되어 있어 교사의 말에 또박또박 답을 잘하던 예쁜 아이였다. 그러나 문해력 발달 수준은 예상과 많이 달랐다. 아이의 눈높이에서 머무르기(아.눈.머) 시기의 하하는 BFL 0 수준 평정 그림책도 제대로 읽지 못하는 상태였으며, 백희나의 《알사탕》(책읽는곰, 2017)과 같은 베스트셀러 그림책을 본 적이 없고 도서관에 가 본 경험도 적어, 읽기에 대한 긍정적인 경험이 매우 부족했다.

수업을 시작하며 어머니에게 상담을 요청하는 문자 메시지를 남겼다. 그랬더니 지금 아버지가 육아 휴직을 하고 있다며 아버지와 소통을 하라는 답장이 왔다. 지금까지 교직에 있으면서 가끔 부득이한 사정으로 아버지와 소통을 해 본 적은 있었지만, 아버지가 육아 휴직 중인 경우는 처음이어서 시대의 변화를 새삼 느낄 수 있었다. 아버지는 교사와 통화하는 것을 어색해하여 주로 문자 메시지를 이용해 소통을 시작했다.

처음에는 하하의 가정의 문해 환경과 교사가 알고 있으면 좋을 것들, 이 교육을 통해 아이가 발달했으면 하는 부분들에 대해 구체적으로 이야기를 나누었다. 이후에 본격적으로 패턴 수업에 접어들며 가정으로 과제를 보내기 시작했다. 과제는 보통 패턴 수업 4단계의 문장 재구성하기로, 띠지에 문장을 쓰고 어절이나 음절 단위로 자른 글의 조각들을 퍼즐 맞추듯 올바른 문장 형태로 재구성해 보는 것이었다. 집에서 다시 한번 맞춰 본 문장을 사진으로 찍어 교사에게 전송하고, 재구성한 문장을 공책에 3번 쓰며 연습해 보도록 했다. 간단하고 짧은 과제지만 이런 활동들을 통해 집에서도 아이의 개별화 교육과 문해력에 관심을 가질 수 있고, 부모와 아이 간의 유의미한 상호작용이 가능해지지 않을까 예측했다.

초반에는 하하가 계속 과제를 해 오지 않았다. 그렇지만 아버지에게 부담을 지우며 계속 함께 과제를 해 달라고 요구할 수도 없는 노릇이었다. 아무래도 담임 교사도 아닌 개별화 지도 교사가 자꾸만 일방적으로 연락을 하거나 과제를 해 오라고 말하는 것이 학부모와 나의 관계를 좋지 않게 만들 것 같았다. 이런 고민에 대해 머로우는 다음과 같이 해답을 제시하고 있었다.

"가정 문해력 프로그램은 부모와 자녀가 여러 가지 문해력 사건을 통해 상호작용하도록 해야 한다. 가정 문해 프로그램은 부모가 가지고 있는 풍부한 경험과 문화 유산을 존중하나 이들을 결핍과 곤궁에 처한 존재로 보는 것은 곤란하다. 학교에서 제안한 가정 문해 활동은 실행하기 쉬워야 한다. 가정으로 보내는 자료는 학교에서 유아에게 먼저 소개한 이후에 보낸다. 내용은 위협적이지 않아야 하며 다양한 문화를 반영하고 재미있는 활동이어야 한다."(Morrow, 2012/2012: 408)

그러면서 그는 또한 부모와의 잦은 의사소통을 강조한다. 부모와 자주 연락을 취하면 부모는 환영받는 느낌과 소속감을 갖게 된다고 전하며, 특히 좋은 소식을 전할 것을 독려한다.

"전화 통화, 교사가 부모에게 전화를 하면 과거에는 아이의 행동 문제, 질병처럼 무언가 안 좋은 소식을 전하는 경우가 많았다. 그러나 좋은 소식의 전화를 받는 부모와 교사는 좋은 관계를 형성할 수 있다. 학교에서 준비하고 있는 행사 즈음에 전화를 하여 그들의 참석을 독려한다. 아이가 괄목할 만한 성장과 발전이 있으면 전화를 걸어 기쁨을 부모와 나누며 부모도 가정에서 아이의 성장을 위해 같은 노력을 해 줄 것을 부탁한다. 좋은 소식으로 전화를 걸어 관계를 맺었다면, 나쁜 소식으로 전화를 걸어도 크게 문제가 되지 않는다."(Morrow, 2012/2012: 409)

책을 읽으며 지금까지의 교사로서 진행했던 상담에 대해 생각해 보았다. 요즘 많은 교사가 그러하듯, 학부모의 민원으로 괴로운 한 해를 보냈던 때가 떠올랐다. 그때를 돌이켜 보니, 라포르도 형성하지 않은 채 아이의 행동 문제를 상담의 시작점으로 잡았던 것이 문제였다는 생각이 들었다. 그러고 나서 깨달았다. 입장을 바꿔 보니, 자녀의 문제 행동으로만 교사의 전화를 받을 경우 충분히 부모로서의 방어나 회피 기제가 발동할 수 있을 것 같았다. 그래서 하하의 아버지와는 천천히 라포르를 형성하기로 했다. 그 이후 머로우의 책에 나온 것처럼 아이의 성장과 발전에 대해 자주 연락을 취했다. 하하가 수준 평정 그림책을 읽는 영상이나 즐겁게 활동하는 사진을 첨부하고, 그의 성장 과정을 기록하여 보냈다. 그랬더니 놀라운 변화가 일어났다. 처음으로 아버지가 과제 사진을 보내 준 것이었다. 뛸 듯이 기뻐서 바로 답장을 보냈다. 그 이후로부터는 자주 과제 사진과 아이의 발달에 대한 감사의 메시지가 도착했다.

돌이켜 보면 하하에게 가속화된 발달이 찾아온 것은 아버지가 과제를 꼼꼼히 챙겨 주고 집에서도 그림책을 읽어 주는 등 가정의 문해 환경이 개선되며 읽기 따라잡기 수업과 유의미하게 연계가 되었을 때

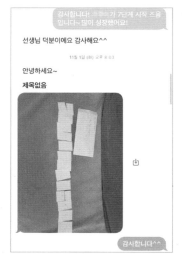

그림 1 하하의 아버지가 보내 주신 과제 사진과 대화 내용

였다.

마지막 수업 전날, 하하 아버지의 메시지가 도착했다.

"감동이네요, 선생님. ㅠㅠ 처음에는 개별 수업할 때 바쁘다는 핑계로 공부를 늦게 시켜서 많이 속상하고 그랬는데 기특하기도 하네요. 다 선생님 덕분입니다. 감사합니다."

가정의 문해 환경이 개선되면서 성장을 보였던 하하. 하하와의 수업을 통해 교사들이 가정과 주로 연락하는 통로가 되는 어머니가 아닌, 아버지와 소통하는 방법을 찾아본 색다른 기회였고, 가정 연계 지도의 필요성과 효과를 제대로 알게 된 시간이었다.

제제의 이야기

제제를 생각하면 아직도 담임 선생님의 관찰 기록지에 적혀 있던 일화가 잊히지 않는다.

"색칠할 때는 늘 빨간색을 고집하고, 우유 뜯는 방법을 알려 줘도 매번 자신의 스타일대로 찢어 우유를 흘리고 만다."

그래서 제제를 만나기 전에 이미 많은 걱정을 하게 되었다. 다수도 아니고 일대일 개별화 수업이라 아이가 문제 행동을 보이면 수업을 아예 진행할 수가 없기에 어떻게 수업을 해야 할지 두려움이 앞섰다.

먼저 어머니와 전화로 상담을 했다. 제제에게 아버지와 형이 늘 큰 벽이라는 말을 들었다. 아버지와 형의 실력이 뛰어나 제제가 어렸을 때부터 좌절감을 많이 맛보았다는 이야기였는데, 그 이야기를 듣고 나니 아이가 안쓰럽게 느껴졌다.

그 이후 제제를 직접 만났다. 아.눈머 시기를 거치며 느낀 점은 제제의 구어 발달이 놀라울 정도로 높은 수준이라는 점이었다. 음운 인식 능력도 발달해 끝말잇기도 길게 가능했고, 자기 수정도 곧잘 했으며, '카이사르'와 같은 수준 높은 어휘도 등장했다. 아.눈머 기간에 파악한 부분들과 어머니와의 상담을 통해, 제제의 과격한 행동 문제의 원인도 구어는 뛰어난 수준으로 발달했음에도 불구하고 글을 읽지 못한다는 이유로 아버지나 교사에게 인정받지 못한 데 있다는 결과를 도출할 수 있었다. 일례로 제제는 인기 있는 학습 만화 시리즈의 제목을 대며 형이 읽는 책을 읽은 적이 있다고 이야기하곤 했다. 그 책은 글밥이 많아, 제대로 의미를 이해하며 읽지 못한다는 것을 교사가 알고 있음에도 불구하고, 본인은 꿋꿋이 '다 읽고 이해했다'라고 표현을 했다. 또 어떤 때는 글을 제대로 모르고 읽지 못해도 사는 데 지장이 없다며 큰소리를 치기도 했다.

아버지와 어머니는 일이 바빠, 제제에게 책을 읽어 줄 시간이 충분치 않았다. 제제는 아침에 일어나면 바로 유튜브나 게임을 하고 학교를 오는 경우가 많았으며, 주말에도 부모님이 바빠서 하하와는 다르게 나들이나 여행을 가는 일이 드물었다. 월요일에 만나서 주말 일상을 물어보면, 주말 내내 게임을 하거나 유튜브를 봤다고 대답하는 경우가 많았다.

그래서 어머니와 제제에 대한 상담을 하며, 봉투에 넣어 집으로 보낸 문장 퍼즐을 재조합하는 과제를 함께 해 줄 것과 주말에 그림책을 한 권이라도 읽어 줄 것을 당부했다. 그리고 평소에도 제제의 발달 상황에 대해 자세히 상담을 했다. 수준 평정 그림책 수준이 올라가고 수업에 잘 참여했을 때처럼 긍정적인 변화에 대해서도 얘기를 나눴지만, 과격한 행동이나 돌발적인 문제 행동이 나올 때에도 문자와 전화 상담을 통해 지도 방법을 공유함으로써 가정과 개별화 수업에서 일관된 지도를 할 수 있도록 노력했다.

한편, 진심으로 제제를 생각하며 교육하려는 의도로 가정과 소통하고자 했지만, 그것이 왜곡되어 제제의 행동 문제를 지적하는 것으로 전달될까 우려되기도 했다. 그렇지만 다행히 제제의 어머니가 교사의 의도를 올바로 파악하여, 서로 툭 터놓고 제제를 위한 방법을 찾는 대화를 나눌 수 있었던 것 같다. 또한 어머니는 자녀 교육을 위해 많이 변화하려는 마음을 가지고 있었다. 그래서 주말에 제제에게 그림책을 읽어 주기 시작했다. 가정에서의 긍정적인 변화가 일어나고 있었다.

제제는 미미한 발전이 지속되다가 2학기 중반이 넘어서야 가속화된 발달이 일어났다. BFL 0으로 시작했던 제제가 BFL 8 수준 평정 그림책을 읽어 나가기 시작한 것이다. 읽지 못한다는 것을 창피해하면서 스스로 숨거나 도망가던 모습과 달리, 작은 성취들로 자신감을 가지게

되면서 책 발자국 수준이 올라가는 것을 스스로 뿌듯해하고 즐거워
했다. 이해력이 높고 이미 구어가 발달되어 있던 아이라, 글밥이 많아
져도 그 내용을 이해하는 것에 무리가 없었고 오히려 그것을 즐겼다.
그리고 마지막 수업에서는 겨울 방학 때 BFL 13까지 다 읽겠다는 큰
포부를 내비치기도 했다. 그 시기 어머니가 보내 준 문자 메시지를 통
해 1년의 가정 연계 지도가 잘 이루어졌음에 안도할 수 있었고, 그것
은 한편으로 감동을 주기에 충분했다.

"선생님 1년 동안 정말 너무 감사했습니다. 선생님을 통해서 제제도
많이 성장했지만 저도 제제를 교육하는 데 큰 도움을 받았어요~ 이번
주가 마지막이라니 너무 아쉽네요. 제제가 더 책을 좋아할 수 있게 힘
쓰고 노력해 볼게요. 또 가끔 안부 전할게요~ 추운 날씨에 건강 유념
하세요♥"

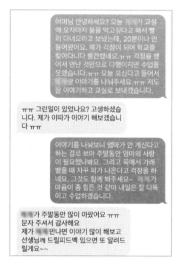
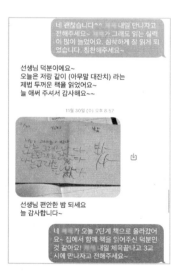

그림 2 제제의 어머니와 제제의 상황에 대해 나눈 대화 내용

구어에 비해 읽을 수 있는 글의 수준이 낮아 가끔씩 문제 행동이 과격하게 표출되던 제제와의 수업은 다사다난했지만, 학교와 가정에서의 일관된 교육관 유지 및 가정 연계 지도의 필요성을 더욱 많이 깨달을 수 있었던 뜻깊은 시간이었다.

2023년, '읽기 따라잡기'와의 두 번째 해를 계획하며

2022년의 제제, 하하와의 수업을 통해 읽기 따라잡기의 원칙과 수업 절차, 그리고 읽기 발달의 이론과 단계에 대해 많은 것을 배울 수 있었다. 또한 그에 못지않게 가정 문해 환경의 중요성과 가정과의 연계 지도에 대한 필요성을 느낄 수 있었다. 이 부분에 대한 풀리지 않는 의문과 고민거리들이 있어, 가정 문해에 대한 자료를 찾아 읽고 또 읽었다. 읽기 교육에 관한 논문과 저서들을 읽으며 가정 문해의 중요성에 대해 경험적으로만 가졌던 막연한 느낌들을 이론적으로 뒷받침할 수 있었다. 그러면서 올해 읽기 따라잡기 계획에서 '가정 연계 지도'를 커다란 목표로 잡았다.

만나는 아이의 과제를 집에서도 연계하여 지도하는 것과 가정의 문해 환경 기반을 조성하는 일에 조금이나마 도움을 줄 수 있으면 좋겠다는 생각을 가졌다.

2023년 지도를 앞두고 설계한 구체적인 계획은 아래와 같다.

① 휴대전화 메시지를 활용한 수업 사례 동영상, 사진 공유
② 일주일마다 수업 상황 및 발달 과정을 기술한 메시지 공유
③ 수업 시작 전, 수업 중 10회기마다 전화 상담
④ 금요일마다 학교 도서관에서 그림책을 대출하여, 주말에 가정에

서 읽을 수 있도록 하기

⑤ 매일 수업에서 만들었던 문장을 어절이나 음절 단위로 잘라 집에서 재조합해 보기, 수업에서 썼던 문장 3번 쓰기(문장 재구성은 사진 찍어 메시지로 보내기)

⑥ 직접 책을 만들 때마다, 만든 책 뒤에 부모님 칭찬 한마디 적어서 가져오기

과연 작년처럼 가정과 유의미한 연계 지도가 가능할지가 기대되기도 하고 걱정되기도 하는 두근두근한 마음으로 2023년 지도를 시작했다.

2) 읽기 따라잡기 2년 차, 가정 연계 지도 실패 위기와 대안을 찾다

올해는 지은이와 현우라는 귀엽고 예쁜 두 아이를 만나게 되었다. 현우는 부모님, 형과 함께 네 가족이 살고 있고, 지은이는 부모님 외에도 4명의 언니, 오빠가 있는 다자녀 가정의 아이이다.

작년의 지도 경험을 바탕으로 세부적인 가정 연계 계획을 만들고 유의미한 지도를 해 봐야겠다는 포부를 가진 것도 찰나, 생각지도 못한 '소통 부재'라는 난관에 부딪히게 된다. 두 아이와 함께한 1년간의 읽기 따라잡기 지도와 가정 연계 지도 상황을 간추려 보았다.

현우의 이야기

개별화 수업을 시작하게 되면서 현우 어머니가 매일 책을 읽어 주겠다는 다짐을 했다는 이야기를 담임 선생님에게 전해 들었다. 어머니가 그만큼 열정이 있으시다는 점이 다행이라고 생각하며 상담차 전화를 걸었다. 아버지와 함께 일을 하며 연년생 형을 챙기느라고 현우에게 많은 지원을 해 주지 못했다는 어머니가, 가정에서 '책 읽어 주기'의 힘든 점을 토로하기 시작했다.

"얘는 이 책을 읽어 달라고 하고, 쟤는 저 책을 읽어 달라고 하면 어떤 책을 선택할 수 없어서 그냥 안 읽어 주게 되더라고요."

이 상담을 마치고 나서 《크라센의 읽기 혁명》이 떠올랐다. 그냥 읽어 주기만 했어도 현우의 문해력은 발달했을 텐데 하는 아쉬움이 크게 자리를 했다. 스티븐 크라센은 그의 저서를 통해 소리 내어 책을 읽어 주면 더 많이 읽게 된다고 말하며 소리 내어 책을 읽어 주는 것의 효과들을 나열한다. 소리 내어 읽어 주기를 경험한 아이들은 일단 즐거움을 느끼게 되고, 어휘력이 발달하는 등 리터러시 향상에 직간접적인 영향을 준다고 했다(Krashen, 2004/2013: 89).

현우와 아.눈.머 수업을 시작했다. 현우는 그림책을 읽어 본 경험이 거의 없었고, 구어 수준은 괜찮았으나 받침 'ㄹ'의 발음이 잘 되지 않는 등의 교정되지 못한 발음 문제가 자리하고 있었다. '딸기'를 '따기'로, '할머니'를 '해머니'로 말을 해서 가끔씩은 나와 소통 오류가 생기곤 했다.

패턴 수업을 진행하며 집으로 과제를 보냈다. 작년에 아이들을 지도하면서 했던 것처럼, 띠지에 쓴 문장을 잘라 봉투에 넣어 집에서 재구성을 다시 한번 해 보는 과제와 노트에 오늘 써 본 문장을 3번 써서 오는 과제였다. 그런데 작년 아이들과 다르게 지속적으로 과제를 안 해 오는 것을 알 수 있었다. 매번 공책을 그냥 들고 오는 현우에게 엄마가 봐 주시지 않냐고 물어보았다. 꾸준히 전화와 카카오톡 메신저로 여러 번 부탁을 드렸지만, 과제를 해 오기는커녕 아무런 답도 오지 않아 걱정을 하고 있었는데 현우도 잘 모르겠다는 대답을 했다.

이런 상황이 2주 이상 반복되어, 담임 선생님에게도 고민을 상담 했다. 그랬더니 담임 교사와도 학기 초에 비해 소통이 굉장히 이루어지지 않는다고 하였다. 같은 문제 상황이 교실에서도 드러난 것이다. 그러나 매번 독촉 아닌 독촉을 할 수는 없는 노릇이었다. 여기에서 조금 더 나아가면 어머니에게 부담이 될 수 있기 때문이었다.

그래서 일단 직접적인 소통은 멈추었다. 그리고 그날 현우와 직접 만든 《좋아요》 책의 뒷장에 "현우에게 칭찬 한마디를 써 주세요!"라고 적어서 아이 편에 보냈다. 과연 이 책에 피드백이 적힌 채 돌아올까 궁금해하며 말이다. 그런데 신기하게 다음 날 빼곡하게 어머니의 칭찬 글이 쓰인 책이 돌아왔다. 오히려 사진 한번 찍어서 메신저로 보내면 되는 쉬운 과제는 계속 피드백이 오지를 않았는데, 훨씬 시간이 많이 드는 이 과제는 바로 피드백이 온 것이 놀라웠다. 그리고 아이가 직접 만들어 집에 가져간 책으로는 소통이 된다는 사실이 신기하게 느껴졌다. 그래서 일단은 어머니께 다른 과제를 강요하지 않고, 현우가 만든 책이나 낱말 카드에 부모님 칭찬 한마디를 적어 오도록 해 보았다. 다행스럽게도 그 과제들은 성공이었다. 매번 따뜻한 칭찬이 정성스럽게 손 글씨로 적혀진 책이 돌아왔다.

그러던 어느 금요일, 매주 하던 대로, 현우와 도서관에서 빌린 그림책 사진을 첨부하며 "주말에 함께 읽어 주세요"라는 메시지를 적어 카카오톡으로 보냈다. 기대를 하지 않았는데, 바로 현우 어머니에게서 답장이 왔다. 굉장히 오랜만에 받은 메시지에 연예인에게서 메시지를 받은 것 같은 기쁨을 느꼈다. 같이 수업을 하는 선생님들한테 자랑할 정도로 말이다. 감사하다는 말과 더불어 처음으로 집에서 한 과제 사진이 도착했다. 내 메시지에 대한 피드백이 온 것도 신기한데 그동안 원하던 과제 사진까지 받게 되자, 가정에서도 의미 있는 문해 활동이 일어나고 있다는 생각에 다시 기대감이 차오르기 시작했다. 가정 연계 지도가 잘될 것 같았지만 반대로 전혀 되지 않아 깊은 좌절감을 맛보던 차에, 기적처럼 다시 조금씩 소통의 물길이 열리고 있었다. 그렇게 현우 어머니는 조금씩 변화하기 시작했다.

그 이후, 현우의 발전된 모습들을 자주 메시지로 보냈고, 현우가 활동하고 있는 사진들과 영상들도 함께 공유했다. 그러면서 어머니에게서 피드백이 자주 도착했고, 주말 과제로 보낸 책들도 읽어 주었다는 답변을 받을 수 있었다.

이렇게 가정의 문해 환경과 상호작용에도 긍정적인 변화가 찾아오며 1학기가 마무리되었다. 처음에 목소리도 작고 고개를 움직이는 것으로만 대답을 하던 현우가 이제는 자신의 생각을 많이 말하는 아이로 변했다. 그림책을 제대로 재미있게 읽어 본 적이 없던 현우가 이미 읽었던 책을 도서관에서 찾으며 "이 책 읽어 봤는데, 재미있었어요"라고 자신감 있는 목소리로 말하게 되었다.

그런 현우에게 좋아하는 그림책인 서현이 쓴 《간질간질》(사계절, 2017)과 《커졌다》(사계절, 2012)를 여름 방학 선물로 전해 주었다. 이 2권과 함께 방학 동안 행복한 여행을 떠나길 바라는 마음을 담아 1학기 마지막 메시지를 어머니에게 보냈더니 "감사했습니다. 선생님"이라는 답변과 함께 2학기에도 수업을 하고 싶다는 말씀을 전해 왔다.

그리고 여름 방학이 지나고 현우를 다시 만났다.

읽기 부진 학생을 지도하는 교사들은 방학이라는 지도 공백이 아이의 발달에 정체나 퇴보를 가져올까 두려워하기도 한다. 나 역시 그런 마음을 가지고 개학을 맞이하게 되는데, 신기하게도 아이들은 조금씩 성장해서 돌아왔다. 다시 만난 현우는 음운 인식 능력이 많이 성장해 있었다. 처음에 끝말잇기를 이해하지 못했던 현우가 이제는 나와 10번 이상 번갈아 가며 단어를 말하는 아이가 되었고, 글자를 이미지로 기억해 그림을 그리듯 쓰기를 했던 것에서 이제는 쓸 수 있는 글자도 늘어나고, 어려운 낱말도 소리를 떠올리며 비슷한 소리의 글자를 찾을 수 있게 되었다. 방학 동안의 일에 대해 대화를 나누어 보니 태어나 처음으로 비행기 타고 해외여행도 다녀오고, 방학 동안 선물로 받은 그림책도 엄마와 여러 번 읽었던 모양이다.

수업 시간에 현우가 직접 만든, 방학 생활을 담은 책을 집으로 보냈다. 전보다 다양한 낱말을 쓰게 된 현우의 책을 보고 현우의 어머니는 칭찬과 감탄의 한마디를 적어 보내 주었다. 방학 이후의 상담에서 어머니는 가정에서의 상호작용이 이렇게 중요한지 예전엔 미처 몰랐는데, 이제는 아이의 문해력 성장에 굉장히 도움이 될 수 있는 일이라는 것을 알게 되었다는 말을 하기도 했다. 현우의 어머니가 조금씩 변화하고 있음이 느껴졌다.

이렇게 1학기 수업과 여름 방학을 통해, 현우의 문해력의 뿌리가 많이 자라고 튼튼해졌음을 알 수 있었다. 그러나 또 다른 문제가 찾아왔다. 읽을 수 있는 수준 평정 그림책의 수준이 BFL 3에서 잘 오르지 않으며, 아는 글자도 때론 축자적으로 읽거나 혼동하는 모습을 보이기도 한 것이다. 이런 문제로 동료 교사들과 수업을 나누어 분석하며, 현우가 읽기 과정 중에 의미 단서를 잘 활용하지 못함을 알 수 있었다. 그래서 현우와는 읽기 전 활동에 특히 집중하여, 그림을 자기 주도적으로 읽어 보고 새로운 어휘의 뜻을 알아보고 상황을 설정하여 많이 발화해 보는 노력을 기울였다. 그리고 도서관에서 그림책을 빌려, 나와 함께 읽고 집으로 가져가서 부모님과 다시 읽는 활동도 꾸준히 지속했다. 나중에는 도서관에 갈 때마다 별다른 반응이 없던 현우가 도서관에 가서 그림책을 빌리는 것을 즐거워하고, 기다리게 되어 신기했다. 또, 의미 단서에 조금 더 신경을 써서 촉진을 하고, 읽기 전략을 다양하게 사용하는 활동들을 꾸준히 해 나가자 조금씩 현우의 읽기 오류가 줄어들고, 자기 수정이 늘었다. 그리고 BFL이 4단계를 넘어 5단계로 올라가는 등 2학기 말 무렵에는 가속화된 발달이 느껴졌다.

현우와의 수업은 처음에 막막하기만 했던 소통 부재의 상황 속에서 대안을 찾아보는 귀한 시간이 되었다. 소통이 되지 않을 때 조금 더 시간을 갖고 기다리며 아이가 직접 만든 책이나 그림책을 집으로 보내 가정의 문해 환경을 조성할 수 있도록 했던 것이 어머니의 마음을 움직였던 포인트가 아니었나 하는 생각이 든다. 지속적으로 수업 장면이나 성장을 담은 메시지를 규칙적으로 전송하여 아이의 성장 과정을 공유하였더니, 수업의 마지막 무렵에는 "이렇게 발전했다는 것을 몰랐네요! 집에서 칭찬 많이 해 줄게요"라는 메시지가 도착하기도 했다. 다음 날, 집에서 칭찬을 받았다며 환하게 웃는 현우를 보는데, 1년간의 고됨이 눈 녹듯 사라지는 느낌을 받았다. 문해력의 뿌리가 조금 더 튼튼해진 현우가 앞으로도 자신감을 가지고 교실 속에서 성장할 수 있길 바란다.

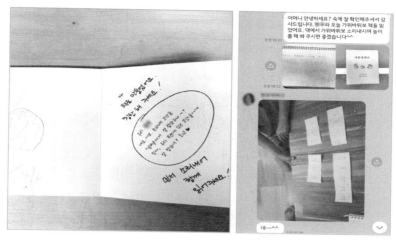

그림 3 현우가 직접 만든 책을 보낸 뒤 가정 학습 과제 사진을 받은 내용

지은의 이야기

지은이는 부모님 외에도 4명의 언니, 오빠들이 있는 다자녀 가정에서 자라고 있었다. 또, 매일 같은 옷을 입고 등교하는 일이 잦고, 더워질 무렵까지도 반에서 혼자만 긴소매 티셔츠를 입고 있는 모습을 보았을 때, 가정에서의 돌봄이 잘 이루어지지 않는다는 것을 알 수 있었다. 어머니와의 상담을 위해 전화를 걸었을 때 "기초 수준만 되면 좋겠다"라는 말과 함께 바로 전화를 끊고 싶어 한다는 느낌을 받기도 했다. 그래서 읽기 따라잡기 수업을 마치고 집으로 가져가는 간단한 과제 정도만 지원해 주실 것을 부탁드리며, 뜻에 따라 서둘러 전화를 끊었다. 너무 많은 이야기를 나누는 것이 오히려 교사와의 라포르 형성을 막고 부담을 줄 수 있겠다는 생각이 들었기 때문이었다. 그 이후에도 통화를 부담스러워하고 전화 연결이 잘 되지 않아, 지은이 어머니와는 주로 문자 메시지로 소통을 이어 갔다. 대신 담임 선생님과 긴

밀하게 소통했다. 어머님에겐 지은이와의 수업 상황을 문자 메시지로 설명하거나 사진, 영상을 보냈다. 그리고 금요일에 도서관에서 함께 대출해서 읽은 책을 집으로 보낼 때는 그 책의 사진도 찍어서 보내며 주말에 한 번씩 읽어 달라고 부탁했다. 그런데 여름의 시작을 막 지났을 무렵, 지은이와 지은이의 가정을 다시 생각해 보게 만든 사건이 하나 생기고 말았다.

어느 날, 늘 그랬듯이 지은이를 데리러 지은이네 교실로 갔는데 지은이가 평소와 다르게 책가방 없이 책상에 앉아 있었다. 담임 선생님이 먼저 나와, 자초지종을 설명해 주었다. 지은이가 등교를 거부해서 제시간에 학교를 오지 않았는데, 어머니가 아이스크림을 사 준다고 선의의 거짓말을 해서 지은이를 학교 운동장까지 데리고 왔다는 것이다. 담임 선생님이 도착 전화를 받고 운동장에 나갔더니, 자신을 속여 학교로 데려 온 어머니에게 화가 난 지은이가 큰소리로 떼를 쓰고 있어서 놀랐다고 했다. 그래서 가방과 실내화가 모두 없는 상태로 조금 전에 교실로 도착했다는 것이었다. 다행히 학교에 여분의 실내화가 있어서 실내화로 갈아 신을 수 있었다는 말을 전하며, 담임 선생님은 교실에서 본 적이 없는 모습에 깜짝 놀랐다는 말을 다시 한번 덧붙였다. 수업 중에 조용히 끝까지 과제를 해 나가는 지은이가 등교를 거부했다는 것도 의외였지만, 학교에 오기 싫다고 소리를 지르며 어머니를 힘들게 했다는 말이 더 놀랍게 느껴졌다. 교사로서는 알 수 없는 가정에서의 모습이 낯설면서도 걱정도 되고, 마음이 쓰이기도 했다. 학교에 오는 것이 싫지 않도록 개별화 수업에서라도 즐거운 경험들을 그림책을 통해 만들어 줘야겠다는 생각을 했다.

'토닥토닥 그림책'(세종특별자치시교육청) 시리즈 중 《인사》를 읽으려고 책을 펼쳤을 때, 지은이는 "달이 떠요." 부분을 읽지 못했다. 지은이가 평소에 그림 단서를 활용해 글자를 읽은 일이 많은 것을 떠올려 그림을 가리키며, "이 그림이 뭐지?" 하고 물었다. 그랬더니 지은이는 고개를 가로저었다. 이때만 해도 지은이가 정말 '달'을 모를 것이라고 생각하지 못했다. 평소에 거의 말이 없는 지은이가 이번에도 대답을 하기 싫은 모양이라는 정도로만 생각하고 있었는데 추가 질문을 하면 할수록 지은이가 '달'을 모르고 있다는 사실이 분명해졌다.

'어떻게 달 그림을 보면서 달을 모를 수 있을까?'

머리를 한 대 얻어맞은 듯한 느낌을 받았다. 그런데 생각해 보면 지은이는 수준 평정 그림책 《마트》(BFL 0)의 파와 양파도, 《바다》(BFL 1)의 바다도 그림을 보고도 알지 못했다. 그런 것으로 보았을 때 지은이는 또래보다 현저히 적은 경험치로 인해 배경지식의 양이 적어 글의 의미를 파악하는 데 어려움을 겪고 있었던 것 같다.

그래서 생각했다. 내가 직접적으로 지은이의 배경지식을 늘려 주는 일은 할 수 없더라도, 시중의 많고 좋은 그림책들을 통해 간접적으로 지은이의 배경지식을 풍부하게 만들어 주어야겠다고……. 그 그림책들을 주말에 집으로 보낸다면 가정의 문해 환경 조성과 부모님과의 언어적 상호작용에 도움이 되지 않을까 생각했다.

크라센은 《하루 15분 책읽어주기의 힘》(북라인, 2020)의 저자 짐 트렐리즈의 말을 언급하며 '첫 키스 같은 한 권의 책을 만나게 해 주자'고 제안한다. "내가 1학년 때 가필드 책을 처음 읽었다. 그때 나는 TV보다 더 흥미로운 것을 찾았다고 생각했다"라고 말한 트렐리즈는 단 한 번의 아주 긍정적인 읽기 경험이 열성적인 독자로 만들 수 있다는 점을 강조했다(Krashen, 2004/2013: 94에서 재인용).

지은이에게 트렐리즈의 '홈런 북Home run book'2을 만들어 주어야겠다고 다짐했다. 그래서 금요일마다 지은이와 학교 도서관에 가서 교사 추천 책과 지은이가 원하는 책을 1권씩 빌렸다. 그리고 집으로 보내면서 주말에 엄마나 언니, 오빠가 함께 읽어 달라는 메시지를 보냈다. 월요일에 수업에 온 지은이에게 물어보면 보통 언니나 오빠가 읽어 주었다는 말을 했다. 엄마가 못 읽어 주셔도 형제, 자매들이 문해력 후원자literacy sponsors로서, 독자 모델이 되고 좋은 책 대화의 상대가 될 수 있기 때문에 함께 먹으라며 간식도 챙겨서 보냈다. 그렇게라도 지은이의 문해력의 뿌리가 조금 더 튼튼해질 수 있으면 좋겠다는 마음으로…….

1학기 동안 지은이는 20권이 넘는 그림책을 읽었고, 집에서도 형제자매들과 함께 주말에 책을 읽어 왔다. 주말에 한 번 더 읽어 보니 이런 부분을 찾았다는 이야기도 하고 어떤 점이 더 재미있게 느껴졌다는 말을 전하기도 했다. 그렇게 그림책을 한 권도 몰랐던 지은이는 백희나의 그림책《장수탕 선녀님》(책읽는곰, 2012)을 좋아하는 어린이가 되었다. 서현이 쓴《눈물바다》(사계절, 2009) 그림책을 보는데 하늘 위에 나타난 선녀들을 가리키며, "나 이거 아는데……. 선녀님!" 하며 웃어 보이는 지은이. 그렇게 지은이는 수준 평정 그림책뿐 아니라 시중 그림책들과 함께 배경지식을 쌓아 이제는 달도 바다도, 선녀님도 아는 아이가 되었다.

1학기 수업을 마치며 지은이가 좋아하는 백희나의 그림책《장수탕 선녀님》과《이상한 엄마》(책읽는곰, 2018)를 선물로 주었다. "내 책은 처

---

2 트렐리즈는 '홈런 북Home run book'이라는 용어를 클리프턴 패디먼이 한 말에서 빌려 왔다. 패디먼은 "누구에게나 첫 번째 책, 첫 키스, 첫 홈런이 항상 최상의 것이 된다"라고 말했다(Krashen, 2004/2013: 94에서 재인용).

음인데……" 하며 수줍게 웃는 지은이. 《장수탕 선녀님》이 지은이에게 첫 키스와 같은 책, 홈런 북이 되었으면 하는 마음이었다.

방학이 지나고 지은이를 다시 만났다. 그동안 지은이는 선물로 받은 책을 여러 번 언니, 오빠와 읽었다고 말했다. 캠핑도 다녀오고 할머니 댁에도 다녀왔다며 즐거웠던 여름 방학을 회상했다. 이제는 제법 읽을 수 있는 낱말과 문장도 늘어나고, 쓸 수 있는 글자도 늘어났다. 지은이의 방학 생활을 담은 책을 함께 만들어 집으로 보냈다. 언니, 오빠에게 읽어 주고 칭찬하는 한마디를 받아 오라고 했더니 며칠 만에 칭찬의 한마디가 담긴 책이 다시 돌아왔다.

2학기 수업 중에 지은이가 가족과 함께 처음으로 비행기를 타고 제주도에 간 적이 있었다. 그래서 지은이는 이제 실제로 바다를 본 아이가 되었다. 그 이후에 바다가 등장하는 그림책을 읽을 때 훨씬 더 풍부하게 의미를 느끼는 것을 알 수 있었다. 자신의 경험을 떠올리며, 바다의 색깔과 느낌을 이야기했던 것이다. 그렇게 지은이의 배경지식은 직접적인 경험과 간접적인 그림책 탐험의 경험들로 풍부하게 쌓여 가기 시작했다.

그러나 또 다른 문제가 생겼다. 2학기에는 집에서의 피드백이 잘 돌아오지 않았다. 게다가 그림책을 빌려서 가정으로 보내는 일도 하지 못하게 되었다. "언니도 책을 안 읽어 주고, 오빠는 게임 한다고 오지 말래요"라고 말하기 시작하던 지은이에게서 "엄마가 잃어버린다고 집으로 그림책 가져오지 말래요" 하는 이야기까지 들었기 때문이었다. 학교 도서관에서 빌려, 개별화 교실에서만 재미있게 읽고, 바로 도서관에 반납을 하는 날들이 이어져 갔다. 그래서 대신 지은이의 담임 교사와의 소통 횟수를 늘려 보았다. 담임 선생님과의 상담을 통해 지은이에게 채워 주어야 할 부분들을 알게 되기도 하고, 교실 속 지은이의 성장을 가늠해 보기도 했다. 그렇게 가정 연계 지도가 어려워진 상황에서도, 조금씩 대안을 찾으며 지은이의 지도를 이어 나갔다.

12월, 지은이가 BFL 7 그림책을 읽게 되면서, 드디어 유창성의 발달에도 변화를 보이기 시작했다. 어절 단위로 자연스럽게 읽고, 내용을 제대로 파악하는 지은이를 보며 뿌듯한 마음이 들었다. 수업 초반 조용하고, 제시하는 활동만 묵묵하게 해 나가던 지은이는 이제 교사와도, 그리고 그림책과도 상호작용을 잘하는 아이가 되었다. 그림책을 읽다가 "나도 눈사람이랑 눈오리 만들었어요", "빨리 눈이 오면 좋겠다" 하고, 자신의 느낌과 생각을 말하는 아이로 성장한 것이다. 그림책의 주인공의 마음에 공감을 하는 이야기도 곧잘 하고, 재미있는 장면에서 크게 웃기도 하는 지은이를 볼 수도 있었다. 그렇게 지은이는 계속해서 성장하고 있었고, 마지막 담임 교사와의 협의회를 통해 지은이의 가치 있는 변화를 제대로 마주하게 되었다.

"이제는 정말 보통 아이 같아졌어요. 수업 시간에도 자신감이 생겼고, 친하게 어울리는 친구들도 생겼어요. 국어책을 읽혀 봤는데, 술술 막힘없이 잘 읽어요. 뜻을 모르나 싶어서 물어보니 의미도 다 파악하고 있고요. 다 선생님 덕분입니다. 감사해요."

교실 속에서 친하게 어울리는 친구들이 생겼다는 것과 또래 아이들 같아졌다는 말에서 지은이의 성장과 변화를 실감했다.

어머니와의 소통이 어려웠던 지은이와는 형제자매와의 상호작용을 활용하는 방향으로, 그것도 어려워지자 담임 교사와의 실제적인 소통을 늘리는 대안을 찾아보았다. 가정 연계 지도를 열심히 시도하면 되지 않을까 생각했던 초보 교사의 패기가 제대로 벽에 부딪혀 좌절하

기도 했지만, 현실적인 대안을 찾아보려 부단히 노력을 했던 의미 있
는 시간이었다.

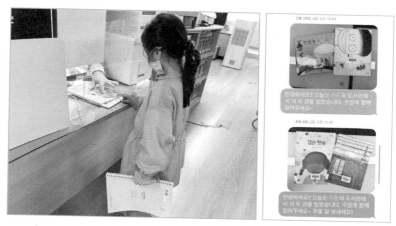

그림 4 학교 도서관에서 책을 빌려 읽기 시작한 지은이

3) 마치며

트렐리즈는 《하루 15분 책읽어주기의 힘》에서 가정에서 책을 읽어
주어야 하는 이유에 대해 이렇게 서술했다.

"학업 성취도의 격차를 줄이는 방법은 거의 전적으로 단어의 격차
를 해소하는 데 달려 있다. 가장 효율적인 방법은 저학년 아이가 1년
에 가정에서 보내는 7,800시간 중에 변화를 꾀하는 것이다. 가정 형편
이 어려운 부모 중 반이라도 아이가 어렸을 때부터 책을 읽어 준다면
정말 큰 변화를 가져올 것이다."(Trelease, 2019/2020: 68)

그는 이미 또래에 비해 문해력이 뒤처진 상태로 학교에 들어왔더라

도, 앞으로 아이가 만날 시간들이 책과 함께하는 시간들로 변화한다면 아직 늦지 않았다는 희망을 전하고 있다. 그리고 그 변화의 가장 큰 부분은 가정에 달려 있다는 것이다.

2년 동안 4명의 아이들과 읽기 따라잡기 수업을 하며, 초기 문해력 시기 아이들에게 가정 문해가 얼마나 중요한지를 깨달을 수 있었다. 그리고 트렐리즈의 말대로 문해 환경이 부족했던 가정일지라도 부모가 가정 문해의 중요성을 깨닫고 변화의 길을 선택한다면, 아이의 문해력이 효율적으로 발달될 수 있음을 알게 되었다. 그렇기 때문에 읽기 따라잡기 수업을 하는 교사들은 가정 연계 지도에 노력을 기울여야 하는 것이다.

하하와 제제, 현우의 사례에서는 교사가 가정과 소통하려는 노력을 지속하면 가정 연계 지도가 가능함을 알 수 있었다. 지속적으로 수업 상황을 공유하면서, 아이의 문해력 발달을 전달하면서, 그리고 문제 행동보다는 잘하고 있는 부분들을 칭찬하면서 조금씩 가정과 라포르를 형성하고 소통의 물꼬를 틀 수 있었다. 그리고 지은이의 사례에서처럼 부모와의 유의미한 가정 연계 지도가 어려운 경우, 형제자매와의 상호작용을 활용해 볼 수 있을 것이다. 그것도 어렵다면 가정 다음으로 아이가 가장 많은 시간을 보내는 교실 속 담임 교사와의 긴밀한 소통을 통한 지도를 이어 갈 수 있을 것이다.

앞으로의 개별화 지도에서도 가정 연계 지도는 꾸준히 계속될 것이다. 집에 한 권의 책도 없던 아이가 '첫 키스'와도 같은 책을 만나 책을 좋아하는 아이가 될 수 있도록 말이다. 그렇게 리딩 스킬reading skills을 가르치는 교사가 아닌, 책을 좋아하는 리더reader를 키우는 교사가 되고 싶다.

참고
문헌

최혜진(2016). **유럽의 그림책 작가들에게 묻다**. 은행나무.

Krashen, S. D.(2004). *The power of reading*. 조경숙 옮김(2013). **크라센의 읽기 혁명**. 르네상스.

Morrow, L. M.(2012). *Literacy development in the early years*. 권민균 옮김(2012). **영유아 문해 발달과 교육**. 아카데미프레스.

Trelease, J. & Girogis, C.(2019). *Jim Trelease's read-aloud handbook*. 이문영 옮김(2020). **하루 15분 책읽어주기의 힘**. 북라인.

Wolf, M(2007). *Proust and the squid: The story and science of the reading brain*. 이희수 옮김(2009). **책 읽는 뇌: 독서와 뇌, 난독증과 창조성의 은밀한 동거에 관한 이야기**. 살림출판사.

함께 읽은
그림책

백희나 글·그림(2012). **장수탕 선녀님**. 책읽는곰.

백희나 글·그림(2016). **이상한 엄마**. 책읽는곰.

백희나 글·그림(2017). **알사탕**. 책읽는곰.

뱅자맹 쇼 글·그림. 염명순 옮김(2014). **곰의 노래**. 여유당.

서현 글·그림(2009). **눈물바다**. 사계절.

서현 글·그림(2012). **커졌다**. 사계절.

서현 글·그림(2017). **간질간질**. 사계절.

안 에르보 글·그림. 이경혜 옮김(2003). **파란 시간을 아세요?**. 베틀북.

에르베 튈레 글·그림(2010). **책놀이**. 루크북스.

이진희 외 글, 조윤희 그림(2019). **인사**. 세종특별자치시교육청.

책 발자국 K-2 그림책

마트. BFL 0.

바다. BFL 1.

2

토끼, 개별화 수업 후에도
추측하여 읽는 아이

　2019년. 신도시의 과대규모 학교에서 농촌의 작은 학교로 옮기며, 내 교실 속 아이들도 28명의 6학년에서 2명의 1학년으로 바뀌었다. 처음 맡은 1학년에 대한 막연한 두려움과 한글책임교육에 따른 무거운 책임감 속에서, 그해 나는 공룡이와 읽기 따라잡기를 처음 만났다.

　공룡이는 둘뿐인 신입생 중에서 만년 2등이었다. 병설 유치원에서부터 단 한 명뿐인 친구와 모든 활동을 함께하며, 공룡이는 자기 효능감과 자신감이 낮아져 있었다. 입학 후에도 으레 2등이겠거니 하며 활동에 열심히 참여하지 않고 "왜 해야 해요? 어차피 못하는데……"라는 말을 입에 달고 다녔다. 나 또한 1학년 담임으로서, 한글 교육을 어떻게 해야 하는지 제대로 알지 못한 채 고민과 혼란에 빠져 있었다. 가뜩이나 저학년 담임은 처음이라 아이들의 발달 특성을 파악하기도 벅 찾는데, 한글책임교육에 대한 부담에 마음이 몹시 무거웠다.

　그때 교장 선생님의 추천으로 읽기 따라잡기와 엄훈 교수님을 만났다. 돌이켜 생각해 보면 매주 금요일 3시간씩 이어진 90시간 연수를 어떻게 이수했을까 싶다. '한글 해득'이라는 학생의 변화를 이끌어 내는 연수라고 생각하고 신청하였으나, 지금은 학생의 변화에만 그치지 않고 교사에게 변화를 이끌어 내는 연수에 더 가깝다고 생각한다. 초기 문해력 지도를 위한 교사로서의 전문성을 신장할 수 있었음은 물론이고 학생과 수업에 대한 관점이 바뀌고, 나아가 교사관 전반에 영향을 받았기 때문이다.

　처음 해 보는 실행 연구는 엉망진창이었다. 금요일 연수를 받고 다음 주 수업에 하나씩 적용해 보며 익히고, 그마저도 패턴이 익숙하지 않아 책상에 붙여 놓고 수업 내내 힐끔거리기 일쑤였다. 그렇게 나의 개별화 수업은 무척 서투르게 시작했지만, 공룡이가 좋은 길잡이가 되어 주었다. 공룡이는 내 개별화 수업의 학생이자 실행 연구를 돕는 조력자였다.

　아이뿐만 아니라 교사에게도 성공 경험은 중요하다. 공룡이와 함께한 1년 동안 아이의 성장을 지켜보며, 교사로서 자신감이 생겼고 개별화 수업의 효과를 절실히 느꼈다. 이러한 성공 경험은 한 번의 연수에 그치지 않고 계속하여 초기 문해력을 공부할 수 있게 된 계기가 되었다. 개별화 수업에 대한 지속적인 실행 연구는 개별화 수업에 그치지 않고 교실 문해력 수업을 고민하게 된 강력한 동기이기도 했다. 더불어 1학년을 처음 맡았을 때 느꼈던 두려움을 뛰어넘고, 연이어 1학년 담임을 하게 한 원동력이 되었다.

　2020년의 푸푸, 2021년의 레인, 2022년의 디노를 만나며, 1학년 담임으로서 개별화 수업을 함께하는 효용을 느꼈지만, 시간이 갈수록 고민이 커졌다. 아이마다 제각각 다른 특질을 깊이 이해하고 맞춤형 수업을 계획하기에 담임 교사의 시간은 터무니없이 부족했고, 개별화 수업에 대한 전문성이 부족함을 뼈저리게 느꼈다.

4년간의 1학년 교실 속 문해력 수업을 넘어 내가 할 수 있는 최선의 선택은 기초학력 전담 교사가 되는 것이었다. 전담 교사는 담임 교사가 교실 속에서 충분히 개별적으로 지도하기 어려운 학생들을 대상으로 별도의 교실에서 개별화 수업을 실시하므로, 내가 가장 고민하고 있던 부분을 속 시원히 해결해 줄 것처럼 보였다.

전담 교사로서의 첫해, 이윽고 토끼를 만났다.

1) 토끼와의 만남

전담 교사가 되었지만 개별화 수업을 희망하는 학생이 없어 지도 학생 선정에 어려움을 겪고 있던 어느 날, 토끼의 담임 선생님께서 찾아오셨다. 올해 우리 학교로 전학 온 토끼는 이전 학교에서 이미 한 학기 (1학년 2학기) 동안 개별화 수업을 경험한 아이이며, 어머님께서도 개별화 수업의 효과를 느끼고 올해 또한 흔쾌히 수업 참여에 동의하셨다고 알려 오셨다.

그동안 만난 4명의 아이들은 모두 내 교실 속의 1학년 학생으로 만나 교실 수업과 방과 후 개별화 수업을 병행하여 지도했다. 그들은 입학 전 문해력과 관련된 경험을 아무것도 하지 못하거나 스스로 거부하여 문해력의 뿌리가 제대로 자라지 못한 상태였다. 반면 토끼는 읽기 따라잡기를 접한 뒤 내가 처음 맞이한 2학년 학생이자, 나를 만나기 전 이미 개별화 수업의 경험을 가진 첫 번째 아이였다.

개별화 수업의 경험을 가진 아이라니! 마음이 설렜다. 특히 작년 선생님께서 읽기 따라잡기 연수를 이수하시고, 패턴 수업을 적용하여 개별화 수업을 운영하셨다는 소식은 무척 반가웠다. 그동안 만났던 아이들이 개별화 수업 이후 어떤 발달 상황을 보이는지 늘 궁금했기 때문에, 이미 개별화 수업의 경험이 있다는 토끼는 만나기도 전부터 몹시 만나고 싶은 아이였다.

"어! 나 이 책 아는데!" 초기 문해력 검사를 위해 교실에 들어선 토끼가 처음으로 한 말이었다. 그리고 지난 개별화 수업의 경험을 이야기하기 시작했다. 토끼는 교실을 살펴보며 점차 목소리를 높여 지난 학교의 교실과 비교하기도 하고, 수준 평정 그림책을 어디까지 읽었고 책 속에 어떠한 내용이 있었는지 말하기 시작했다. 그러나 자리에 앉아 음절 글자 읽기부터 초기 문해력 검사를 시작하자 놀라울 정도로 목소리가 작아졌다.

음절 글자 읽기

토끼는 작아진 목소리로 웅얼거리며 음절 글자를 읽기 시작했다. 입을 크게 벌리지 않아 정확하게 발음되지 않았고, 때로는 몇 번을 더듬어 읽거나 고개를 젓기도 했다. 토끼는 49개의 음절 중 11개를 정확하게 읽을 수 있었다. 대체로 모음(중성)의 소릿값은 정확히 알고 있었으나, 자음(초성, 종성)의 소릿값에서는 오류가 많았다. 특히 형태가 비슷한 다른 글자로 읽는 모습을 관찰할 수 있었다.

표 1 음절 글자 읽기 검사 결과(3월 28일, 원점수 11)

1수준(14)		2수준(21)				3수준(14)	
글자	반응	글자	반응	글자	반응	글자	반응
기	✓	곰	✓	뭍[묻]	불	윰	훙
누	✓	넌	년	닻[닫]	탕	큑	쿨
더	✓	들	틀	억[억]	컹	퇻	퇴
랴	랄	략	락	낚[낙]	막	펫[펟]	모르겠어요
모	보	몇[멷]	변	쏟	솔	뚭	
버	✓	붕	홍	굉	뢰	뿥	풀
쇼	소	삽	샤	흰	✓	쑹	손
유	✓	질	칠			뉜	눈
재	✓	청	조			쌀	쇄
초	✓	핸	행			딍	뒤
코	✓	깝	카			퉵	퉤
테	✓	찢[찓]	친			괠[궬]*	권
표	✓	섶[섭]	서			[섺]*	새
혀	허	젓[젇]	전			렧[렌]*	린

✎ 검사 방법에 따라 학생의 정반응과 허용 반응(*)은 ✓표시, 허용 반응과 오반응은 기록함.

구절 읽기

토끼는 음절 글자 읽기 검사 때보다는 조금 더 커진 목소리로 구절을 읽었다. 한 글자에 소리가 하나씩 대응됨을 알고 있으나, 조금씩 머뭇거리며 글자를 한 음절씩 읽는 경향을 보였다. 토끼는 12개의 문항 중 1개(4번) 문항만 정확하게 음운 변동까지 적용하여 읽었고, 24개의 구절 중에서 정확히 읽은 구절은 5개였다. '같이'를 '둘이'로, '닿았어요'

를 '놓았어요'로, '삶아서'를 '잡아서'로 대체하여 읽는 것이 관찰되었다.

표 2 구절 읽기 검사 결과(3월 28일, 원점수 5)

문항	구절	발음	반응
1	채소밭에 갔다가	채소바테 갇따기/가따가*	채소반에 갇따가
2	같이 읽어요	가치 일거요	두리 일거요
3	늦게 닫는	늗께 단는	은게 다는
4	입구에서 만나요	입꾸에서 만나요	입꾸에서 만나요
5	잠자리에 들어요	잠짜리에 드러요	잠자리에 들어요
6	난로에 넣다가	날로에 너타가	나로에 너가다
7	강가에 닿았어요	강까에 다앋써요/다아써요*	강가에 너아써요
8	나비를 잡다가	나비를 잡따가	나비를 잡다가
9	꽃을 꺾었다	꼬츨 꺼껃따/꺼꺼따*	꼬슬 꺽얻다
10	옥수수를 삶아서	옥쑤수를 살마서	옥수수를 잡안써
11	나뭇잎을 따다가	나문니플 따다가	나무입을 떠가가
12	책꽂이에 꽂아라	책꼬지에 꼬자라	책끝이에 끝아리

읽기 유창성

"이것도 한번 해 봤는데!"라고 외친 토끼는 천천히 읽어 가기 시작했다. 대부분은 손가락으로 한 글자씩 짚으며 축자적으로 음절을 읽는 편이나, 문장의 끝에서는 어절 단위로 자연스럽게 읽으며 통사적 단서를 활용하는 모습을 보였다. 토끼는 30초 동안 47음절을 읽었으며, 그중 오류를 보인 음절은 8개였다. 문장을 읽을 때에는 초성은 대체로 정확하나 중성과 종성을 바꾸어 읽고, '거북은'을 '거북이'로 조사를 대체하여 읽는 것이 관찰되었다.

표 3 읽기 유창성 검사 결과(3월 28일, 원점수 39)

문항	거북 한 마리가 알을 낳으려고 하였습니다.
반응	거북 한 마리가 알을 낳으리고 하렸습니다.
문항	거북은 파도를 타고 물 밖으로 나왔습니다.
반응	거북이 파도를 타고 물 받으러 나왔습니다.
문항	거북은 모래밭에 올라와 이곳저곳을 둘러보았습니다. (중략)
반응	거북이 모래박에 올라와 이곳젓//

문장 받아쓰기

토끼 앞에 학생용 받아쓰기 검사지를 올려 두자 자신 없는 목소리로 재차 "못하는데……"를 중얼거렸다. "아는 만큼 써 보자. 한 글자만 써도 돼요. 쓸 수 있는 글자만 써 볼까?"라고 독려할 때마다 "아……" 하는 탄식만 내뱉을 뿐이었다. 문장 불러 주기가 끝나고 연필을 떨어뜨린 토끼의 받아쓰기 검사지에는 '밤'을 듣고 쓴 '강'만 남았다.

그림 1 문장 받아쓰기 검사지(3월 28일, 원점수 0)

마침 토끼의 작년 개별화 수업을 운영하신 선생님께서 올해도 전담 교사를 맡고 계셨다. 토끼의 초기 문해력 검사가 끝난 뒤, 작년 개별화 수업과의 연결성을 위해 전화 상담을 요청했다.

작년 선생님 토끼는 작년 2학기에 수업을 시작했어요(전담 교사의 수업 대상은 1학기에는 2학년을, 2학기에는 1학년을 권장한다). 학급에서의 갈등이 많아 수업을 빠지는 일이 잦았어요.

나 1학년 1학기에는 따로 학습 지원이 없었나요?

작년 선생님 1학기엔 교육청 학습 코칭 프로그램에 참여했어요. 복합적 요인이 있는 아이입니다. 저도 2학기부터 개별화 수업을 운영하였지만, 학습과 더불어 정서 안정에도 중점을 두었어요.

나 아이는 주로 어떤 상황에서 수업을 빠졌나요?

작년 선생님 말씀드렸다시피 아이는 복합적 요인이 있어요. 때로 행동이 과격할 때가 있는데, 대개 본인보다는 친구를 감싸다가 과한 표현을 합니다.

나 아이의 수업 참여 태도는 어떠했나요?

작년 선생님 자기 감정에 영향을 많이 받는 편이고, 자기 마음대로 하는 경우가 많아요. 아이 스스로 수업 방식을 결정하기도 해요. 장난하듯이 넘기는 편이고, 알고 있는 것도 제대로 대답하지 않아요. 선생님께서도 수업에 대한 규칙을 함께 정하고 단기적인 목표를 설정하신 뒤, 엄할 때는 단호하시되 칭찬으로 이끌어 가시면 도움이 될 것 같습니다.

나 네, 선생님. 조언 감사합니다. 아이의 개별화 수업은 어느 정도까지 이루어졌나요? 수준 평정 그림책을 보고 무척 반가워하며 자기가 잘 읽을 수 있다고 하더라고요. 오늘 초기 문해력 검사를 실시하였는데 아직 소릿값도 모두 확립된 것 같지 않고, 특히 쓰기에 무척 자신감이 없었습니다.

작년 선생님 아직 모든 소릿값을 정확히 알지 못했어요. 소리 분절 및 합성 훈련은 많이 했어요. 수준 평정 그림책은 BFL 4까지 읽었습니다. 아이가 기억력이 좋은 편이라 글 내용을 외워서 읽어요. 받침 없는 글자는 읽을 수 있지만, 쓸 수는 없어요. 쓰기를 싫어합니다. 읽기 수준에 비해 쓰기 수준이 낮아요. 쓰기에 비중을 두고 지도하시면 좋을 것 같네요.

나 가정과의 협력 학습은 원활하게 이루어지나요?

작년 선생님 아이는 한글 미해득 상태에서 입학했어요. 부모님께서는 아이가 한글을 아예 모르다가 어느 정도 읽게 되니 만족하시는 듯했습니다. 가정 학습 과제는 해 오지 않아 과제를 내 주진 않았어요. 올해 전학을 간다고 해서 무척 걱정했는데, 그래도 개별화 수업을 이어서 받을 수 있다니 다행입니다.

이어 담임 선생님과의 상담도 이루어졌다. 토끼는 작년 선생님께서 말씀하신 '복합적 요인' 때문인지 정서·행동 안정을 위한 놀이 치료를 받고 있다고 했다. 새로운 학교에 잘 적응하는 중이며, 아직 토끼로 인한 갈등 상황은 발생하지 않았다고 하셨다. 학기 초 진단 검사 결과 미달 점수는 아니지만 여러 요인으로 인해 결과를 신뢰할 순 없다고 하셨다. 토끼는 학급 내 다른 친구들과의 학습 격차가 있어 꼭 개별화 수업이 필요한 아이였다.

2) 네가 바로 토끼구나

토끼와의 개별화 수업이 결정되고 아이의 눈높이에서 머무르기

(아.눈.머)부터 시작했다. 토끼는 음절 수준에서 글자와 소리 대응을 할 수 있고, 앞선 개별화 수업 경험으로 음절 합성은 잘하나 분절은 연습이 더 필요해 보였다. 3회차에서는 쓰기에 자신감이 부족하여 쓰려는 시도를 하지 않아 교사가 대신 써 주었고, 4회차에서는 아이가 읽고 쓸 줄 아는 자산 단어를 찾아보았다. 토끼가 스스로 쓸 줄 아는 단어는 총 13개(자신의 이름, 누나, 아빠, 코로나, 소고기, 야구, 축구, 교실, 의사, 꽃, 형, 물, 달리기)였다. 자산 단어 탐색을 돕고자 1회차에 활용했던 그림 카드를 다시 한번 보고 비, 나무 등 받침 없는 단어를 불러 주었다.

교사 (그림 카드를 보여 주며) 토끼야, 이 그림이 뭐지?

토끼 '나무'요.

교사 맞아. 나무지. 우리 '나무'를 써 볼까?

토끼 (머뭇거린다.)

교사 (방금 쓴 '누나'를 가리키며) 토끼가 방금 쓴 이 단어가 뭐였지?

토끼 누나.

교사 그래, 그럼 우리 '나무'를 쓰려면 어떤 글자로 시작하는지 알겠어?

토끼 ('나'를 쓴다.)

교사 맞아, '누나'에 '나'가 있었지. 지금 '나'를 썼어. '나무'를 쓰려면 무엇을 더 써야 할까?

토끼 '무'요.

교사 그래, 토끼는 '무'를 알고 있지? 여기 있는 그림 카드에서 무엇이 '무'일까?

토끼 ('무' 그림 카드를 가리키며) 이거요.

교사 맞아, 잘 찾았어. 이게 '무'야. '무'에는 어떤 소리가 들려?

토끼 모르겠어요.

교사 '무'는 무-므우-므으우, [므], [우] 소리가 있어. '무'는 이렇게 써. ('무'를 쓰고) 그럼 이게 무슨 단어일까?

토끼 나무.

토끼는 단순히 쓰기를 싫어한 것이 아니었다. 토끼가 쓰기를 주저하는 것은 음운 인식이 아직 음절 수준에 머물러 있기 때문이었다. 음절을 각각의 음소로 분리해서 지각하지 못하고, 자소의 소릿값이 정확하게 확립되지 않아 음소에 해당하는 자소를 알맞게 연결 짓지 못했다.

표 4 '아이의 눈높이에서 머무르기' 회별 주요 활동

회차	주제	주요 활동
1회차	음운 인식 훈련	• 가정 문해 환경 파악 • 소리 박수 치기 • 그림 카드 읽고 음절 수 세기
2회차	음운 인식 훈련	• 음절 합성/분절 연습하기 • 첫/끝소리 찾기 • 첫/끝소리 바꾸기
3회차	단어 찾기	• 이름 속에 숨어 있는 단어 찾기 • 캐릭터 이름으로 땅따먹기
4회차	단어 찾기	• 자산 단어 확인하기 • 책에서 ㄱㄴㄷ 단어 찾기
5회차	단어 만들기	• 그림 카드와 단어 카드 연결하기 • '라온' 글자 만들기

아.눈.머 6회차 날, 토끼와 함께 학교 도서관으로 향했다. 담임 선생님과의 상담에서 토끼가 국어 수업 시간에 백희나의 그림책《구름빵》

(한솔수북, 2004)을 소개하며 꽤 유창하게 읽었다고 들었다. 작년 선생님께서는 아이가 글을 어느 정도 잘 읽고 읽은 뒤에는 외워서 읽는다고 하시며 쓰기가 읽기 수준에 못 미친다고 하셨다. 읽기 유창성 검사에서 문장의 끝 어절을 제법 자연스럽게 읽기도 했으므로 토끼가 어느 정도 읽을 수 있을지 궁금했다.

토끼는 자신의 수준에 알맞은 책을 고르지 못하는 아이였다. 4회차 수업을 위해 집에서 선생님에게 읽어 줄 책을 1권 가져오라고 했더니, 자신의 수준을 훌쩍 뛰어넘어 '태양'에 대한 책을 골라 왔다. 정보 책임을 차치하더라도 너무나 글밥이 많고 전문적인 어휘들이 들어 있는 고학년 수준의 책이었다. 아니나 다를까 토끼는 한 문장도 제대로 읽지 못했다.

학교 도서관에 가서도 토끼는 자신의 수준에 맞는 책을 고르지 못하는 모습을 여실히 보여 주었다. 무엇을 고를까 망설이기도 하고, 몇 번 읽어 보려 하다가도 포기했다. 결국은 책을 꼭 읽어야 하냐고 되물었다. 토끼를 다독이며 글밥이 적은 책을 고르다가 토끼가 마음에 들어 한 옥상달빛의 그림책 《염소 4만원》(그린북, 2020)을 집어 들었다. 동명의 노래를 그림책으로 엮은 책임을 소개하고 읽어 준 뒤, 뮤직비디오를 함께 보았다. 그리고 토끼가 혼자 소리 내어 읽어 보았다.

책으로 한 번, 노래로 한 번 듣고 난 뒤 읽었는데도 토끼는 대체, 생략, 첨가 등의 오류를 보였다. 특별히 읽기 어려워하는 부분은 없었으나 천천히 한 글자씩 자신 없는 목소리로 웅얼거리며 읽었다. 모르는 책이라서 자신이 없는 걸까? 마침 토끼가 교실 수업에서 소개했다던 《구름빵》이 책상 위에 놓여 있어 토끼에게 건네주었다. 토끼는 아는 책이라며 목소리를 키워 읽기 시작했다.

표 5 토끼가 읽는《염소 4만원》

그림책	《염소 4만원》	옥상달빛 글	조원희 그림	그린북
글	너희들은 염소가 얼만지 아니 몰라 몰라			
토끼	너희들은 염소가 얼마인지 아니 몰라 몰라			
글	아프리카에선 염소 한 마리 4만원이래 싸다!			
토끼	아프리칸에선 염소 한 마리 4만원이래 싸다!			
글	하루에 커피 한잔 줄이면 한 달에 염소가 네 마리			
토끼	하루에 커피 한잔 줄/이/면 함 당에 염소카 네 마리			
글	한 달에 옷 한 벌 안 사면 여기선 염소가 댓 마리			
토끼	한 달에 옷 한 편 아 사면 여기선 염소가 네 마리			
글	지구의 반대편 친구들에게 선물하자			
토끼	지구의 반대편 지구들에게 선물하자			
글	아프리카에선 염소 덕분에 학교 간단다			
토끼	아프리카에선 염소 덕/분/에 학교 갔다			
글/토끼	지구의 반대편 친구들에게 선물하자			
글	아프리카에선 염소 덕분에 학교 간단다 학교 보내자!			
토끼	아프리카에선 염소 덕/분/에 학교 갔다가 학교 보내자!			

　　토끼는 글이 없고 그림만 있는 페이지에서는 "여기는 필요 없는 거다"라고 하거나, 글밥이 많은 부분에서는 "이거 안 읽어도 되죠?"묻고 "왜 이렇게 글씨가 많지?" 중얼거렸다. 글을 처음부터 끝까지 손가락을 짚으며 읽고, 읽기 어려운 부분에서는 음운 변동을 적용하지 못하고 한 글자씩 천천히 읽었다. 자기 수정을 하려는 모습이 관찰되기도 했지만, 대부분의 문장에서 읽기 오류를 보이고 자기 수정을 하지 않았다.

표 6 토끼가 읽는 《구름빵》

그림책	《구름빵》	백희나 글	백희나 그림	한솔수북
글	(전략) 우리는 구름이 안 날아가게 조심조심 안고서 엄마한테 갖다 주었어요.			
토끼	우리는 구름빵, 구름을 아- 안 날/아/가/게 조심조심 안고서 엄마한테 갖다 주셨어요.			
글	그때였어요.			
토끼	글때였어요. (교사: 여기 다시 읽어 볼까?) 그/때/였/어/요.			
글	"이런! 늦었군, 늦었어! 비 오는 날은 길이 더 막히는데!"			
토끼	"그런! 늦었군, 늦었어! 비 오는 날은 길이 더 가히는데!"			
글	아빠는 빵이 익을 때까지 기다릴 수가 없었어요.			
토끼	아빠는 빵을 익지 때까지 기달릴 수가 없었어요.			
글	서둘러 가방과 우산을 챙겨 들고 허둥지둥 회사로 뛰어갔지요.			
토끼	서둘러 가방을 우산을 챙겨 들고 허둥지둥 회사를 뛰어갔어요.			
글	"아침을 안 먹으면, 배고플 텐데…" 엄마는 아빠를 걱정했어요.			
토끼	"아침에 안 먹으면, 배고플 텐데…" 엄마는 아침을 저, 정, 걱정을 했어요.			
글	45분이 지나고, 부엌 가득 고소한 냄새가 피어올랐어요. (후략)			
토끼	45분을 기달리고, 부엌 가득 고소한 냄새가 피어, 피어올랐어요.			

토끼와 도서관에서 시간을 보내며 문득 머릿속에 《학교 속의 문맹자들》(우리교육, 2012) 속 앨리스의 토끼가 떠올랐다. 천천히 읽되 더듬거리지 않고, 대체, 첨가, 생략 등의 오류를 보이지만 자기 수정 없이 쭉 읽어 내려가는 토끼의 모습 위로 '꽤 유창하게 읽었다'라는 담임 선생님의 말씀이 겹쳐졌다. 그래, 얼핏 보면 글을 잘 읽는 것처럼 보이지만 읽어도 읽지 못하는 아이, 네가 바로 토끼구나!

나를 만나기 전 이미 개별화 수업의 경험을 가진 토끼. 그러나 이전에 만났던 개별화 수업의 경험이 없었던 4명의 아이보다 토끼가 더 나은 출발점에 있다고 결코 생각할 수 없었다. 토끼는 개별화 수업 후에도 여전히 제대로 읽지 못하는 아이였다. 그리고 내게는 1년의 시간이 주어졌다. 토끼가 학교 속의 문맹자가 되지 않게 하려면 앞선 개별화 수업 경험과 어떻게 연결 지어 운영하면 좋을지 고민이 시작되었다.

3) 추측하여 읽는 아이

효과적인 개별화 수업을 위해 토끼의 담임 선생님과 이야기를 나누곤 한다. 교실 수업에서의 모습과 개별화 수업에서의 모습을 공유하며, 토끼의 성장을 견주어 보고 앞으로의 목표를 설정한다. 토끼가 늘 받아쓰기 10점을 받는다고 시무룩해하던 어느 날, 담임 선생님께 교실 수업 적응을 위해 도울 부분이 있는지 여쭈어 보았다. 선생님께서는 특별히 도울 부분은 없다고 하시며, 주 1회 정도 방과 후 지도를 할 때 토끼에게 받아쓰기 급수표를 소리 내어 읽어 보게 하면 곧잘 읽는다고 하셨다.

토끼가 가진 놀라운 장점 중 하나는 기억력이 뛰어나다는 것이다. 작년 개별화 수업에서 읽었던 수준 평정 그림책은 내용을 전부 암기하여 술술 읽어 낸다. 수업 시간에 들었거나 자신이 알고 있는 단어를 조합하여 받아쓰기 급수표의 문장도 곧잘 읽어 낸다. 이는 토끼가 유창하게 잘 읽는 아이라고 착각하게 만드는 요인이 되기도 했다.

토끼가 수준 평정 그림책을 BFL 4까지 유창하게 읽어 낼 때는 나 또한 잠시 혼란스럽기도 했다. 전에 읽었던 책은 외워서 읽는다는 작년 선생님의 말씀을 분명히 기억하고 있었지만, 눈앞의 토끼는 마치 글자를 하나씩 뜯어 보며 유창하게 읽는 것처럼 보였다. 그때 '손바닥 그림책'(전라북도교육청) 시리즈와 '토닥토닥 그림책'(세종특별자치시교육청) 시리즈를 활용했다.

두 시리즈는 초등학교 저학년의 한글 지도를 위해 만들어진 자료로, 토끼가 읽었던 수준 평정 그림책의 낮은 수준과 비슷하면서도 읽어 본 경험이 없는 책이었다. 토끼는 '손바닥 그림책' 2권(《놀이터에서 놀아요》,《동물원에 가요》)과 '토닥토닥 그림책' 2권(《무지개》,《축구장》)을 골랐다. 4권 모두 몇 개의 단어와 문장의 끝 어절에서 보이는 오류를 제외하고는 꽤 잘 읽어 냈다. 그렇다면 이 아이는 정말 잘 읽는 아이인 것일까?

토끼가 추측하거나 외워서 읽는 것인지, 시각적 단어를 활용하여 글자를 읽고 있는지 알아봐야 했다. 토끼가 자소-음소 대응 규칙을 활용하여 해독할 수 있는 '자모 단계'에 도달했는지 파악하기 위해 무의미 단어를 읽어 보도록 했다. 무의미 단어는 '찬찬한글 진단 도구'(한국교육과정평가원) 중 받침 없는 단어 3개, 받침 있는 단어 3개를 선별했다.

표 7 무의미 단어 읽기 결과(4월 21일, 12회차 수업)

단어	반응	단어	반응
프소	포소	픽중	팔추
보시	보시	덥	덩사
녀타	너다	얏돌	얀돌

읽기는 다양한 정보(의미적, 통사적, 시각적 단서)를 활용하는 복잡한 과정이다. 토끼는 책의 그림을 비롯한 맥락을 통해 단어를 유추하고,

자신이 앞선 경험에서 익힌 단어와 문장 구조를 머릿속에서 꺼내어 추측하여 읽는 아이이다. 그러나 자소-음소 대응 규칙을 사용하는 데 능숙하지 않아 상대적으로 시각적 단서 활용에는 미숙하다. 따라서 의미적 단서와 통사적 단서를 활용하여 읽더라도 어느 정도 추측하여 읽기가 가능한 그림책은 토끼의 정확한 읽기 양상을 파악하는 데 도움이 되지 않았다.

반면 토끼가 주로 활용하는 의미적 단서와 통사적 단서를 배제하고, 읽기 과정에서 오직 시각적 단서만을 활용하도록 무의미 단어를 제공하였더니 토끼의 읽기 단계가 여실히 드러났다. 얼핏 보면 아는 단어처럼 보이지만 의미가 없는 단어를 읽기 위해서는 오직 자소-음소 대응 규칙을 활용하여 '해독decoding'을 해야 했기 때문이다.

자신이 가진 단어 또는 문맥을 활용한 '추측하여 읽기'는 단어 읽기의 전략 중 하나이다(Ehri & McCormick, 1998: 341). 다만 토끼는 글의 여러 정보를 교차 점검하지 않고 '추측하여 읽기'에만 의존하여 읽는 양상을 보인다. 토끼는 자소-음소 대응 규칙을 충분히 익히지 못했음에도 교실 수업이든 개별화 수업이든 계속하여 읽어야만 했을 것이다. 다소 산만한 편임에도 강력한 기억력을 내세워 단어의 일부나 문장의 구조를 보고, 또는 그림 단서를 활용하며 의미를 추측하여 읽는 것이 아이의 습관이 되었다.

토끼의 읽기가 한 단계 더 나아가기 위해서는 반드시 시각적 단서를 충분히 활용하여 읽는 법을 익혀야 했다. 무작정 많이 읽어 읽기 경험만 쌓다 보면 추측하여 읽기가 습관으로 고착될 우려가 있었다. 읽기 과정에서 의미적 단서와 통사적 단서를 활용하는 토끼의 강점은 유지하되, 시각적 단서를 활용하며 정확하게 읽는 연습을 해야 했다. 이를 위해서는 먼저 자소-음소 대응 규칙을 공고히 할 필요가 있었다.

4) 글자와 소리 연결하기

토끼는 자소-음소 대응을 활용하여 읽지 못하고, 쓰기에 자신감이 없어 쓰기 활동에 전혀 참여하지 않았다. 토끼가 읽고 쓰기에서 느끼는 어려움을 해결하기 위한 가장 중요한 목표는 바로 소릿값 확립이었다. 토끼는 2학년 1학기임에도 낱글자를 정확하게 알지 못하고, 추측하여 읽는 아이이다. 추측하여 읽는다는 것은 단어의 일부를 보고 자신이 알고 있는 단어로 추측한다는 것 아닌가? 그렇다면 단어의 일부를 보고 그 글자에 해당하는 소리를 연결 지을 수 있다는 것 아닐까? 그럼에도 불구하고 토끼는 마치 '자모 이전 단계'처럼 단어를 통째로 인식하고 있는 듯 보였다.

음절 수준

첫 시작은 앞서 확인한 자산 단어 13개였다. 토끼가 읽고 쓸 줄 아는 단어에서 목표 음절을 고르고, 소리를 탐색한 뒤 같은 음절이 들어있는 단어를 찾아 카드를 만들었다.

회차: 13회차 수업 ···

활동 내용: 패턴화된 수업 3단계 낱말·글자·말소리 탐색 / '구' 음절

－

교사 토끼야, 이 단어 읽을 수 있어?

토끼 야구.

교사 맞아. 야구야. 이건 뭘까?

토끼 축구. 저 축구 좋아해요.

교사 그래. 토끼가 좋아하는 축구네. 그럼 잘 들어 봐. 야구. 축구. 어때? 같은 소리가 들리니?

토끼 네. 끝에 [구]가 있어요.

교사 맞아. 끝소리는 [구]야. 그럼 이 글자들 중에서 [구]는 어떤 글자일까?

토끼 (축구의 '구'를 가리킨다.) 여기요. 구.

교사 잘 찾았네. 야구. 축구. 모두 끝소리는 [구]지. 끝에 있는 글자가 바로 '구'구나. 그럼 토끼가 알고 있는 단어 중에서 [구] 소리가 들어가는 단어를 한번 찾아볼까?

토끼 모르겠어요.

교사 음, 그럼 선생님이 먼저 하나 찾아볼까? 구두. 어때? [구] 소리 들어 있는 것 같아?

토끼 네, 구두. 앞에 있어요.

교사 맞아. '구'로 시작하는 단어야. '구두'는 이렇게 써. (단어 카드에 쓴다.) 토끼도 아래에 한번 써 볼래?

토끼 (아랫부분에 '구두'를 쓴다.)

교사 이번엔 토끼가 찾아볼까? [구] 소리가 들어 있는 단어.

토끼 구… 구… 잘 모르겠어요.

교사 창밖을 봐 봐. 하늘에 뭐가 있지? 뭉게뭉게.

토끼 구름! 구름이요.

교사 맞아. 구름도 '구'로 시작하는 단어네. '구름'은 이렇게 써. (단어 카드에 쓴다.) 토끼도 아래에 써 보자.

토끼 (아랫부분에 '구름'을 쓴다.)

교사 바르게 잘 썼어. 그럼 우리 '구'가 들어 있는 단어를 읽어 보자.

토끼 축구. 야구. 구름. 구두.

같은 음절이 들어 있는 단어 카드를 합쳐서 하나의 음절 카드에 붙이고 차곡차곡 모았다. 토끼가 아는 단어에서부터 시작했으므로 음절 카드에는 받침이 있는 음절과 받침이 없는 음절이 구별되지 않고 뒤섞여 있다. 기억력이 좋은 토끼에게 이 카드들은 음절에 이어서 받침을 학습하고 낱글자를 학습할 때 좋은 자료로 활용되었다.

음절체/받침

작년 선생님께서는 토끼와 함께 합성과 분절을 굉장히 많이 연습했다고 하셨다. 그러나 토끼는 소리를 모으는 합성은 비교적 자동화하여 잘 사용하는 반면에 소리를 나누는 분절은 어떻게 해야 할지조차 혼란스러워했다.

소리를 다루는 데 가장 큰 장애물은 '글자'였다. 토끼는 소리를 듣는 것에 익숙하지 않았다. "소리를 잘 듣고 쪼개어 소리 상자에 자석으로 놓아 보자" 하고 몇 번을 반복하여 시범을 보여도 토끼의 반응은 항상 "어떻게 쪼개요? 한 글자인데?"였다. 그러나 소리와 글자를 연결하기 이전에 먼저 소리를 잘 나눌 수 있어야 하므로, 자석과 소리 상자를 활용하여 분절 연습을 꾸준히 했다.

토끼가 어느 정도 스스로 음절체(초성+중성)와 종성으로 소리를 분절하기 시작했을 때, 비로소 그동안 만들었던 음절 카드를 활용할 수 있었다. 음절 카드 중 받침이 있는 음절을 찾아 읽고, 소리를 나눈 뒤

종성과 받침을 연결 지었다.

활동 내용: 패턴화된 수업 3단계 낱말·글자·말소리 탐색 / 'ㄹ' 종성

–

교사 (음절 카드를 보며) 우리 지난번에 '실' 글자를 배웠는데 기억나니? '실'이 들어 있는 단어를 읽어 볼까?

토끼 교실. 실내화. 화장실. 실수.

교사 잘 읽었어. 그럼 토끼야. [실] 소리를 두 개로 쪼개 볼까?

토끼 (소리 상자에 자석을 놓으며) 실. 시을. 시이을. 시-을. [시]. [을].

교사 이제 소리를 아주 잘 쪼개는구나. '실'에서 끝에 오는 소리는 뭐지?

토끼 (끝 자석을 가리키며) 을.

교사 좋아. 그럼 [을] 소리가 나는 낱글자가 뭘까?

토끼 (음절 카드의 '실' 글자의 'ㄹ'을 가리키며) '리을'이요.

교사 잘 찾았어. [을] 소리가 끝에 오면 '리을'이지. 이름에도 힌트가 있는 거 기억하고 있지?

토끼 네. '리을'이니까 [을]. 이름 끝에 소리가 있어요.

교사 아주 잘 기억하고 있구나. 그럼 선생님이 불러 주는 소리에 [을] 소리를 붙여 볼까? (앞 자석을 가리키며) 바.

토끼 (자석을 짚으며) 바. 을. 발.

교사 (앞 자석을 가리키며) 소.

토끼 (자석을 짚으며) 소. 을. 솔. (반복)

토끼는 이전 개별화 수업의 경험으로 합성에 대해서는 추가적인 지

도가 필요하지 않았다. 분절 연습을 통해 소리를 쪼개고, 종성과 받침을 연결 짓기 시작하자 스스로 합성하여 읽어 내기 시작했다. 소리 모으기를 잘하고 몹시 좋아하는 토끼는 다양한 음절체에 종성을 합성하는 활동에 적극적으로 참여했다.

음소 수준

2학년인 토끼가 아직 낱글자를 온전히 모른다는 것은 내게 닥친 가장 큰 과제였다. 토끼가 받침을 학습하며 어느 정도 분절에 익숙해지기 시작했을 때 낱글자 학습에 들어갔다.

사실 무엇을 먼저 시작할 것인지 고민스러웠다. 개별화 수업을 하고 있는 다른 1학년 학생들은 자모 지식이 전혀 없는 상태이기도 했고, 무엇보다 교실 수업과의 연계를 위해 낱글자 학습부터 시작했다. 그러나 토끼는 2학년이며 어느 정도 낱글자의 이름과 형태를 알고 있었다.

먼저 토끼가 무엇을 알고 무엇을 모르는지 파악하는 것이 중요했다. 개별화 수업 대상 학생 선정을 위해 실시했던 초기 문해력 검사는 2학년용이었으므로, 1학년 검사지의 자모 이름 대기를 활용하여 낱글자의 형태와 이름, 소릿값을 연결 지을 수 있는지 알아보았다.

토끼는 자음자 19개 중 10개, 모음자 21개 중 12개를 맞혔다. 특히 비슷한 형태의 자음과 모음을 헷갈려하는 것이 눈에 띄었고, 정반응임에도 한 번에 말하지 못하고 더듬거나 여러 번 고쳐 말하는 것으로 보아 모두 정확하게 알고 있다고는 할 수 없었다.

그러나 토끼는 낱글자를 학습하는 것에 대해 거세게 저항했다. 앞선 개별화 수업 때 자모 카드 만들기를 비롯하여 이미 똑같은 활동을 했고, 한글을 다 배웠는데 왜 또 해야 하냐는 것이었다. 미처 생각하지 못했지만, 같은 프로그램으로 2년을 배우는 아이에게 낱글자 학습은 더 이상 흥미롭지 않았다. 토끼를 개별화 수업을 위해 교실에 오게하는 것조차 어려웠다. 흥미의 지속 시간이 짧고 심지어 한글 공부는 1학년만 하는 것이라고 말하는 토끼에게, 낱글자를 제대로 다시 배워야 한다고 요구할 수 없었다.

결국 나는 돌아가기로 했다. 낱글자를 하나하나 뜯어보며 학습하기보다 책을 읽으면서, 단어 학습을 하면서, 문장을 쓰면서 낱글자의 소릿값을 조금 더 강조하는 방식을 취했다. 내겐 토끼를 위한 특별한 낱글자 학습 방법이 떠오르지 않았다. 그저 오랜 시간이 걸리더라도 매일 조금씩 모든 활동에서 소릿값을 지도하고자 노력할 뿐이었다.

회차: 16회차 수업 ···

활동 내용: 패턴화된 수업 3단계 낱말·글자·말소리 탐색 / 'ㅁ' 초성

–

교사 ('목련' 단어 카드를 만든 뒤) 토끼야, 다시 한번 읽어 볼까?

토끼 목련.

교사 맞아. 말하듯이 자연스럽게 잘 읽었어. (마스킹 카드로 '목'만 노출하며) 이건 무슨 글자이지?

토끼 목.

교사 그래. '목'이라고 읽었지. 처음에 무슨 소리가 들리지? 목.

토끼 (따라 하며) 목. 목. 므-오-윽. 므. [므] 소리요.

교사 이제 소리를 아주 잘 나누네. 처음에 [므] 소리가 들렸지? 그럼 [므]는 무슨 글자의 소리일까?

토끼 ('목'에서 '미음'을 가리키며) 미음이요.

교사 그래. 첫소리는 처음에 오는 글자의 소리지? 미음은 [므] 소리가 나. 기억해. 그럼 우리 [므] 소리가 들어 있는 단어를 찾아볼까?

토끼 (교실 책꽂이의 《구름빵》을 보고) 구름빵이요!

교사 구름빵? 구. 름. 빵. [므] 소리가 들어 있어?

토끼 아니. '미음' 있는데…….

교사 글자를 찾는 게 아니야. 소리를 듣기로 했지? [므] 소리를 찾는 거야. 토끼가 알고 있는 단어를 말해 보면서 [므] 소리가 들어 있는지 찾아보자.

토끼 마스크?

교사 마. 스. 크. [므] 소리가 어디 들어 있지?

토끼 마. [므-아]예요.

교사 잘 찾았어. 므. 아. 그럼 토끼야, '마' 쓸 수 있겠어?

토끼 (단어 카드에 쓰며) 므. 아. 마.

교사 소리에 맞게 잘 썼어. [므] 소리는 ㅁ, [아] 소리는 ㅏ. 소리와 글자를 아주 잘 연결했어.

《봄에 피는 꽃》(BFL 5)에서 '목련'을 읽은 날이다. 토끼와 인터넷에 검색하여 '목련'의 사진을 보고 단어 카드를 만들었다. 'ㅁ'을 'ㄴ', 'ㅍ'과 혼동하는 경우가 있어 'ㅁ'에 대한 학습이 필요했다. 'ㅁ'의 형태와 이름, 소릿값을 알고, [므]가 첫소리인 단어를 찾았다. 분절과 합성을 통해 소리와 글자를 연결하며 단어 카드를 쓰고 읽은 뒤 이젤 패드에 'ㅁ' 단어들을 모아 교실 벽에 게시했다.

토끼는 낱글자를 배우는지 모르게 배웠다. 낱글자 학습은 모든 활동에 녹아들어 있지만, 토끼는 스스로 낱글자를 공부한다고 생각하지 않았다. 그러나 '낱글자를 아는 것'이 얼마나 중요한지만은 수업 내내 강조했다. 시각 주의력을 기르고, 분절과 합성으로 글자와 소리를 연결하고, 자산 단어를 늘리고, 유창하게 읽기를 연습하고, 정확하게 쓰기를 연습하더라도 결국엔 소릿값을 제대로 알아야만 더 유창하게 읽고 자신 있게 쓰게 될 것이기 때문이다.

5) 쓰기 어려운 아이

개별화 수업의 최종 목표는 교실 수업으로의 복귀이다. 수준에 맞는 적절한 교수적 개입으로 아이의 가속화된 발달을 지원하고, 궁극적으로 학급 평균 수준을 따라잡아 읽고 쓸 수 있도록 돕는다. 국어과 교육과정에서 한글 낱글자 학습은 1학년 1학기에 집중되어 있다. 2학년인 토끼는 더 이상 정규 국어 수업 시간에서 낱글자를 배우지 않는다. 단어, 문장 수준을 넘어 이제는 다양한 장르의 '글'을 읽고 써야만 한다.

토끼는 쓰기 자신감이 없는 아이였다. 작년 선생님께서는 읽기 수준에 비해 쓰기 수준이 낮다고 에둘러 말씀하시며, 토끼는 쓰기 싫어한다고까지 표현하셨다. 초기 문해력 검사의 문장 받아쓰기에서 원점수 0이었던 토끼. 학교 이름조차 쓸 수 없는 토끼는 국어 수업에서 어떤 모습일까?

담임 선생님과의 상담에서 토끼의 교과서와 공책을 살펴보았다. 토끼는 교과서의 확인 질문에 자신의 생각을 쓸 수 없었다. 머릿속 생각을 적절한 단어로 표현하지 못하고, 정확한 글자의 조합으로 표기할 수 없었으리라. 24명의 친구들과 함께 공부하는 교실에서는 담임 선생님께서 화면에 띄워 주시는 모범 답안을 교과서에 옮겨 적는 것조차도 버거워한다고 했다. 화면의 글자를 하나 보고 옮겨 적고, 또 다음 글자를 보고 옮겨 적는 데 시간이 많이 들기 때문이다. 토끼가 애써 수업에 참여하고자 했던 노력은 미처 문장으로 완성하지 못한 몇 개의 글자만으로 흔적을 남겼다.

토끼가 교실 수업으로 돌아가기 위해서는 반드시 쓰기 자신감이 생겨야만 한다. 쓰기를 시작하려면 어떤 도움이 필요할까? 쓰기 위해서, 즉 소리를 문자로 나타내기 위해서는 음절을 음소 단위로 쪼개고 각 음소에 알맞은 자소를 연결 지을 수 있어야 한다. 토끼는 음소 수준에서 분절과 합성을 자유자재로 구사하도록 연습함과 동시에 의식하지 못하는 사이 하나둘 낱글자 지식을 배워 갔다.

토끼는 쓰기를 향한 발걸음을 뗐다. 토끼가 더 잘 쓰기 위해서 집중적인 쓰기 교육을 해야 할까? 아니다. 쓰기는 읽기에 부차적이거나 별개로 구분되는 영역이 아니다. 읽기와 쓰기는 문자를 배우는 두 갈래의 길이다. 쓰기에 대한 지식은 아이로 하여금 더 잘 읽을 수 있게 돕고, 읽기 지식은 더 잘 쓸 수 있게 돕는다.

토끼는 음운 인식과 낱글자 지식의 결여로 개별화 수업 후에도 여전히 추측하며 읽는 아이였다. 글자를 보고 알맞은 소릿값으로 연결하여 읽지 못하는 것에 그치지 않고, 소리를 글자로 알맞게 표현하여 쓰지 못했다. 읽지 못하므로 쓰지 못했고, 쓰지 못하므로 읽지 못했다. 읽기 따라잡기 수업에서는 읽기와 쓰기를 통합적으로 지도하는 것을 원칙으로 한다. 토끼는 원칙에 따라 읽기로 쓰기를 배우고, 쓰기로 읽기를 배우기 시작했다.

메시지 구성하기

토끼는 생각을 메시지로 구성하는 것부터 어려워했다. 사실 토끼는 구어 사용이 유창하지 않았다. 목소리가 커서 자신 있게 말을 잘하는 것처럼 보이지만, 더듬거리고 제대로 된 문장을 완성하여 구사하지 못하며 사용하는 어휘의 폭이 좁았다. 토끼는 다양한 의사소통 상황을 경험하지 못했고, 주로 말보다 쉬운 행동으로 표현했다.

메시지를 구성하기 위해서는 구어를 사용하는 여러 가지 사회적 맥락을 접하고, 상황에 어울리는 어휘와 문장 구조를 선택하여 표현할 줄 알아야 했다. 토끼의 생각을 머릿속에서 꺼내기 위해 '문장이 술술 카드'(인싸이트)와 '스토리 큐브'를 활용했다.

'문장이 술술 카드'는 양면에 그림과 어절이 각각 담겨 있고, 카드를 연결하여 문장을 구성하는 자료이다. 생각을 표현하는 데 적절한 단어가 생각나지 않을 때 그림을 활용하여 찾을 수 있고, 다양한 어휘와 문장 구조를 연습하는 데 도움이 되었다. '스토리 큐브'는 단순한 그림이 그려져 있는 주사위이다. 무엇을 써야 하는지 묻거나 쓸 것이 없다고 하는 토끼에게 메시지의 물꼬를 트는 데 도움이 되었다.

쓰기에 도전하기

토끼는 쓰기에 도전하기 시작했다. 생각을 끄집어내 메시지로 구성하는 것을 힘겨워했지만 단순한 문장부터 출발했다. 쓰기에 자신이 없는 토끼는 자신이 쓸 수 있는 단어를 넣어 문장을 만들고 싶어 했다. 질문을 이어 가며 문장 구성을 도울 때마다 토끼는 "이것만 쓸 거예요" 하며 고집을 부렸다. 아무렴. 네가 자신 있는 것부터 시작하자.

표 8 토끼가 쓴 문장 목록

회차	쓴 문장	비고
15	나는 운동회를 했다.	
16	나는 어제 형들이랑 축구를 했다.	
17	토요일날 외할아버지가 오셨다.	
18	내일 어린이날인데 비가 와서 싫다.	
19	어제 서대문을 갔다. 기분이 좋았어요.	
20	어제 게임을 했다. 좋았다.	
21	아빠는 오늘이 생일이다.	
22	어제 케이크를 먹었다.	
25	햄찌가 무지개 다리를 건넜다.	
28	어제 노래방에 갔다. 재미있었다.	
30	나는 태권도장에서 축구를 했다.	
31	어제 관장님이랑 턴차기를 했다.	
34	어제 병원에서 엑스레이를 찍었다.	
40	나는 어제 태권도장 앞에서 친구를 만났다.	
41	나는 교정을 할 수도 있다.	
45	나는 어제 형들이랑 배드민턴을 열심히 했다.	
47	횡단보도에서는 빨간 불에 건너면 안 돼요.	
48	미끄럼틀을 탈 때 질서를 지켜요.	
49	자전거를 탈 때 헬멧을 써요.	
54	나는 태권도장에서 뒤로 걷다가 넘어졌다.	
56	엄마가 자전거를 금지했다.	

토끼는 다양한 환경에 노출되지 못하고 학교, 축구, 태권도, 게임을 반복하는 일상을 보낸다. 아이가 쓰는 문장도 늘 제자리를 맴도는 것

처럼 보였다. 생각을 촉진하고자 각종 질문을 던지기도 하고, 더 복잡한 문장을 구성해 보자고 제안하기도 하지만 변화를 이끌어 내는 것은 쉽지 않았다.

하지만 토끼는 이미 큰 변화를 보여 주었다. 이제 쓰기를 시도하며 점차 음운 인식을 보완하고 소리를 능숙하게 다룬다. 소리에 귀를 기울이고, 소리를 쪼개어 낱글자와 연결 짓는다. 문장 구성은 단순하지만 쓰기를 싫어하거나 어려워하지 않는다. 그리고 7월 초에 이루어진 2차 초기 문해력 검사의 문장 받아쓰기에서 토끼는 원점수 24점을 받았다.

그림 2 문장 받아쓰기 검사지(7월 12일)

쓰기를 주저하고 자신 없어 하던 토끼가 쓰기 시작한 것은 커다란 변화였다. 그러나 토끼는 무엇인가를 쓸 수 있다는 것에 만족하고 자신이 아는 것만을 쓰고자 하며, 실수하지 않지만 더 이상 배우려 하지 않는다. 다음 단계는 토끼가 스스로를 가둬 둔 울타리를 뛰어넘을 수 있도록 돕는 것이다.

6) 시각 주의력 기르기

토끼는 에리와 매코믹이 밝힌 단어 읽기 발달 단계 중 '부분적 자모 단계'에 해당한다. 부분적 자모 단계에서는 글자와 소리를 연결하기 시작하며, 음절 글자를 읽기 시작하나 자소 단위로 해체하여 읽지는 못한다. 토끼는 부분적 자모 단계의 특징 중에서도 특히 단어의 일부 글자를 보고 어떻게 읽을지 추측하여 읽고, 자기 모니터링이 되지 않아 자기 수정을 하지 못하는 양상을 강하게 보였다.

단어의 모든 글자에 주의를 기울이는 '자모 단계'로의 발달을 위해 시각 주의력을 기르는 것을 두 번째 목표로 삼았다. 토끼는 손가락을 짚으며 읽지만, 눈은 손가락을 끝까지 따라가지 않는다. 한 글자씩 꼼꼼히 보는 것이 아니라, 손가락이 지나가는 곳을 대강 쳐다보고 선택적으로 인지한 뒤 자신이 알고 있는 글자 중에서 형태가 비슷한 글자로 바꾸어 읽는 것이다.

개별화 수업 초반, 토끼에게 성공적인 읽기 경험을 주기 위해 그동안 읽었던 수준 평정 그림책을 BFL 4까지 다시 읽었다. 이를 통해 토끼는 스스로 몹시 잘 읽는다고 생각하며 읽기에 대한 자신감을 가졌다. 이 과정에서 토끼는 자신의 읽기 실력을 뽐내고자 손가락 짚기를 거부하고 손으로 책을 세워 잡고 읽기 시작하였는데, 글자의 세부적인 형태에까지 시선을 주목하지 못해 대체, 생략, 첨가 등의 오류 현상이 나타났다.

손가락 짚기

먼저 토끼에게 '손가락 짚기'를 하며 한 글자 한 글자 정확하게 읽도록 안내했다. 습관적으로 '손가락 짚기'를 하며 짚은 글자를 제대로 보지 않고, 손가락을 오른쪽으로 옮기며 눈에 들어오는 글자를 대충 읽는 토끼의 모습을 흉내 냄과 동시에 올바른 '손가락 짚기'를 시범 보이며 손가락을 따라가며 정확하게 읽는 것이 중요함을 설명했다.

회차: 15회차 수업 ·····················

활동 내용: 패턴화된 수업 5단계 새로운 책 읽기 / 《생일》(BFL 5)

–

교사 토끼야, 이 문장을 선생님이 두 번 읽어 볼 거야. 1번과 2번이 어떻게 다른지 생각하며 들어 보세요.

1번. (한 글자씩 손가락으로 짚고 천천히 읽으며) 학교 가는 길에 문구점을 지납니다.

2번. (손가락을 오른쪽으로 빠르게 옮기며) 학교 가는 길 문구점을 지나갑니다.

교사 1번과 2번 중에서 잘 읽는 것은 몇 번일까?

토끼 1번이요.

교사 왜 그렇게 생각해?

토끼 1번이 잘 읽는 것 같아요.

교사 이유는 잘 모르겠지만 1번이 더 잘 읽는 것 같아? 1번은 어떻게 읽었지?

토끼 1번은 손가락으로 따라가면서 읽었고, 2번은 그냥 읽었어요.

교사 맞아. 1번은 글자를 손가락으로 짚어 가면서 읽었어. 2번은 손가락이 빠르게 지나가고 소리와 맞지 않았지. 그런데 토끼는 아까 빠르게 읽는 게 잘 읽는 거라고 했잖아. 2번이 더 빠르게 읽었는데 그래도 1번이 더 잘 읽는 것 같아?

토끼 2번은 틀리게 읽었어요.

교사 잘 찾았어. 2번은 빠르게 읽었지만 정확하게 읽지 않았어. 잘 읽으려면 빠르고 정확하게 읽어야 해. 잘 읽으려면 어떻게 하면 좋을까?

토끼 손가락을 따라가면서 잘 보고 읽어요.

교사 좋아. 그럼 이번에는 토끼가 읽어 볼까?

토끼 (손가락을 짚으며 천천히) 하늘에는 구름이 있어요.

교사 아주 잘했어. 정확하고 빠르게 읽었어. 앞으로도 눈이 손가락을 잘 따라가야 해. 손가락이 없어도 눈으로 글자를 잘 볼 수 있을 때에는 손가락 없이 그냥 읽어도 돼.

음절 세기

토끼는 '손가락 짚기'를 하며 글자에 주의를 기울여 읽기 시작했다. 그러나 문장의 끝 어절에 다다르면 끝까지 주의를 기울이지 않고 여전히 추측하여 읽었다. 예를 들어 4음절인 '했습니다.'를 3음절 '했어요.'로 읽는 등 글자와 소리를 문장의 끝까지 연결하지 않고 읽는 경우가 빈번했다.

문장 끝까지 주의 깊게 보기 위해 손가락을 반드시 문장 부호까지 짚도록 하고, 문장 부호가 있을 때에는 마지막 어절을 주의 깊게 보도록 안내했다. 소리와 글자가 일대일로 대응됨을 상기시키며 오른손으로는 글자를 짚어 가고, 왼손으로는 손가락을 하나씩 접으며 음절을 세어 보도록 했다.

활동 내용: 패턴화된 수업 5단계 새로운 책 읽기 / 《누나 방》(BFL 6)

글	나는 문을 닫고 내 방으로 달려갔어요.
토끼	나는 문을 닫고 내 방으로 달려가요.

교사 문장 끝을 손가락으로 짚고 다시 읽어 볼까요?

토끼 (손가락으로 짚으며) 달려가요.

교사 (한 손가락씩 접으며 한 글자를 읽는다.) 달려가요. 소리가 몇 개죠?

토끼 네 개요.

교사 문장 끝에는 몇 글자가 있지요?

토끼 다섯 개요.

교사 글자가 다섯 개 있으면 소리가 몇 개 있어야 하죠?

토끼 다섯 개요.

교사 다시 읽어 볼까요?

토끼 (오른손은 글자를 짚고, 왼손은 한 손가락씩 접는다.) 달려갔어요.

교사 좋아요. 글자 하나에는 소리가 하나 있어요. 문장을 다시 읽어 보세요.

토끼 (손가락을 짚으며) 나는 문을 닫고 내 방으로 (왼손으로 음절을 세며) 달려갔어요.

핑거 포인터

수준 평정 그림책의 수준이 높아지자 문장이 길어짐과 동시에 글자 크기도 작아졌다. 더 이상 손가락으로 글자를 정확히 짚어 가며 읽기가 어려워졌다. 또한 한 글자씩 주의를 기울여 정확하게 읽는 것을 넘어 어절 단위로 음운 변동을 고려하여 읽어야 한다. 이때 도움을 받은 학습 도구는 핑거 포인터이다. 5cm 남짓한 길이의 색깔이 있는 투명한 포인터를 손가락에 끼우고, 어절 단위로 짚어 가며 자연스럽게 읽기를 연습한다. 토끼는 개별화 수업 초반에 글자 단위로 읽는 양상을 보였으나, 핑거 포인터를 활용하며 어절 읽기를 효과적으로 연습할 수 있었다.

읽기 도움 자

읽기 도움 자 또한 핑거 포인터처럼 시각적 주의를 기울이는 데 도움이 되는 학습 도구이다. 한 가지 차이점은 '읽기 도움 자'라는 이름에서 알 수 있듯 자 형태로 이루어져 있어, 어절 단위의 읽기를 연습할 때 활용한 핑거 포인터와는 달리 문장 단위의 시각 주의력 향상을 위해 활용하였다.

손가락 짚기와 음절 세기만으로도 시각 주의력 향상에 충분히 도움이 되었으나 '핑거 포인터'나 '읽기 도움 자'를 활용한 이유는 토끼의 특성 때문이었다. 토끼는 다소 주의 집중력이 약하고 산만한 편으로 학습에 대한 흥미를 금방 잃곤 하지만, 다양한 교구나 매체를 적용했을 때 무척 적극적으로 참여했다.

마스킹 카드

토끼의 읽기 과정에서 보이는 오류 유형 중 가장 큰 비중을 차지하는 것은 바로 '추측하여 읽기'이다. 읽기 과정 중 특히 오류를 보이는 부분에 집중적인 시각 주의력을 기울이기 위해서 마스킹 카드를 활용했다.

오류가 나타나는 어절만 드러나도록 나머지 부분은 마스킹 카드 또는 작게 자른 띠지로 가린다. 어절에서 단어로, 단어에서 음절로 점차 노출되는 부분을 좁혀 가며 오류를 초점화한다. 마스킹 카드 활용은 다른 방법들보다 교사에게 더 많은 주도권이 있다. 교사의 개입을 통해 토끼가 오류를 수정하여 바르게 읽기를 연습하고, 이를 통해 자기 모니터링과 자기 수정을 익혀 자동화하는 데 목표를 두었다.

| 핑거 포인터 | 읽기 도움 자 | 마스킹 카드 |

그림 3 시각 주의력 향상을 위한 자료 활용 예시

회차: 29회차 수업 ···

활동 내용: 패턴화된 수업 3단계 낱말·글자·말소리 탐색 / 《선물》(BFL 7)

글	할머니 어깨를 주물러 드렸어요.
토끼	할머니 어깨를 주무려 드렸어요.

교사 토끼야, 잘 읽은 것 같아?

토끼 아니요. 할머니 어깨를 주무려 (손가락으로 음절을 세며) 드렸어요.

교사 (마스킹 카드로 '주물러'만 노출하며) 이 부분을 잘 보고 다시 읽어 볼까?

토끼 (한 글자씩 손가락으로 짚으며) 주물려.

교사 (마스킹 카드로 '러'만 노출하며) 한글 자석으로 이 글자를 만들어 보자.

토끼 (자음 ㄹ, 모음 ㅓ를 조합하여 '러'를 만든다.)

교사 잘 만들었어. 이건 무슨 소리지?

토끼 르. 어. 러.

교사 (마스킹 카드로 '주물러'를 노출하며) 자, 우리가 만든 글자가 어디에 있지?

토끼 ('주물러'에서 '러'에 손가락을 짚는다.)

교사 잘 찾았어. 그럼 다시 한번 읽어 볼까?

토끼 주물러.

교사 좋아. 그럼 문장을 처음부터 다시 읽어 보자.

토끼 (한 글자씩 손가락으로 짚으며) 할머니 어깨를 주물러 드렸어요.

교사 잘했어. 읽다가 뭔가 잘못 읽은 것 같으면 되돌아가서 글자를 잘 보고 다시 읽으면 돼.

음절로 범위가 좁혀지면 분절 또는 합성을 통한 낱글자 소리 탐색으로 넘어간다. 위의 장면에서처럼 한글 자석을 활용하여 글자에 초점을 두기도 하고, 소리 상자를 활용하여 소리에 초점을 두기도 한다. 기억해야 할 단어의 경우에는 읽기 오류를 줄이기 위해 단어 카드를 작성하고 교실 단어 벽word wall에 게시하여 반복적으로 노출한다.

토끼는 충분한 시간 동안 손가락 짚기를 활용하였다. 낱글자에 대한 시각 주의력이 어느 정도 키워진 뒤에는 핑거 포인터를 활용하여 음운 변동을 적용한 어절 수준의 유창하게 읽기를 연습하였다. 이어서 읽기 도움 자를 활용하여 문장 수준의 읽기를 연습하고, 눈으로 글자를 따라가며 읽는 데 익숙해지자 아무런 도움 없이 읽고 싶어 했다.

가장 큰 변화는 시각 주의력을 바탕으로 자기 모니터링을 하기 시작했다는 점이다. 읽기 어려워하는 부분에서는 스스로 손가락 짚기를 활용하고, 문장의 끝 어절에서 무언가 이상하게 느껴질 때에는 손가락으로 음절 세기를 한다. 이제 토끼는 자동화된 자기 모니터링을 바탕으로 스스로 오류를 수정하며 읽기 시작했다.

7) 해독을 넘어 독해로

토끼는 BLF 5부터 어떤 책을 읽게 될지 무척 기대했다. 작년 개별화 수업에서 읽지 않은 새로운 책이라는 것에 몹시 설레며 흥미로워했다. 점차 높은 수준의 책을 읽고, 추측하여 읽는 모습이 완전히 사라지진 않았지만 토끼는 정확하게 읽기 위해 여러 전략을 활용하기 시작했다.

눈으로 보는 글자와 귀로 들리는 소리를 스스로 교차 점검하며 읽기 정확도를 높여 갔다. 문장의 끝 어절에 주의를 기울이고, 모르는 단어를 마주할 때는 낱글자의 소릿값을 기억하고 합성하여 해독하기 위해 노력했다. 줄 바꿈으로 끊어진 어절에는 잠시 당황스러워하기도 했으나 금세 하나의 덩어리로 바꾸어 읽었다.

"뻐꾸기의 비밀이 뭐예요?"

6월부터 BFL 8 책을 읽기 시작한 토끼. 글씨 크기가 작아지고 글밥이 많아지자 투덜거리면서도 《동물들의 나이 자랑》(BFL 8)을 읽으며

표 9 토끼가 읽는 《뻐꾸기의 비밀》(6월 15일, 42회차 수업)

쪽수	글	토끼
1	"뻐꾹, 뻐꾹." 봄이 되면 산속에서 아름다운 소리가 들려요.	"뻐꾹, 뻐꾹." 봄이 되었어요. 산속에서 아름다운 소리가 들렸어요.
2	이 새소리의 주인공이 누구인지 알아맞혀 보세요. 매년 오월에 우리나라를 찾아오는 뻐꾸기예요.	이 새소리의 주인공은 누구인지 알아맞혀 보세요. 매년 오월에 우리나라를 찾아오는 뻐꾸기예요.
3	사람들은 뻐꾸기의 고운 노랫소리를 무척 좋아해요. 그런데 뻐꾸기에게는 비밀이 하나 있어요.	사람들은 뻐꾸기를 고운 노랫소리를 엄청 좋아해요. 그러던 뻐꾸기에게는 비밀이 하나 (손가락으로 음절 세며) 있어요.
4	대부분의 새들은 둥지를 만들고 거기에 알을 낳아요. 그런데 뻐꾸기는 다른 새의 둥지에 몰래 알을 낳아요.	(머뭇거리다가) 덕/구/군의 새들은 둥지를 만들고 거기에 알을 낳아요. 그러던 뻐꾸기는 알은 새를 둥지에 몰래 알을 낳아요.
5	자기의 알을 낳은 후 둥지에 있던 알을 하나 쪼아 먹어 버려요. 그리고 재빨리 도망가 버리지요.	자기의 알을 넣을 후 둥지에 있던 알을 하나 쪼가-쪼개 먹어 버려요. 그리고 재빨리 도망가 버리지요.
6	뻐꾸기의 알은 둥지를 만든 어미새의 알보다 커요.	뻐꾸기의 알은 둥지를 만든 어비새의 알보다 커요.
7	어미새는 커다란 뻐꾸기 알을 이상하게 쳐다보지만 곧 알을 품어요.	어비새-어미새는 커다란 뻐꾸기를 알을 이상하게 쳐다보지만 곧 알을 품어요.
8	어미새는 열흘 동안 부지런히 알을 품었어요. 뻐꾸기 새끼가 제일 먼저 알에서 나와요.	어미새는 얼/를 동안 부지런히 알을 품었어요. 뻐꾸기 새끼가 제일 먼저 알에서 나와요.
9	어미새는 뻐꾸기 새끼에게 열심히 먹이를 날라다 주어요.	어미새는 뻐꾸기 새끼/얼/게 열심히 먹이를 날아다 주어요.
10	어미새의 새끼는 뻐꾸기의 새끼보다 늦게 알에서 나와요. 게다가 뻐꾸기 새끼보다 훨씬 작아요.	어미새끼-어미새을 새끼는 뻐꾸기의 새끼보다 늦게 알에서 나와요. 커다란 뻐꾸기 새끼보다 훨씬 작아요.
11	뻐꾸기 새끼는 어미새의 알들을 둥지 밖으로 밀어내요. 그 다음 자그마한 어미새의 새끼들을 둥지 밖으로 밀어내요.	뻐꾸기 새끼는 어미새끼 알들을 둥지 밖으로 밀어내요. 그 다음 자기만한 어미새-어미새 새끼들을 둥지 밖으로 밀어내요.
12	가엾은 어미새는 자기 둥지에서 뻐꾸기의 새끼를 키워요. 다 자란 새끼 뻐꾸기는 결국 어미새의 둥지를 떠나 버린답니다.	각/없/는 어미새끼-어미새는 자기 둥지에서 뻐꾸기를 새끼를 키워요. 단 자란 새끼 뻐꾸기는 결국 어미새끼를 둥지를 떠나 버린답니다.

내심 잘 읽게 되었다고 자신감을 가지기 시작했다. 그리고 42회차,《뻐꾸기의 비밀》(BFL 8)을 새롭게 읽는 날이었다.

"어? 뻐꾸기의 비밀? 뻐꾸기의 비밀이 뭐예요?"

사실 BFL 8 책 4권을 소개했을 때부터 토끼는《뻐꾸기의 비밀》을 읽고 싶어 했다. 새로운 책에 대한 호기심과 더불어 '뻐꾸기가 가지고 있는 비밀'에 대한 궁금함 때문이었다.

토끼는 의미적 단서와 통사적 단서를 잘 활용하는 편이므로, 동화나 생활문 등 서사가 있는 텍스트(narrative text)는 비교적 어렵지 않게 느낀다. 반면, 설명 텍스트(informational text)는 글에 담긴 다양한 정보 활용에 미숙하고 교차 점검이 능숙하지 않아 읽기 어려워한다. 추측 읽기에 의한 오류도 서사 텍스트보다 설명 텍스트를 읽을 때 더 빈번하게 관찰되었다.

"엥? 그래서 뻐꾸기의 비밀이 뭐예요?"

대체, 첨가, 생략의 오류를 차치하고 내게 가장 충격적이었던 것은 마지막 문장을 읽은 뒤 토끼가 내뱉은 한마디 말이었다. 읽기의 궁극적인 목표는 내용 이해 아니던가. 토끼는 여전히 읽어도 읽지 못하고 있었다.

교사 (6쪽 그림을 가리키며) 여기 알을 품고 있는 새는 누구야?
토끼 뻐꾸기.
교사 뻐꾸기가 알을 품었어?
토끼 네.

유창하게 읽지 못하고 읽기 오류가 많아서 내용 이해에 어려움이 있는 것일까? 해독에 에너지를 지나치게 많이 써서 내용 이해에 충분한 노력을 기울이지 못했을지도 모른다. 토끼가 온전히 이해에만 몰두할 수 있도록 돕기 위해서 '읽어 주기'를 선택했다.

교사 선생님이 읽어 줄 테니까 어떤 내용인지 잘 들어 보세요. (읽어 주고) 뻐꾸기의 비밀이 뭔지 알겠어요?

토끼 몰래. 다른. 둥지. 알을. 낳아요.

교사 몰래 다른 둥지 알을 낳아요? 그게 무슨 말이야?

토끼 둥지. 몰래. 알을 낳아요.

교사 둥지 몰래 알을 낳아요?

토끼 네.

교사 둥지 몰래?

토끼 몰래.

교사 다시 정리해서 말해 볼래?

토끼 다른 둥지… 다른 둥지… (여러 차례 반복한 뒤) 다른 둥지 알을 낳아요.

교사 다른 둥지가 무슨 말일까? 뻐꾸기의 다른 둥지를 말하는 걸까, 아니면 다른 새의 둥지인 걸까?

토끼 다른 새의 둥지.

교사 그래. 다른 새의 둥지에 알을 낳고 무엇을 했나요?

토끼 하나 알을 쪼아 먹었어요.

교사 어떤 알을?

토끼 자기 알을.

교사 자기 알?

토끼 네!

교사 (5쪽 문장을 다시 읽어 주고) 어떤 알을 하나 쪼아 먹었나요?

토끼 자기 알.

교사 자기 알?

토끼 네.

교사 뻐꾸기가 다른 새의 둥지에 가서 몰래 알을 하나 낳았어. 그 안에는 다른 새의 알들이 여러 개 있었어. 거기에 뻐꾸기가 자기 알을 낳았어. 그리고 이 뻐꾸기는 다른 새, 이 둥지에 원래 있던 새의 알 중에 하나를 쪼아 먹어 버려요. 그리고는 재빨리 도망가 버려요. 뻐꾸기가 어떻게 했는지 다시 말해 볼래?

토끼 알을 낳은 후 다른 새의 알을 하나 쪼아 먹어 버려요. 그리고 재빨리 도망가 버려요.

토끼는 내용을 제대로 이해하지 못한 것일까? 아니면 이해는 했지만 언어 표현에 서툰 것일까? 토끼는 과연 읽기를 제대로 해냈다고 할 수 있을까? 글자와 소리를 연결하여 해독하고, 텍스트의 여러 정보와 더불어 단어 재인이 이루어진 뒤 문장을 유창하게 읽어 내어 의미를 이해했을 때 비로소 잘 읽는다고 할 수 있을 것이다. 이제 토끼는 단순히 문장을 소리 내어 읽는 '해독'에 그치지 않고, 글에 담긴 의미를 이해할 수 있어야 한다.

어휘 넓히기

토끼는 얼핏 들으면 유창하게 잘 읽는 것처럼 머뭇거림 없이 읽는다. 의미적 단서와 통사적 단서를 활용하여 자신이 알고 있는 단어로 추측하여 읽는다. 읽는 도중 잠시 멈추거나 더듬거리며 읽을 때, 읽기 어려워한 부분의 의미를 물어보면 제대로 설명하지 못하거나 의미를 몰랐다.

표 10 수준 평정 그림책에서 토끼가 읽기 어려워한 단어

책(BFL)	단어
《이 빼기》(BFL 8)	이뿌리
《뻐꾸기의 비밀》(BFL 8)	쪼아, 열흘, 날라다, 자그마한, 가엾은
《동물들의 나이 자랑》(BFL 8)	먹기로요, 으쓱하며, 나서며, 당황해하며
《우리 동네》(BFL 8)	걸음쯤, 단짝, 기다릴까 봐, 한눈팔지 않고
《부지런한 꿀벌》(BFL 9)	무리 지어, 날갯짓, 기다란, 빨아들여요, 붙여요, 맺히지
《하늘을 나는 꿈》(BFL 9)	한바탕, 눈을 맞출, 속이 상해서
《동물들의 겨울나기》(BFL 9)	날까요?, 촘촘하게, 털갈이, 철새, 한 철, 겨울나기
《밥 주세요》(BFL 9)	산골마을, 식구, 번갈아 가며, 가정 방문, 소란스러울까요?, 내다봅니다

토끼는 2학년이라면 으레 알 법한 단어조차 의미를 제대로 알지 못했다. 읽고 쓰는 활동이 아닌 대화 상황에서도 적절한 단어를 활용하여 문장을 다양하게 구사하지 못하는 모습을 보여 주었다. 토끼의 어휘 능력을 측정하기 위해 9월 초 수용·표현 어휘력 검사REVT[1]를 실시한 결과, 만 8세 8개월의 토끼는 수용 어휘와 표현 어휘 모두 2~3세 정도 차이를 보여 발달 지연으로 평가되었다(수용 어휘: 6세 0~5개월,

---

1 수용·표현 어휘력 검사REVT는 만 2세 6개월부터 만 16세 이상 성인의 수용 어휘 능력과 표현 어휘 능력을 측정하기 위하여 제작되었으며 검사 대상자의 어휘 능력에 대한 전반적인 정보를 제공한다(김영태 외, 2009).

표 11 어휘 넓히기 활동 사례

활동		내용
읽기	읽기 전	• 읽기 전 목표 단어(읽기 어려워할 단어를 미리 의도적으로 선정)를 확인하고 의미를 탐색한다.(해독이 어려운 단어의 경우 한글 자석이나 낱글자 카드를 활용하여 소리-글자 탐색 활동을 한다.) • 목표 단어를 넣은 교사의 예시문을 함께 읽고 의미를 파악한다.
	읽기 중	• 목표 단어의 의미를 생각하며 주의 깊게 읽는다.
	읽기 후	• 읽은 뒤 목표 단어가 들어 있는 문장의 의미를 탐색한다.
		• 칸 공책에 목표 단어를 쓴다.
낱말-글자-말소리 탐색		• 목표 단어의 유의어/반의어 또는 어미 활용 등을 탐색한다. • 단어 카드에 적어 교실 단어 벽에 게시한다. • 게시가 끝난 단어 카드는 링으로 묶고 단어 사전으로 만들어 활용한다.
쓰기	메시지 쓰기	• 목표 단어를 넣어 메시지를 구성하여 쓴다.
	문장 목록	• 칸 공책에 메시지를 옮겨 쓴다. • 칸 공책에는 그날의 목표 단어와 활용 문장이 매일 쌓인다. 수업 전 읽어 보며 단어를 기억하도록 한다.
대화		• 목표 단어를 넣어 문장을 다양하게 구성하고 말해 본다.
		• 문장을 확장해 나가도록 발문한다.
		• 목표 단어를 활용한 문장의 의미가 적절한지 아이 스스로 계속 생각하도록 촉진한다.
그림책 활용		• 다양한 주제의 그림책은 아이가 주변에서 쉽게 접하지 못하는 새로운 단어를 익히는 데 효과적이다.
		• 그림을 단서로 활용하여 의미 이해를 돕고, 문장 속에서 단어가 활용되는 방법을 암묵적으로 익힐 수 있다.
동시 활용		• 동시는 아이들이 좋아하는 장르로, 운율이 있어 유창하게 읽기를 연습하는 데 효과적이다.
		• 시어는 익숙한 단어를 새로운 의미로 활용하는 경우가 많으므로 해독보다 내용 이해에 더 주의를 기울이게 된다.

활동 사례		

내가	선생님이
물었어요	물으셨어요
했어요	하셨어요
갔어요	가셨어요
왔어요	오셨어요

♥ 좋아   말이
💉 놓아   않아
🔨 넣어   싫어
🥚 낳아

먹다
먹어요
먹었어요
먹습니다
먹었습니다

높임법	ㅎ 탈락	어미 활용

표현 어휘: 5세 0~5개월).

낱글자 지식을 완성하고 시각적 단서에 주의를 기울여 정확하게 읽더라도, 단어의 의미를 알지 못한다면 글의 의미를 온전히 이해할 수 없을 것이다. 글의 의미를 이해하는 진정한 읽기로 나아가기 위해서는 토끼가 가지고 있는 어휘의 폭을 넓혀야 한다. 어휘에 대한 개념적 이해에 더하여 조사나 접속사, 서술어의 다양한 어미 활용을 포함하는 문장 구조에 대한 전반적 이해가 뒷받침되어야 한다.

읽기 경험 쌓기

시중에는 '읽기 유창성'을 강조하는 교재들이 많다. 빠르고 자동화된 해독을 기반으로 유창하게 읽는다면 의미 이해는 자연스럽게 따라오는 결과일까? 토끼는 아직 완벽하지 않지만 해독하여 꽤 유창하게 읽는 아이이다. 그러나 의미 이해에 이르는 길은 요원하기만 하다. 토끼에게는 과연 무엇이 부족한 것일까?

토끼가 글을 소리 내어 유창하게 잘 읽으면서도 그 속에 담긴 의미를 제대로 이해하지 못하는 것은, 문장을 구성하고 있는 단어와 문장의 구조에 대한 이해가 부족하기 때문이다. 더구나 토끼는 읽기 경험이 극히 적다. 한글을 전혀 알지 못한 채 초등학교에 입학하였으므로 입학 전 읽기 경험도 충분하지 않았을 것이다. 평소 책을 즐겨 읽거나 도서관에 가는 아이가 아니므로, 6개월의 개별화 수업을 포함한 1학년 학교생활에서의 읽기 경험이 전부였을 것이다. 더욱이 집에서 토끼가 읽을 만한 책은 무엇이 있냐는 질문에는 개별화 수업을 마치고 가져간 수준 평정 그림책뿐이라는 대답만 돌아왔다.

토끼에게는 읽기 경험을 쌓는 것이 중요했다. '읽는 것'이라는 활동 그 자체에 대한 경험뿐 아니라 '읽기를 통한' 간접 경험 또한 필요했다. 토끼는 학교와 집, 태권도, 게임을 반복하는 아주 단순한 일상 속의 좁은 인간관계에서 한정된 의사소통을 반복한다. 그 대부분을 차지하는 또래 친구들과의 대화 속에서는 다양한 표현을 익히고 활용하는 것이 어렵다. 개별화 수업 교사로서 다양한 배경지식을 전달하고, 양질의 의사소통을 모델링하고자 노력하나 충분하지 않았다. 토끼에게는 다양한 자료를 읽는 경험과 그 속에 들어 있는 배경지식을 쌓아 가는 간접 경험이 필요했다.

이를 위해 교실 속에 미니 도서관을 마련하여 활용했다. 주로 토끼의 어휘를 넓히기 위한 그림책이나 교실 수업과 발맞춘 주제 그림책을 선정했다. 다행히 토끼는 교실에 들어서면서 전면 책장의 그림책 표지를 보고 무척 읽고 싶어 했다. 토끼가 책 읽기에 흥미를 갖게 된 뒤에는 교실 옆 복도의 미니 도서관에서 책을 빌려다 보곤 하였다. 그러나 한정된 책만 비치되어 있어 아쉬웠던 차에, 마침 학교 도서관이 리모델링되어 토끼의 관심을 끌었다. 토끼는 읽기에 흥미를 가지고 차근차근 읽기 경험을 쌓아 가고 있다.

읽기만으로 배경지식이 채워지는 것에는 속도에 한계가 있기도 하다. 빠르게 또래 수준을 따라잡기 위해서 읽기에 더해 인터넷으로 사진을 찾고 영상을 보기도 한다. 토끼의 읽기 경험은 아직 부족하다. 내용 이해를 위해 되묻는 발문의 수가 점차 줄어들고 있지만, 아직 '독해'라는 진정한 읽기에 다다르지 못했다. 그러나 앞으로 읽기 경험을 쌓아 가며 점차 이해의 폭 또한 넓혀지리라 기대한다.

8) 한 걸음 더 나아가기

처음 만났을 때, 토끼는 마치 구멍이 뿡뿡 뚫려 있는 에멘탈 치즈 같았다. 이미 개별화 수업의 경험이 있었지만 토끼의 문해력에는 어딘가 구멍이 나 있었다. 유창하게 읽는 것처럼 보이지만 맥락을 추측하여 읽는 아이. 단어의 일부를 보고 추측하여 읽지만 낱글자의 소릿값은 정확히 모르는 아이. 읽기에는 거부감이 없으나 아무것도 쓰지 못하고 쓰려고 하지 않는 아이. 토끼와 함께하는 시간이 많아질수록 내 눈에는 더 많은 구멍이 들어왔다.

그러나 토끼는 에멘탈 치즈처럼 다양한 매력을 가진 아이이기도 했다. 시각적 단서는 능숙하게 활용하지 못하지만 의미적 단서와 통사적 단서를 비교적 유연하게 활용했다. 낱글자 지식이 불완전하여 정확하게 해독하지 못했지만 놀라운 기억력으로 추측하여 글을 읽었다. 다소 집중력이 흐리고 산만한 편이지만 주어진 활동을 해결하고자 노력했다. 무엇보다 더 잘 읽고 쓰고 싶어 하는 강력한 의지를 가지고 있었다.

개별화 수업을 하며 토끼는 읽기를 통해 쓰고, 쓰기를 통해 읽었다. 소리를 귀 기울여 듣고, 읽고 쓰기 위해 소리를 다루고, 글자와 소리를 연결 짓기 위해 노력했다. 읽고 쓰는 과정에서 낱글자 지식을 축적하고, 거꾸로 낱글자 지식을 활용하여 읽고 쓸 수 있게 되었다. 토끼는 어제보다 오늘, 오늘보다 내일 한 걸음 더 나아가고 있다.

내년이 되면 토끼는 3학년이 된다. 그리고 더 이상 개별화 수업을 받을 수 없다. 교실로 돌아가야만 한다. 전담 교사는 조기 개입을 통한 초기 문해력 향상을 목표로, 초등 저학년(1~2학년) 학생을 대상으로 하기 때문이다. 토끼와 나에게 주어진 1년이라는 시간 동안 최대한 빠르게 친구들이 읽고 쓰는 수준을 따라잡아야 한다.

학급 수준보다 읽고 쓰기가 현저히 더딘 토끼는 수업을 따라가기 벅차다. 독서 기록장에 자신의 생각을 문장으로 표현하지 못하여 흘려 날리는 글씨로 책의 문장을 발췌하여 적을 뿐이다. 알림장조차 반복되는 몇 개의 단어를 외워서 쓸 뿐 한 글자 한 글자 눈으로 보고 옮겨 적는 수준이다.

교실 수업과 개별화 수업은 별개로 운영되지 않는다. 아이의 문해력 발달을 위해 유기적인 관계를 맺어야 한다. 이를 위해 담임 교사와 전담 교사는 수시로 정보를 교환하고, 서로의 지도 방법을 공유하고 적용한다.

담임 선생님께서는 토끼가 개별화 수업에서 열심히 연습한 분절과 합성을 적용하여 받아쓰기를 지도하셨다. 가정 학습 과제를 하지 않는 토끼이므로 아침 독서 시간에 수준 평정 그림책 읽기를 지켜봐 주시기도 하고, 개별화 수업 시간에 학습한 단어를 수업에 활용하기도 하셨다.

전담 교사인 나는 교실 수업의 진도를 파악하고 교육과정을 재구성하여 토끼와의 개별화 수업에 적용하였다. 통합 교과나 안전한 생활의 주제에 어울리는 그림책을 함께 읽고, 토끼의 구어 발달을 위해 여러 주제로 대화를 나누었다. 토끼가 쓴 문장에 흉내 내는 말을 넣어 보기도 하고, 마음을 전하는 편지를 써 보기도 했다.

언뜻 보면 학급 친구들과 토끼는 학습 격차로 인해 서로 멀리 떨어져 각기 다른 배움의 길을 걷고 있는 것처럼 보인다. 그러나 자세히 보면 모두 같은 길을 걷고 있음을 알 수 있을 것이다. 단지 가는 방법이 다를 뿐이다. 목표를 분명히 알고 자신 있게 뛰어가는 아이가 있고, 한 발짝 한 발짝 스스로 걸어가는 아이도 있다. 때로는 친구와 함께 발을 맞추어 가기도 하고, 주변에 관심을 가지며 잠시 멈추었다 가기도 할 것이다.

그리고 친구들 옆에 토끼도 함께 걷고 있다. 토끼는 전담 교사의 손을 잡고, 느리되 올바른 방향으로 걸어가고 있다. 배움의 길을 걷는 것이 아직은 서툰 아이이다. 혼자서는 장애물을 만나면 쉽사리 넘어질 수 있고, 점차 뒤처지다 보면 걷기를 포기할 수도 있다. 그러나 언젠가는 토끼도 혼자 걸어야 한다.

나와의 개별화 수업으로 토끼에게 스스로 걸을 수 있는 힘이 생기기를 바란다. 어떤 문제 상황이 생기더라도 당황하지 않고 해결해 나갈 수 있기를, 읽고 쓰기를 넘어 앞으로의 배움에서 지치지 않고 굳세게 걸어갈 수 있기를 소망한다.

참고 문헌

김영태, 홍경훈, 김경희, 장혜성, 이주연(2009). 수용·표현 어휘력 검사(Receptive and Expressive Vocabulary Test; REVT). 서울장애인종합복지관.

엄훈(2012). **학교 속의 문맹자들: 한국 공교육의 불편한 진실**. 우리교육.

엄훈, 염은열, 김미혜, 박지희, 진영준(2022). **초기 문해력 교육: 읽기 따라잡기로 시작해요**. 사회평론아카데미.

한국교육과정평가원(2017). 초등학교 저학년용 한글 해득 수준 진단 도구. 한국교육과정평가원.

Ehri, L. C. & McCormick, S.(1998). Phases of word learning: Implications for instruction with delayed and disabled readers. *Reading & Writing Quarterly: Overcoming Learning Difficulties*, 14(2), pp. 135-163.

함께 읽은 그림책

백희나 글·그림(2004). **구름빵**. 한솔수북.

세종특별자치시교육청(2019). 토닥토닥 그림책 시리즈. 세종특별자치시교육청.

옥상달빛 글, 조원희 그림(2020). **염소 4만원**. 그린북.

홍인재 외(2022). 손바닥 그림책 시리즈. 청동.

책 발자국 K-2 그림책

누나 방. BFL 6.

뻐꾸기의 비밀. BFL 8.

생일. BFL 5.

선물. BFL 7.

3

초기 문해력이 완성되는
2학년 교실에서의 문해력 향상 지도기

공교육의 현장에 기초학력 전담 교사의 자리가 확보되어 가고 있다고는 하지만 학교 현장은 아직도 전담 교사가 배치된 곳보다 배치되지 않은 곳이 훨씬 더 많다. 이러한 현실에서 초기 문해력을 완성해야 하는 마지막 학년인 2학년 담임들은 초기 문해력 향상 지도와 관련해 기초학력 담임 책임제가 강화된 현시점에서 많은 고민들을 하게 된다.

2년 동안 전담 교사로서 기초학력과 관련된 두 분야인 문해력과 수해력 지도의 이론과 실제 영역에서의 역량을 어느 정도는 갖추었다고 자부했다. 하지만 일대일 개별화 수업이 아닌 일대 다수의 환경인 담임의 시점에서 학급 전체 아이들의 문해력 향상 과제를 어떻게 풀어 나가야 할지는 생각보다 어려웠다. 앞서 말했듯이 전남을 비롯한 전국의 초등학교 현장을 들여다보면 기초학력을 전담하여 가르치는 형태의 교사가 배치되어 있는 학교보다 그렇지 않은 학교가 더 많다. 2023년 현재 전라남도교육청의 경우를 보면 정규 교사로서 전담 교사를 맡고 있는 인원은 약 60명에 불과하다. 이 수치는 전담 교사의 수혜를 받거나 전담 교사로서 일대일 지도를 경험할 수 있는 교사보다 담임 교사로서 도움이 필요한 아이를 대상으로 일대일 지도를 해야만 하는 상황에 처한 선생님들이 상대적으로 더 많다는 것을 알려 준다.

2019 개정에 이어 2022 개정 교육과정에서도 교사의 교육과정 재구성에 대한 권한을 대폭 상향 조정했다고 한다. 이러한 권한을 최대한 활용하여 초기 문해력 완성을 위한 지도 시간과 내용을 충분히 확보해 학급 아이들의 읽기와 쓰기 발달 수준에 맞춰 지도를 계획하고 실행하는 방법으로 난관을 헤쳐 나갈 수 있다고 생각한다. 그럼에도 불구하고 초기 문해력 완성만을 학급 경영의 목표로 둘 수 없는 것이 학교 현장의 현실이다. 초등 담임에게 주어진 각종 업무와 공동체 생활을 위한 생활 지도 내용 역시 만만치 않기 때문이다.

1~2학년 국어 교과서에서는 국어과 교육과정의 학년군 설정의 취지를 살려 성취 기준을 중점 성취 기준과 지속 성취 기준으로 분류해 놓았다. 중점 성취 기준은 해당 학년에서만 중점적으로 학습하는 성취 기준이고, 지속 성취 기준은 두 학년에 걸쳐 지속적으로 학습하는 성취 기준을 말한다. 읽기와 쓰기 영역의 성취 기준을 살펴보면 읽기 영역의 소리 내어 읽기와 쓰기 영역의 글자 바르게 쓰기의 경우 1학년의 중점 지도 내용으로 분류하고 있다. 하지만 3월의 2학년 교실에서는 소리 내어 읽기와 글자 바르게 쓰기가 제대로 완성되지 않은 채 학습 활동에 참여하며 문해 활동에 어려움을 겪고 있는 아이들을 상당수 관찰할 수 있다. 이에 다양한 문해 수준을 가진 아이들이 존재하는

2학년 교실에서의 문해 지도를 위해서는, 관련 성취 기준을 중심으로 교육과정을 재구성한 교사 수준의 교육과정이 필요한 상황이다. 국가 수준의 교육과정이 반영된 학교와 학년 수준의 교육과정을 재구성하여 우리 반 아이들의 초기 문해력을 완성시키기 위해 구체적인 계획이 필요했다.

지금부터는 2년 동안 전담 교사로서 쌓은 전문성을 2학년 담임의 위치에서 어떻게 적용하여 학급 아이들의 초기 문해력을 완성시킬 것인지 고민하고 계획하고 실행한 사례를 나누고자 한다. 학교 현장의 모습이 모두 다르듯 아이들 또한 각각이 다양한 발달 측면에서의 개인차를 보이는 것은 당연하다. 이에 더해 우리가 주목해야 할 읽기와 쓰기의 발달 양상도 모두 달라 지도의 방법과 내용 면에서 많은 시행착오가 있었다. 하지만 그 과정 또한 읽기 따라잡기 지도법을 '교실 문해'의 형태로 변화시켜 일반화하기 위한 시도라는 측면에서 읽기 따라잡기를 새롭게 적용할 수 있는 방법에 관한 연구 활동으로서 의미를 지닌다고 생각한다.

1년 동안 실행한 2학년 교실에서의 문해 지도인 '교실 문해'는 읽기 따라잡기의 접근법인 연구 기반의 균형적 접근법과 교사를 세우고 아이로부터 시작한다는 두 가지 기조, 그리고 읽기를 통한 읽기, 쓰기를 통한 쓰기, 읽기와 쓰기의 통합 지도 원리를 기반으로 하였다. 다인수 학급의 담임으로서 교육과정을 재구성하여 성취 기준 도달과 초기 문해력 완성이라는 두 마리 토끼를 잡기 위해 노력했다. 그 과정과 결과를 공유함으로써 2학년 담임의 위치에서 문해 지도를 어떻게 접근하고 실행할지에 대한 지침을 제공할 수 있을 것이다.

1) 진단 그리고 아이들의 눈높이에서 머무르기

한 명의 아이를 중심에 둔 '아이'의 눈높이가 아닌, 학급 전체를 대상으로 한 '아이들'의 눈높이에서 머무르기는 3월 초 실시했던 '한글 또박또박' 검사 결과를 기본 자료로 활용하였다. 검사를 통해 얻은 정량 평가의 결과에 학급 전체 아이들의 학습 활동 참여 장면과 학교생활 장면 그리고 학부모 상담 등에서 얻은 정성적 자료를 활용하여 '아이들의 눈높이에서 머무르기'를 실시하였다.

개별화 수업 상황에서의 '아이의 눈높이에서 머무르기'는 아이가 이미 알고 있는 것에 머무르면서 아이가 무엇을 할 수 있는지를 교사와 아이가 확인하고 자신감을 회복하도록 하는 기간이다. 또한 지도 시간은 10회기(60회기 지도 시간 기준)로 편성할 것을 제안하지만, 다인수 학급 전체를 대상으로 한 '아이들의 눈높이에서 머무르기'는 2023학년도 나의 학급 학생 20명 전체를 대상으로 한 명 한 명의 읽기·쓰기 발달 양상을 확인하는 것을 목표로 실시하였다. 이를 위해 학기 초 적응 기간이며 학급을 세우는 달인 3월 한 달을 '아이들의 눈높이에서 머무르기' 1차 시기로 설정하고 지도하였다. 이후 4월은 '아이들의 눈높이에서 머무르기' 2차 시기로 3월 실시했던 교실 문해 활동 결과 관찰된 개별화 지도가 필요한 아이들을 재선별하여 지도 계획을 수정하는 기간으로 활용하였다.

본격적인 지도에 앞서 선행되어야 할 지도 대상 선정을 위해서는 '한글 또박또박' 검사 결과와 2학년 시작 수준에서의 국어, 수학 진단 검사 결과를 활용하였다. '한글 또박또박' 검사 결과 20명 중 5명에 해당하는 비율인 1/4의 아이들이 한글 미해득 또는 보충 필요 수준의 결과를 보였다. 전담 교사의 수혜를 받고 있는 학교지만 5명의 아이들 모두 일대일 개별화 수업을 받을 수 없는 상황이므로 대상자를 적절한 기준에 따라 선정해야 했다. 이에 '한글 또박또박'과 이후 실시한 국어, 수학 진단 검사 결과를 비교·분석하여 유의미한 결과를 보인 아이를 1차 지도 대상자로 선정하였다. 그 결과 수리력과 국어, 수학 진단 검사 모두 미해득 수준을 보인 호이가 일대일 개별화 교육 1차 대상자로 확정되었다. 검사 결과는 다음 표와 같다.

표 1 진단 검사 결과

| 순 | 이름 | 진단 검사 영역(도달 점수) | | | | | 비고 |
		국어(12)	수학(14)	수리력(20)	한글 또박또박	가정 문해 환경 (주양육자)	
1	율이	13	18	미도달(18)	한글 미해득	하 (아버지)	일대일 개별화
2	호이	미도달(1)	미도달(6)	미도달(6)	한글 미해득	하 (할머니)	일대일 개별화
3	람이	13	14				
4	우주	13	18		한글 미해득	상(부모)	교실 문해
5	찬이	17	17	미도달(19)	보충	상(부모)	교실 문해
6	공주	12	15				
7	은이	14	17	미도달(18)			
8	연이	19	18	미도달(16)	한글 미해득	상(부모)	교실 문해
미도달		1	1	5	5		

검사 결과를 바탕으로 학급 아이들의 문해 완성이라는 목표를 해결하기 위해 2개의 트랙으로 실행 계획을 세워 보았다. 첫 번째 트랙은 5명의 미도달 아이들을 포함한 학급 전체 아이들을 대상으로 한 문해 지도(교실 문해)이고, 두 번째 트랙은 5명의 미도달 아이들 중 가장 심각한 읽기 부진을 겪고 있는 호이를 대상으로 교실 문해와 연계해 진행하는 '일대일 개별화 지도'이다.

아.눈.머 기간 동안 5명 아이들의 가정 문해 환경과 정서 발달 등을 관찰하였다. 그 결과를 바탕으로 일대일 개별화 지도가 시급한 아이들과 교실 문해로 구제가 가능한 아이들로 1차 분류를 실시했다.

일대일 개별화 수업을 위해서는 지도가 방과 후에 이루어진다는 점과 낙인 효과로 인해 참여에 대한 학부모의 동의는 물론 당사자인 아이의 동의가 필수 요소이다. 개별화 지도 대상자 순위 2번인 율이의 경우 방과 후 개별 지도에 대한 거부감이 컸다. 학부모의 동의는 얻었지만 율이 스스로의 완강한 거부로 1차 시기인 3월 아.눈.머 시기 동안은 교실 문해를 통해 지도하였다. 아.눈.머 2차 시기인 4월에는 교실 문해 루틴을 적용한 문해 지도를 실시하였다. 그 결과 율이의 쓰기 영역 발달 촉진을 위해 적극적인 중재가 필요하다고 판단되었다.

방과 후 개별 수업에 대한 완강한 거부감을 보인 율이의 동의를 얻기 위한 계획이 필요했다. 아.눈.머 기간을 통해 관찰한 율이의 사랑받고 싶어 하는 성향상 일대일 개별화 수업은 효과가 클 것이라는 생각이 들었다. 평소 자존심이 강해 학습 활동 시 뭐든지 빠르게 수행하는 율이의 강점에 대해 칭찬하고 표기, 특히 알림장 보고 쓰기의 실수에 대해 알려 준 후 실수하지 않는 방법에 대해 안내했다. 매일의 학습 활동 루틴으로 자리 잡은 '알림장' 쓰기 장면에서 자신의 생각을 담아

쓰는 알림장 쓰기 활동의 어려움을 해소하기 위해서는 집중의 시간이 필요하다는 것을 인식시켰다.

학기 초 일대일 수업에 대해 완강한 거부감을 보이던 율이를 설득한 후 전담 교사와의 스케줄 조정과 협의의 과정을 거쳐 방과 후 일대일 개별화 지도 시간을 확보할 수 있었다. 율이의 경우 3~4월 아.눈.머와 교실 문해 활동 시 변화 발전의 정도가 더디게 관찰되었던 받침 글자 쓰기를 중점 지도 요소로 진행해 줄 것을 요청했다. 3~4월 교실 문해 지도 시 관찰한 율이의 강점(큰 소리로 생각 표현하기, 글 읽고 의미 이해하기, 빠른 연산 등)과 앞으로의 발전 가능성이 담긴 잠재 능력(생각이 담긴 글쓰기의 완성도 등)을 공유하고 교실 문해의 내용 요소와 방법들을 공유하여 율이의 개별화 지도에 대한 기본 자료를 안내하였다.

이렇게 시간과 장소, 방법은 다르지만 개별화 지도가 필요한 5명의 아이들 중 2명의 아이들을 전담 교사와 담임인 내가 맡아 일대일 개별화 수업을 병행하는 방법으로 지도를 진행하였다. 나머지 3명의 아이들은 온전히 교실 문해 수업 장면의 자투리 시간과 쉬는 시간을 활용한 피드백과 개별 과제 제시를 통해, 조금은 천천히 진행되는 듯했지만 학급 교육과정 운영을 통해 시나브로 미도달 영역의 부진이 해소되어 가는 모습을 관찰할 수 있었다.

학급 평균 최하위 문해 수준을 보인 호이를 지도하기 위해 3월과 4월 교실 문해 진행과 함께 전담 교사를 활용한 풀 아웃 방식의 일대일 개별화 수업이 진행되었다. 수업 시작 전 실시한 초기 문해력 검사 결과를 토대로 전담 교사가 주도하는 풀 아웃 수업의 운영 내용과 방법을 협의하였다. 전담 교사 주도의 주 5회 풀 아웃 수업은 전남의 경우 2021년부터 2022년까지는 문해력 전담 교사와 수해력 전담 교사로 나누어 진행했다. 그러나 2023년에는 전담 교사가 둘을 통합해 지도하는 것으로 변경되었다. 이제 전담 교사는 문해력과 수해력에서 부진을 보이는 아이들을 발달 수준에 맞게 적절히 내용과 시수를 조정하여 지도해야 한다. 이에 전담 교사는 문해력을 지도하면서 동시에 문해력 부족으로 더딘 발전을 보이는 수해력 지도도 병행해야 하는 의무를 가진다. 호이의 경우 초기 문해력 검사 결과 한글 단어 읽기 발달 수준을 기준으로 분류하였을 때 부분적 자모 단계로 관찰되었으며 두드러진 특징은 발음의 부정확성이었다. 이러한 아이의 구어 발달 면에서의 특성을 반영하여 자모 소릿값 지도와 음운 인식 활동을 중심으로 문해력 지도를 실시해 줄 것을 요청하고, 협의하에 전담 교사의 풀 아웃 수업과 교실 문해를 진행할 수 있었다.

진단 평가 결과 미도달 수준을 보이지는 않았지만 20명의 아이들 중 10명 이상의 반 아이들이 쓰기 활동에 어려움을 겪고 있었다. 읽기의 과정에서도 축자적 읽기를 하는 모습이 관찰되었고 그 결과 읽고도 무슨 뜻인지 알지 못하는 아이들이 많았다. 이를 해결하기 위해 읽어 주기 활동에 활용한 그림책을 중심에 둔 학급 문고 조성이 시급했다. 이에 3월 한 달 동안은 가정 문해 환경 점검도 할 겸 '하루 1권 그림책 가지고 다니기'를 실시하였다. 더불어 도서관의 폐기 도서를 확보해 교실에 비치하여 수시로 책을 읽을 수 있는 환경을 조성하였다. 이후엔 교육청 공모 사업에 참여하여 아침 독서 활동용 도서를 구입할 수 있는 예산을 확보하였다. 확보된 예산을 활용하여 교실에 비치하고 읽을 수 있는 책을 구입할 수 있었다. 아이들이 좋아할 만한 책을 중심으로 매주 새로운 그림책 2~3권 정도를 소개하며 '새 책 읽는 날'로 정해 운영하였다. 매일 아침 다양한 방식으로 스스로 책을 읽거나 서로에게 읽어 주며 책에 대한 아이들의 관심과 흥미를 지속적으로 불러일으킬 수 있었다.

그림 1 코너 책장과 책 읽는 자리

아침 독서를 위한 공간으로 교실 속 '코너 책장' 조성과 '책 읽는 자리'를 만들어 아이들이 편안한 자세로 다양한 책을 읽는 독서 활동에 참여할 수 있게 했다. 다소 딱딱한 교실 바닥은 푹신한 매트를 깔아 따뜻한 느낌이 드는 '책 읽는 자리'로 만들어 활용할 수 있게 했다. 또한 '코너 책장'의 책꽂이는 기존의 책꽂이와는 다른 형태로 책의 표지가 보이게 1권씩 꽂는 형태의 책꽂이를 활용하여 아이들이 책 표지를 보며 읽고 싶은 생각이 들게 하는 한편 조작 활동에 어려움이 있는 발달 단계상의 특징을 반영하여 책을 쉽게 넣고 뺄 수 있는 형태의 책꽂이를 활용하여 교실 문해 환경을 조성하였다.

이렇게 3월의 아.눈.머는 진단과 가정 문해 환경 그리고 정서 행동 면에서의 면면을 관찰하는 시간으로 채울 수 있었다. 여기에 가정 문해 환경만큼 중요한 교실의 문해 환경을 책과 함께 할 수 있는 공간과 시간 확보하기에 중심을 두고 조성하였다.

2) 첫 번째 트랙: 교실 문해

첫 번째 트랙은 초기 문해력 완성을 위해 교육과정을 재구성하여 학급 아이들 전체를 대상으로 한 '교실 문해' 내용이다. 3~4월을 오롯이 할애하여 반 아이들을 진단하고 아이들의 강점과 약점들을 나름대로 분류할 수 있었다. 우리 반 아이들은 들은 소리를 합치거나 나누는 과정을 어려워한다는 점과 쓰기 활동의 어려움을 공통된 약점으로 가지고 있었다. 아이들이 가진 공통된 강점인 놀이를 좋아하고 조작 활동에 적극적으로 참여한다는 점들을 활용하여 다인수 학급에서의 문해 향상 지도를 위한 계획을 세워 보았다.

5월 이후부터 본격적으로 시작된 밀도 있는 학습의 효과를 높이기 위해서는 반에서 통용되는 일정한 학습 활동의 패턴이 필요했다. 이 패턴은 매일의 활동 속에서 반복적으로 실행되는 핵심 원칙이라고 할 수 있다. 이 원칙을 '백독백습'으로 정하고 초기 문해력을 완성시켜야 하는 2학년 아이들에게 적합한 학습 활동의 방법으로 적용하여 지도하였다. '백독백습'이란 세종대왕의 독서법으로 '백 번 읽고 백 번 쓴다'는 뜻이다. '백독백습'은 비단 독서의 방법으로서만 의미가 있는 것이 아니라 새로운 것을 익혀 내 것으로 만드는 학습의 방법으로서도 의미가 매우 큰 방법이라고 생각한다. 반복과 지속성의 다른 표현이라고도 볼 수 있으며 이를 통해 초기 문해력을 향상시킬 수 있고 완성까지도 가능하다고 확신한다.

'백독백습'의 방법을 적용한 문해 향상 지도의 다양한 학급 운영 내용들은 다음과 같다.

알림장 읽고 쓰고 듣고 말하기

알림장이란 '알리는 내용을 적은 글'이다. 알림장은 특히 저학년 교실 현장에서 가정과의 소통을 위한 매개체로서 매우 효용성이 큰 자료다. 요즈음에는 SNS 등 다양한 소통의 장이 활성화되어 공책에 필기하는 형식의 알림장을 활용한 소통보다는 스마트폰 앱을 활용한 확인과 소통이 더 활발한 디지털 시대가 되었다. 그러나 초등 저학년 교실에서만큼은 디지털화된 매체를 활용하기보다는 매일 읽고 쓰기 활동에 노출시킬 수 있는 아날로그식 알림장 쓰기 지도를 하는 것이 더 필요하다고 생각한다.

최근에는 즉각적인 정보를 원하는 수요자와 미디어의 발달 혹은 소통의 용이성 때문에 디지털 매체를 통한 소통이 일반화되고 있다. 이로 인해 아이들이 손가락의 소근육들을 써 가며 연필을 활용한 쓰기 활동에 참여할 수 있는 시간은 상대적으로 적을 수밖에 없다. 그 결과로 2학년이지만 쓰기의 1단계인 보고 쓰기의 단계에서부터 어려움을 겪는 아이들이 대부분이었다.

알림장 쓰기는 3월 첫날부터 지도가 필요하다. 알림장은 주로 과제나 각종 행사와 교육 관련 안내가 거의 매일 반복된다. 그렇지만 우리 반의 알림장에는 '아이들의 삶'이 담겨 있다. 매일 반복되는 학교에서의 일상이지만 아이들은 그 속에서 많은 것을 배우고 느끼면서 자란다. 이러한 과정들이 고스란히 담겨 있는 하루하루 일상을 기록한 알림장이라는 공간을 교실 문해의 첫 번째 중요한 도구로서 활용하고자 했다.

알림장 지도에는 일정한 패턴이 있어야 한다. 날짜와 요일을 기본으로 쓴 다음, 번호를 매기고 그 번호에 정해진 알림의 내용을 매일 반복해서 적게 한다. 물론 날마다 날짜가 바뀌고 요일이 바뀌듯 번호에 해당하는 일정한 틀은 있지만 내용은 기본 틀을 변화시키지 않은 선에서 변화를 줄 수 있다. 알림장 패턴의 예시는 다음 그림과 같다.

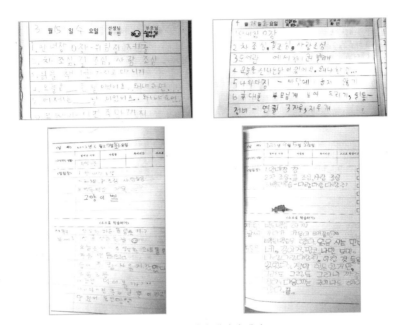

그림 2 **알림장 패턴의 예시**

3월 초의 알림장 쓰기에는 교사 모델링이 필요하다. 알림장의 취지와 쓰는 방법에 대한 규칙을 안내하고 미리 기록해 둔 알림장을 화면에 띄운 후 약 1주간 읽기 중심으로 진행한다. 알림장이 모두 준비되는 일주일 이후부터 모두 함께 쓰는 시간으로 진행할 수 있다.

먼저 전체적인 알림장의 구성에 대해 안내하고 고정되는 부분과 바뀌는 부분이 어디인지 살펴본 후 바로 적용해서 쓸 수 있게 지도했다.

2학년의 경우 날짜와 요일은 대부분 쉽게 이해하지만 네 자릿수로 표기되는 연도의 경우 읽기에 다소 어려움을 보이는 아이들이 많았다. 모두 함께 읽기를 반복하며 아직 학습하지 않은 네 자릿수 읽기의 어려움 또한 극복할 수 있었다. 그리고 날짜 읽기와 표기 장면에서 관습에 따른 읽기가 적용되는 '유월'과 '시월'을 대부분의 아이들이 [육월]과 [십월]로 읽는 모습이 관찰되었다. 일상의 기록 활동인 매일의 알림장 읽고 쓰기 지도에도 '백독백습'의 지도 원리와 방법을 적용하여 읽기 관습 또한 쉽게 습득시켜 어려움을 극복할 수 있었다.

알림장의 내용은 편의상 번호를 붙여 내용을 구분하여 지도하였다. 1번은 학교나 학급의 생활과 관련된 '가정통신문' 형태의 종이 유인물의 장수를 쓰는 자리이다. 특별히 회수가 필요하거나 주지가 필요한 안내장의 경우 아이들과 함께 읽고 키워드 중심으로 중요한 단어에 표시하며 어휘 학습을 병행할 수 있었다. 다양한 통신문 형태의 유인물을 안내장으로 모두 범주화하고 아이들의 문해 향상을 위한 텍스트로도 활용하였다.

다음은 알림장 2번의 내용인 차 조심, 길 조심, 사람 조심 지도 내용이다. 조심이라는 말을 통해 알 수 있듯 2번은 생활 지도인 안전한 생활과 관련된 영역이다. 책에 근거한 이론 중심의 안전이 아닌 생활 속에서 꼭 실천하고 자동화되어야 할 내용을 포괄하여 세 가지로 나누어 매일 지도하였다.

3번은 교실 문해의 핵심 원리이며 방법인 '백독백습'에 관한 내용이다. 알림장 쓰기의 루틴이 잡히기 전까지 표기에는 없던 내용이다. '백독백습'을 적용한 학습의 내용이나 책의 제목 등을 기록하는 자리로 각자의 학습 내용에 따라 변화가 되는 곳이다. '백독백습'과 관련된 자세한 지도 내용은 교실 문해의 하위 항목으로 다시 다루겠다.

　다음으로 4번은 '오늘은 ~한 날이었어요. 왜냐하면……'의 형식으로 표현하는 '오늘 지낸 이야기' 자리이다. 읽기 따라잡기 패턴 수업 4단계 문장 쓰기 단계의 지도 원리가 적용된 항목이라고 볼 수 있다. 일정한 형식이 있는 말하기 틀을 제시하고 문장 완성하기 형태로 자신의 생각과 이유가 담긴 문장을 말로 표현하게 지도하였다. 생각을 말로 표현하는 것이 익숙해지는 3월 말 즈음이면 쓰기의 영역까지 확장하여 지도할 수 있게 된다. 이 항목은 그날 있었던 아이의 학교생활을 묻고 답하는 식의 간단한 상호작용을 위한 것이다. 이를 통해 선생님과 아이 혹은 짝끼리의 소통이 가능하고 말하기 연습은 물론 생활 지도 효과까지 가져올 수 있었다.

　'오늘 지낸 이야기'는 감정을 나타내는 단어를 활용하여 약 1주에서 2주 동안 말하기 방식으로 지도하였다. 아이들의 듣기, 말하기, 읽기, 쓰기 발달 수준에 따라 지도 시간은 증감이 가능하다. 감정을 나타내는 자석 카드 등을 활용하여 말하기에 필요한 어휘와 표현 패턴을 익힐 수 있게 지도했다. 교사의 모델링 단계를 거쳐 짝 활동을 통한 모델링 단계로 진행해 아이들에게 책임을 이양하는 읽기 따라잡기의 원리를 적용하여 지도하였다. 어떻게 말해야 할지 무슨 말을 해야 할지 아직 모르는 아이들의 경우 친구 따라 말하기의 방법으로 또래 학습의 효과까지 거둘 수 있었다. '오늘 지낸 이야기'의 말하기 패턴인 '행복했다', '눈물이 났다' 등의 기분을 나타내는 단어에 밑줄을 그어 다른 표현으로 말할 수 있게 지도하였다. 이 과정을 통해 자신의 기분과 상황 표현에 어려움이 있던 아이들도 나름대로 표현하는 방법을 익혀 말이 글이 되기 위한 1단계 과정을 마칠 수 있었다.

마지막 5번 항목은 '나의 다짐'으로 명명하여 지도하였다. '나의 다짐'은 오늘 하루 공동체 생활을 하면서 내일의 발전된 나를 위한 계획을 표현하는 항목이다. 예를 들어 급식 시간에 골고루 먹지 않았다면 내일은 조금이라도 먹기 위해 다짐하는 내용으로 '급식 골고루 먹기' 등의 내용을 기록할 수 있고, 친구와 다퉜다면 '친구와 싸우지 않고 친하게 지내기' 등의 말로 표현한 후 글로 기록할 수 있다. 오늘 하루 학급에서 일어난 아이의 삶을 스스로 돌아보며 아이 수준에서 성찰할 수 있는 공간으로 활용할 수 있었다.

이렇게 5개의 항목으로 구성된 알림장 쓰기 지도는 매일 반복되는 문장과 내용으로 구성되어 있다. 이를 통해 읽기와 쓰기의 정확성 및 유창성 등을 향상시킬 수 있었다. 알림장 읽고 쓰기 활동의 루틴은 약 2주 정도면 완성이 된다. 이후 2단계 쓰기의 단계로 들어갈 수 있다. 물론 학급 아이들의 문해 수준에 따라 더 빨리 시작할 수도 있겠지만 우리 반의 경우 25~50%에 해당하는 아이들이 읽고 쓰기에 어려움을 보였다. 그래서 3월 마지막 주가 되어서야 자신의 생각이 담긴 글쓰기 지도를 본격적으로 시작할 수 있었다. 물론 정확성과 유창성이 쓰기 영역에서도 돋보이는 아이들은 먼저 쓸 수 있게 교실 문해인 교과 시간의 자투리 시간을 활용한 개별 지도를 통해 지도했다. 쓸 수 없는 아이는 보고 쓸 수 있는 틀을 제공하여 쓰기에 참여하며 쓰기를 통해 읽기를 배울 수 있게, 그리고 교사의 모델링과 친구의 모델링을 통해 따라 읽으며 쓰기를 동시에 경험하며 배울 수 있게 지도하였다.

지속과 반복의 과정을 거쳐 알림장 읽고 쓰기의 루틴이 완성되면 이후 자신의 생각이 담긴 글쓰기인 '일기 쓰기' 지도에 들어갈 수 있다. 일기 쓰기에서 가장 먼저 쓰는 것이 날짜이다. 학년 발달 단계상 날짜와 요일의 개념이 아직 확립되지 않은 아이들이지만 3월부터 알림장의 날짜와 요일 지도를 통해 일기의 첫 번째 쓰기 내용인 날짜 쓰기는 어려움 없이 진행된다. 다음으로 일기의 형식에 들어가는 날씨 표현은 그날의 기록 중 글쓰기의 맛과 멋을 지도할 수 있는 내용 요소이다. 교사의 모델링을 통해 그날의 날씨를 맑음, 흐림, 비 정도의 낱말로 표현하는 것이 아닌 구 이상의 단위로 표현할 수 있게 안내한다. 예를 들어 '봄비가 내렸어요', '비가 주룩주룩', '미세먼지 가득한 날', '미세먼지 때문에 중간 놀이를 못 한 날' 등으로 모델링을 한다. 처음엔 어절의 수를 2개 정도로 지도하거나, 밑줄을 치고 다른 말들을 찾아보게 한 후 다 같이 같은 내용으로 날씨 표현하기를 지도할 수 있다. 이후 아이들의 표현 수준에 따라 날씨 표현 지도를 마치고 '오늘 지낸 이야기'를 나눈 것 중 다 함께 경험한 것을 중심으로 글감을 찾고 제목 쓰기를 지도했다.

예컨대 일기 예보 놀이가 글감인 날의 지도 내용이다. "일기 예보 놀이를 했는데 앵커 역할이 참 재미있었다."라는 친구의 '오늘 지낸 이야기' 내용에 어울리는 제목을 '즐거웠던 일기 예보 놀이'로 칠판에 적고 "즐거웠던 대신 다른 기분을 나타내는 말로 표현해 볼 친구 있나요?"라고 물으면 여러 친구가 자신의 기분을 나타내는 말을 넣어 제목을 완성하며 답을 했다. 이때 의도적으로 아이들이 일상에서 쓰지 않았던 혹은 국어과 교육과정과 연계한 내용으로 꾸며 주는 말을 넣어 지도하였다. 국어과 교육과정의 성취 기준 도달을 위한 연계 지도 면에서도 의미가 있는 활동이 되었다.

이렇게 날씨와 제목을 쓰는 것을 연습하고 나면 앞서 알림장 쓰기의 루틴 속에 들어 있던 '오늘 지낸 이야기'에서는 감정을 가져올 수 있고, '나의 다짐'에서는 바른 생활과 연계하여 아이들이지만 삶의 성찰이 담긴 스스로의 약속들로 계획하고 실천할 수 있게 지도할 수 있었다.

지속과 반복의 원칙으로 지도한 결과 5월 중순 정도쯤엔 일기의 기본 구성 요소에 대한 학습이 모두 끝이 날 수 있었다. 이제 문장을 늘려 가며 분량을 추가하는 일만 남게 된다. 국어과 교육과정과 연계하여 학년 수준에 맞는 다양한 어휘를 추가하여 문장을 깊고 넓게 확장시키기 위한 활동이 필요하다.

'백독백습' 동아리 활동

읽기 따라잡기에서는 아이들의 읽기 발달을 촉진하는 책 읽기 방식을 교수적 개입이 없는 자율적 독서와 교수적 개입이 있는 교수적 독서로 구분한다. 교실 문해를 실천할 때 자율적 독서 이외의 장면에서 모든 읽기 방식을 교사 주도의 교수적 개입으로 진행하기는 여러모로 매우 힘들다. 이에 아이에게 책임을 이양하여 자기가 좋아하는 책을 친구에게 읽어 주기의 방식으로 진행했다. 이것은 교사의 지도에 따라 아이가 친구에게 읽어 주기를 하는 교수적 독서 지도로 안내된 읽기의 과정을 포함하고 있다.

교사의 지도에 따라 아이가 읽어 주기를 하는 교수적 독서 지도의 방법으로 도입한 활동은 '전기수' 활동이다. 교사와 학생 혹은 학생과 학생이 서로 읽어 주는 방식 등 다양한 형태로 변형하여 진행하였다. '전기수' 활동은 참여하는 아이들의 규모에 따라 일대일 읽어 주기, 소그룹 읽어 주기, 교실 읽어 주기로 나누어 진행하였다.

'전기수'는 조선 후기 소설을 전문적으로 읽어 주던 낭독가를 지칭

한다. '책 읽어 주는 친구'란 뜻의 '전기수'는 누구나 될 수 있다는 원칙으로 활동에 참여할 수 있게 지도했다. 읽어 주기는 읽기의 기초 기능들을 형성하도록 도와주고 어휘를 확장시키며 무엇보다도 아이에게 유창하고 표현이 풍부한 읽기의 모델을 제공할 수 있다. 아이들은 책을 서로에게 읽어 주거나 읽어 주는 것을 들으며 즐거운 읽기의 경험을 할 수 있게 된다. 듣는 아이는 해독의 부담에서 자유로워 책의 내용에 온전히 집중할 수 있고 친구가 보여 주는 읽어 주기 모델링을 통해 글에 대한 인식도 발달할 수 있다. 읽어 주기 활동의 주인공인 '전기수'는 읽어 줄 텍스트를 선정할 때 자신이 좋아하는 책을 정하기 때문에 누구보다도 책의 내용을 잘 이해할 수 있다. 잘 이해한다는 것은 여러 번 읽었다는 뜻이고 그 책에서만큼은 정확한 읽기와 유창한 읽기가 가능하다는 뜻으로 해석할 수 있다. '전기수' 활동에 활용한 책은 가정에서의 조력자나 교사 그리고 또래의 도움을 받아 잘 읽고 전달할 수 있을 만큼의 연습 시간을 과제로 부여하여 활용했다. 텍스트에도 제한을 두지 않고 초기에는 만화책을 포함한 글자가 담긴 모든 책을 활용하여 지도하였다.

안내된 읽기는 소그룹 읽기 방식과 일대일 읽기 방식으로 대별된다. 소그룹 읽기는 동일한 읽기 수준의 아이들로 구성된 동질적인 소그룹의 아이들에게 미리 정해진 텍스트를 제공하고 일련의 읽기 프로그램을 진행하는 방식이다. 이러한 소그룹 읽기 방식을 변형하여 적용한 모둠별 '전기수' 활동을 짝과 함께 활동하는 방식으로 실시하였다. 이후 선택적으로 전체에게 책 읽어 주기 활동을 병행하여 진행하였다. '전기수' 활동을 위한 초기 지도의 1단계는 4인 1조의 모둠 설정 후 교과서 속 공통 읽기 텍스트인 동시를 활용한 소그룹 읽기 지도의 형태로 실행하였다. 교과서 백독백습의 자료로 접했던 동시 중 모둠 친구들이 선호하는 시를 선정하여 모둠 전체가 같이 읽을 수 있게 했다. 이때 읽기에 어려움이 있는 아이는 또래가 읽는 것을 모방하여 읽기를 시도할 수 있게 되고 읽기에 참여할 수 있었다. 초기엔 모둠 전체가 읽기·쓰기 발달 수준에 상관없이 함께 읽기의 방식으로 참여했다. 5월 즈음엔 읽기 쓰기 발달 수준에 따라 의도적으로 모둠을 구성하여 모둠별 소그룹 안내된 읽기를 시도하여 보았다.

소그룹 읽기 방식은 '시 발표회'를 앞두고 같은 시를 선택한 아이들이 함께 읽으며 서로의 읽기를 살펴 교수적 수준에서의 읽기 지도가 가능했다. 모둠별로 같은 텍스트를 활용하는 읽기 활동이었으므로 교사가 안내된 읽기를 지도할 수도 있었고, 재능 기부 형식으로 독립 수준의 읽기가 가능한 모둠의 친구가 교수자로 활동하는 또래 교수의 방법을 도입하여 지도하였다. 그 결과 아이들은 잘 읽는 친구로부터 읽기의 방법을 배울 수 있었고 독립적 수준의 읽기가 가능한 아이는 재능 기부의 방법으로 모둠의 친구를 가르치면서 읽기의 방법을 더 정확하게 익히는 효과까지도 얻을 수 있었다.

교사 1명이 학급 전체를 대상으로 하는 수업 장면에서는 교사의 눈이 20명 전체에게 가기가 매우 어렵다. 이에 자칫 교사가 놓칠 수 있는 읽기의 어려움에 직면한 아이들과 '어려움이 있을 시 질문하기', '선생님께 요청하기' 등을 약속함으로써 다인수 학급의 교실 수업 장면에서 아이들 스스로 개입의 기회를 얻을 수 있도록 안내했다. 또한 '전기수' 활동을 통해 교사가 교수적 읽기 지도를 하기 어려운 상황일 때 교실 속 친구인 또래와 함께 읽는 활동을 통해 읽기 유창성과 읽기 태도 면에서 유의미한 성장을 관찰할 수 있었다. 짝과 함께 읽기와 모둠이 함

그림 3 '전기수' 활동 모습

께 읽기의 과정을 통해 읽기 동기 유발은 물론 적절한 읽기 모델의 제공과 즉각적 오류 수정 또한 가능했다.

국어 교과서를 활용한 읽기 지도는 패턴 수업의 새로운 책 안내하기 단계의 지도 내용과 방법들을 적용하여 지도하였다. '교과서 백독백습'이라 이름 짓고 동아리 활동과 학급 특색 시간을 활용하여 지도 시간을 확보하였다. '교과서 백독백습' 활동은 안내된 읽기와 안내된 쓰기의 지도 원리에 입각해 지도하였다. 이를 통해 다인수 학급에서의 초기 문해력 향상 지도의 최대 난점인 단위 시간 내에 20명의 학생을 지도하는 효율성 면에서의 어려움을 극복할 수 있었다.

지도 과정의 첫 단계로 국어과 디지털 자료에 수록된 음원 자료가 지원되는 텍스트를 중심으로 읽기와 쓰기 확인 학습지를 만들었다.

이 학습지를 활용하여 읽기는 소리 내어 읽기를 기본으로, 쓰기는 따라 쓰기를 기본으로 하여 스스로 선택하여 활동할 수 있게 지도했다.

'교과서 백독백습'은 국어 시간과 학급 특색 시간 그리고 동아리 활동 시간 등을 활용하여 지도할 수도 있지만 학습 활동의 결과물을 완성하는 데 드는 개인차가 클 경우 자투리 시간을 활용하여 선택적으로 활용할 수 있게 안내하였다. 처음 활동 방법을 익힐 때는 읽기 텍스트와 쓰기 텍스트의 내용과 순서를 같게 하여 모두 같은 내용을 지도했다. 활동 방법 습득 이후에는 아이들의 선택을 존중하여 순서에 상관없이 읽고 싶은 텍스트와 쓰고 싶은 텍스트를 스스로 선택하여 읽고 쓰며 '백독백습'을 실천할 수 있게 지도하였다.

교육과정 재구성을 통해 학급 특색 지도 시간과 동아리 활동 시간을 활용하여 '백독백습'을 적용한 학습 활동을 지도할 수 있었다. 따라 쓰기는 소리 내어 읽기와 이어지는 활동으로 텍스트를 그대로 따라 쓰는 활동을 기본으로 진행했다. 스스로 소리 내어 읽기 전 단계인 함께 읽기 단계에서 주로 지도했던 단어 찾기는 '단어 수집가' 활동으로 명명하였다. 새로운 책이나 텍스트를 읽는 함께 읽기의 1단계 주요 활동이다. 새로운 어휘나 어려운 어휘를 찾아 뜻을 알아보고 밑줄을 긋거나 동그라미 표시를 하는 방식 등으로 지도하였다. 이어 포스트잇을 활용하여 찾은 단어를 보고 쓴 후 이를 활용한 짧은 문장 완성하기까지 확장하여 지도하였다.

활용할 텍스트의 형태가 동시인 경우 시를 함께 읽고, 단어를 수집하고, 수집한 단어를 쓰고, 소리 내어 반복 읽기를 통해 익히고, 시 전체를 따라 쓰고, 시에 어울리는 그림을 그려 표현하고, 노래하듯이 암송하기의 단계를 거쳐 마지막으로 수준별 받아쓰기를 하는 단계로 지도하였다. 텍스트가 노랫말인 경우 시 읽고 쓰기 지도 방법에 음원을 활용한 노래 따라 부르기, 뮤직비디오 만들기 등을 더하여 지도하며 익힐 수 있었다.

긴 줄글 형태의 텍스트는 국어과 전자 저작물 자료에 수록된 읽기 음원 자료를 활용하여 음성 파일을 들으며 교과서 텍스트를 따라 읽을 수 있게 지도했다. 읽기와 쓰기에 어려움이 많은 5명의 아이들은 특히 음성 파일을 활용한 따라 읽기 활동에서 텍스트의 이해도가 매우 높아지는 것을 관찰할 수 있었다. 음성 파일을 활용한 읽기 모델링을 통해 읽기 연습을 하고 아이들 각자가 '전기수'가 되어 소그룹 읽기 활동에 참여하게 하는 방식으로 교실 문해 수업을 진행하였다.

'단어 수집가' 활동은 어휘력 향상을 위해 진행하였는데 교실 문해 활동 시 가장 재미있어하고 참여 의지를 보였던 활동이다. 새로운 책 읽기 단계에서 복잡한 받침이 들어 있는 단어를 처음 읽을 때 책에 밑줄이나 동그라미 등으로 표시를 하게 했다. 다음으로 찾은 단어를 교실 곳곳에 비치해 둔 포스트잇을 활용하여 보고 쓴 후 교실 문해 환경 구성의 한 요소로 소칠판에 붙이기, 사물함에 붙이기, 마지막으로 A4 용지에 붙여 단어 모음집의 형태로 완성하는 활동 등을 진행했다. 개별 학습 활동 시 유용한 재료인 포스트잇을 활용하여 한 단어씩 찾는 단어 수집가가 되는 활동을 다양한 시간을 활용해 지도했다. 읽기전, 중, 후 단계 모두에서 할 수 있는 활동으로 아이들이 '숨은 글자 찾기'라는 이름으로 놀이화하여 경쟁적으로 찾으며 즐거워하는 모습을 자주 관찰할 수 있었다. 새로운 단어를 찾고 함께 찾은 단어의 구성과 소리를 알맞게 내어 보고 뜻을 알아보는 활동을 통해, 아이들 각자의 어휘집이 확장되었고 수준이 모두 다른 아이들의 문해 향상을 위한 학습 활동이 더 의미 있게 진행될 수 있었다.

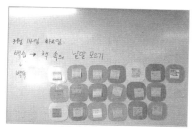

그림 4 '단어 수집가' 활동 모습

　쓰기 지도는 보고 쓰기의 형식인 따라 쓰기, 듣고 쓰는 형식인 받아
쓰기 순으로 활동을 지도하였다. 따라 쓰기는 필사라고도 하며 글자
의 형태와 문장의 구조 등을 보면서 문장의 형식까지도 익힐 수 있게
된다. 아직 문장의 구조와 글자의 형태를 정확히 인지하지 못하는 아
이들의 문해 경험을 쌓기 위한 학습 방법으로 따라 쓰기는 매우 효과
가 컸다. 보고 쓰기인 따라 쓰기가 쉬워 보이지만 여러 가지 이유로 쓰
기에서의 경험을 쌓지 않고 2학년이 된 요즘 아이들의 쓰기 유창성은
생각보다 아주 많이 낮았다.

　보고 쓰는 활동인 따라 쓰기는 일단 눈으로 어절 단위 혹은 의미
단위로 텍스트를 읽고 기억한 후 공책에 옮겨 쓰는 것이 원칙이다. 하
지만 보고 쓰기 장면에서 대부분의 아이들이 눈을 칠판에 주시한 채

한쪽 손만 공책 위에 둔 자세로 주어진 글자들을 쓰는 것인지, 그리는 것인지 헷갈릴 정도의 수준으로 쓰기에 참여하고 있었다. 쓰기 영역에서의 정확성은 물론이거니와 빠르게 보고 쓸 수 있는 유창성 지도 또한 필요하다고 생각되는 순간이었다. 이에 읽기 지도에서와 마찬가지로 아이들에게 친숙한 텍스트를 활용한 쓰기 지도를 동시와 노랫말 그리고 교과서 텍스트 등을 활용해 지도할 필요를 느꼈다. 동시는 의태어나 의성어와 같은 재미있는 말로 구성되어 있으므로 읽기에 대한 흥미를 유발하여 음운 인식 능력을 향상시키는 데 도움이 된다. 저학년 아이들의 발달 단계에 맞는 단순하면서도 반복적인 운율과 리듬이 담긴 동시와 동요는 읽기와 쓰기 발달을 향상시키는 데 사용될 수 있는 적절한 교수 매체이다.

다양한 텍스트를 활용한 단계별 따라 쓰기 지도는 예쁜 글씨 쓰기와 연계하여 정서법 지도는 물론 소근육 발달에도 도움을 주는 활동이었다. 연필을 잡고 쓰는 활동에 노출된 경험이 많지 않았던 아이들은 처음엔 1줄의 분량을 쓰는 것도 버거워했다. 하지만 한 학기가 지나

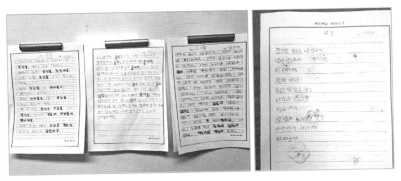

그림 5 '따라 쓰기' 활동 결과물

자 연필로 보고 따라 쓰기, 사인펜으로 덮어 쓰기, 어울리는 그림으로 꾸미기의 3단계 활동으로 진행된 따라 쓰기 활동에 지속적으로 참여하며 손가락에 힘을 주고 빼며 글씨를 예쁘게 쓰는 방법을 스스로 터득하게 되었다.

만점 받는 받아쓰기

1학기는 교실 문해 1차 지도 시기로, '아이들의 눈높이에 머무르기'를 통해 계획한 교실 문해를 시행착오를 거치며 아이들의 강점과 약점 그리고 문해 완성을 위해 필요한 것이 무엇인지 알아본 시기였다. 덕분에 2학기 개학과 함께 본격적인 교실 문해 2차 지도를 시작할 수 있었다. 1학기 동안 익혔던 소리 내어 읽기가 기본인 '따라 읽기'와 '따라 쓰기'를 통해 음운 인식, 소리와 글자와의 관계 및 문장의 구조 등을 확고히 하기 위해 본격적이고 체계적인 철자 지도가 필요했다. 2학기 시작과 함께 시작된 철자 지도인 '만점 받는 받아쓰기' 지도 내용은 다음과 같다.

초등 저학년 교실에서의 철자 지도는 대부분 '받아쓰기' 형태로 진행된다. 통합적 자모 단계에 해당하는 2학년 교실의 아이들이 갖추어야 할 단어 읽기 쓰기 수준은 맞춤법을 적용하여 읽고 쓰는 것이 가능한 표준적 쓰기 수준까지이다. 맞춤법이란 한글을 표기하기 위한, 즉 철자하기 위한 규칙으로 "표준어를 소리 나는 대로 적되 어법에 맞도록 함을 원칙으로 한다"라는 총칙에 따라 지도해야 한다. 2학년 아이들은 '소리 나는 대로' 적는 활동에는 비교적 쉽게 접근하여 쓸 수 있다. 하지만 '어법에 맞게' 쓴다는 규정에 따른 맞춤법을 적용한 쓰기 활동에서 많은 어려움이 관찰되었다. '소리 나는 대로' 쓰기는 소리와 글자의 일대일 대응 원칙을 적용하여 비교적 쉽게 이해하고 접근할 수 있는 반면, '어법에 맞게' 쓰기는 다양한 텍스트를 활용한 읽기 쓰기 상황에서 경험을 통해 익히도록 지도할 수 있다. '어법에 맞게'의 조항은 초기 문해력이 완성되는 아이들에게는 다소 어려울 수 있는 내용으로 '찰칵 찍어 기억하기'의 말로 설명하며 '단어 수집가' 활동을 통해 지도하였다.

'만점 받는 받아쓰기'라는 이름으로 일주일에 1개씩 받아쓰기 텍스트를 정하고 소리 내어 읽기인 따라 읽기, 따라 쓰기, 받아쓰기 연습, 받아쓰기의 총 4단계에 걸친 학습의 과정을 거쳐 철자 지도를 실시하였다. 읽기 따라잡기 지도 원리인 읽기와 쓰기를 통합하여 지도한다는 원칙에 입각하여 읽고 쓰기를 동시에 실시하였고 아이의 수준에 맞게 스스로의 연습량에 따라 수준별로 받아쓰기에 참여하도록 해 모두가 '만점 받는 받아쓰기'를 할 수 있었다. 소리 내어 함께 읽기 방식인 '따라 읽기'를 통해서는 정확한 읽기는 물론 유창한 읽기까지 함께 향상시킬 수 있었다.

'따라 읽기'와 '따라 쓰기' 과정을 통해 아이들은 읽기와 쓰기 상황에 반복적으로 노출되었고, 이를 통해 의미 파악까지 완전하게 마칠 수 있었다. 이후 주어진 텍스트를 외워서 스스로 문제를 만들고 받아쓰는 과정을 지도하였다. 듣고 받아쓰기 전 자신의 입으로 표현하며 '말을 글로 옮기는 과정'을 통해 소리를 글자로 철자하는 과정을 스스로 경험하며 익힐 수 있었다. 이를 통해 '장기 기억' 장치를 활성화하여 읽기와 쓰기의 과정으로 경험한 어휘들을 기억 장치에 저장하여 활용할 수 있는 활동을 반복하여 지도하였다. 이후 교사가 불러 주는 '예고하지 않은 받아쓰기' 형태의 받아쓰기 자료를 듣고 의미 단위로 기억한 후 소리에 맞게 글자를 대응시키는 방법으로 받아쓰기를 지도하였다.

모두가 '만점 받는 받아쓰기'는 2학년 수학과 교육과정상 수의 범위인 네 자릿수와 연계하여 100점이 아닌 10,000점을 최고 점수로 정해 채점하는 방식을 적용했다. 칭찬의 메시지로 피드백하며 강화와 촉진의 방법을 적용하여 지도하였다. 모두가 '만점 받는 받아쓰기'에는 이렇게 수학과 교육과정과의 연계 지도 또한 포함시킬 수 있었다. 한 음절당 100점씩 계산하여 각자의 받아쓰기 점수를 매기는 방식이다.

받아쓰기 연습을 할 때의 문제는 스스로가 어렵다고 느낀 것을 공부한 후 문제로 내기 때문에 20명 모두가 다르다. 자신이 읽었던 시를 기억나는 대로 말한 후 받아쓰기 연습용 학습지에 번호를 붙여 스스로 문제를 내고 기억해서 쓴 다음 한 음절씩 채점을 하는 방식이다. 이후 교사가 불러 주는 자료를 듣고 받아쓰는 활동을 통해 음운 인식 능력 향상은 물론 듣기 능력 향상 지도와 함께 평가 장면에서의 정확한 읽기와 쓰기 지도도 가능했다.

이러한 활동을 통해 읽기에서의 정확성과 유창성이 향상되었다. 자기 모니터링의 변형이라고 볼 수 있는 점검의 과정이 되는 평가지를 제출하기 전에는 모두 함께 소리 내어 읽는 단계를 두어 헷갈리거나 놓친 문제들을 다시 고쳐 쓸 수 있게 했다. 이를 통해 자신이 쓴 글자를 집중해서 살필 수 있고 소리와 글자의 관계를 적용하여 표기하는 것을 학습할 수 있게 되었다.

받아쓰기 평가용 학습지는 공부한 수준에 따라 단어 수준의 받아쓰기와 구와 문장 수준의 받아쓰기로 나누어 지도하였다. 이렇게 함으로써 읽기와 쓰기 활동에 대한 부담이 큰 아이들과 평가에 대한 스트레스가 있는 아이들이 평가에 대한 자신감을 가질 수 있었다. 또한 띄어쓰기 감각을 기르고 띄어쓰기까지 적용한 표기법을 익혀야 하는 아이들의 학습을 위해 평가지에 음영을 처리하여 편집하여 지도하였다. 평가를 할 때는, 1차 채점 시 오류를 보인 음절을 세모로 표시하여 점수를 매기지 않고 당사자에게 배부했다. 이후 아이들 스스로 고쳐 쓰기를 할 수 있게 지도하였다. 오류를 발견하고 바르게 고쳐 오면 세모를 별로 바꿔 채점해 주며 오류의 원인에 대해 스스로 이야기하여 오류를 줄이는 방법을 찾을 수 있게 했다. 오류 수정을 위한 음절 글자의 철자 학습 피드백 과정에서 일대일 지도가 적용되어 강화와 촉진의 언어를 사용하여 지도할 수 있었다.

'만점 받는 받아쓰기' 지도는 이전 학습의 과정이었던 따라 읽기, 따

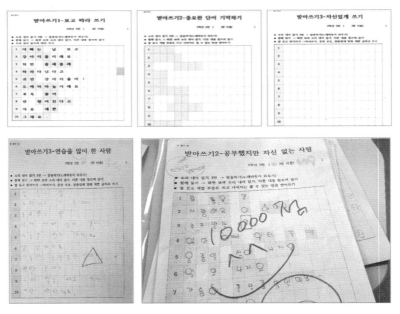

그림 6 '만점 받는 받아쓰기' 예시

라 쓰기에서 익힌 것들을 말하고 듣는 과정이다. 받아쓰기는 듣기, 말하기, 읽기, 쓰기의 학습이 통합적으로 이루어지는 효과를 가져왔다. [그림 6]은 '만점 받는 받아쓰기' 단계별 학습지와 활용 결과이다.

이러한 받아쓰기의 과정을 통해 소리 나는 대로 쓰기와 어법에 맞게 쓰기를 학습하면서 아이들은 비로소 소리를 글자로 표현하는 과정을 익히게 된다. 지속과 반복의 과정인 연습을 통해 아이들은 자신의 생각이 담긴 말소리를 글로 표현하고 자연스럽게 읽을 수 있게 되었다.

쓰기의 과정에서 감각적으로 익혀야 하는 요소인 띄어쓰기 지도는 어떻게 해야 할까? 정확한 읽고 쓰기의 과정을 지나 유창한 읽고 쓰기까지 완성하려면 띄어쓰기 지도는 필수이다. 교실 문해 장면에서 띄어쓰기는 소리 내어 '따라 읽기' 과정에서 지도할 수 있다. 문장을 보고 읽으며 박수를 치는 것이 주 골자이다. 어절 단위인 '글자 덩어리'가 나올 때 박수를 1번씩 치는 것을 '띄어쓰기 박수'로 명명하고 소리 내어 읽으며 띄어쓰기를 감각적으로 익힐 수 있게 지도하였다. [그림 7]은 '띄어쓰기 박수' 지도 장면이다.

그림 7 '띄어쓰기 박수' 활동 장면

이 외의 다양한 교실 문해 활동 관련 내용은 다음의 표를 참고하기 바란다.

표 2 다양한 교실 문해 활동

활동명	활동 내용	패턴 수업과의 관계	활동 자료
내가 읽은 책	책을 읽고 소리와 표기가 다른 낱말이나 멋진 문장을 찾아 학습지에 기록하는 활동	익숙한 책 읽기 새로운 책 읽기	
교과서 백독백습	스스로 기록하여 습관화하는 교과서 백독백습 활동	익숙한 책 읽기 새로운 책 읽기	
자모 주사위 퍼즐	어휘력 신장을 위한 낱글자 힌트, 통글자 힌트, 의미 힌트, 첫소리 힌트 듣고 글자 맞히기, 다섯 고개 등 말놀이 연계 활동	낱말 글자 말소리 분석 읽기 과정 분석 문장 구성하기	
나도 작가	교과서 시 따라 쓰고 나만의 시로 바꿔 쓰기 활동	문장 구성하기 문장 쓰기	
동요 문장 퍼즐	교과서 텍스트인 동시를 활용한 문장 재구성 활동	문장 재구성하기	

3) 두 번째 트랙: 방과 후 일대일 개별화 지도

점심시간 줄을 서서 급식실로 이동하는 장면이다. 어디선가 "네 이놈!"하고 다소 나이 지긋한 어르신의 입에서 나올 법한 말투의 목소리가 들린다. 웃음이 터지려는 것을 참고 "쉿! 다들 복도 이동할 땐 말을 하지 않고 이동합니다!"라고 애써 근엄한 표정을 지으며 반 아이들을 인솔한다. 쫄래쫄래 친구들과 함께 줄을 맞춰 이동하는 호이는 2학년이다. 지금은 글을 읽고 쓰는 데 어려움이 커 교실 속 학습 활동 장면에서 흥미라고는 찾아볼 수 없는 아이. 그렇지만 조금 늦더라도 결국에는 완성될 호이의 문해력 향상 지도 일상을 전지적 담임 시점으로 들여다보겠다.

2학년이지만 보고 쓰기도 쉽지 않은 호이의 눈높이에서 머무르기

아이의 말과 행동 관찰을 통한 마음 읽기는 아.눈.머 단계의 기본이다. 초등 담임 교사는 아침 등교 시간부터 수업 시간, 쉬는 시간, 점심시간 등의 모든 시간을 한 공간에 머무르며 다양한 활동을 함께한다. 덕분에 1일 평균 약 5시간 정도의 시간을 함께하며 아이의 말과 행동을 관찰할 수 있는 시간을 확보할 수 있다. 이러한 초등 담임 교사만의 특수성은 읽기·쓰기 발달이 늦은 아이와의 일대일 수업을 좀 더 효과적으로 진행하는 데 장점으로 작용할 수 있다. 아이들과 소통하며 다양한 장면에서 아이의 말과 행동을 관찰할 수 있고 학부모와의 소통이 용이해 가정 문해 환경 조성을 위한 안내자로서의 역할 또한 좀 더 쉽게 할 수 있다.

교실 문해의 아.눈.머 과정을 통해 관찰한 교실 수업 속 호이의 강점과 약점을 살펴보았다. 아이들이 모르는 다소 토속적이기는 하지만 새로운 어휘를 말로 잘 표현한다는 것, 만화책을 좋아한다는 것, 만들기 활동에 관심이 많다는 것, 음원을 활용한 활동에 관심이 있다는 것, 자신의 생각을 말로 표현하기 위해 나름대로 노력한다는 것, 친구들과 함께하는 활동을 좋아한다는 것 등의 강점을 가지고 있었다. 반면 발음이 정확하지 않아 의사소통을 정확히 하지 못할 때가 많다는 점은 호이의 약점이었다.

교실 수업 장면에서 호이는 무력감이 느껴지는 행동과 표정을 보이면서 주어진 과제를 하려고도 하지 않았다. 국가 수준 교육과정에서 요구하는 성취 기준에 도달할 수 있도록 학습 활동을 전개해야 하는 책임이 있는 담임 교사로서 학습에 의욕이 없는 호이에게만 집중하여 학습을 안내하고 지도하는 것은 현실적으로 매우 어려운 일이다. 그럼에도 불구하고 기본적인 수업 참여를 위한 책 펴고 자리에 앉기 등의 기본 생활 습관들이 갖춰지지 않은 이유로 호이에게 제공되는 지도의 시간이 나머지 학급 아이들에 비해 훨씬 더 많을 수밖에 없다. 단위 차시뿐만 아니라 일상의 쉬는 시간이나 자투리 시간 등에서도 호이의 생활 지도에는 반 아이들을 지도하는 시간과 노력에 비해 월등히 많은 시간과 노력이 들어간다는 것은 두말할 필요도 없다.

담임의 시점에서 바라본 아이 호이. 덩치는 컸지만 아직 또래보다 마음이 덜 자란 아이였다. 또래 친구는 물론 한 살 터울인 친누나와의 다툼이 학교까지 이어질 정도로 학습 면뿐만 아니라 생활 지도의 면에서도 다듬어질 부분이 많아 보였다. 그런 이면에 업무로 지친 담임에게 웃음을 터트리게 하는 순진함과 귀여움도 갖고 있었다.

유아기 부모의 이혼으로 부모와의 상호작용이 부족했던 호이는 다양한 언어 환경에 노출되지 못하고 할머니와의 소통에만 노출되어서 할머니 세대의 말과 표현을 주로 하고 있었다. 청각에는 문제가 없어 보였지만 교사의 모델링을 듣고 단번에 따라 말하는 것을 어려워했다. 여러 번의 시도와 피드백을 통해 입 모양을 보고 따라 발음할 수 있게 되었다. 지속적인 지도 결과 1학기 말 즈음엔 차츰 발음이 좋아지는 것이 관찰되기 시작했다. 초기에는 전반적인 내용을 이해하기 어렵게 말을 했지만 1학기가 마무리되는 시점인 7월 말 즈음에는 비교적 발음이 정확해지기 시작했다. 하지만 여전히 문자로 표현된 텍스트를 읽고 표현하는 데는 많은 어려움이 있었다.

학기 초와 비교해 1학기 말에는 받침 없는 글자들은 읽고 이해도 잘하고 쓰기까지도 할 수 있을 정도로 성장했다. 여전히 받침 있는 글자들은 해독 단계에서부터 시간이 많이 걸렸다. 해독에 소비되는 시간이 많아 교실 문해 시간만으로는 단위 차시를 활용한 성취 기준 도달에 어려움이 컸다.

'일반적이지 않은 이름을 가진 덕분에 성과 이름을 합체하지 않고 이름만 쓰는 것일까?' 처음엔 대수롭지 않게 넘겼다가 3월이 끝나 가는 어느 날 호이에게 이름만 쓰지 말고 성과 함께 모두 써 보기를 제안했다. 하지만 'ㅁ' 받침이 들어 있는 성과 'ㅊ' 받침이 들어간 이름을 쓰는 과정에서 획순에 오류를 보인 것은 물론 받침 모양을 헷갈려하며 그리듯이 겨우 써내는 모습을 볼 수 있었다. 호이는 그동안 학습 활동 전과 후에 과제물에 이름을 써야 하거나 단체 생활에서 자신을 알려야 할 필요가 있을 때 자신의 이름자 중 받침이 없어 비교적 쓰기 쉬운 2개의 글자만 쓰는 방식으로 버텨 왔던 것이다. 어찌 됐든 본인의 이름을 써내야 하는 상황에서 성을 제외한 통상적인 호칭이었던 받침이 없는 글자들로 구성된 두 글자 이름만으로도 소통이 가능했기 때문에 쓰기의 경험이 상대적으로 부족했던 'ㅁ'과 'ㅊ' 받침이 들어간 글자들의 쓰기 상황에 노출되는 경험이 부족했던 것이다. 이러한 이유로 자신의 이름자에 들어간 글자들마저도 읽기와 쓰기에 어려움이 있었다.

초기 문해력 검사 결과와 아·눈·머 과정에서 관찰된 사항들을 토대로 호이의 지도 목표를 정했다. 정확한 음운 인식을 위한 소릿값 지도, 정확히 소리 내며 말하기와 읽기, 즉 발음 지도를 통한 정확하고 유창한 읽기 지도, 교실 문해 참여 지도를 통한 학습 흥미 높이기, 수준 평정 그림책을 활용한 읽기와 쓰기 통합 지도로 읽기에 대한 관심도 높이기를 1차 지도 시기인 1학기 지도 목표로 정하고 호이를 지도하였다.

1차 지도: 교실 문해와 연결시키기

호이와의 수업은 5시간 동안 담임으로서 보낸 힘든 일과를 잊게 해 주는 마법 같은 시간이었다. 통합 교과 '집 만들기 활동' 지도 장면이다. 날마다 매시간 다른 수업 참여 태도를 보이는 호이지만 이 시간만큼은 '만들기를 좋아하는' 호이의 강점을 발휘할 수 있는 시간이었던지 수업 참여도와 집중도가 비교적 양호했던 날이었다. 아침 출근 시간부터 잡기 놀이를 하며 복도까지 탈출한 호이를 보며 '오늘 하루도 힘들겠구나'라고 생각했지만 강점을 활용할 수 있는 활동 중심의 수업 덕분에 에너지 소모가 비교적 덜한 하루를 보낼 수 있었다. 교실 수업이 끝난 오후 시간 방과 후 개별화 수업을 진행하기 싫은 느낌이 강했지만 호이와의 라포르 형성은 물론 문해 지도에 있어서의 전문성

향상을 통해 스스로 만족도를 높일 수 있는 시간이라 자질구레한 핑 곗거리를 뒤로하고 수업을 시작했다.

일대일 밀착 지도로 생활 지도 효과까지 볼 수 있는 점 등 담임으로 서의 일대일 개별화 수업이 주는 효과는 정말 많다. 여러 상황과 이유 가 복합적으로 작용하여 아무 잘못 없는 아이가 미워지려고 할 때 일 대일 수업으로 만나기를 계획할 필요가 있다. 물론 5시간의 정규 수업 으로 이미 몸은 지쳐 있고 마음 또한 불편한 상황에서는 쉬운 일이 아 닐 것이다. 하지만 아이들로 북적대던 교실에 오붓하게 호이와 나란히 앉아 오늘 있었던 일에 대해 얼굴을 마주 보며 이야기를 나누다 보면 어느새 웃고 있는 나를 발견할 수 있었다. 비록 힘은 들었지만 귀엽게 느껴지는 호이와의 문해력 향상 시간이 즐거운 시간으로 기억될 수 있 었다.

1차 지도 시기는 교실 문해에 좀 더 비중을 두고 지도하였다. 방과 후 지도 시간을 활용하기보다 교실 문해 시간을 통해 학습 활동 참 여에 전혀 흥미를 보이지 않는 호이의 개선되어야 할 특성을 반영하 여, 교실 문해 영역의 학습 활동 루틴을 익히는 데 중점을 두고 지도하 였다. 친구들과 같은 동시와 노랫말 텍스트를 이용하여 패턴 수업에 적용되는 읽기와 쓰기 활동의 요소들을 읽기 중심 활동과 쓰기 중심 활동 등으로 나누어 분절식으로 지도하였다. 이러한 방법에도 불구하 고 활동 참여에 어려움을 보일 때는 교사의 밀착 지도와 함께 또래 친 구를 활용한 학습 활동 전개의 방법을 적용하여 일대일 방과 후 개별 화 수업 시 바로 패턴 수업에 적응할 수 있게 밑 작업들을 실행하였다.

3월과 4월 교실 문해를 통해 익힌 읽기와 쓰기의 방법들을 본격적 인 개별화 지도가 시작된 5월의 패턴 수업에 적용하여 지도하였다. 호이의 초기 문해력 검사 결과는 규준 평균 1로 각 영역별 원점수를 살펴보면 음절 글자 읽기 15점, 구절 읽기 3점, 읽기 유창성 31점, 문장 받아쓰기 17점으로 심각한 읽기 부진이 될 수밖에 없는 결과를 보였다.

초기 문해력 검사 결과 분석 내용을 바탕으로 전담 교사와의 협의를 통해 음절 수준의 음운 인식, 자모 소릿값 지도를 중점 지도해 줄 것을 부탁드렸다. 주 5회의 풀 아웃 방식으로 진행되는 전담 교사와의 일대일 밀착 수업을 통해 3월과 4월 주 평균 5시간 중 3시간은 문해력, 2시간은 수해력 지도로 편성하여 지도해 줄 것을 협의하였다. 교실 문해를 통해 학습한 소리 듣고 나누고 모으기 훈련의 과정에 대해 설명하고 연계성 있는 학습이 이루어질 수 있게 주기적인 협의를 이행하였다. 다양한 단서를 활용한 읽기 전략 활용법과 교실 문해 장면에서 학급 아이들 전체와 함께 익히는 날마다의 음운 인식 활동 지도로 소리와 글자의 연결에 대한 감각 또한 기를 수 있었다.

익숙한 책으로 책 읽기의 즐거움 느끼게 하기

책 읽기 활동에 관심이 없어서일까? 수준에 맞지 않는 책들로 가득 찬 환경 때문일까? 호이는 학교에 올 때 운동화 끈, 3월 날씨에 어울리지 않는 무선 선풍기, 각종 인형, 다양한 카드들을 손에 들고 오기 일쑤였다. 학교 도서관이 정비되기 전인 3월 한 달 동안은 가정 문해 환경 확인도 할 겸 '읽을 책 1권 가지고 다니기'라는 과제를 알림장에 제시했다. 호이는 당연히 가지고 오지 않았고 가지고 온 온갖 물건들을 분해하거나 만지며 시간을 보내거나 돌아다니는 전략으로 아침 독서 시간을 흘려 보내고 있었다. 친구들이 책에 빠져 더 잘 읽게 되고 더 잘 이해하는 기술을 쌓는 동안 호이는 상대적으로 더 심각한 읽기 부진의 늪으로 빠져들고 있었다. 이에 일단 책에 대한 관심도를 높일 수 있는 장치를 궁리했다.

담당 업무인 도서관 관리로 바빴던 3월 아침 독서 지도 장면이다. 생활 지도에 어려움이 있던 호이를 근접 거리에 두고 지도하기 위해 도서관에 함께 가게 되었다. 책에는 관심이 없을 거라 단정지었던 호이가 익숙하게 아래쪽에 위치한 서가에서 책을 꺼내 들고 소파에 빠른 속도로 앉아 책을 읽는 모습을 보여 주었다. 1교시 시작 시간이 되어 교실로 돌아가자고 불렀지만 호이는 책에 푹 빠져들어 내가 다가가는 줄도 모르고 읽고 있었다. 읽고 있던 책은 《흔한남매》와 《엉덩이 탐정》으로 각각 유튜브 코미디 콘텐츠와 애니메이션으로도 방영된 동화를 책으로 엮은 만화책이었다. 대출 불가의 책이었지만, 호이가 아직 다 읽지 못해 아쉬워하는 나머지 책을 교실로 가져갈 수 있게 허락해 주었다. 읽기와 쓰기에 어려움이 있어 책에 관심과 흥미가 없을 것이라고 단정했던 호이. 하지만 호이는 의미 단서를 활용해 훑어 읽기가 가능한 만화책에는 관심을 보였다. 만화책에 몰입한 호이를 발견하자 초기 문해력 향상 지도에 대한 희망이 보이기 시작했다.

나는 도서관 폐기 도서 목록에 들어 있던 만화책을 학급 문고로 의도적으로 비치함으로써 책 읽기에 흥미를 못 느낀 아이들과 호이를 의자에 앉히며 독서의 기쁨을 맛보는 시간을 확보할 수 있었다. 비록 만화책에 몰입하여 다음 활동들을 놓치기도 해 가끔 통제가 필요한 상황도 있었지만, 읽기의 즐거움을 느끼게 할 수 있었고 이를 활용하여 익숙한 책 1호를 만들 수 있었다.

호이를 위한 맞춤형 책으로 《흔한남매》 내용을 활용하여 수준 평정 그림책을 만들 수 있었다. 호이는 받침 있는 음절 글자들 중 '음', '은', '읍' 등에서 발음상의 어려움을 보였다. 이에 호이가 거의 매일 보고 말해 익숙해져 정확하게 발음할 수 있는 책의 제목 "흔한남매"로 정확한 받침소리 읽기와 쓰기를 지도하였다. 그 결과 진단 시 오류를 보이거나 전혀 발음할 수 없었던 받침소리와 글자들을 읽고 쓸 수 있게 되었다.

'익숙한 책'이란 교수적 수준 이상의 책으로 아이가 스스로 읽으며 읽기에서 정확성과 유창성을 향상시킬 수 있는 책이다. 익숙하게 읽을 수 있는 책 목록이 많을수록 아이의 읽기 능력은 계속해서 향상될 수 있다. 교실 문해를 통해 익힌 동시 중심의 읽기 텍스트와 수준 평정 그림책을 활용하여 점점 호이의 읽기 능력을 향상시킬 수 있었다. 하지만 새로운 책 읽기라는 도전의 과정을 통해 익숙한 책 목록을 확장시키지 않는다면 읽기 능력의 가속화된 발달을 관찰할 수 없게 된다. 새로운 책은 교실 문해로 경험한 동시와 노랫말을 중심으로 새로운 텍스트를 활용하여 일대일 개별화 수업 중에 지도했고, 이와 더불어 수준 평정 그림책을 활용하여 단계적이면서도 순차적으로 지도해 나갔다.

읽기와 쓰기 통합 지도

시각적 단서를 활용한 소리와 글자의 일대일 대응 원칙을 적용한 읽기에 어려움이 많은 호이의 다양한 읽기 전략 지도 내용을 예로 들어 보자. 아침 독서 시간을 활용해 호이가 좋아하는 《흔한남매》 만화책을 활용하여 한 페이지, 한 컷 단위로 짚으며 소리 내어 읽기를 지도하였다. 그림을 보고 유추할 수 있는 말풍선 속 '핵심 단어 찾기' 지도를 통해 말하고 읽고 쓰기에 활용할 수 있는 어휘집 확장을 도울 수 있었다. 또한 발음이 부정확한 호이의 발음을 교정하기 위해 교사의 모델링을 통해 지도하였고, 더불어 자석 글자를 활용하여 직접 조합해 보는 과정을 통해 소리와 글자의 일대일 대응 관계에 의한 짜임을 감각적으로 익힐 수 있게 지도하였다. 특히 쓰기 활동에 관심이 없고 어려움을 겪고 있는 호이를 위해 일반적인 공책이 아닌 화이트보드에 보드마커로 보고 쓰기, 우유갑 주사위 퍼즐 글자 맞추기와 만들기 등 다양한 자료를 활용하여 쓰기 활동에 참여할 수 있게 지도하였다. 이러한 과정을 거쳐 읽기에 거부감을 보이며 흥미를 느끼지 않던 호이가 소리 내어 읽으며 쓰기 활동에 참여하기 시작했다. 교사의 안내와 도움을 받으며 패턴 수업 내에서 문장을 구성하고 자신의 경험과 생각을 문장의 형태로 쓰기 시작하였다.

호이는 쓰기 지도의 첫 단계인 '보고 쓰기' 활동에서 보였던 쓰기에 대한 불편함과 어려움을 극복하며 쓰기 활동에 참여하게 되었다. 하지만 교실 문해 장면에서는 쓰기에 대한 경험이 많지 않아 쓰기 유창성이 발달하지 않은 호이는 '주어진 시간 내에 집중하여 쓰기' 활동에 참여하는 것을 어려워했다. 이에 '보고 쓰기' 활동에서 주는 일반적인 쓰기 과제의 양을 호이에게는 1/3로 줄여 주고 나머지 시간을 '소리 내어 읽기' 활동으로 바꾸어 활동에 참여할 수 있게 지도하였다. 그 결과 많은 시행착오와 어려움을 극복하고 '만점 받는 받아쓰기' 활동에서 반 아이들과 같이 참여하여 '만점'을 받을 수 있었다.

1학기 동안의 교실 문해 장면에서는 쓰기 활동 시 쓰기는커녕 학습 활동 자체에 대한 흥미를 보이지 않던 호이가, 반 아이들과 함께 같은 속도로 '만점 받는 받아쓰기'에 참여하게 되었다. 함께 소리 내어 읽기 방식에 따라 읽기와 따라 쓰기, 외워 읽기를 통한 받아쓰기 연습을 통해 호이가 쓰기에서의 자신감을 가질 수 있었던 것이다. 자신감은 읽기와 쓰기 연습의 양이 어느 정도 채워졌을 때 생길 수 있다. 기대 이상의 몰입도와 흥미를 보이며 호이는 다른 아이들과 같은 수준인 문장 수준의 받아쓰기에 참여하였고 대부분의 글자들을 바른 글씨로 써내고 있었다. 감격적인 순간이었다.

받아쓰기 연습 과정과 실제 받아쓰기 장면을 관찰한 결과 소리와 글자의 대응에 대한 호이의 인식이 발달하였음을 관찰할 수 있었다. 호이는 소리 내어 읽으며 음절 글자들을 천천히 써 내려 가며 문장을 다시 묻기도 하며 적극적으로 쓰기 활동에 참여했다. 표준발음법 제13항[1]에 해당하는 이어 읽기 즉, 연음 규칙에 대한 이해도 또한 높게 관찰되었다. 물론 단번에 쓰진 못했지만 '붙어'와 '떨어' 등 이어 읽기 규칙을 적용한 받아쓰기 문제의 경우 오류 교정 피드백 과정에서 규칙 설명 후 "그럼 어떻게 써야 할까?" 하고 물었을 때 호이는 나름대로의 방법으로 이어 읽기의 규칙을 설명했다. 음운 인식, 소리-글자 대응 관계에 대한 인식이 향상되었고 소리 내어 읽으면서 자신의 소리를 듣고 수정하여 읽기 시작했다. 즉 자기 수정의 모습을 보여 주기 시작했다. 자기 수정이 가능하다는 것은 자신의 소리를 듣기 시작했음을 의미한다. 읽으면서 듣기가 가능해지며 호이는 초보적인 단계지만 의미가 무엇인지 생각하며 읽기 시작했다.

호이와의 새로운 시작

여름 방학이 끝나갈 즈음 학기 중엔 여러 가지 이유로 일대일 수업

---

1 표준발음법 제13항: 홑받침이나 쌍받침이 모음으로 시작된 조사나 어미, 접미사와 결합되는 경우에는, 제 음가대로 뒤 음절 첫소리로 옮겨 발음한다.

의 횟수를 확보하기도 어려웠고 질적인 면에서도 아쉬움이 있었던 호이와의 개별화 수업을 3일에 걸쳐 하루 4시간씩 밀도 있게 진행해 보았다. 1일째 호이는 방학 동안의 대면 공백 때문인지 살짝 거리를 두는 듯한 느낌이 들었다. 특별히 계획한 하루 4시간의 지도 시간을 의미 있게 보내기 위해 방학 전부터 계획을 세웠다. 하지만 방학이 주는 달콤한 휴식 때문에 방학 중 일대일 지도에 대한 스스로의 다짐이 살짝 느슨해지려 했다. 이러한 이유로 첫째 날 호이와의 만남에는 3월 첫날의 모습처럼 서로를 탐색하는 시간이 잠깐 있었다. 하지만 익숙한 공간 그리고 익숙한 담임의 성격과 읽기 따라잡기 수업의 패턴 때문인지 호이는 금방 편안한 상태를 유지할 수 있게 되었다.

학기 중 수업 장면에서는 교실의 공간이 학급 아이들과 함께 쓰는 공간이었지만 방학 중 단기 집중을 위한 수업 장면에서의 교실은 온통 호이만을 위한 공간으로 쓸 수 있었다. 컴퓨터가 놓여 있는 교사의 책상 옆 교탁으로 쓰이는 공간은 평상시엔 학습을 위한 자료를 놓아 두는 공간으로서의 역할을 담당했지만 3일간의 집중 읽기 따라잡기 수업에서는 호이의 학습을 위한 공간으로 활용되었다.

앞서 이야기했듯이 3월부터 4월까지 약 두 달 동안 항상 다양한 물건들과 함께 등교했던 호이였다. 여름 방학 때까지 점차 그 습관들이 고쳐졌었는데 방학 때 만난 호이는 예의 그 장난감 들고 오기를 다시 시작했다. 반 아이들 모두가 한 공간에서 함께 수업에 참여하는 상황이었다면 분명 많은 일이 생겼을 것이다. 하지만 일대일 대면 수업 장면에서는 수업 중에 장난감 한곳에 두기 등의 약속을 정해 통제할 수 있기 때문에 상대적으로 허용적인 분위기에서 일대일 수업을 진행하였다.

교실 수업 장면에서는 좀처럼 성공의 기회를 갖기 어려웠던 호이. 일대일 수업 장면에서는 "여기 다시 읽어 볼래?", "어떤 부분이 이상한지 알겠어?", "이렇게 공부를 열심히 했구나!", "말하듯이 자연스럽게 잘 읽었어, 잘했어! 잘 모았어" 등 온전히 촉진과 강화의 교수 언어를 단위 수업 회기에서 많이 사용할 수 있었다. 작은 성공일지라도 폭풍 칭찬을 해 주는 것은 물론이고 스킨십을 좋아하는 호이에게 귓속말로 알려 주기, 손가락 하트 보내기 등 비언어적 방법으로 긍정적인 피드백을 제공했다. 호이는 즉각 반응했고 학습의 태도가 방학 이후로 눈에 띄게 달라진 모습을 관찰할 수 있었다.

2차 패턴 수업 지도: 가속화된 발달 기대

방학 동안의 문해력 캠프로 BFL 6 책을 정확하고 유창하게 읽어 낸 호이. 드디어 가속화된 발달이 관찰되기 시작했고 자동화된 읽기에 대한 기대를 하게 되었다. 하지만 여느 담임 교사의 일상이 그렇듯 개학과 동시에 다인수 학급을 운영해야 하는 책무로 인해, 가속화된 발달을 위한 가장 중요한 요소인 일대일 개별화 지도 시간 확보에 제동이 걸리기 시작했다.

개학 후 반 아이들과 함께하는 교실 문해 활동에 적극적으로 참여하며 가속화된 발달이 눈에 띄게 관찰되기 시작한 호이였다. 하지만 2학기가 시작되고 일주일이 조금 지난 목요일 하교 후 계단을 내려가다 다리를 삐끗하게 되어 약 일주일간 조퇴와 결석을 하게 되면서 교실 문해 활동의 흐름을 잊게 되었고 방과 후 개별화 지도로 만들어 놓은 교사와의 라포르도 느슨해지고 전체적인 수업의 흐름이 끊기게 되었다. 그 결과 그동안 익혔던 학습 활동의 규칙과 읽기·쓰기 활동에 대한 흥미를 모두 잊어버린 채 호이는 3월 초에 관찰되던 '수업 참여

방관자'의 모습으로 되돌아가고 말았다.

그 이전, 개학 후 약 일주일의 시간 동안 호이는 반 아이들과 다름 없이 매우 평온한 상태에서 교실 수업과 방과 후 일대일 지도에 참여 하였고 그 결과 교사의 기대보다 높은 성취 수준을 보여 주었다. 교실 문해 활동의 '만점 받는 받아쓰기'에서는 쓰기 활동에서의 거부감은 전혀 찾아볼 수 없었고 오히려 "할머니가 100점 맞으면 닌텐도 사 주 신다고 했어요!" 하며 받아쓰기 점수에 관심과 기대를 가질 정도였다. 1학기에는 전혀 관찰할 수 없었던 쓰기 활동의 점수에 관한 관심과 가정에서의 조력의 변화를 느낄 수 있는 장면이었다. 교실 문해 활동 에 참여하는 모습이 눈에 띄게 적극적으로 바뀌었고 가정 학습 과제 도 매우 열심히 수행한 결과 성취도 면에서 일대일 개별화 수업을 받 지 않고 교실 문해 활동으로만 지도했던 3명의 아이들보다도 더 높은 받아쓰기 1차 결과를 보여 기대감을 주었던 호이였다. 수업 참여 태도 또한 놀라울 정도로 좋아져서 2학기 개학과 함께 교실 문해의 수준을 한 단계 높일 수 있었다.

그림 8 호이의 받아쓰기 연습 학습지와 평가 결과

이러한 눈에 띄는 결과와 가속화에 대한 높은 기대가 있었기 때문에 돌발 상황으로 인한 절망에만 빠져 있을 수 없었다. 부진아 지도의 가장 중요한 원칙은 반복과 지속이기 때문에 계획했던 2차 지도에 다시 착수했다. 호이를 대상으로 한 일대일 방과 후 개별화 지도 트랙의 2차 지도 시기 목표는 교실 문해 활동 참여 수준 높이기와 방과 후 일대일 개별화 지도 횟수 및 밀도 높이기로 가속화된 발달을 더 가속화시키기였다. 목표 도달을 위한 가장 중요한 요소인 시간 확보의 문제를 해결하기 위해 4교시 수업인 화요일, 수요일을 기본 지도 요일로 고정하고 월, 목, 금요일은 교실 문해 활동의 보충과 선행의 시간으로 계획하고 지도하였다.

호이의 2학기 문해 지도는 9월 한 달 동안 주 2회 방과 후 일대일 개별화 지도를 실행할 수 있었고, 주 5일 중 방과 후 개별화 지도가 없는 3일은 교실 문해 활동에 참여하며 읽기와 쓰기에 대한 경험을 지속적으로 확장시켜 나갈 수 있었다.

교실 문해 활동의 주된 지도 요소인 알림장 쓰기와 '백독백습' 따라 읽기 텍스트인 동시와 노랫말을 익숙한 책과 새로운 책 읽기 지도 자료로 활용하였다. 교실 문해 활동에 적극적으로 참여하도록 유도하기 위해 텍스트에 노출을 더 많이 시켰고 교실 문해 지도 시 참여가 어려웠던 부분들을 재지도하는 과정에서 대화를 통한 상호작용과 학습 참여에 대한 흥미를 높이기 위해 칭찬과 강화를 주요소로 하여 지도하였다. 호이는 1차 지도 시기와는 확연히 달라진 모습으로 학습 활동에 참여하였고 읽기와 쓰기 활동에 활용한 텍스트에 노출을 많이 한 결과 거부감을 보이던 모습이 제거되기 시작했다.

9월부터 10월 중순까지는 1년의 학급 경영의 시기 중 가장 밀도 있는 학습 활동을 할 수 있는 기간이다. 이에 교실 문해와 연계한 전지적 담임 시점에서의 일대일 개별화 수업의 지도 내용 또한 밀도 있게 구성할 수 있고 이를 통해 가속화된 발달을 관찰할 수 있었다.

부정확한 발음과 의미와 통사 단서를 활용한 읽기 전략만을 주로 사용하던 호이의 읽기 양상에서 비교적 정확한 발음을 내기 위해 노력하는 모습이 관찰되고 있고 의미 단서뿐만 아니라 시각적 단서를 활용한 읽기 양상이 관찰되기 시작했다. 읽기 전, 중, 후 활동에서도 책에 대한 흥미가 전혀 보이지 않던 학기 초와는 다르게 교실 문해 환경용으로 비치된 학급 문고의 책을 스스로 찾아 읽는 모습 또한 볼 수 있었다.

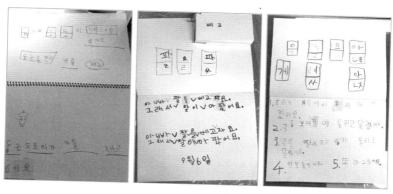

그림 9 호이의 문장 쓰기 변화 양상

2차 지도 시기인 9월 이전 BFL 6의 수준 평정 그림책을 익숙한 책 읽기 단계에서 교수적 수준으로 읽었던 호이는 이후 약 20회기 동안의 수업에서 많은 성장을 보여 주었다. 일상 수업 기록지의 패턴 수업 흐름과 수업 성찰 기록을 살펴보면 1차 지도 시기엔 1회기 수업에서 밀도 있는 수업 자체가 진행되지 않은 것을 볼 수 있었다. 패턴 수업의 지도 단계 또한 분절식으로 적용하여 지도한 내용을 볼 수 있었다. 반면 방학 중 캠프를 거친 후 2차 지도 시기의 수업 흐름을 살펴보면 각 단계별 밀도 있는 진행이 가능했고 아이의 읽기 발달 수준을 가늠하게 해 주는 수준 평정 그림책의 수준이 빠르게 성장하고 있음을 알 수 있었다. 쓰기 발달 양상은 문장의 수가 3~5문장으로 늘어 있으며 문장을 구성하는 어휘 또한 수준이 높아진 것을 볼 수 있었다.

교실 문해와 연계한 일대일 개별화 수업의 텍스트로 동일한 읽기 자료에 대한 듣기, 말하기, 읽기, 쓰기 활동을 반복 심화하면서 텍스트에 대한 노출 빈도를 높이고 이를 아이의 경험과 연결할 수 있었다. 이러한 과정을 통해 의도적인 수업 이외에 간접 경험으로서의 학습의 효과를 볼 수 있었다. 또한 친숙하면서도 글밥의 양을 조절하기 쉬운 동시와 노랫말, 오디오북을 활용한 지도를 통해 부정확한 발음 때문에 뒤처졌던 텍스트 이해도를 높일 수 있었다.

이해 없이는 해독이 정확하더라도 텍스트에 대한 흥미를 갖기 어렵다. 호이를 비롯한 아이들의 흥미는 음원과 영상물에서 높게 나타났다. 글밥이 많은 줄글 형태의 교과서 텍스트였던 《선생님, 바보 의사 선생님》과 《치과 의사 드소토 선생님》은 먼저 음원을 들으면서 텍스트를 손가락으로 짚으며 따라 읽는 과정을 거쳐 지도했다. 이후 손가락 짚기를 제거하며 중요한 단어에 밑줄을 긋거나 표시해 보는 지도를 하였고 일견 단어 수집과 연계하여 지도하였다. 이러한 다양한 형태의 노출 경험과 텍스트에 대한 이해 높이기 지도 과정을 통해 학습에 대한 흥미를 높일 수 있었고, 그 결과 읽기와 쓰기의 정확성과 유창성을 함께 지도할 수 있었다.

10월 말 현재, 호이는 새로운 책에 흥미를 갖고 학급 문고로 매주 제공되는 새 책을 더디기는 하지만 친구들과 함께 읽으며 읽기와 쓰기 발달의 가속화를 위해 노력하고 있다. 책 읽기 장면에서는 소리 내어 읽으며 자신의 소리에 집중할 수 있게 되었다. 이 과정에서 이상하다 생각되면 다시 돌아가 읽는 등 자기 모니터링과 자기 수정의 전략들을 활용하여 책을 읽어 낼 줄도 안다. 쓰기의 장면에서는 하루를 돌아보며 혹은 읽은 책의 내용 중 쓰고 싶은 문장을 말로 표현한 후 소리와 글자의 대응을 생각하여 쓰거나 유추의 전략을 활용하여 적극적으로 쓰기의 과정에 참여하고 있다. 또한 아침 독서 시간에는 호이의 학급 문고 최애 책인 이지은의 《팥빙수의 전설》(웅진주니어, 2019)을 웅얼웅얼 소리 내어 읽으며 몰입하는 모습을 보여 줘 입가에 흐뭇한 미소를 머금게 해 준다.

오늘도 호이는 교사의 촉진으로 "아! 알겠다!"라고 기쁨에 찬 목소리로 말하며 알 듯 말 듯 했던 글자를 떠올려 5문장 쓰기 도전에 성공했다. 이렇게 호이는 교사의 안내에 스스로의 참여 의지를 더해 가며 날마다 읽고 쓰는 활동에 참여하고 있다. 호이가 가진 기질과 돌발 상황들로 인해 호이를 위한 매일의 문해 수업이 순조롭지만은 않다. 하지만 지속과 반복의 원칙을 적용한 '교실 문해'와 '일대일 개별화 수업'으로 결국에는 완성될 호이의 문해력 향상 지도는 지금도 진행형이다.

4) 마치며

이러한 2학년 교실 지도 사례는 읽기 따라잡기의 새로운 도전의 의미로서 교실 문해와 일대일 개별화 수업이라는 투 트랙 전략으로 아이들을 지도하고 이를 연구자의 관점에서 성찰해 보았다는 데 의미를 둘 수 있겠다. 여기서 소개한 활동이나 교수 전략들을 이 책을 읽는 교사들이 처한 교실 환경에 맞게 취사선택하여 자기만의 읽기 따라잡기 수업을 만들어 가길 바란다.

국립국어원(2019). **한글 맞춤법 표준어 규정 해설**. 휴먼컬처아리랑.

김정숙(2022). 그림으로 보는 옛 이야기 조선의 인기 연예인 책 읽어주는 남자 '전기수'. **대동문화**, 128, 대동문화재단, 68~70쪽.

다이애나 홍(2016). **세종처럼 읽고 다산처럼 써라**. 유아이북스.

박현모(2012). **세종처럼**. 미다스북스.

이만수(2005). **세종대왕의 독서론**. 독서문화연구.

EBS 다큐프라임. 1부 이야기의 힘: 조선 시대 이야기꾼 전기수.

5장

초기 문해력 수업의
전망

김미혜

1) 확장된 문해력 속의 읽기와 쓰기

지금까지 우리는 초등학교 1~2학년 학생들의 초기 문해력을 향상시키기 위해 이루어지는 다양한 교육적 실천들을 살펴보았다. 초기 아동기의 문해력은 이후에 이루어지는 학습 전반에 있어서의 성취 수준을 예측할 수 있는 중요한 요인으로, 초기 아동기에 읽기 능력이 부족한 학생들의 경우 적절한 중재가 이루어지지 않는다면 학업적으로 실패할 확률이 높다는 것은 주지의 사실이다. 그래서 미국과 캐나다에서는 읽기 부진이 누적되는 3학년 이후보다는 1~2학년부터 적극적인 예방 교육을 실시할 것을 강조하고 RTI를 적극적으로 실행해 왔다. 읽기 보정 교육 프로그램이 다양하게 마련되어 있으며 프로그램 내용도 읽기 부진의 유형에 따라 세분화되어 있는 등 매우 전문적이다. 우리나라에서도 2015 개정 교육과정 이후 한글책임교육을 강조하고 있고 2022년 「기초학력 보장법」 시행을 전후로 하여 초등학교 1~2학년 수준에서 문해력과 수해력 부진 학생에 대한 교육적 지원이 강화되고 있다. '한글 또박또박'과 '웰리미 한글 진단 검사' 등 웹 기반 한글 해득 진단 검사 도구가 개발되어 활용되고 있으며, 학생들의 문해력 향상을 위해서는 처방적 관점이 아닌 예방적 관점에서 교육과정과 평가 체제를 구축해야 한다는 인식도 확대되고 있다.

초기 문해력 교육의 중요성에 대한 사회적 인식이 확장되면서 북미권의 대표적인 읽기 보정 교육 프로그램인 리딩 리커버리를 벤치마킹한 읽기 따라잡기 프로그램도 전환점을 맞고 있다. 읽기 따라잡기 연수 및 교육은 2015년 전북의 전주에서 처음 시작되었다. 초기 문해력 개별화 조기 개입 프로그램을 만드는 프로젝트를 시작한 청주교육대학교의 엄훈 교수와 정종성 교수, 그리고 전주 지역의 읽기 문제 해결을 위한 연수를 준비하고 있었던 홍인재 당시 전주교육지원청 장학사가 의기투합하여 저학년 담당 교사들을 대상으로 30시간에 걸친 읽기 따라잡기 실행 연구 연수를 개설하였다. 기초 과정으로 진행된 연수는 다음 학기 전문가 과정으로 이어졌고, 2016년에는 충북 청주와 충남 천안에서도 연수가 시작되었다. 이후 세종과 전남, 울산에서도 읽기 따라잡기 연수가 개설되었고, 2019년에는 청주교대 교육대학원에 '아동문학과 초기 문해력 전공'이 신설되었으며 청주교대 교육연구원 안에 문해력지원센터가 본격 설치되었다. 읽기 따라잡기 연수 및 교육은 이론적·실천적으로 초기 문해력 교육을 뒷받침하면서 빠르게 자리를 잡아 왔고, 지금도 전국 각지에서 실행되고 있다.

전남과 충북을 비롯해 기초학력 전담 교사제를 도입한 지역을 중심으로 읽기 따라잡기 지도법에 따른 일대일 개별화 수업이 활발하게 이루어지고 있다. 이미 2년의 임기를 마치고 일반 교실로 돌아간 전담 교사들은 읽기 따라잡기 프로그램을 1~2학년 교실 수업에 어떻게 접목시킬지를 고민하기 시작했다. 전담 교사가 지도해야 하는 읽기 부진 학생이 많은 지역에서는 교사들이 일대일이 아닌 소그룹 형태의 읽기 따라잡기 수업의 가능성을 탐색하고 있기도 하다. 2023년 2학기에는 대구에서도 읽기 따라잡기 연수가 새롭게 시작된 한편, 기존에 연수가 운영되던 지역 중에 연수 운영 방식의 변화를 겪은 곳도 있다. 그동안 확대되던 기초학력 전담 교사제가 예산 문제로 일부 축소될 것이라는 우려도 있다. 읽기 따라잡기 프로그램의 질을 관리하는 한편으로 일대일 개별화 수업이 이루어지는 교실 밖에서도 읽기 따라잡기 프로그램이 초기 문해력 수업을 긍정적으로 변화시킬 수 있을지에 대한 현실적인 고민을 해야 하는 상황이 만들어지고 있는 것이다.

읽기와 쓰기를 둘러싼 사회적 환경의 변화 역시 초기 문해력 수업을 바라보는 관점의 확대를 요구하고 있다. 문해력(literacy/문식성)은 좁게는 '글을 읽고 쓸 줄 아는 능력'을 뜻하지만, 최근에는 '어떤 특정 분야에 대한 전문적인 소양'이라는 의미로 폭넓게 사용되고 있다. 국제리터러시협회International Literacy Association, ILA에서는 'literacy'를 "다양한 분야와 맥락에서 시각, 청각 및 디지털 자료를 사용하여 확인하고, 이해하고, 해석하고, 생성하고, 계산하며 소통할 수 있는 능력"으로 정의하고 있다(ILA, 2023). 이보다 더 포괄적으로 리터러시를 타인과 나를 연결해 주는 다리, 좋은 삶을 살기 위한 역량으로 정의하기도 한다(김성우·엄기호, 2020).

여기에 덧붙여 2022 개정 국어과 교육과정에서는 매체 영역이 신설되면서 미디어 리터러시media literacy가 국어교육의 전면에 나서게 되었다. 다양한 미디어를 통해 소통하는 능력, 즉 미디어 리터러시는 향후 국어교육에서 더 중요하게 다루어질 것으로 예상된다. 미디어 텍스트들은 문자 언어, 음성 언어, 몸짓 언어, 소리 언어, 시각 언어 등의 다양한 표상 양식들modes을 하나의 텍스트에 통합해 사용하는 특성이 있다. 그래서 미디어 리터러시는 다양한 언어와 기호가 복합적으로 어우러져 의미를 구성하는 미디어 언어에 대한 이해를 포함한다. 학교교육에서 다루는 문해력의 범위가 복합 양식 텍스트를 아우르는 것으로 확장된 지 오래지만 2022 개정 교육과정은 미디어 리터러시 교육의 강화를 공식화하고 있다.

이처럼 문해력에 대한 사회적 요구가 달라졌기 때문에 교실에서의 읽기와 쓰기 수업도 변화해 갈 것으로 예상된다. 아이들이 읽어야 하는 기호들 사이에서 문자 언어가 차지하는 위상이 달라지고 일상적으로 새로운 정보를 습득하기 위해 문자 언어로 이루어진 텍스트에 의존하는 비중이 줄어들었기 때문에, 앞으로 학습에서 읽기와 쓰기가 차지하는 역할은 바뀔 수도 있을 것이다. 그러나 전통적인 의미에서 '글을 읽고 쓸 줄 아는 능력'은 확장된 문해력의 기반이 되며, 디지털 미디어 환경에서도 쓰기 능력은 사회적 성공을 뒷받침할 수 있는 역량으로 평가를 받고 있다. 그런 점에서 최근 스웨덴의 학교들이 학생들의 문해력 향상을 위해 디지털 기기에서 벗어나 종이책과 손 글씨로 대표되는 전통적 교육 방식으로 돌아가고 있다는 소식은 의미심장하다. 교실에서의 디지털 기기 사용과 학생의 학습 능력의 상관관계에 대해서는 의견이 분분하지만, 초기 아동기에 이루어지는 전통적인 방식의 문해 경험과 문해력 교육은 여전히 중요하다. 디지털 네이티브들의 문해력 수준이 전반적으로 문제가 되고 있는 상황에서 미디어 리터러시가 강조되는 만큼이나 모든 학생들이 한글 해독에서 유창성 확립에 이르는 초기 문해력 시기의 과업을 잘 수행할 수 있도록 전체적인 문해력 교육이 설계되고 실행되어야 할 것이다.

한편 읽기 부진 학생을 결핍이 아닌 다양성의 관점에서 바라보고 아이가 할 수 있는 것, 아이의 강점에서 출발해 부진의 해법을 찾는 읽기 따라잡기의 철학은 '포용'이라는 화두와 맞닿아 있다. 2015년 UN이 2030년까지 전 세계가 공동으로 달성해야 할 목표로 제시한 UN-SGDs(Sustainable Development Goals, 지속 가능 발전 목표) 중 네 번째는 교육 분야 목표인 "모두를 위한 포용적이고 평등한 양질의 교육과 평생 학습 기회 보장"이다(UN, 2015). 교육의 형평성과 포용성에 대한 이러한 지향은 유네스코의 2020년 세계 교육 현황 보고서《포용과 교육: 모두는 모든 이를 의미한다All means All》로 이어진다. 이 보고서에서 유네스코는 교육에서의 포용은 모두를 위한 것이라고 선언하고 있다. 일반적으로 포용적 교육은 특수교육과 관련이 있지만, 포용의 범위는 이보다 넓어서 성별, 연령, 거주지, 빈곤, 장애, 민족, 언어, 종교 등을 이유로 다른 사람을 배제하지 않는 것을 포함한다. 모든 사람은 가치와 잠재력을 가지고 있으며, "교육이 학습자의 다양성을 문제가 아니라 도전 과제로, 즉 모든 형태의 개인적 재능을 찾아내고 그것이 성장할 수 있는 조건을 만드는 것을 도전 과제로 인식한다면 교육은 포용적 사회를 위한 중요한 진입 지점을 제공"하게 될 것이다(UNESCO, 2020: 11).

우리나라의 교육과정에서도, 2015 개정 교육과정에서 다양한 교육적 요구를 가진 학생들에게 필요한 지원을 제공하는 것을 교육과정 운영의 중요한 책무로 규정한 데 이어 2022 개정 교육과정은 포용성과 창의성을 강조하고 있다. 교수·학습 및 평가 전반에서 학습자의 특별한 요구를 고려해 맞춤형 교육을 해야 한다는 교육과정의 취지대로라면 교실에서 이루어지는 문해 활동의 양상도 지금까지와는 달라질 수 있을 것이다. 다음과 같은 교실 수업 장면을 상상해 보자.

"읽기를 할 경우, 음악 지능이 뛰어난 난독증 학생들은 건반이 부착된 책을 이용해 연주와 읽기를 함께 할 수 있고, 읽기에 어려움이 있지만 그림에는 재능이 있는 자폐성 장애 학생들은 그림책이나 입체 팝업 북을 이용하여 읽을 수 있다. 수학 시간에, 신체 운동 지능이 높은 ADHD 아동들은 구구단을 외울 때 세 번째 숫자마다 폴짝폴짝 뛰면서 할 수도 있다. 역사 시간에 정서장애가 있는 학생들은 군인 미니어처를 사용해서 유명한 남북전쟁 전투 이야기를 들려줄 수도 있다. 여기서 중요한 점은, 이러한 방법들이 장애 아동으로 분류된 학생들뿐 아니라 그렇지 않은 학생들에게도 유용할 수 있고, 음악적으로, 공간적으로, 또는 몸을 움직여서 배우고자 하는 욕구를 정확하게 충족시켜 준다는 것이다."(Armstrong, 2011/2019: 267-268)

모든 아이들에게 똑같은 방식의 읽기를 요구하는 것이 아니라 개별 아이들의 특별한 요구에 맞게 읽기의 방식을 달리하는 것이 가능하고, 그러한 수업이 포용성의 맥락에서는 더 좋은 수업일 것이다. 책을 읽는 방식은 다변화되고 있다. 전자책, 오디오북을 지나 대화형 디지털 오디오북까지 사람들은 이제 눈으로만 읽지 않으며 영상 보기와 활자 읽기를 읽기 목적에 따라 병행할 수 있는 양손잡이 문해력의 시대를 살아가고 있다(Baron, 2021/2023). 그리고 문해력 교육은 개별화 수업이 아닌 교실 수업의 맥락에서 아이들이 각자에게 맞는 방식으로 읽으면서 즐길 수 있는 방법, 잘 읽지 못하는 아이들과 능숙하게 읽는 아이들이 함께 읽을 수 있는 방법을 찾아야 하는 과제 앞에 서 있다.

앞서 스웨덴의 학교들이 종이책으로 돌아갔다고 했지만 그러한 결정이 세계적 관심사가 되고 우리나라를 비롯해 많은 나라의 학교들이 디지털 교과서를 도입해 맞춤형 학습을 제공하는 데 열을 올리고 있는 것도 사실이다. 멀리 보면 읽는다는 것과 쓴다는 것, 그 행위의 양상은 변화할 수밖에 없을 것이다. 다만 초기 문해력 수업은 아이들이 자기 주도성을 잃지 않고 교실에서도, 교실 밖에서도 읽고 싶은 책을 읽고 쓰고 싶은 글을 쓸 수 있는 토대를 만드는 일을 충실히 함으로써 미래의 변화에 대비할 따름이다. 물론 이를 위해 교실 안에서 이루어지는 읽기와 쓰기 활동을 다변화하는 것, 아이에게 맞는 책과 그 책을 읽는 방법을 함께 찾아 주는 것은 교사가 담당해야 할 몫이다.

2) 교육의 출발선 평등을 위하여

공교육이 초기 문해력 교육을 중요한 책무로 받아들이는 이유는 문해력 격차의 원인과 결과가 사회적 격차와 무관하지 않기 때문일 것이다. 우리 사회의 교육 소외와 격차 문제를 해소하기 위한 노력은 교육의 출발선 평등 논의와 밀접한 관련이 있다. 취학 전의 가정 배경과 교육 경험의 차이는 초등학교 입학 이후 아이들이 학업 수행에 영향을 미치는 원인으로 작용한다. "유아기 언어 능력과 학습 태도 점수가 가장 낮았던 초등학교 1학년 아동이 평균 이하의 국어 능력을 갖출 확률은 53%, 수학의 경우 39%"에 이른다(윤민종, 2018)는 연구 결과는, 공교육의 시작 단계에서부터 학습에 어려움을 겪는 학생들에 대한 개입이 필요하다는 것을 말해 준다. 교육의 출발선 평등을 실현하고 교육 격차 문제를 해결하는 해법은, 학습 능력의 빈익빈 부익부 현상이 심각해지기 전, 가능한 한 이른 시기에 학생을 선별하고 지원하는 것이다. 노원경 외(2021)에서는 3년에 걸친 연구 성과를 토대로 초등학교 1~2학년 시기를 적기로 보고, 교육의 출발선 평등을 "모든 학생이 초등학교 저학년(1~2학년) 시기를 거치면서 학습에 필요한 기초 학습능력(읽기, 쓰기, 셈하기 등)과 긍정적 심리·정서(유능감, 관계성, 자율성 등) 경험을 확보하게 되는 상태"로 정의한다. 여기에는 "인종, 신분, 성별에 관계없이 학교에 다닐 수 있도록 공평한 기회를 부여하고자 하는" 교육 기회의 평등, "누구나 일정 수준 이상으로 성취할 수 있도록 하여 최종적인 학습 결과에서도 차이가 발생하지 않도록 하는" 교육 결과의 평등, "학교나 교실 수준에서 학생들이 일상적으로 경험하는 학습 기회, 과정, 결과에서의 평등을 의미하는" 교수·학습에서의 평등이 포함된다(노원경 외, 2021: 83).

최근 각 시·도 교육청에서는 교육의 출발선 평등과 관련하여 "① 초등학교 입문기 시점의 진단 강화, ② 초등학교 저학년 교실의 수업 내 협력 수업 실시, ③ 정규 수업 중 풀 아웃 수업 지원, ④ 학급당 학생 수 감축 또는 과밀 학급 지원 교사 지원, ⑤ 단기간 집중 지원 프로그램 운영, ⑥ 방과 후 또는 방학 중 보충 학습 지원, ⑦ 특별한 요구가 있는 학생 지원, ⑧ 교수·학습 자료 및 프로그램 지원, ⑨ 초등학교 저학년 담당 교사의 전문성 강화" 등의 노력을 기울이고 있다(노원경 외, 2021: 42-49).

그러나 이러한 제도적 노력은 개별 수업의 성과 없이는 결실을 거두기 어렵다. 결국 교육의 출발선 평등을 실현하기 위해서는 교육 소외 계층을 더 많이, 더 적합한 방식으로 지원할 수 있는 시스템을 구축

해야 하며 그 핵심이 초기 문해력 개별화 수업이다. 초기 문해력 수업은 한글 해득을 넘어 평생 독자를 기르는 출발점으로서의 의의를 지니며, 초기 문해력 개별화 수업은 우리 사회 전반의 지적 수준을 끌어올리는 밑바탕이 될 것이다. 모든 학생이 존중받으면서 자신에게 가장 적합한 방식으로 학습하고 자기 주도성을 가지고 그러한 학습을 이어나갈 수 있도록 하려면 초기 문해력은 탄탄히 다져져야 하며 개별화 교실의 아이들에게는 더더욱 전문성을 갖춘 교사와의 수업이 보장되어야 한다. 읽기 따라잡기 프로그램은 초기 문해력 개별화 수업의 전문성을 필요로 하는 아이들과 교사를 위해 만들어졌고, 현재 우리의 교육 현장에서 교육의 출발선 평등을 위한 실질적인 해법을 제공하고 있다.

우리는 이 책에서 읽기 따라잡기 프로그램을 다루었지만 초기 문해력 개별화 수업의 경계를 넘나들었다. 다소 뜬금없다고 느껴질 수도 있겠지만 책을 마무리하기 전에 그림책 한 권을 펼쳐 읽으려고 한다. 앙트아네트 포티스의 그림책 《이건 상자가 아니야》(베틀북, 2007)는 우연히 네모난 상자 하나를 발견한 토끼의 모습을 보여 주는 것에서 이야기가 시작된다. 상자를 집으로 가지고 온 토끼는 상자 안에 들어가기도 하고 상자 위에 올라서기도 한다. 그때마다 서술자는 토끼에게 상자를 가지고 뭘 하는 거냐고 묻지만 토끼의 대답은 한결같이 "이것은 상자가 아니"라는 것이다. 서술자의 눈에는 분명 아기 토끼가 상자를 가지고 놀고 있는데 아기 토끼의 상상 속에서 상자는 부릉부릉 자동차로, 높은 산으로, 불이 난 건물로 변한다. "이건 상자가 아니"라고 말하는 토끼의 앙큼한 고집에 지친 서술자가 "그게 상자가 아니면 뭐야?"라고 묻자 잠시 고민하던 토끼는 "이건 내 꿈의 마법사야!"라고 외치고 우주선이 된 상자를 타고 우주로 날아가 버린다. 이야기가 이렇게 끝이 나는 건가 하고 뒤표지를 덮으면 위로 향한 2개의 화살표와 함께 "거꾸로 들지 마세요."라는 경고문이 등장한다. 네모난 상자 모양의 그림책을 거꾸로 들면 마치 거기서 토끼가 쏟아지기라도 할 것 같은 재미를 선사하는 이 뒤표지는, 이야기가 끝이 나도 상자 논쟁이 계속될 것 같은 유쾌한 여운을 남긴다. 토끼의 상자는 상자였을까, 아니었을까?

우리는 이 책에서 초기 문해력 수업의 다양한 사례를 소개했고, 그 수업들은 모두 읽기 따라잡기의 철학 위에서 설계되고 실행되었다. 그러나 이 수업들이 모두 읽기 따라잡기 수업은 아니었을 것이다. 어떤 독자에게는 이 모든 수업이 읽기 따라잡기 수업으로 보일 수도 있겠지만 어떤 독자에게는 읽기 따라잡기 수업과는 무관한 것으로 보일 수도 있을 것이다. 책을 쓰면서 필자들 또한 계속해서 같은 질문을 던졌다. 그러나 우리는 이 질문에 대한 답을 독자들에게 돌리기로 했다. '개별화 수업 밖에서 읽기 따라잡기 교사는 어떻게 초기 문해력 수업을 설계할 수 있을 것인지'에 대한 고민들은 현재 진행형이고 앞으로도 이어질 것이다. 이 책은 그 고민의 시작점에 놓여 있다. 이것은 읽기 따라잡기 수업일까, 아닐까? 독자들과 함께 이 질문에 대한 답을 찾아나가고 싶다.

김성우 · 엄기호(2020). **유튜브는 책을 집어삼킬 것인가: 삶을 위한 말귀, 문해력, 리터러시**. 따비.

노원경, 김경주, 김성경, 김태은, 김경령, 윤선인, 황매향(2021). 교육의 출발선 평등을 위한 교수학습 지원 체제 구축(I)(연구보고 RRI 2021-1). 한국교육과정평가원.

앙티아네트 포티스 글·그림. 김정희 옮김(2007). **이건 상자가 아니야**. 베틀북.

윤민종(2018). 생애 초기 교육 격차: 만 3세 유아의 어휘력과 학습 태도가 아동의 언어 발달 및 학업 수행 능력에 미치는 영향. **교육학연구**, 56(4), 한국교육학회, 317~342쪽.

Armstrong, T.(2011). *The power of neurodiversity*. 강순이 옮김(2019). **증상이 아니라 독특함입니다: 부모와 교사를 위한 신경다양성 안내서**. 새로온봄.

Baron, N. S.(2021). *How we read now: Strategic choices for print, screen, and audio*. 전병근 옮김(2023). **다시, 어떻게 읽을 것인가**. 어크로스.

ILA(2023). "Literacy". International Literacy Association.(https://www.literacyworldwide.org/get-resources/literacy-glossary)

UN^United Nations (2015). Transforming our world : the 2030 agenda for sustainable development. Resolution adopted by the general assembly on 25 September 2015(A/RE/70/1).

UNESCO(2020). 포용과 교육: 모두는 모든 이를 의미한다(세계 교육 현황 보고서 요약본 2020). 유네스코한국위원회.

교육공동체 벗

교육공동체 벗은 협동조합을 모델로 하는 작은 지식공동체입니다.
협동조합은 공통의 목적을 가진 사람들이 모여서 만든
권력과 자본으로부터 독립된 경제조직입니다.
교육공동체 벗의 모든 사업은 조합원들이 내는 출자금과 조합비로 운영됩니다.
수익을 목적으로 하지 않기에 이윤을 좇기보다
조합원들의 삶과 성장에 필요한 일들과
교육운동에 보탬이 될 수 있는 사업들을 먼저 생각합니다.
정론직필의 교육전문지, 시류에 휩쓸리지 않는 정직한 책들,
함께 배우고 나누며 성장하는 배움 공간 등
우리 교육 현실에 필요한 것들을 우리 힘으로 만들고 함께 나누고 있습니다.

조합원 참여 안내

출자금(1구좌 일반 : 2만 원, 터잡기 : 50만 원)을 낸 후 조합비(월 1만 5천 원 이상)를 약정해 주시면 됩니다. 조합원으로 참여하시면 교육공동체 벗에서 내는 격월간 교육전문지《오늘의 교육》과 조합통신을 받아 보실 수 있습니다. 출자금은 종잣돈으로 가입할 때 한 번만 내시면 됩니다. 조합을 탈퇴하거나 조합 해산 시 정관에 따라 반환합니다. 터잡기 조합원은 벗의 터전을 함께 다지는 데 의미와 보람을 두며 권리와 의무에서 일반 조합원과 차이는 없습니다. 아래 홈페이지에서 조합 가입 신청을 하실 수 있습니다.

홈페이지 communebut.com
이메일 communebut@hanmail.net
전화 02-332-0712
팩스 0505-115-0712

교육공동체 벗을 만드는 사람들

※ 하파타순

후쿠시마 미노리, 황지영, 황정일, 황정원, 황이경, 황윤호성, 황영수, 황봉희, 황규선, 황고운, 홍지영, 홍정인, 홍승희, 홍순성, 홍세화, 홍성근, 홍성구, 홍서연, 현복실, 현미열, 허창수, 허윤영, 허성실, 허성균, 허보영, 허광영, 함점순, 함영기, 한학범, 한채민, 한진, 한지혜, 한은옥, 한송희, 한성찬, 한석주, 한민혁, 한민중, 한날, 한길수, 한경희, 한주현, 하정호, 하정필, 하인호, 하승우, 하승수, 하순배, 탁동철, 최희성, 최현숙, 최현미, 최진규, 최주연, 최정응, 최정아, 최은희, 최은정, 최은숙, 최은경, 최윤미, 최원혜, 최유리, 최우성, 최영식, 최연희, 최연정, 최승준, 최승복, 최수옥, 최선자, 최선영, 최선경, 최봉선, 최보람, 최미영, 최류미, 최대현, 최태용, 최경미, 최경련, 채효정, 채종민, 채민정, 차종숙, 차용훈, 진현, 진주형, 진웅용, 진영준, 진낭, 지정은, 지수연, 주예진, 주순영, 조희정, 조영식, 조현민, 조향미, 조해수, 조진희, 조지연, 조준혁, 조정희, 조윤성, 조원희, 조원배, 조용진, 조영현, 조영옥, 조영실, 조영선, 조여은, 조여경, 조성실, 조성배, 조성대, 조석현, 조석영, 조남규, 조경애, 조경아, 조경삼, 조경미, 제남모, 정희영, 정홍윤, 정현숙, 정혜레나, 정춘수, 정진영a, 정진영b, 정진규, 정종헌, 정재학, 정이든, 정은희, 정은주, 정은균, 정유진a, 정유진b, 정유숙, 정유섭, 정원탁, 정원석, 정용주, 정예술, 정애손, 정소정, 정보라, 정민석, 정미숙a, 정미숙b, 정명옥, 정명영, 정득년, 정대수, 정남주, 정광호, 정광필, 정광일, 정관모, 정경원, 전혜원, 전지훈, 전정희, 전유미, 전세란, 전보애, 전병기, 전민기, 전미영, 전명훈, 전난희, 장주연, 장인하, 장은정, 장윤영, 장원영, 장우재, 장시준, 장상옥, 장병훈, 장병학, 장병순, 장근영, 장군, 장경훈, 임해정, 임향신, 임한혁, 임재두, 임임순, 이인사, 이은희a, 이은희b, 이은향, 이은진, 이은주, 이은영, 이은숙, 이은엽, 이윤송, 이윤선, 이유미, 이유경, 이유진a, 이유진b, 이월녀, 이원님, 이용환, 이용석, 이용기, 이영화, 이영주, 이영아, 이연진, 이연주, 이연숙, 이연수, 이승헌, 이승태, 이승아, 이슬기, 이수현, 이수정a, 이수정b, 이수연, 이수미, 이성희, 이성호, 이성채, 이성욱, 이성수, 이선표, 이선영a, 이선영b, 이선애a, 이선애b, 이선미, 이상훈, 이상화, 이상워, 이상원, 이상미, 이상대, 이병곤, 이범희, 이민아, 이민수, 이미옥, 이미숙, 이미라, 이문영, 이명훈, 이명형, 이동철, 이동준, 이동범, 이다연, 이남숙, 이난영, 이나경, 이기자, 이기규, 이근혜, 이근영, 이광연, 이계삼, 이경화, 이경욱, 이경언, 이경림, 이건희, 이건진, 윤희연, 윤홍은, 윤지형, 윤종원, 윤영훈, 윤영백, 윤수진, 윤상혁, 윤병일, 윤규식, 유효성, 유재율, 유영길, 유수연, 유병준, 위양자, 원지영, 원윤희, 원성재, 우창숙, 우지영, 우완, 우수경, 오중근, 오정오, 오재훈, 오은정, 오은경, 오유진, 오수진, 오세희, 오미식, 오명환, 오동석, 엠정신, 여희영, 여태전, 엄창호, 엄재홍, 엄기호, 엄기욱, 양해준, 양지선, 양은주, 양윤숙, 양영희, 양애정, 양선아, 양서영, 양상진, 안효빈, 안찬원, 안지윤, 안준철, 안정선, 안옥수, 안영신, 안영빈, 안순억, 심은보, 심우향, 심승희, 심수환, 심동우, 심나은, 심경일, 신혜선, 신창호, 신창복, 신중례, 신중식, 신은정, 신유준, 신소희, 신성연, 신미정, 신미옥, 송호영, 송혜란, 송한별, 송정은, 송인해, 송용석, 송숭훈, 송수연, 송명숙, 송근희, 송경화, 손혁아, 손진규, 손정현, 손영경, 손영연, 손민정, 손미숭, 소수영, 성현석, 성용혜, 성열관, 설은주, 설원민, 선미라, 석욱자, 석경순, 서지연, 서정오, 서인선, 서은지, 서예원, 서명숙, 서금숙, 서경, 서강선, 상형규, 변현숙, 변나은, 백현희, 백승범, 배희철, 배주영, 배정현, 배이상헌, 배영진, 배아영, 배성연, 배경내, 방득일, 방경내, 반영진, 박희진, 박희영, 박효정, 박효수, 박환조, 박혜숙, 박형진, 박현희, 박현숙, 박춘애, 박춘배, 박철호, 박진환, 박진수, 박진교, 박지희, 박지원, 박중구, 박정미, 박재선, 박은하, 박은하, 박은경, 박용빈, 박옥주, 박옥균, 박영실, 박연지, 박신자, 박수진, 박수경, 박소현, 박성규, 박복선, 박미희, 박미옥, 박명진, 박명숙, 박동혁, 박도정, 박대성, 박노해, 박내현, 박나실, 박기웅, 박고형준, 박경화, 박경이, 박건형, 박건진, 박건오, 민병성, 문호진, 문용석, 문영주, 문수영, 문수경, 문수경, 문성철, 문명숙, 문경희, 모은정, 맹수용, 마승희, 류창모, 류정희, 류재향, 류우종, 류명숙, 류대현, 류경원, 도정철, 도방주, 박지원, 데와 타카유키, 노영현, 남효숙, 남정민, 남은정, 남휘호, 남원호, 남예린, 남미자, 남궁역, 나여춘, 나규환, 김희숙, 김홍규, 김훈태, 김효미, 김홍규, 김혜진, 김혜영, 김진주, 김진숙, 김진, 김지혜, 김진, 김지운, 김지연b, 김지미, 김지광, 김중미, 김준연, 김주영, 김종원, 김종진, 김종원, 김종옥, 김종성, 김종선, 김정식, 김정삼, 김재황, 김재민, 김재민, 김인곤, 김인순, 김은파, 김은아, 김은식, 김은숙, 김윤주, 김윤자, 김윤우, 김원예, 김원석, 김우영, 김용훈, 김용양, 김용만, 김요한, 김영희, 김영진a, 김영진b, 김영주, 김영삼, 김영모, 김연정, 김연정b, 김연일, 김연미, 김아현, 김순천, 김수현, 김수진a, 김수진b, 김수정, 김수연, 김소희, 김소영, 김성탁, 김성숙, 김성보, 김선희, 김선철, 김선우, 김선미, 김선구, 김석규, 김서화, 김서영, 김상희, 김상정, 김상윤, 김봉석, 김보현, 김보경, 김성현, 김병희, 김병기, 김범주, 김민섭, 김민곤, 김민경, 김미향, 김미진, 김미숙, 김미선, 김문옥, 김무영, 김묘선, 김명희, 김명섭, 김동현, 김동일, 김동ول, 김도희, 김다희, 김다영, 김남철, 김나혜, 김기훈, 김기언, 김규태, 김규빛, 김광민, 고종호, 김경일, 김가연, 길지현, 기세라, 금현진, 금현숙, 권병혜, 권혜영, 권혁천, 권혁기, 권태욱, 권자영, 권유나, 권용수, 권미지, 국찬석, 구자숙, 구원회, 구완회, 구수연, 구본희, 구미숙, 곽풍, 곽혜영, 곽현주, 곽진경, 곽노현, 곽노근, 공현, 공영아, 고춘식, 고진선, 고은경, 고윤정, 고영주, 고영실, 고병헌, 고맹연, 고민경, 고미아, 강화천, 강주연, 강현정, 강한아, 강태식, 강준희, 강인성, 강이진, 강은영, 강윤진, 강영일, 강영구, 강순원, 강수돌, 강성규, 강석도, 강서형, 강경모

※ 2024년 2월 14일 기준 734명